LES

OEVVRES

DE

THEOPHILE,

Diuisées en trois parties.

PREMIERE PARTIE,

CONTENANT L'IMMORTALITÉ de l'Ame, auec plusieurs autres pieces.

La seconde les Tragedies.

Et la troisiéme, les pieces qu'il a faites pendant sa prison.

Dediées aux beaux esprits de ce temps.

DERNIERE EDITION.

A ROVEN,

Chez IEAN DE LA MARE, aux degrez du Palais.

M. DC. XXXII.

PREFACE.

IE ne sçaurois aprouuer cette lasche espece d'hommes, qui mesurent la durée de leur affection, à celle de la felicité de leurs amis : Et pour moy, bien loing d'estre d'vne humeur si basse, ie me picque d'aimer iusques en la prison, & dans le Sepulchre. I'en ay rendu des tesmoignages publics, durant la plus chaude persecution de ce grand & diuin Theophile, & i'ay faict voir que parmy l'infidelité du Siecle où nous sommes, il se trouue encore des amitiez assez genereuses pour mespriser tout ce que les autres craignent, mais puis que sa mort m'a rauy le moyen de le seruir, ie veux donner à sa memoire les soings que j'auois destinez à sa personne : Et faire voir à la Posterité, que pourueu que l'ignorance des Imprimeurs, ne mette point de fautes à des ouurages qui d'eux mesmes n'en ont pas vne, elle ne sçauroit rien auoir qui puisse esgaller ce qu'ils vallent. Or de ce grand nombre d'Impressions qu'on a fait par toute la France, de ces excellentes Pieces, ie n'en ay point remarqué, qui ne doiue faire rougir ceux qui s'en sont voulu mesler. Et certes ie commençois à desesperer de les voir iamais dans leur pureté naturelle, lors qu'vn Imprimeur de ceste ville, plus desireux d'acquerir de l'honneur que du bien, sans considerer le temps, la peine, & la despence, s'est offert d'y apporter tout ce que peut vn homme de sa profession. I'ay prins ceste occasion au poil, & me seruant des manuscripts que la bien-veillance de cét incomparable Autheur à mis iadis entre mes mains, j'en ay corrigé ses Espreuues si exactement, que quiconque achetera ce digne Liure, sans doubte sera contrainct d'aduoüer, que c'est la premiere fois qu'il a bien leu Theophile. De sorte que ie ne fais pas difficulté de publier hautement, que tous les morts ny tous les viuans, n'ont rien qui puisse approcher des forces de ce vigoureux Genie. Et si parmy les derniers, il se rencontre quelque extrauagant qui iuge que i'offence sa gloire imaginaire, pour luy monstrer que ie le crainds autant comme ie l'estime, ie veux qu'il sçache que ie m'apelle

DESCVDERY.

EPISTRE AV LECTEVR.

PVIS que ma conuersation est publique, & que mon nom ne se peut cacher ; ie suis bien aise de faire publier mes escrits, qui se trouueront assez conformes à ma vie, & tres-esloignez du bruit qu'on a fait courir de mon esprit : ie sçay bien que dans l'aueugle confusion d'vne reputation ignorante on a parlé de moy comme d'vn homme à perir pour exemple, sans que iamais l'Eglise ny le Palais ayent reprins ny mon discours, ny mes actiõs. Et depuis qu'il me souuient d'auoir vescu parmy les hommes, ie n'en ay iamais pratiqué qui ne me soient encore amis : Tous ceux qui parlent mal de moy ne sont ny de ma conuersation, ny de ma cognoissance. Je me puis vanter d'auoir assez de vertu pour imputer à l'enuie les mesdisances qui m'ont persecuté. Ces outrages ne m'ont point affligé, ny destourné le train de ma vie : Ie sçay que les iniures de ma fortune, ont faict celles de ma reputation. En mon bannissement i'estois infame & criminel, depuis mon rapel, innocent & homme de bien ; & la mesme façon de viure, qui s'appelloit autrefois desbauche, s'appelle auiourd'huy reformation. Les esprits des hommes sont foibles & diuers par tout, principalement à la Cour, où les amitiez ne sont que d'interest ou de fantasie : le merite ne se iuge que par la prosperité, & la vertu n'a point d'esclat que dans les ornemens du vice : l'eloquence n'a plus de grace qu'à persuader la liberté, & les mauuaises mœurs : la pointe & la facilité de l'esprit ne paroist plus qu'à mesdire, estre habile c'est bien trahir : la raison est incogneuë, la Religion encore plus, le

Roy ne voit que des reuoltes: Dieu n'entend que des impietez, tant le siecle est maudit du Ciel & de la terre: les gens de lettre ne sçauẽt rien, la plusspart des iuges sont criminels, passer pour honneste homme c'est ne l'estre point. Dans ce rebours de toutes choses, i'ay de l'obligation à mes infamies, qui au vray sens se doiuent apeller des faueurs de la renommée. Sur ceste foy, ie ne changeray ny mon nom, ny mes pensées: & veux sortir sans masque deuant les plus rigoureurs censeurs des escholes les plus Chrestiennes. Ie ne sçache ny Latin, ny François, ny Vers ny Prose qui redoute la presse, ny la lecture des plus delicats: Je parle pour la conscience, car du stile & de l'imagination, ie ne suis ny fort, ny presomptueux: & ceste publication est plustost de l'humilité de mon ame, que de la vanité de mon esprit.

THEOPHILE.

LE TOMBEAV DE THEOPHILE.

Par Monsieur Descudery.

MAlgré l'auarice & l'orgueuil,
Qui vont s'opposant à ta gloire,
Dans le Temple de la memoire,
Ie te veux bastir vn cercueil:
Ce Tombeau que ie te prepare,
Sans estre de Marbre de Pare,
Durera bien d'autre façon:
Il verra finir la Nature,
Monstrant par son Architecture
Qu'Apollon est Maistre Masson.
Sans me seruir d'aucun metal,
Foullant aux pieds l'Or & la Nacre,
La fine Lacque, & l'Azur d'Acre,
Qui touchent les yeux du brutal:
Ie te consacre vn Mausolée
D'vne beauté plus signallée
Que tous ceux qu'on nous a descrit:
Et dont les raretez sont telles,
Qu'on les doit iuger immortelles,
Puis qu'on ne les voit qu'en Esprit:

Les Cedres exempts du trespas,
Que le temps ne met point en poudre,
Et les verds Lauriers dont la foudre,
En grondant ne s'aproche pas,
Seruiront à faire les Niches,
Frises, Chapiteaux, & Corniches,
Les Colomnes d'ordres diuers:
Mais dans ce pompeux Edifice,
Pour monstrer vn rare artifice,
Ie ne dois monstrer que tes vers.

Ie veux y mettre ce vallon,
Où tu possedois les neuf Muses,
Et les y paindre aussi confuses
Comme pour la mort d'Apollon:
Là, ce Dieu dont tu fus la cure,
Semblera quereller Mercure,
Et le morguer auec mespris:
Luy reprochant que par enuie,
Sa verge t'osta de la vie,
De peur de perdre vn plus beau prix.

I'y veux paindre Parnace encor,
Hipocrene en son onde molle,
Et dessus ce Cheual qui volle,
La Renommée auec son cor:
Qui monstrant le Globe du Monde,
Infiny dans sa forme ronde,
Dira que de mesme auiourd'huy
Ton renom que i'immortalise
Dans ces vers que ie veux qu'on lise,

N'aura de fin non plus que luy.

Apres, d'vn artiste Burin,
Enchainez, & la teste basse,
I'y mettray Filin de Garasse,
Et le guaillard Pere Guerin:
Dont les trois diuerses follies,
Aux plus noires melancholies
Derrideront le front hideux:
Et certes ie commence à craindre,
Qu'vn passant au lieu de te plaindre,
Ne s'amuse à se mocquer d'eux.

Dessus ces fantasques Tableaux,
Ie mettray ces riches Peintures,
Dont parmy les races futures,
Tous les traicts seront trouuez beaux:
Socrate en la fin de sa vie,
Ta belle maison de Syluie,
Thisbé, Pirame en son malheur,
Dont la pitoyable aduanture,
Estonna si fort la Nature,
Qu'vn fruit en changea de couleur.

Du plus hardy traict de nostre art,
Dessus ce monument superbe,
Sera le portraict de Malherbe,
Et plus haut celuy de Ronsard:
Qui s'ostant chacun la Couronne,
Dont leur docte chef s'enuironne,
Diront par cette humilité
Qu'on ne peut reffuser hommage,

A la grandeur de ton ouurage,
Sans vn excez de vanité.
¶ Bref, enfin ma main te promet,
Sous la faueur d'vn bon augure,
D'y placer encor ta Figure,
Que ie gardois pour le sommet:
Là, d'vn air außi doux que graue,
Mon dessein veut que ie la graue
Toute droicte, esleuant les yeux;
Pour dire aux ames insensées,
Que tu ne prenois tes pensées,
En aucun lieu, que dans les Cieux.

O Dieu le triste souuenir,
De ta mort, cher Amy, me tuë,
Et fait qu'au bas de ta Statuë
I'escris ces six vers pour finir:
Cy gist vn homme incomparable,
Que le sort rendit miserable,
Passant, son los ne perira:
Car son Oeuure n'a que reprendre,
Son Nom, si tu le veux aprendre,
Tout l'Vniuers te le dira.

TRAICTE DE L'IMMORTALITE DE L'AME, OV LA MORT DE SOCRATE.

PARAPHRASE TIREE de Platon.

PHÆDON.

MOY qui dans la Cité d'Athenes
Visitay Socrate en prison,
Et qui vis comme le poison
Acheua ses dernieres peines:
Ie t'adiure par le discours
Dont il voulut finir ses iours,
De le voir peint dans mon ouurage,
Où i'ay fait aussi peu d'effort
Qu'en fit ce genereux courage,
Dans les atteintes de sa mort.

Quelques Dieux, comme par enuie,
Le voyant si bien raisonner,
Apres l'auoir fait condamner,
Alongerent vn peu sa vie,
Afin que la mort eut loisir
Auparauant que le saisir
De se peindre plus effroyable,
Et sans cesse luy discourir
De son Arrest impitoyable,
Pour le faire long-temps mourir.
Vne aduenture inopinée
Tentant sa resolution,
Laissa sans execution
La sentence desia donnée:
Ce Nauire qui dure tant
Où Thesee mit en partant
Quelques voiles noires & blanches,
Qui rendu mille fois nouueau,
Et changé de toutes ses planches,
Encore est le mesme vaisseau.
D'vne Religion fidelle,
Ce Nauire auec des presens
Partoit d'Athenes tous les ans,
Pour faire son voyage en Dele:
En l'attente de son retour,
Les Arrests mortels de la Cour
Retenoient leur sanglant tonnerre,
Et ne donnoient iamais la mort
Au plus coulpable de la terre,
Que le vaisseau ne fust au port.
Ce Nauire estoit lors sur l'onde,
Et pendant son esloignement

Socrate sans estonnement
Attendoit à sortir du monde,
Dans ces importunes langueurs
Encore parmy les rigueurs,
De la Iustice inexorable,
Il m'estoit permis de le voir
Et d'vn confort peu secourable
Luy rendre mon dernier deuoir.
Quelques vns que les mœurs & l'aage
Attachoient à son amitié,
Par vn mesme effort de pitié,
Luy rendoient mesme tesmoignage,
Tous à l'obiect de son ennuy,
Estoient moins resolus que luy?
Et consolez à sa parole
Le voyant sec, parmy nos pleurs,
Comme moy venoient à l'école
De bien-viure dans les malheurs.
Tous les iours dans cét exercice
Il nous enseignoit de mourir,
Sans perdre temps à discourir
Des cruautez de la Iustice.
A la fin quand le iuste cours
De ses incomparables iours
Fut acheué par les estoilles,
Le peuple, sur le bord de l'eau
Re veid blanchir les tristes voilles,
Et moüiller l'ancre du vaisseau.
Le iour venu que la nature auare
Redemandoit vne chose si rare,
Et que la loy pressante du Destin
Deuoit sa proye à l'infernal mastin,

Sans espargner non plus ceste belle ame,
Que le plus sot du populaire infame,
Nous reuenons pour la derniere fois
A l'entretien d'vne si docte voix.
Ce cœur diuin se tint tousiours plus ferme,
Lors qu'il se veid plus proche de son terme,
Sans que l'horreur de son trespas certain
Y fist paroistre vn mouuement humain:
L'esprit plus fort voyant sa derniere heure
Et qu'on le presse à changer de demeure,
S'il n'est celeste, ou tout a faict brutal,
Quoy qu'il discoure, il craint le coup fatal.
Il falloit bien qu'vne diuine essence
Au grand Socrate eust donné la naissance,
Vn sens humain n'est iamais assez fort
Pour se resoudre à soustenir la mort.
Luy dans l'obiect de sa fin toute proche,
D'vn front de marbre, & d'vne ame de roche,
Monstroit de l'œil, du geste, & du propos,
Qu'il demeuroit dans vn profond repos,
Et que pour voir des pleurs à son martyre
Il eust fallu quelque chose de pire,
Et ne souffrit iamais dans la prison
Qu'vn seul souspir fist honte à sa raison,
A ses genoux sa femme desolée,
Les yeux troublez, affreuse, escheuelée,
Qui ne pouuoit à force de douleurs
Se soulager d'vne goutte de pleurs,
Tenant le fils vnique de Socrate,
Luy reprochoit vne ame presque ingrate,
De ne laisser aux bords du monument
A tous les siens vn souspir seulement.

Mon cher

Mon cher espoux, Socrate, disoit-elle.
Pourquoy ne m'est cest'heure aussi mortelle?
Helas! apres que le dernier sommeil
T'aura priué des clartez du Soleil,
Dans les horreurs du Cocite effroyable
Tes tristes yeux n'auront rien d'agreable.
Fussions nous mesme en ces lieux pleins d'effroy,
Tu ne verrois ny tes amis ny moy.

Socrate sans s'esmouuoir pour la desolation de sa femme, comme du tout insensible à sa perte & à la douleur des siens: Ie vous prie, dit-il, remenez moy ceste femme à sa maison. Vn des domestiques de Criton qui se trouua là, la conduisit chez elle.

Puis il s'assit, & tout se reposant,
D'vn esprit graue & d'vn discours plaisant,
Auant se taire il nous fit prendre enuie
De l'aller suiure au sortir de la vie.

Tout au mesme instant qu'on luy eust osté le[illegible] il porta les mains sur les meurtrisseures qui [illegible] mangeoient, & goustant sans estre diuerty, la [illegible]ceur de ce soulagement.

Voyez, dit-il, comme au plus grand malheur,
La volupté suit de prez la douleur,
I'ay ce soulas à cause de la chaisne,
Et ce plaisir à cause de ma peine.

Que c'est vne chose merueilleuse, disoit-il que ce sentiment que les hommes appellent plaisir, & qu'il a vn estrange rapport à la douleur qui semble estre son contraire : car ils ne peuuent estre ensemble, & si nous ne sçaurions gouster de l'vn sans participer à l'autre, & s'entre-touchent tous deux, comme s'il tenoient à quelque bout. Esope sans doute, s'il eust iamais resué là dessus, eust fait quelque fable de ceste meditation. Que Dieu voulant accorder deux choses si ennemies, & n'en faire qu'vne, comme il ne le peut du tout, au moins les auoit-il fait joindre par leurs extremitez, si bien que l'vn se trouue tousiours à la suitte de l'autre, ce qui me vient d'arriuer tout maintenant: car les chaisnes qui me faisoient mal aux pieds, n'ont pas esté si tost laschées, que i'en ay eu de la ioye, & de l'allegement.

Là dessus vn de ses amis nommé Cebes, l'interrompit pour sçauoir de luy, à quel sujet il s'estoit amusé à faire des vers en la prison: car il y en auoit fait depuis peu, ce qui ne luy estoit arriué iamais auparauant. Cebes l'interrogeoit de cela, & pour sa curiosité, & pour celle de quelques autres, mais nommément d'vn certain Euenus Poëte qui l'auoit fort prié de s'en enquerir.

Tu respondras à Euenus, dit Socrate, que ce que i'en ay fait n'a esté n'y pour luy plaire, ny pour faire des vers à l'enuy de luy, ce qui n'estoit pas aisé: mais seulement pour me purger l'ame, & pour tirer experience de quelque songe qui m'auoit ordonné de faire des chansons, car vn songe qui m'est reuenu souuent, tantost d'vne forme, tantost d'vne autre, m'a tousiours dit, fay Socrate, fay Socrate, fay des vers.

Moy sans cognoistre l'aduanture,

De ces mysteres trop couuerts,
Ie voulois voir si ma nature,
Seroit propre au mestier des vers,
Lors les Deesses des Poëtes,
Auparauant pour moy muettes,
Pousserent leurs charmantes voix,
Et passans dans ma fantasie
Firent vn peu de Poësie,
D'vn peu de fureur que i'auois.

Plus ceste vision reuenoit à moy pour me solici-ter à cest exercice, plus ie me trouuois disposé à l'entreprendre.

Comme des bouts de la barriere,
Ceux qui vont courir pour le prix
Sont suiuis auecques des cris
Iusqu'à la fin de la carriere.
Ceste importune vision,
D'vne pressante affection,
Me commandoit que i'escriuisse,
Et me parloit à tous propos
Des douceurs de mon exercice,
Sans me donner iamais repos.

Si bien que m'estant resolu de luy obeyr, & voulant aussi que mon esprit se rendit net auant que partir du monde, i'ay prins le temps de versifier pendant les festes qui ont tardé l'execution de mon Arrest, i'ay commencé mon Poëme par Apollon à qui on faisoit alors des sacrifices.

Et ceste influence elle-mesme
Qui nous met les vers dans le sein,
Comme ayant formé mon dessein,
A receu mon premier Poëme.

Apres ie me mis à escrire des fables, iugeāt qu'vn Poëte doit trauailler en ceste matiere plustost qu'en autre discours, & m'en ressouuenant de quelques vnes, ie les ay traitées en l'ordre qu'elles me sont venuës à la memoire, ce sont des fables que i'ay prises d'Esope: car de moy, ie ne me trouue point l'esprit inuentif pour cela, c'est ce que tu as à respondre à Euenus, saluë-le de ma part.

Et de grace conseille luy
Que s'il est sage il me doit suiure,
Car sans plus c'est dés auiourd'huy
Que ie veux acheuer de viure.

Qu'il me suiue donc, mes Iuges veulent que ie parte à ce soir. Simias tout esbahy de ceste recommandation: & quoy? Socrate, dit-il, qu'est ce que tu enuoye là dire à ce Poëte? à ce que ie cognois de luy, ie ne pense pas qu'il te croye. Comment, dit Socrate, n'est il point Philosophe? Simias luy respondit qu'il l'estimoit tel. Il approuuera de là mon conseil, dit Socrate, & luy & tous ceux qui tiennent quelque chose de la bonne Philosophie, non pas pour cela qu'il se doiue tuer luy mesme: car on dit qu'il ne le faut pas faire, & sur ces mots, il s'aduança sur les bords de la couchette tout assis, & appuyant ses pieds à terre, il continuë à s'entretenir auec nous.

Comment accordes-tu cela, luy dit Cebes, qu'vne personne ne se doiue point donner la mort, & qu'vn Philosophe doiue desirer de suyure celuy qui s'en va mourir ?

SOCRATE.

N'auez-vous iamais rien appris de cecy en conferant auec Philolaux, qui vous a esté si familier ?

SIMIAS.

Rien pour tout d'asseuré, ny de facile.

SOCRATE.

Ny moy non plus, dit Socrate ; car i'en parle par ouyr dire, & ne laisseray de vous en dire de bon cœur tout ce que i'en ay ouy ; aussi ne sera-il point hors de propos, que sur le poinct de mon depart, ie songe vn peu quel il doit estre, & m'imagine ce que ie dois penser de l'autre seiour : c'est la plus seante, & la plus vtile occupation qui nous puisse entretenir depuis le matin iusques à la nuict.

On ne doit point songer ailleurs,
Et de tous les discours des hommes,
Ce sont sans doute les meilleurs,
De penser tousiours d'où nous sommes.

CEBES.

Et pourquoy (Socrate) n'est-il pas permis de se tuër ? car il est vray que Philolaux & d'autres m'ont dit autresfois qu'il ne le faut pas faire, mais il ne m'en ont point laissé de raison qui me contente.

SOCRATE.

Il faut que vous m'escoutiez attentiuement, mesme apres m'auoir bien entendu, ne doutez pas que vous ne trouuiez estrange; pourquoy c'est vne chose pure, simple, & sans exemple, & qui est seule sans arriuer iamais à l'homme, que la permission de se tuer, comme luy arriuent toutes autres choses, veu mesme qu'il est meilleur à quelques vns de mourir, que de viure.

Lors que nos destins sont pressez
Des malices de la fortune,
Et que nos yeux sont offencez
Du Soleil qui nous importune:
Lors qu'on ne vit qu'à la douleur,
Que iamais l'Astre du malheur
Ne se peut lasser de nous nuire,
Et qu'au lieu de nous secourir,
Nostre esprit tasche à nous destruire,
Se doit on point faire mourir?
Et pourquoy des mains estrangeres,
Me gueriront elles demain,
Puis qu'auiourd'huy ma propre main,
Peut finir toutes mes miseres?

Cebes sousriant, ha, ha Iupiter, dit-il, voila la coustume des Thebains; cela veritablement (dit Socrate) semble bien absurde, & si peut-estre a t'il quelque raison: car pour le discours de ces secrets qui nous apprend que les hommes sont dans ceste vie comme en vne prison, dont il n'est permis de se sauuer, c'est à mon sens vn discours bien haut, & tres-difficile à comprendre. Toutesfois Cebes, tu crois bien qu'il y a de l'apparence que les Dieux ont soin de nous.

CEBES.

Oüy.

SOCRATE.

Et que les hommes sont vne des possessions dont les Dieux ioüyssent.

CEBES.

Ie le croy.

SOCRATE.

Considere, Cebes, que si quelqu'vn des esclaues qui sont à toy, se tuoit luy mesme sans ta permission tu t'en fascherois, & le ferois mesme punir apres sa mort.

CEBES.

Sans doute.

SOCRATE.

Ainsi trouué-ie raisonnable que les hommes ne se tuent point eux-mesmes, & qu'ils doiuent attendre de Dieu la necessité de mourir, comme tu vois qu'il me l'impose maintenant par l'arrest qu'on m'a prononcé.

CEBES.

Il est tres-clair, mais ce que vous disiez vn peu auparauant, que les Philosophes ayment le desir de la mort, n'est point receuable, si cecy a lieu que Dieu est nostre Curateur & que nous sommes en sa possession, il n'y a point d'apparence que les hommes qui sont sages fussent faschez de se laisser gouuerner aux Dieux qui le sont encore plus qu'eux : car l'homme prudent doit plus craindre en sa propre conduite, & lors qu'il est en sa libetté qu'alors que Dieu prend la peine de le gouuerner & de le conduire. Mais bien vn fol sans doute trouueroit bon de quitter son maistre, sans considerer qu'il se faut tousiours tenir à ce qui est bon : & celuy qui a bon sens, veut tousiours demeurer où il fait meilleur. Or se departir de la vie, c'est sortir de la tutelle en laquelle Dieu nous tient, & où les sages ayment à demeurer, c'est pourquoy ils ne peuuent mourir qu'à regret, & les fols seulement se peuuent resiouyr à la mort.

Socrate ayant ouy cela, print plaisir à la subtilité de Cebes, & se tournant vers nous: Tousiours, dit-il, ce Cebes examine tout iusqu'au bout, & ne se laisse point facilement persuader à qui que ce soit. Et moy, respondit Simias, ie crois que ce que Cebes nous vient de dire est quelque chose : car à quel propos les hommes qui sont sages, voudroiét-ils laisser ceux qu'ils trouuent estre plus sages qu'eux, & les fuyr ? Là Cebes dit à Socrate, c'est à vous à qui parle Simias, qui nous abádonnant sans regret, quittez aussi sans remords les Dieux que vous confessez vous mesmes estre bons & capables de vous gouuerner. Vous auez raison, dit Socrate, vous voulez que ie me deffende en iugement. Il est vray, respondit Simias. Ç'a dit Socrate, ie m'en vay respondre encor plus exactement que ie n'ay fait deuant les Iuges.

Si pour m'enuelopper des mortelles tenebres
I'aymois à me plonger dans les ruisseaux funebres
Dont Charon tient le port
Auec la seule enuie
De me rendre à la mort,
Pour souffrir les regrets d'auoir perdu la vie,
Mon desir seroit plein de crime

Et quiconque raisonne ainsi,
N'a point de cause legitime
Qui le fasse partir d'icy.
Mais ie sçay qu'estoignant la masse de la terre
Ou tant d'aduersitez m'ont tousiours fait la guerre,
Ie seray comme vn Dieu
Et que dans l'autre monde
Ie dois trouuer vn lieu,
Où pour les gens de bien toute douceur abonde.
Là les fatales ordonnances
Donnent la ioye & les tourmens:
Les bons prennent les recompenses
Et les mauuais les chastimens.

C'est ce que ie croy veritablement, mes amis, & d'où ie dois prendre plus d'occasion d'esperer que de craindre.

Là les hommes sont d'vne race
Presque pareille au sang des Dieux,
C'est où les grands Iuges des Cieux
Feront interiner ma grace.

Pour estre bien asseuré de rencontrer au sortir de ceste vie vne societé d'hommes tant excellens, ie ne m'en oserois point vanter : mais d'y trouuer des Dieux tous puissans & tous bons, ie le tiens tout certain, & l'afferme autant que ie puis affermer chose du monde.

C'est pourquoy sans aucun remords
Visitant le pays des morts,
Mon esprit ioyeux s'imagine
Qu'il est icy comme estranger,
Et qu'il va d'vn lieu passager,
Vers le lieu de son origine.

Voudrois-tu bien, dit Simias, t'en aller d'auec nous, auec ceste cognoissance, sans nous en faire part, puis que c'est vn bien qui nous touche à tous aussi bien qu'à toy? Ne pense point t'estre acquité enuers nous d'aucune sorte de deuoir, si tu ne nous apprends ceste doctrine, & ne nous persuade point ton opinion.

SOCRATE.

I'y feray tout ce que ie pourray: mais sçachons vn peu plustost ce que Criton nous veut dire: car ie vois qu'il y a desià long-temps qu'il veut parler à moy. Ie n'ay autre chose à vous dire, respondit Criton, que ce que le bourreau m'a desià dit cent fois, que vous ne deuez point tant parler, pource que cela vous eschauffe, & peut empescher l'operation du poison, il s'en est trouué à qui il a fallu reïterer la prise deux ou trois fois pour ce suiet. Laissez-le là, dit Socrate, qu'il fasse sa charge, & appreste du poison pour trois ou quatre fois s'il veut. Ie sçauois bien, dit Criton, que ie ne tirerois autre chose de vous pour cét aduis: mais le bourreau m'en importune, il y a desià long temps.

SOCRATE.

Laissez-le là. Or mes Iuges, ie m'en vay vous rendre raison, pourquoy vn homme qui a cõsommé tout son aage en l'estude de Philosophie, doit attendre la mort auec asseurance, & qu'il doit esperer de grands biens au sortir de ce monde: & voyez mes amis, comme quoy il me semble que cela se doit entendre.

Celuy qui dans les solitudes
De trop d'Amour de discourir,
S'enseuelit en ses estudes,
Semble t'il pas tousiours mourir.

Perclus des appetits du monde,
Dans la stupidité profonde,
Où le tient sa forte raison?
Il a tousiours la mort dans l'ame,
Et ne songe que de poison,
De precipices & de flamme.
Dans le cours de l'aage mortel,
Le Philosophe est de sia tel,
Qu'vn autre apres l'ame rauie,
Le mal luy passe pour le bien
Et quand il meurt il ne fait rien
Que ce qu'il fait toute sa vie.

Il faudroit donc bien trouuer estrãge que les Philosophes qui ne trauaillent toute leur vie qu'à chercher la mort, fussent faschez de la trouuer, & qu'ils se plaignissent d'auoir en fin obtenu ce qu'ils auoient tant demãdé. Simias riant dit à Socrate, vous me faites rire, & si ie n'en ay point d'enuie: car plusieurs à mon opinion, s'ils auoient ouy cecy, le trouueroient fort à propos cõtre les Philosophes. Et nos Atheniẽs aduoüeroient infailliblement que les Philosophes meurent à la verité, & que pourtãt ils n'ignorẽt pas qu'ils meritent la mort. Ils ne le dirõt pas peut-estre sans raison, dit Socrate, s'ils adioustoient qu'ils ne l'ignoroient pas, c'est à dire, que les Philosophes n'ignorent point qu'ils meritent l'hõneur de mourir, car veritablement ils n'ont iamais sceu comme quoy les Philosophes s'estudient à mourir, & sont dignes de la mort: mais laissons ces gens là, & parlõs à nous mesmes. Pensons nous que la mort soit quelque chose? sans doute c'est quelque chose, dit Simias.

SOCRATE.

Est-ce autre chose que la separation de l'ame d'auec le corps ? & si estre mort, ce n'est point auoir le corps à par sans ame , & l'ame aussi separée du corps se soustenant d'elle mesme , la mort peut-elle estre quelque autre chose ? Rien du tout, dit Simias.

SOCRATE Prenez bien garde, si nous sommes bien d'accord vous & moy en cecy, & vous trouuerez plus aisément ce que vous demandez : Croyez vous que ce soit à faire au Philosophe de s'estudier aux voluptez , & employer son soing à la desbauche, cōme au plaisir des viādes delicates, & des bons vins ?

Est-ce pour le plaisir infame,
D'engloutir des mets precieux
Et pour des vins delicieux,
Que ie dois trauailler mon ame ?

SIMIAS.

Ceste volupté est trop lasche pour occuper vn Philosophe.

SOCRATE.

Crois-tu que le plaisir d'aimer
Qui ne vient point dans la pensee,
Sans rendre nostre ame insensee,
Soit digne de nous animer ?

SIMIAS.

Non, ie crois que ceste mollesse est indigne d'vn homme de bon sens ; & qu'vn esprit pour robuste qu'il soit, demeurant long-temps en ceste frenaisie, est en danger de s'affoiblir ; & de se mettre en fin hors d'esperance d'amendement.

SOCRATE.

L'aise d'estre vestu de soye,
De voir l'or & les diamans,

Esclatter sur ses vestements,
Est-ce vne veritable ioye?

SIMIAS.

Ny cela encore : car vn Philosophe ne se doit point empescher l'esprit du soin de ces petites choses, ny s'en seruir qu'en la necessité de l'vsage de la vie.

SOCRATE.

Vous sçauez bien que l'estude & l'occupation d'vn Philosophe ne doit point estre apres le corps, mais qu'il s'en doit esloigner pour vacquer seulement à la culture de l'esprit.

SIMIAS.

Il me le semble ainsi.

SOCRATE.

De là vous voyez comme le Philosophe plus que nul autre homme, tasche de separer & d'affranchir l'esprit de la contagion, & du commerce du corps.

SIMIAS.

Il est vray.

SOCRATE.

Et cependant, la pluspart estiment vn homme mort qui n'a point le goust des voluptez corporelles.

Ceux que la vanité n'a iamais peu saisir,
Ceux à qui les thresors n'ont iamais fait d'enuie,
Qui ne languissent point dans l'amoureux plaisir,
Dont le ieu ny le vin n'ont touché le desir,
On les estime morts au milieu de la vie.

SIMIAS.

C'est veritablement l'erreur de la pluspart des hommes.

SOCRATE.

Au reste, il ne faut point penser que l'esprit se puisse en aucune sorte aider du corps, pour paruenir à la cognoissance des choses : car les sens corporels ne sont point entiers ny asseurez. La veuë & l'ouye sont les principaux ; & puis que ceux-là nous trompent manifestement, & que faut-il attendre des autres ? Il faut donc que l'ame se retire à part, & que les yeux fermez & les oreilles closes sans aucun diuertissemẽt de douleur ny de ioye, elle se ramasse en soy-mesme, laisse là le corps à part, & sans doute en cét estat, elle se dispose à sentir la verité des choses, & à la cognoistre. C'est où tu vois combien l'esprit d'vn Philosophe tient le corps à mespris, car il fuit de luy, & mesme semble mettre sa vie à part. Encore Simias, ie te veux faire aduiser de cecy, ce que nous appellons, ou iuste, ou bon, ou beau, est-ce quelque chose, ou si ce n'est rien ?

SIMIAS.

C'est sans doute quelque chose.

SOCRATE.

Cela se peut-il voir des yeux corporels, non plus que santé, grandeur, force, & toute autre essence ; c'est à dire, ce qu'vne chose est, les yeux le voyent-ils ? ou quelque autre sens corporel le peut-il comprendre ? Certes nullement ; car c'est en effect de la pensée, & de la meditation de l'ame ; & pour y venir, il faut se porter entierement dans l'imagination, s'esloigner de tous les obiects par où le corps nous peut destourner, & resuer profondement dans l'ame, sans rien cõmuniquer du discours aux facultez du corp qui ne fait que troubler l'esprit, & luy mettre des nuées au deuant de la verité. De là tu vois que les

Philosophes se doiuent tenir en leur opinion, & raisonner ainsi entr'eux-mesmes. Il est donc clair & facile à prouuer par la voye de nostre propre sens, que tant que nous aurons vn corps, & que nostre ame sera meslee à la contagion de tant de mal, il nous est impossible de bien obtenir ce que nous desirons. Car le corps nous donne des empeschemens sans nombre, qui nous viennent de la necessité de sa nourriture, & quel moyen de venir à la pure cognoissance de la verité au trauers des conuoitises, amours, craintes, esperances, & d'vne infinité d'images que les vapeurs donnent au cerueau, d'air & de fumée? Les guerres & seditions ne nous entrent dans l'esprit que par la cupidité, ou par l'alteration du corps; car tout se fait pour l'amour de l'argent, & on est contrainct de cercher de l'argent pour l'amour du corps, d'autant qu'il est necessaire à son vsage, & cela ne laisse point à l'esprit la liberté qu'il luy faut pour l'estude de la Philosophie. Vn obiect aimable peut à l'instant destourner l'ame la plus tenduë à son discours.

Qu'vne beauté vienne à passer,
Deuant les yeux d'vn homme sage,
L'effort que fait vn beau visage
Luy diuertira le penser,
Et luy saisira le courage.

Et telles autres nuées qui s'esleuent ordinairement du corps, pour faire ombre à l'esprit, & troubler l'imagination.

L'homme n'a point de liberté,

Et ce que la diuinité
Nous donne d'ardeur & de flame,
Relasche ses plus beaux efforts,
Tant que le sentiment du corps,
Participe à celuy de l'Ame.
Ce que nostre espoir a de beau,
Est renfermé dans le tombeau,
C'est où le sage doit attendre
L'euenement de ses desirs
Et le comble de ses plaisirs,
Que l'enfer ne luy peut deffendre.

Ainsi la contagion du corps estant si contraire à la contemplation, il s'ensuiuroit que nous ne pouuons estre sçauans, ou que c'est apres la mort, & que tant que nous viuons, à mesure que nous nous tenons separez du corps, nous faisons plus de chemin vers ceste science que nous attendons parfaicte apres cette vie.

Quittans la masse de la chair
Parmy les vers enseuelie,
Le sçauoir qui nous est si cher
Alors succede à la folie.

C'est alors que nous allons recueillir les fruicts de la Philosophie, & que de nous mesmes, sans trauail, nous trouuerons la vraye sagesse, & la cognoissance de ce qui est entier, c'est à dire au vray, & nostre ame simple & pure, loing de la contagion du corps, & de ses frenesies, se trouue dans vne conuersation bien-heureuse d'autres esprits ainsi purs & sages : autrement pleins d'infection & des grossieres

sieres humeurs que le corps tire de la terre, serions-nous dignes de la societé des esprits purs, qui demeurent la haut?

SIMIAS.

Ceux qui ont enuie d'apprendre, doiuent sans doute ainsi parler & croire. S'il est ainsi dit Socrate, celuy qui s'en va en l'autre monde où ie vay, doit estre bien aise: car il s'en va où il est asseuré de trouuer en abondance, ce qu'il a cherché icy auec tant de soin durant la vie.

Et ne crois point que ie m'estonne
Pour la contrainte de partir
Ny que ie pense à diuertir
Le congé que la mort me donne.
Ie beny le Iuge & la Loy,
Ceste rigueur ne m'est point dure:
Et quiconque aura l'ame pure,
Aymera la mort comme moy;

Et ceste purification d'esprit n'est autre chose que se retirer d'auec le corps autant qu'on peut.

L'ame n'est point nette & purgée,
Tant qu'elle demeure engagée
Sous la stupidité du corps,
Et languit tousiours asseruie
Aussi bien dans la nuict des morts,
Que dans les clairtez de la vie.
Il luy faut donner des obiects,
Loing des ressentimens abiects,
Dont la masse du corps la pique,
Sans cela le raisonnement

Dont sa diuinité s'explique,
Ne paroist iamais clairement.

Aussi nette de cette contagion, elle void la verité, & trouue en elle mesme de grandes & pleines matieres de se contenter. Le mestier du Philosophe, est de la rendre telle, il ne trauaille qu'à cela: aussi estant paruenu à son dessein, il faut croire qu'il en a bien de la ioye, & que cela est incõpatible qu'il mette tant de soin à rendre son ame toute separée du corps, mesme dés le temps de la vie, & qu'il fust fasché de la mort où son esprit ne peut estre autre chose que ce qu'il a desiré qu'il fust tant qu'il viuoit, c'est à dire parfaictement sçauant, & libre du cõmerce du corps, comme il taschoit à s'en despetrer, & dauantage pour ne trouuer point absurde que les Philosophes se plaisent dans la mort, considerons:

Si pour l'amour d'vne maistresse,
D'vn amy, d'vn fils, d'vn parent,
Vn violant desir nous presse
De le suiure mesme en mourant.
Et iusques dans les bords funestes
D'vn ruisseau qui n'a point de fons,
Au trauers des feux & des pestes,
Reuoir des Manes vagabonds.
Laissons à nos molles pensees
Pleines d'amour & de pitié,
Rebaiser dans les Elizées,
Les ombres de leur amitié.
Vn Philosophe de qui l'ame
N'a d'amy, de parent, de femme,
Que la sagesse & le sçauoir,

Ne craint point de finir sa vie:
Car c'est ainsi qu'il pense voir,
Tout ce dont il auoit enuie.
Et sans doute alors que nos yeux,
Laissent leur clairté coustumiere,
Ils trouuent en des plus beaux lieux,
De plus beaux esclats de lumiere.
Et nostre esprit qui void icy
La verité dans vne nuë,
Apres la mort mieux esclaircy,
La void entiere & toute nuë?

C'est bien donc hors d'apparēce qu'vn Philosophe se fasche de mourir, puis qu'il est pasionnément amoureux de la vraye sagesse, qui ne luy peut arriuer qu'en la mort. De là il s'imagine veritablement que ceux qui ayment tant la vie, & ne peuuent la perdre qu'auec douleur, ne sont pas Philosophes.

Le sage auec plaisir eschappe à son lien,
Et n'est iamais fasché de renoncer au bien,
Où l'auare se fie;
Et quiconque finit auecques du regret,
N'a iamais entendu le bien heureux secret
De la Philosophie.

Celuy qui a du regret à la vie, tesmoigne ouuertement que sa pasion estoit moins à l'estude de la sagesse, qu'au seruice de quelque beauté, & la recherche d'vne vaine gloire, où à la poursuitte des richesses. Au reste ces vertus de resister aux afflictions, & de ne se point lascher aux voluptez, l'vne desquelles on appelle courage, & l'autre temperance n'appartiennent proprement qu'aux Philosophes : car dans l'esprit des autres hommes, ces mesmes vertus à les bien entẽdre, sont absurdes, puis qu'il est vray qu'ils estiment la mort, vn des plus grands malheurs du monde ? s'ils viennent à la souffrir constamment, & auoir moins d'horreur, il faut que ce soit pour la crainte de plus grands maux: si bien qu'ils sont vaillans de peur, & sans l'apprehension d'vn plus grand mal, ils auroient moins de courage à supporter la mort. Pour la vertu de temperance, ils ne la sçauroient auoir, car la temperance proprement.

C'est donner la borne aux desirs,
Et parmy les honteux plaisirs,
Où la chair languit endormie,
Tenir l'ame à sa liberté,
Et la sauuer de l'infamie,
Où la porte la volupté.

Ceste vertu ne se donna iamais qu'à vn Philosophe : les autres en l'estude de la temperance s'ils s'abstiennent d'vne volupté, c'est pour se rendre plus capables d'vne autre, & ne surmontent iamais vne mauuaise passion, qu'apres estre vaincus d'vne pire, aussi ne sont-ils iamais temperans que par intemperance. Or prenons garde icy que nous ne pensions que ce soit la voye de la vertu, que ce changement de voluptez, de craintes ou de douleurs l'vne à l'autre, & de la moindre à la plus grande, cõme vn change de monnoye : mais que la bonne piece est seulement celle qui faict changer le reste, & le mettre en vente : c'est à sçauoir, la sagesse &

la prudence, pour laquelle & auec laquelle toutes choses sont achetées & venduës, & que c'est aussi la force ou courage, la temperãce & iustice; & en somme la vraye vertu auec la sagesse, & la prudence sans en oster les voluptez ou craintes, & autre sorte de passions qui suruiennent; ou si separée de la sagesse, elle ne vient point à changer en elle mesme, & que telle vertu ne soit qu'vne vertu seruile, vne ombre, & vne apparence qui n'ait en soy rien de sain ny de vray, & que la pureté & verité de la vertu soit en la purification de tout cela, & que la temperance la iustice, force, & sagesse soit vne sorte de purification.

Ie crois que les premiers mortels,
Meritent presque des Autels
Tant leur ame fut curieuse
D'obliger la posterité,
En nous laissant la verité,
Sous vne ombre mysterieuse.
Leurs preceptes nous ont appris,
Que les lourds & vilains esprits
Dont l'humeur pesante & grossiere
En viuant ne se purge pas,
Se trouuent apres le trespas,
Enseuelis dans la poussiere.
Ces froides horreurs de l'Enfer,
Cette nuict, ces vieux licts de fer,
Où se vont coucher les furies
Ce gros chien qui iappe au portal,
Ces grandes plaines de voiries
Sont leur eternel hospital.
Mais vn esprit que la vertu

A sceu piquer de son estude,
Et qui tient dans la seruitude
Le desir du corps abbatu,
Quittant le monde il quitte la misere,
Et prenant au Ciel son quartier,
Au lieu de rencontrer vn Charon, ou Cerbere,
Il ne void que des Dieux en son heureux sentier.

Pour trouuer hors de ceste vie vn sejour heureux ; il faut estre homme de bien, & n'auoir point l'esprit soüillé des vices du monde: c'est comme on dit, il y en a beaucoup qui portent le Tyrse, mais peu qui soient des Bacchus. Par ces Bacchus, i'entends ceux qui ont Philosophé de bonne sorte, parmy lesquels ie ne pense point estre des derniers, ce que ie sçauray bien tost, si Dieu le permet: car ie n'ay plus guere à l'essayer. Voila mon excuse, ô Cebes! Pour la constance que tu me reproches lors que ie laisse ainsi mes amis sans regret, c'est que i'espere en trouuer d'autres, où ie vay, qui ne valent pas moins que ceux-cy. Ie sçay bien que peu de gens ont ceste creance: mais si les discours que ie vous viens de faire pour ma deffense, vous ont mieux persuadé qu'aux Atheniens, me voila content, & tout va bien. Tout cela, dit Cebes, est tres-bien discouru, tu as traitté toutes ces matieres tres bien à mon gré: il faut que ie te fasse vne question, & que ie te mette en discours pour ce qui est de l'ame, particulierement: car plusieurs doutent qu'elle soit immortelle, & quelques vns croyent.

Que l'ame dans vn corps viuant
Qu'vn peu de feu tient allumée,

En la mort n'est qu'vn peu de vent,
Qui se pert comme vne fumée.
Que si tout l'homme ne meurt pas
Du coup de ce commun trespas,
Ie crois qu'apres cette lumiere,
L'ame est en sa perfection,
Et trouue vne condition
Plus heureuse que la premiere.
Socrate ce que tu promets
Des biens qui durent à iamais,
Dedans le logement celeste,
Aduiendra comme tu le dis,
S'il est vray que nostre ame reste
Quand le tombeau tient refroidis,
Soubs vne glace à tous funeste,
Les organes qu'elle eut iadis.

Voyons donc, dit Socrate, ce que nous trouuerons de probable en ceste matiere : ie la trouue serieuse, & ne pense point qu'on puisse dire que ie m'amuse icy en des discours qui n'en vallent pas la peine. Cōsiderons premieremēt s'il faut aduoüer que les ames des morts sont aux Enfers, ou si elles n'y sont point.

On croit de longue main que les esprits des morts,
Que les siecles passez ont appellez des ombres,
Apres auoir quitté la despoüille du corps
Occupent dans l'Enfer quelques demeures sombres:
Et que n'estant point asseruies
Dans vn trespas perpetuel,
Par vn changement mutuel
Elles font de nouuelles vies,
Et quittant les royaumes vains
Reuiennent dans les corps humains.

Que si cela est vray que des morts les viuans puissent encore renaistre, nos ames seroient là sans doute : car elles ne sçauroient reuenir à la vie, si elles n'estoient en quelque part. C'est donc vne conjecture assez suffisante, pour nous faire entendre que nos ames sont là, s'il est vray que les viuans ne puissent venir que des morts. Que si cela n'est point, il nous faudra trouuer vne autre raison, & pour bien comprendre cecy, ne prenons pas garde seulement à ce qui est des hommes: mais encore de toutes sortes d'animaux & de plantes, & de toutes les choses au monde qui s'engendrent, considerons s'il n'est pas vray que chasque chose se fasse de son contraire, pour tout ce à quoy il eschet d'auoir vn contraire, comme le beau & le laid, le iuste & l'iniuste sont contraires, & mille autres choses comme cela, sçauoir s'il est necessaire que ce qui a vn contraire ne puisse en aucune chose estre fait que de son contraire, par exemple ce qui se fait plus grand, il est necessaire que de ce qu'il estoit auparauant, c'est à dire d'vne chose moindre, il soit ainsi deuenu plus grand, de mesme ce qui se faict à cett'heure moindre, s'est fait ainsi moindre en se diminuant de quelque chose plus grande : de mesme ce qui se faict plus robuste, c'est d'auoir esté plus foible, ou plus meschant, d'auoir esté meilleur, ou plus tardif d'auoir esté plus viste, C'est ainsi que nous trouuons que toutes choses se font de leur cõtraires. Or il se trouue vn milieu entre les deux contraires, ce qui est la generation, le progrez ou passage de l'vn à l'autre, comme entre ces deux contraire plus grand, & moindre, le milieu c'est l'accroissement & le descroissement : ainsi nous disons que l'vn diminuë, &

que l'autre croist, comme du froid & du chaud ; on dit aussi, eschauffer & refroidir, cela comme tous autres contraires, se discernent ainsi, & se confondent mutuellement. Et combien que le nom des choses en plusieurs endroits vienne à manquer, tenons en effect que tout se fait de son contraire, & que leur milieu c'est la generation qui passe de l'vn à l'autre. Au reste ce que nous appellons, n'a-il point son contraire, comme veiller a pour son contraire dormir, & viure aussi a pour son contraire mourir ? ces deux choses ne se font-elles pas l'vne de l'autre, puis qu'elles sont contraires ? Et n'ont elles point deux generations ou progrez, comme elles sont deux pour reuenir de l'vne à l'autre ? Ainsi comme le veiller & dormir sont deux contraires, mourir & viure le sont aussi, comme du sommeil se fait la veille, & de la veille le sommeil, ainsi de la vie se faict la mort, & de la mort aussi la vie. (Et puis qu'il est ainsi, & que si necessairement il se fait quelque chose du mort, il faut que ce soit vn viuant, nos ames sont sans doute aux Enfers) comme la generation & progrez du veiller au dormir s'appelle s'endormir, & comme le progrez & generation du dormir au veiller s'appelle s'esueiller, ainsi le progrez de la vie à la mort s'appelle trespasser, & le progrez & la generation de la mort à la vie ne se trouuera-il point ? La Nature seroit elle manque & defectueuse en ce seul point ? Il ne le faut pas croire. Nous trouuerons donc la generation de la mort à la vie, & ce progrez s'appellera ressusciter, si bien que des morts viennent les viuans, aussi bien que des viuans se font les morts. Et de là s'ensuit qu'il faut necessairement que les ames des morts soient en quelque lieu d'où elles puissent reuenir sans ce rechangement d'vne chose à l'autre, & sans ce progrez de generation par lequel les choses se refont ainsi d'elles mesmes, & reuiennent dans la nature, comme par vn tour de cercle tout à la fin tomberoit en mesme figure, & rien ne se feroit plus, comme si toutes les choses venoient à tomber dans vn profond sommeil dont elles ne peussent se releuer iamais. Tu crois bien que toutes choses seroient à la fin reduictes en vn mesme estat, & sans doute.

Ce qu'on dit d'vn Berger Amoureux de la Lune,
Dont iamais le sommeil n'a peu fermer les yeux:
Ce n'est que le discours d'vne fable importune,
Et le foible entretien d'vn esprit ocieux.

Que si toutes choses venoient à se confondre, & se mettre en estat de n'estre point discernées, il arriueroit ce que dit Anaxagoras, que toutes choses sont ensemble.

L'ombre esteindroit ceste lumiere,
Et les Eslemens desmolis
Se trouueroient enseuelis
Dans la difformité premiere.

Car si ce qui est en vie, meurt, & qu'estant mort il ne puisse ressusciter, il s'ensuiura que tout finit, & que rien ne peut viure.

Tout ce que le Soleil void naistre,
Est contraint de laisser son estre
Dans les laqs d'vn mortel sommeil,
Si de là rien ne nous deliure,
Pour reuenir vers le Soleil,
En fin tout cesseroit de viure.

Mesme, bien que les viuans donnent vie à d'autres, si tous sont subjects à perir sans renaistre, à la fin pourroit-on voir aussi tout esteint ? Ie le crois, dit Cebes, & ne pense point auoir esté surpris pour mettre à cecy ; qu'il y a vne resurrection ; que des morts il reuient d'autres viuans, & que les ames reuiennent apres les corps, & qu'apres cette vie les bons en trouueront vne meilleure, & les meschans vne pire. Cecy me remet au souuenir ce que tu as accoustumé de dire, que toute nostre discipline n'est qu'vne reminiscence. S'il est ainsi, il faut qu'en vn autre temps auant qu'estre en ce monde, nous ayons appris ce dont il nous souuient maintenant.

Ce qui vient dans les fantasies,
Des plus belles ames saisies,
D'vn desir ardant de sçauoir,
Est comme vne leçon seconde,
Par où nostre esprit va reuoir,
Ce qu'il veid en vn autre monde.
Et ne faict que s'entretenir,
Des choses autrefois cogneuës,
Que l'ombre d'vn ressouuenir
Auoit encore retenuës.

Ce qui ne se peut, sans que nos ames ayent esté ailleurs auparauant que de venir en ceste forme humaine.

De là se tire vn iugement,
Que nostre ame a vescu chez elle,
Loin de ce mortel logement,
Pour monstrer qu'elle est immortelle.

Ie te prie, ô Cebes, dit Simias, dy moy quelles demonstrations tu as pour nous prouuer ton dire ?

En voicy vne tres-belle raison, respond Cebes, que les hommes quand on leur demande quelque chose, si c'est quelqu'vn qui les sçache bien interroger, ils respondent à propos, & disent les choses comme elles sont; ce qu'ils ne sçauroient faire s'il n'y en auoit dans leur esprit quelque certaine science & vne raison droicte; & si on les applique à la Geometrie en ses figures & descriptions, on verra que nos esprits ont certaines cognoissances desià acquises.

Alors qu'vne diuine flamme
Auec des incogneus ressorts,
Pousse les mouuemens de l'ame
Dedans la masse de nos corps,
Des communes intelligences
Que l'esprit ne sçauroit cacher,
Par les sentimens des sciences,
Se communiquent à la cher.

Les raisons que Cebes amena, contēterent Simias, & luy remirent dans l'esprit la persuasion qu'il auoit euë auparauant toute, & creut que leur discipline n'estoit autre chose qu'vne reminiscēce, il eut toutesfois enuie d'en ouyr parler Socrate, en discourant ainsi.

SOCRATE.

Pour se ressouuenir de quelque chose, il faut l'auoir sceu auparauant, quand la science de quelque chose nous vient de ceste façon, il faut aduoüer que c'est vne reminiscence, & voicy comme ie le prends: si quelqu'vn apres auoir veu quelque chose, ou entendu, vient à se ressouuenir, non seulement de cela, mais encore de quelque autre chose en suitte dont la cognoissance est differente, le ressouuenir de ceste chose plus esloignée s'appelle reminiscence, comme par exemple la cognoissance d'vn homme & d'vn luth sont des choses differentes, & lors qu'vn amoureux vient à voir le luth dont il a veu ioüer sa maistresse, il se souuient aussi tost de sa maistresse.

Si ie passe en vn iardinage
Semé de roses & de lys,
Il me ressouuient de Philis,
Qui les a dessus son visage.
Diane qui luit dans les Cieux,
Tousiours ieune, amoureuse & belle,
Me la remet deuant les yeux,
Pour ce qu'elle est chaste comme elle.
Ie la vois si ie vois l'Aurore,
Et quand le Soleil luit icy,
Il me ressouuient d'elle aussi,
Pource que l'Vniuers l'adore.
Les Graces dedans vn Tableau,
Le petit Amour & sa flamme,
Bref tout ce que ie voy de beau,
Me la faict reuenir dans l'ame.

Ainsi pensant à Cebes, on peut aussi penser à Simias, & cela s'appelle reminiscence : Mesme lors qu'il arriue qu'on se ressouuient des choses que la longueur du temps & la nonchalance auoient effacées de la memoire, & ne se peut-il pas faire que voyant vn cheual peint, ou vn lict peint, on vienne à se ressouuenir d'vne personne ? & qu'à voir la peinture de Simias, on se represente aussi Cebes,

Ainsi voyons nous que la reminiscence arriue par le moyen de ce qui est approchant & semblable, & par le moyen aussi de ce qui est dissemblable.

Au seul ressouuenir d'auoir couru les eaux,
Nos rapides pensers volent dans les estoilles,
Et le moindre instrument qui sert à des vaisseaux,
Nous fait ressouuenir du cordage & des voiles.

Mais alors qu'on vient à se rememorer d'vne chose par quelque autre qui luy ressemble, il faut sçauoir recognoistre par dessus du deffaut en la ressemblance de la chose qui nous vient au souuenir. Vn peu d'attention icy, disons nous pas qu'il y a quelque chose qui s'appelle esgal ? Ie n'entends point d'vn bois esgal à vn autre, ou vne pierre à vne autre, ou autres choses de mesme : mais i'entends quelque chose hors de tout cela, qui s'appelle l'esgal, & cét esgal est-ce quelque chose ? Sans doute, respond Simias, & la cognoissance de l'esgal nous est venuë pour auoir veu des bois & des pierres ou autres choses esgalles, nous auons imaginé cét esgal qui est autre chose que les bois ou pierres, ou autres choses esgalles : Car ce mesme bois ou pierres se disent quelquesfois esgaux, & quelquesfois inesgaux pour diuers respects : mais ce qu'on appelle esgal ou inesgal, esgalité ou inesgalité, est tousiours & ne change point. C'est pourquoy les choses esgalles & l'esgalité ne sont pas mesme chose : & cependant de ces choses esgalles qui ne sont point l'esgal ; nous auons tiré la cognoissance de l'esgal. Ainsi soit du semblable ou du dissemblable. Alors que par vn object vous vous representez quelque autre chose, soit femblable ou non ; il se faict necessairement vne reminiscence. Or voyons si nous procedõs ainsi enuers les choses qui sont dans celles que nous apelõs maintenant esgalles, bois, pierres, & autres choses; faut-il penser qu'elles soient aussi esgalles que l'esgal mesme ? il s'en faut beaucoup. Ne confessons nous point qu'vn homme qui void & considere attentiuement vne chose laquelle il desire estre pareille, & tout à faict à vne autre chose qui l'est en effect, s'il void que ce qu'il desire deuienne tel, & est deffectueux, & qu'il cognoisse qu'il differe, & est esloigné de beaucoup de ce qu'il voudroit qu'il peust deuenir, qu'il faut que cét homme ait veu & cogneu autresfois la chose ressembler vn peu, où il cognoist qu'elle ne peut paruenir entierement. Il nous en arriue de mesme en ce discours de l'esgal: car il faut que ce que nous appellons esgal, que nous auons cogneu d'abord par les choses esgalles, & qui est plus qu'elles, & à la perfection duquel les autres taschent d'atteindre, il faut que ce soit necessairement quelque chose que nous auons eu autresfois dans l'esprit: mais que nous n'auons sceu cognoistre que par quelqu'vn de nos sens, veuë, ouye, attouchement, ou quelque autre.

SIMIAS.

Il faut faire voir, ô Socrate, que ce dont il est question s'en va là, & se traitte de mesme. Et sans doute de la faculté des sens que nous entendons, que toutes les choses qui sont sousmises au sens, appetent ce qui est esgal, combien qu'elles ne se puissent attaindre. Il est ainsi, dit Socrate: car auant que nous commençassions à voir, ny ouyr, ou vser de quelque autre sens, il falloit bien que nous eussions la cognoissance du vray esgal, c'est à dire, ce qu'est l'esgalité, puis que nous luy voulons rapporter tellement les choses esgales sousmises au sens, que nous sçachions iuger qu'elles taschent à deuenir iusqu'à ce poinct ou est l'esgal mesme: mais qu'elles demeurent imparfaictes, & ny peuuẽt paruenir. Cela dit Simias, suit necessairemẽt de ce que nous auons dit cy dessus. Or dit Socrates.

Aussi tost qu'vne creature
Vient à paroistre en l'Vniuers,
Chacun des sens de la Nature
Trouue les obiects descouuerts.
Nostre ame d'abord est pourueuë,
Dans vn corps sans empeschement,
D'ouye, de goust, & de veuë,
D'odorat & d'attouchement.

Dés le moment que nous nasquismes, nous commençames à voir & ouyr, & d'entrer en la cognoissance de tous les autres sens, & falloit qu'auparauant nous eussions eu la cognoissance de ce qui s'appelle égal. Partant il est necessaire que nous l'ayons compris auant que de naistre. Que si nous auons eu ceste cognoissance deuant nostre natiuité, il est probable que nous l'auions aussi en la naissance, & que nous sçauions deuant que de naistre, & aussi tost apres estre nais, que c'est que l'egal plus grand ou moindre, beau, bon, iuste, sain; & autres, ausquels nous asignons proprement & attribuons vn estre veritable, & en interrogeant, & en respondant. Si bien qu'il est necessaire que nous ayons eu la cola cognoiſſance de tout cela auant que de naiſtre. Que ſi apres auoir receu des ſciences, nous venons à ne les point oublier, comme nous faiſons, il s'en-ſuiuroit que nous ſerions nais auec les ſciences, & que durant tout le cours de noſtre vie, nous les garderions & ſçaurions tout. Or oubly n'eſt autre choſe que perte de ſçauoir. Que s'il eſt vray qu'eſtans nais nous ayons perdu le ſçauoir que nous auions auparauant, & apres par l'aide des ſens nous recouurions ce ſçauoir, ce que nous appellons apprendre, ſeroit-ce point recouurer noſtre propre ſçauoir qui eſtoit à nous auant que de naiſtre? & ce recouurement ſe peut-il appeller vn reſſouuenir? car il aduient auſſi comme nous auons deſià faict voir, qu'en oyant ou voyant quelque choſe, on ſe remet ſouuent en l'eſprit quelque autre choſe, ſoit ſemblable ou non; à celle qu'on void ou qu'on oyt, ce qui s'appelle ſe reſſouuenir. Ainſi de deux choſes l'vne, ou nous naiſſons ſçauans, & le ſommes toute noſtre vie, ou ce que nous apprenons s'appelle reſſouuenir, & toute la diſcipline n'eſt autre choſe qu'vne reminiſcence, & lequel des deux, Simias, aymes-tu le mieux aduoüer, ou que nous naiſſions ſçauans, ou que nous venions apres à nous reſſouuenir des choſes que nous auons ſceuës autresfois? Ie ne ſçay, reſpond Simias, lequel des deux ie dois choiſir, & nous pourrois-tu bien dire quel en eſt le meilleur choix à ton aduis? Comment, dit Socrate, vn homme ſçauant ne peut il point rendre raiſon de ce qu'il ſçait? Il le faut bien, reſpond Simias, que tous ſoient capables de rendre raiſon de ce que nous traictons icy? Pleuſt à Dieu, dit Cebes,

Mais tout sera finy demain,
Et dés que l'Arrest inhumain
T'aura faict aualler le verre,
Cette matiere va perir :
Car qui peut-on aller querir
En tous les endroicts de la terre,
Qui nous puisse ainsi discourir ?

Ouy. I'ay grand peur que demain il ne se trouue plus personne qui puisse dignement discourir de ce subject. Socrate, Tu crois donc bien que tout le monde ne l'entend point. Cebes, c'est mon opinion. Il faut donc puis qu'ils ne le sçauent pas, & que tous l'ont sçeu autresfois, s'ils viennent à l'apprendre, que ce soit vn ressouuenir, & quand est-ce que nos ames ont receu autresfois les sciences ? Ce n'est pas apres que nous fusmes nais, mais auparauant. C'est pourquoy, dit Simias, il faut qu'auparauant de venir en ceste forme humaine, que nos ames ayent esté quelque part auec sçauoir & intelligence, si ce n'est que peut estre, ô Socrate, nous ayons receu le sçauoir au propre moment de la naissance. Peut estre, dit Socrate. Mais si nous les auons receuës en ce temps là, où est le temps auquel nous les auons perduës en les receuant. Ne sçaurois-tu trouuer quelque autre temps ? dit Socrate.

Nul que ie sçache, dit Simias, & cette derniere doute que ie te viens de dire, n'est rien du monde. Apres tout, dit Socrate, si ce que nous appellons beau, iuste, & toute autre essence est quelque chose en nostre entendement : & que cela ait esté autresfois en nous, & que reuenant à le rechercher nous l'apprenions, & le façions reuenir en l'esprit, il est aussi vray que nostre ame a esté autresfois, mesme auparauant nostre naissance: si bien que comme il est certain que ces choses là, beau, iuste, bon & autre essence sont quelque chose, c'est aussi vne necessité que nos ames ayent esté auãt que nous vinssions sur la terre. Il est assez clair, dit Simias, personne n'en peut guere douter apres ton discours; la dessus ma curiosité,

Laisse mon esprit en repos,
Et tire de tes vrays propos,
Des consequences necessaires,
Mesme Cebes de qui la foy,
Chancelle és choses les plus claires,
Prend tes raisons pour vne loy,
Chacun de nous qui les escoute,
Y trouue ce qu'il a voulu,
Et demeure tout resolu,
Sans aucun ombrage de doute.

Sçache donc que, nous tenons infailliblement que nos ames ont esté auant nos corps: mais pour ce qui est de l'aduenir, sçauoir, si elles sont apres la ruine des membres où elles viuent auiourd'huy.

Quand nos corps trespassez d'vne pierre couuerts
Changent les os en poudre, & la charongne en vers.

C'est dequoy personne de nous à mon aduis, ne se trouue encore persuadé. Car il n'est point incompatible qu'elles ayent esté auparauant la vie corporelle, & pendant la vie; & que nonobstant elles cessent en la mort, puis que nous demeurons d'accord, que les ames ont esté auant que d'entrer dans le corps. Socrate, Nous auons à demy monstré ce qu'elles font aussi apres qu'elles en sont sorties; car si du viuant s'est faict le mort, du mort aussi se doit faire le viuant, & si l'esprit est venu pour animer le corps, & qu'il soit venu du pays des morts: il faut aussi que sortant de ceste vie, il s'en aille vers les morts, & qu'il soit là en quelque lieu d'où il puisse encores reuenir quand il faudra: Mais peut-estre estes-vous dans les craintes de petits enfans.

Il vous semble qu'vn peu de vent,
Aupres des lévres se leuant,
Parmy ses tourbillons emporte
La flamme qui s'en va dehors,
Et que l'ame demeure morte,
En la sepulture des corps,
Mesme que si la douce haleine
De quelque delicat Zephir
Reçoit nostre dernier souspir,
L'ame passe auec moins de peine,
Et que ce petit traict de feu
S'esuanouyssant dure vn peu:
Mais si d'auanture il arriue,
Que l'esprit courant aux sablons,
Qui couurent l'infernale riue,
Trouue en chemin des Aquilons?
Sa route est discontinuée,
D'abord il bronche au monument,
Et se dissipe en vn moment
Bien plus viste que la nuée.

Ie ne sçay si parmy vous, il n'y a point quelque

esprit malade de ces imaginations d'enfant. Pour vous purger de telles fantasies,

Et pour vous empescher de craindre
Les Chimeres d'vne vapeur
Que l'esprit troublé de la peur,
Ne se peut empescher de faindre,
Si la vertu de discourir,
N'est capable de vous guerir,
Il ne faut qu'vne medecine
De breuets & d'enchantemens,
Pour oster toute la racine
De vos sots espouuentemens.

Mais apres que tu seras party, dit Cebes, où trouuerons nous vn Medecin, qui nous sçache appliquer ces remedes.

Si vous auez bien ce desir.
La Grece vous donne à choisir,
Des Esprits qu'on estime au monde les plus rares,
Et s'il vous plaist de voir ailleurs,
Visitez les pays des nations barbares,
Si vous pensez que là se trouuent les meilleurs.
N'espargnez ny soing ny fortune,
Cherchez en terre & sur Neptune,
Les riches cabinets de ses diuins thresors,
Apprenez comme quoy l'on meurt & ressuscite,
Et pour l'amour de l'ame accoustumez le corps
A dormir dans le bruit du fabuleux Cocite.
Mais quoy qu'vn estranger vous puisse auoir appris,
Et que son sçauoir vous contente,
Examinez aussi vous mesme vos esprits.

En ceste matiere importante,
Et possible que parmy tous,
Quoy que nostre pays se vante,
Il s'en trouuera peu qui vaillent mieux que vous.

Mais reuenons à nostre premier propos, & enquerons nous premierement, qu'est-ce à qui il eschet ceste passion, que d'estre dissoult ? Et qu'est-ce qui doit craindre tel accident ou passion, & par quelle partie ? Il faut considerer apres, qu'est-ce que nostre ame ; & ne prendre de ces choses là, ny crainte, ny esperance, qu'en faueur de nostre ame. Il est certain que ce qui se compose, & ce qui est desià composé, entant que composé est subjet naturellement à estre dissoult. Et quand il se trouue quelque chose qui n'est point composée, c'est cela seulement qui se trouue exempt de se voir dissoult : Or ce qui enuers les mesmes choses se trouue tousiours de mesme sorte : cela sans doute doit estre simple, & ce qui ne change diuers respects composez. Reuenons à ces discours que nous auons desià laissez. L'essence qu'on appelle, dont la definition par interrogatoires & par responses, nous a faict l'estre veritable de quelque chose, se trouue tousiours de mesme, & selon mesme choses comme l'esgal, le beau, & tout autre estre, demeure tousiours par soy mesme de mesme sorte, & enuers mesmes choses, sans estre iamais capable d'aucune sorte de changement. Car pour ce qui est de mille autres choses que nous appellons belles, comme cheuaux, hommes, habillemens, & les autres que nous disons ou belles, ou esgales : ceux-là se trouuent d'vne nature contraire à ses essences ; car tout cecy est changeant ; & pour son respect, & pour celuy d'autres choses, ne se trouuant iamais vn, ny de mesme sorte, & sont choses toutes perceptibles aux sens corporels : Mais ces estres veritables, & tousiours constans ne peuuent estre apprehendez ny cogneus que par les seules facultez de l'entendement. Ainsi il sera bon que nous posions deux especes de choses, vne des visibles, l'autre des inuisibles : & que l'inuisible est tousiours de mesme sorte ; le visible non : nous sommes sans plus composez de deux parties, de l'ame & du corps : Le corps est visible, l'ame ne se peut voir au moins des hommes : nostre discours n'est icy que de ce qui touche à la nature humaine, selon laquelle veritablement l'ame ne peut estre veuë. Le corps est de l'espece des visibles, l'ame des inuisibles. Et nous auons desià dit, que l'ame se voulant ayder du corps pour venir à l'intelligence de quelque chose, est trompee, & considere tout faussement.

L'ame courant apres la verité,
Parmy la nuict de tant d'obscurité
Où nostre chair la tient enueloppée,
Trouue nos yeux à son ayde impuissans,
Et sans se voir honteusement trompee,
Ne suit iamais la conduite des sens.

L'esprit serré de la mortelle escorce
Dans ses liens n'a point assez de force,
Pour bien tenir ses organes subiets,
Et corrompu dans ceste masse impure,
L'entendement discerne les obiects,
Tout au rebours de leur propre nature.

C'est la foiblesse du corps qui faict ainsi pencher l'ame vers ces choses que nous disons subiectes à mutations, & qui ne se trouuent iamais de mesme.

Vn'eau bien claire & d'vn roc descoulée,
Ne se peut voir à des torrens meslée,
Sans se troubler par des bourbeux destours,
Et nostre esprit tant soit-il pur & sage,
Parmy les sens ne passe son discours,
Sans le corrompre en ce vilain passage.

Mais quand l'esprit se tient de son appuy,
Que tous les sens sont esloignez de luy,
Quand son discours à soy mesme se fie,
Loing des obiects de basse qualité,
Par les sentiers de la Philosophie,
Il va tout droict à l'immortalité.

Son mouuement le porte aux cognoissances,
Des vrays objects des plus simples essences,
Qu'on ne void point subiettes à changer,
C'est où l'esprit de luy mesme se range,
C'est ce qu'il ayme, & fuir comme estranger,
Ce que Nature assubjettit au change.

Ceste affection de l'esprit, & ceste disposition à se tenir aux choses qui sont tousiours vnes, s'appelle Sapience, & Prudence. Sans doute il nous faut adnoüier de là que l'esprit doit necessairement estre rengé en l'espece de ces choses incapables de mutation, & le corps au contraire. Au reste il faut remarquer encore.

Que l'esprit est le plus puissant,
Et qu'au dessein de quelque chose
Le corps par tout obeyssant,
Se trouue tousiours agissant,
Ainsi que l'ame le dispose.
Cét honneur de commandement
Est vne glorieuse marque,
Et les rigueurs de Rhadamant,
Et les puissances de la Parque,
Ne mettent point au monument
Ce braue & cét heureux Monarque.

Nous pouuons bien iuger d'vne apparence assez claire, que cét aduantage de conduire & de commander est quelque chose de diuin, & que ces necessitez d'obeyr & de suiure tiennent du terrestre, & du mortel. Ainsi de la suitte de tous nos discours precedens, nous trouuerons que l'ame est tres-semblable à ce qui est diuin, immortel, intelligible, d'vne seule forme, indissoluble, qui est tousiours de mesme sorte, & en mesme estat, & que le corps au contraire se rapporte du tout à ce qui est humain, mortel, non intelligible, changeant de forme, subiect à estre dissoult, & qui ne se trouue iamais de mesme sorte, ny en mesme estat. Sçaurois-tu, ô Cebes, amener des raisons au contraire, & prouuer comme quoy il peut estre autrement, que ce que nous disons? Nullement, dit Cebes.

SOCRATE.

Puis donc qu'il est ainsi, il s'ensuit donc que le corps est vne chose qui s'en va estre bien tost dissoulte, & qui apres la separation doit aussi tost n'estre plus, & que l'ame est quelque chose qui ne se peut aucunement dissouldre, ou bien fort approchante de ce qui est indissoluble. Ie le crois comme cela, dit Cebes. Socrate.

Et tu crois cependant qu'apres l'heure supréme
Quand l'esprit s'esloignant d'vne charongne blesme,
Nous a laissé sans mouuement,
Le corps demeure encore auant que se dissouldre,
Et que mesme l'effroy du pasle monument
Trauaille assez long-temps à le reduire en poudre,
Mesme quand la fureur d'vn sort trop insolent,
Rauit des corps bien sains par vn coup violent,
Leurs puissantes temperatures,
Auec vn peu de soing se conseruent assez:
Et les Ægyptiens font bien des sepultures
Qui des siecles entiers gardent les trespassez.
Et combien que la chair cede à la pourriture,
Comme estant de plus molle & plus fresle nature,
Le corps ne se dissipe pas:
Mais les nerfs & les os durent apres le reste,
Si bien que tout cela dure apres le trespas,
Combien que tout cela ne soit rien de celeste.

Cela Cebes, ne te donne-t'il point de doutes? Car nous disons que le corps comme mortel, visible, estoit dissoluble, & deuoit selon l'apparence finir tout aussi tost apres le trespas. Et qu'au contraire l'ame immortelle & inuisible deuoit seulement estre indissoluble, & s'en alloit sortant du corps, se sauuer en quelque excellente retraicte.

Que nostre ame toute inuisible,
Soudain que le corps expiroit,

Bien-heureuse se retiroit,
Comme par vn vol insensible:
Et viuant apres le trespas,
Elle auoit au Ciel sa demeure,
Où les Dieux ne permettent pas,
Que iamais quelque chose meure.

Quoy? penserions nous donc qu'elle se trompast en ceste esperance, & que pour ne rien voir d'elle apres sa separation d'auec le corps, il s'ensuiue qu'elle ne soit plus? Nullement mes amis. Mais bien au contraire.

L'ame dressant son vol vers la loge eternelle,
Moins il se peut trouuer de pesanteur en elle,
Mieux elle a despoüillé la masse de la chair,
Plus viste elle remonte en sa derniere source,
Et ne peut rien trouuer capable d'empescher
Les mouuemens heureux de sa legere course.
Apres les vrais objects où l'œil n'a rien à voir,
Dans le profond soucy d'acquerir du sçauoir,
Des passions du sang dans le sang despoüillée,
Elle demeure ferme en des pas bien glissans
Elle fuit de la chair qu'elle cognoist soüillée,
Et vit en defiance auecques tous les sens.
Ainsi viuant tousiours auec soy retirée,
De la contagion de son corps separée,
Elle n'emporte rien de ses mauuaises mœurs,
Les desirs, les Amours, la crainte, la folie,
Et tout ce qui prouient des charnelles humeurs,
Demeure dans la chair au monde enseuelie.
Pure & nette qu'elle est ayant trouué son port
Dans le Ciel où iamais n'a peu venir la mort.

Elle y trouue sa part de repos & de gloire,
Elle n'a de confort que les Dieux seulement,
Et ce que tout mortel est obligé de croire,
Ceste felicité dure eternellement.
Mais l'autre à qui les sens ont donné des delices,
L'Ame à qui les vertus ont esté des supplices,
Que le soing du sçauoir n'esmeut que par horreur.
Qui s'est auec le corps estroictement liée,
Et qui de lascheté suiuant le vain erreur,
Faict gloire de se voir à la chair alliée :
Dans les plaisirs trompeurs dont nos sens abrutis,
Ne peuuent sans effort estre icy diuertis,
Elle est comme assoupie, & languit dans des charmes,
Sa volupté se rend insensible au remors,
Et tout ce qui l'oblige à recourir aux larmes,
Ce n'est que le soucy d'abandonner le corps.
Ainsi dans les desirs de la chair enyurée,
Elle n'en est iamais que fort peu deliurée,
Et laissant vn seiour qui luy fut si plaisant,
Elle ne void plus rien quittant ceste lumiere
Et traine en l'autre monde vn fardeau si pesant,
Que son vol ne vient point au bout de la carriere,
Dans le chemin du Ciel où l'esprit veut aller
Des grossieres humeurs l'arrestent parmy l'air
Qui souffre à contre-cœur ces impures matieres
Si bien que ces esprits à la mercy des vents,
Vagabons sans retraicte autour des cimetieres,
Sont le rebut des morts, & l'effroy des viuans.

Ce ne sont que les ames des meschans qui sont tousiours tourmentées, & auec des playes visibles,

& des gemissemens qui semblent partir de quelque chose de corporel, aussi ont elles retenu beaucoup de la chair qu'elles ont habitée auec tant d'affection & de familiarité.

Leur essence au trespas de ceste chair sortie,
De ses lourdes vapeurs emporte vne partie,
Qui l'empesche d'aller où les bons ont leurs rangs:
Ainsi son vol rebrousse en la basse contree,
Et parmy les tombeaux ces fantosmes errans
Recherchent dans le corps vne seconde entrée.

Que si le cours du temps ramenant les saisons,
Redonne à ces esprits encore des maisons,
Selon leurs sentimens ils trouuent des organes,
Ils habitent les corps de diuers animaux,
Alors les ignorans ont la forme des asnes,
Et reuiennent au iour pour souffrir mille maux.

L'vn qui de son viuant auoit l'humeur encline
Au vol, à l'iniustice, au sang, à la rapine,
Il reuient dans le monde en forme d'espreuier,
Il guette dans les airs où fondra sa furie,
Il siffle à la vapeur d'vn charongneux grauier,
Et de ces corps puants qu'on iette à la voyrie.

Ceux qui n'ont faict viuants que boire & que manger
Dans des corps de pourceaux se viennent tous loger,
Et dans la mesme humeur qu'ils ont iadis suiuie:
Sans cognoistre que c'est de soucy ny de pleurs,
Faisans à leur retour vne pareille vie,
Vn bourbier leur plaist mieux, qu'vn pré semé de fleurs.

Ainsi chacun selon le naturel qu'il a, retrouue des corps disposez à le receuoir : & les corps des bestes mourans reçoiuent encore leur vie des hommes qui retiennent les mesmes complexions.

Les vns qui sans venir à des sciences claires
Ont exercé viuans des vertus populaires,
Et qui moralement ont esté bonnes gens,
Qui par bonne coustume ont abhorré le vice ;
Qui pour le bien public ont esté diligens,
Et dont les affligez ont tiré du seruice.

Au retour de la mort ie croy qu'ils sont remis,
Dans quelque petit corps d'abeille ou de fourmis,
Qui viuans doucement en la terre où nous sommes,
Remplissent leurs cachots de froment ou de miel,
Ces petits animaux refont de mesmes hommes
Mais rien de tout cela ne va iamais au Ciel.

Ce riche firmament ou brillent tant de flammes
Est vn chemin ouuert aux bien-heureuses ames,
Pour passer au seiour ou les Dieux sont logez :
Nous entrons pour iamais en leur saincte alliance,
Apres que nos esprits ont esté bien purgez,
Et qu'ils ont surmonté la chair par la science.

Il faut donc bien Philosopher tout le temps de nostre vie, pour atteindre à ceste pureté qui nous porte au Ciel, & l'esprit qui se vouë de bonne sorte à la profession d'vn estude si excellent, ne se mesle iamais aux affections corporelles; & ne prend point de part aux soucis dont le reste des hommes sont ordinairement trauaillez.

Le soing d'enrichir sa famille,
Ne le rend point plus diligent,
Il luy chaut fort peu qu'on le pille,
On ne le void iamais changeant,
Pour la perte de son argent,
Ny de son fils, ny de sa fille.

Il ne fut iamais suborneur,
Pour briguer la Magistrature,
Aussi l'infamie & l'honneur,
Sont pour luy de mesme nature,
Et la peur de la sepulture,
Ne trouble iamais son bon-heur.

C'est le seul sçauoir qui l'asseure,
Et qui l'empesche de trembler,
Au moment de la derniere heure:
Car son esprit sans se troubler,
Se void du corps desassembler,
Sçachant bien son autre demeure.

Il est bien aise de mourir,
Et les ignorans au contraire,
Qui n'ont iamais sceu discourir,
Alors ne sçauent plus que faire,
Et loing du iour qui les esclaire,
Pensent entierement perir.

La raison pourquoy les Philosophes ont à la mort vne asseurance que les autres n'ont point, & qu'ils sçauent bien le lieu de leur retraicte, apres estre sortis de ceste vie, c'est que leur esprit s'estant commis absolument au soin & à la conduite de la Philosophie : il a peu à peu cogneu d'elle qu'il est attaché dans le corps par des liens bien dangereux ; & qui le retiennent aux mouuemens dont il se veut esleuer à la cognoissance des choses pures. La Philosophie le despestre & dégage de ceste contrainte par vn estude continuel, elle luy fait entendre que dans la familiarité qu'il a parmy le sang & la chair, il est à craindre qu'il ne luy naisse des conuoitises, qui l'aydent à se ruiner luy-mesme, & seruent au corps pour corrompre l'ame. Ceste consideration que la discipline de la Philosophie luy fait venir insensiblement : l'oblige de se retenir tant qu'il peut de ceste conuersation, d'estre tousiours en deffiance chez son hoste, comme auec vn estranger, & ne se communiquer iamais aux sens par la recherche de quelque science : car il n'y a ny œil, ny oreille qui soit assez fidelle à rapporter quelque obiect à l'entendement ; Mais se retirant chez elle, & se cultiuant toute seule, elle doit venir en fin à la cognoissance des choses qui ont vn estre veritable, & qui sont d'elles mesmes : comme tout au rebours elle ne doit point croire veritable, ce qu'elle apprend ou considere par l'ayde & par la communication du corps : car ce sont choses qui ne sont point d'elles mesmes, mais par autruy, & sensibles & visibles, où ce que l'ame comprend de soy est intelligible & inuisible. Vn vray Philosophe iugeant que son esprit doit obeyr à ce dessein que la Philosophie faict en luy, & qu'il est à propos de se fier en elle, & de la croire, il tasche comme elle luy ordonne de s'affranchir de toutes sortes de voluptez, conuoitises, craintes & douleurs, iugeant bien que dans les plai-

sirs

ſirs, dans la crainte, dans la douleur, & la concupiſciſe, outre ces maux ordinaires, comme perte d'argent, ou maladies qui leur ſont attachez, il y a ſans doute vn plus grand mal : c'eſt que dans tout cela l'ame patit, & n'y prend pas garde : car alors que l'ame vient à ſe picquer de plaiſir ou de douleur, apres quelque choſe, & qu'elle croit ce faux obiect des choſes viſibles, quelque choſe de beau, manifeſte, & veritable, ſans doute alors elle eſt bien priſe & bien engagée dans le corps, pour ce que toute ſorte de volupté ou de douleur eſt maiſtreſſe dans le corps, & ſe prenant à l'ame, elle l'aſſubjettit ; & la plongeant dans les ſentimens charnels, elle l'oblige à participer à meſmes mœurs, & à meſme nourriture, la rend incapable de toute pureté, & l'a faict ſortir du corps toute ſale de ſes taſches & de ſes ordures, d'où elle renaiſt encore, comme ſi on l'euſt ſemée & entée dãs quelque autre corps bien loing du cõmerce de ſes eſſences diuines, pures & vniformes, auſſi eſt-ce pour l'amour d'elles, & pour le bon heur de les conuerſer, que les vrays amateurs de la ſcience s'appliquent à l'eſtude de la vertu, & non point pour les conſiderations qui eſmeuuent les eſprits du populaire à ſa recherche. Le Philoſophe cognoiſt aſſez qu'apres que la Philoſophie l'a deſià deliuré des liens du corps, & nettoyé de ſes ordures, il ne luy faut plus retomber dans ce bourbier, ny ſe remettre au trauail d'vn meſme eſtude, comme Penelopé apres ſa toille. Mais penſant au repos de toutes ſes affections, ſuiuant ſa raiſon & ſe tenant ferme en elle s'il s'eſleue en la contemplation de ce qui eſt par deſſus l'opinion, & qui eſt infailliblement vray & diuin, duquel ayant eſté nourry, il croit qu'il luy faut passer la vie de mesme, esperant qu'au sortir d'icy, il ne faudra iamais de passer vers quelque chose de pareil, où il se verra exempt de toutes les miseres humaines.

Dans ceste bonne nourriture
Quoy que menace la nature;
Le Sage deslogeant d'icy,
Ne craint point que le vent l'emporte,
Et ne meurt point dans le soucy,
Que son ame demeure morte.

Apres que Socrate eut ainsi acheué son propos, toute la compagnie fut assez long-temps sans parler, luy mesme sembloit repasser dans l'esprit les discours qu'il venoit de faire. Cebes & Simias furent les premiers qui rompirent le silence, & s'estans parlez vn peu l'vn à l'autre, Socrate les regarda. Et qu'est-ce qu'il vous semble, leur dit-il de ce que nous auons dit? N'auez-vous point encor la dessus quelque chose à vous enquerir? Car il y reste encor bien des doutes & des objections à qui voudroit traicter cela bien plainement. Si vostre deuis est sur quelque chose de particulier entre vous, ie ne vous dit mot: mais si c'est sur quelque difficulté de nostre discours, qui vous donne de la peine, dites-le hardiment, & repassez, s'il vous plaist, ce traicté, si vous pensez voir qu'en quelque endroict on y puisse dire quelque chose de mieux: & si vous croyez que ie vous puisse seruir à ceste conference, faisons ensemble cét examen.

SIMIAS.

Pour ne te point mentir, Cébes & moy, il y desià long-temps que nous nous entrepoussions l'vn l'autre, pour te faire parler encore : mais nous craignons de faire vne inciuilité, & vne imprudence en l'estat de la calamité presente, où tu es. Socrate riant à eux, vrayement dit-il, il me seroit bien mal aisé de faire croire à d'autres que cét accident ne me donne point d'affliction, puis que vous ne m'en croyez pas vous mesmes: car il vous semble que ie dois estre auiourd'huy plus fascheux & plus triste que ie n'estois au reste de ma vie.

Vous ay-ie bien donné des signes,
Que i'eusse peur du monument?
Croyez-vous que mon sentiment,
Vaille moins que celuy des Cygnes ?
Lors que la mort les vient querir
Et qu'ils en sont desià la proye,
Ils sont bien aises de mourir,
Et ne font que chanter de ioye.

Quelques vns disent que c'est de douleur que les Cygnes chantent aux approches de la mort : mais ie ne trouue point cela probable, car il n'y a point d'oyseau qui puisse chanter en la moindre incommodité qu'il ait, ny les Rossignols, ny les Arondelles qu'on feint estre encore en la memoire de leur ioye, la faim où le froid les rend muets. Ie croy pour moy que c'est d'aise que les Cygnes chantent, & qu'ayans comme vne inspiration du Dieu Apollon, à qui ils sont consacrez, ils bruslent du desir d'approcher de leur maistre, & en font des chants de ioye.

I'ay comme eux l'esprit prophetique.
Et pense que le dieu des vers,
Ne m'aura pas moins descouuers,
Les secrets de sa pronostique,
Et qu'vne beste ne peut pas,
Moins que moy craindre le trespas.

Ne craignez donc point de m'interroger sur ce qu'il vous plaira, & me faire employer ce peu de temps que les Iuges me donnent. Tu parles bien, luy dit Simias. Ie ne craindray point maintenant à te dire surquoy ie doute, & ou ie puis trouuer moins à me resoudre en tout ce discours. Or ie ne pense pas, ny possible toy non plus, que la verité s'en puisse bien trouuer en ceste vie.

Durant le cours mortel que Dieu donne à la vie
Il est bien mal aisé de contenter l'enuie,
Que nos esprits ont de sçauoir,
Au moins ce peu de iours que nous auons au monde
Employons tout nostre pouuoir,
A dissiper l'horreur de ceste nuict profonde,
Et de ce peu de clarté
Que l'estude nous apporte,
Taschons d'en ouurir la porte
Qui meine à la verité.

Ce seroit donc vne lascheté, ô Socrate, de t'espargner au besoin que nous auons icy de toy. Il faut que tu espluches & examines de rechef ce traicté, deusses-tu te rendre & defaillir au trauail, afin de nous instruire en ceste matiere, & que nous puissions penetrer aussi auant que peut l'entendement de l'homme : car dans vn si profond Ocean, si nous n'y pouuons pas voir toute la facilité que nous y desirõs, nous y deuons prendre pour le moins toutes les asseurances que nous y pourrons trouuer.

On a recours à des vaisseaux
Ne pouuant vser de carrosses,
Pour fendre les humides bosses,
Qui grossissent le dos des eaux.

Asseure nous donc le mieux que tu pourras, & nous instruicts en toute ceste question, afin que ie ne me repente point vn iour, d'auoir perdu ceste occasion de m'en esclaircir auecques toy. Il est vray que Cebes & moy auons des difficultez. Et peut-estre, dit Socrate auec sujet : commencez à me dire, en quoy vous estes moins satisfaicts. En cét endroict luy dist Simias, où tu as parlé de l'inuisible diuin, & tres-beau, qui se peut, ou semble aussi bien dire de l'harmonie d'vn luth bien accordé & bien touché : Car on dira que l'harmonie de ces accords parfaicts est quelque chose de diuin, de pur, & d'immortel, & que les cordes & le bois du luth sont choses corporelles, composées, & terrestres, & de la nature de ce qui est mortel, si bien qu'apres auoir rompu les cordes, & cassé le luth, on prouuera par tes raisons, que ce qui est de celeste, c'est à dire, ceste harmonie demeure encore, & ne se dissipe point ; car il n'y a nulle imagination que le luth demeure apres les cordes rompuës, & que les cordes qui sont de ce qui est mortel, demeurent aussi : mais que l'harmonie qui est de l'immortel & du diuin, estoit perduë, & auoit cessé desià auant que le luth & les cordes, & que cependant l'harmonie demeurast quelque part, & que le bois du luth & les cordes se pourrissoient plustost que ceste harmonie peut souffrir quelque chose : Car ie pense bien, ô Socrate ! que tu as prins garde que c'est nostre opinion, pour ce qui est de l'ame, qu'elle est quelque chose de tel que ceste harmonie, sentant qu'il y a dans nostre corps vne certaine disposition & complexion du chaud, du froid, du sec, & de l'humide, & telles autres choses : & que le temperament, & consonance de ces choses là, c'est l'ame qui agit ainsi dans le corps, & faict ses fonctions lors que ses temperatures vont bien. Que s'il est donc ainsi que nostre ame soit vne harmonie toutes les fois que les maladies ou les passions viennent à rompre l'ordre de ses temperamens, & ruinet ses organes, pour diuine qu'elle soit, il faudra qu'elle perisse aussi bien que ces autres harmonies & consonances de luth & de bois, & autres que peuuent faire des artisans, & que le corps & la grossiere partie de ces choses là demeurent iusqu'à tant que le feu ou la pourriture, les emporte, si bien qu'elles sont tousiours de plus de durée que l'ame, & ses plus subtiles parties. Considere donc, ie te prie, qu'est-ce qu'on respondra à qui voudra croire que l'ame est vn temperament de la composition du corps & qu'en la mort c'est elle qui desloge la premiere, & qui perit plustost.

Là Socrate se print à rire,
Et iettant des traicts allumez,

De ses regards accoustumez,
Sur ce qu'on luy venoit de dire.
Ces difficultez, nous dit-il,
Sont d'vn raisonnement subtil,
Qu'il faudra que ie vous explique;
Pourquoy donc quand vous m'escoutiez
Sur ces discours où vous doutiez
Auez vous esté sans replique?
Quel qu'vn plus eloquent que moy
Deuoit renforcer mes paroles,
Et mieux faire voir comme quoy
L'on dispute dans nos escoles,
Ce discours a bien merité
Qu'on apporte vn peu de clarté,
Dedans vne crasse ingnorance,
Puis que vrayement son apparence
Est proche de la verité.
Sçachons-le, quoy qu'il nous en coute,
Mais auant que de refuter
L'erreur de la premiere doute,
Encore faut-il que i'escoute
Surquoy Cebes veut disputer,
Afin que mieux sur chaque chose,
Partageant nostre peu de temps,
Sans permettre que ie repose,
Ie vous rende tous plus contens,
Aux matieres que ie propose.

Puis se tournant vers Cebes, il le pressoit de luy proposer aussi ses doutes, comme Simias auoit faict, & luy dit:

A quoy crains tu de consentir?
Qu'est-ce en fin de si difficile
A quoy ton esprit indocile,
Est resolu de repartir?

Il me semble respondit Cebes, qu'il en est de l'ame comme de son harmonie. Or pour ce qui est de son estre, auant que de venir dans le corps, ie ne nie point qu'il ne puisse estre vray; & m'en rapporte fort à la preuue des discours que tu nous as faicts: mais qu'elle soit apres nostre mort, c'est ce que ie ne croy pas de bon cœur. Et si ie ne suis pas pourtant de l'opinion de Simias, qui ne croit pas que l'ame vaille mieux que le corps, ny qu'elle soit de plus longue durée: car moy ie pense que l'ame est plus excellente sans comparaison que tout cela; & partant voicy comme quoy ie voudrois exposer la raison precedente de Simias: puis qu'apres vn homme mort, on void ce qui estoit de moindre en luy demeurer encore, pourquoy n'aduoüera-t'on point que ce qui estoit en luy de plus ferme & de plus durable, demeure aussi bien & subsiste au mesme moment que le reste? Mais voyons de quel poids sera la response que ie faicts à cela. Il me faut pour m'expliquer vne comparaison aussi bien qu'à Simias. Il me semble que ce discours est presque de mesme, que si quelqu'vn disoit apres la mort d'vn vieux, Tisseran, que cét homme est encore, pource que l'habit qu'il auoit demeure encore; & pour toute preuue il diroit, que puis qu'vn homme doit durer plus qu'vn habillement de toille, il faut que cét habillement demeurant apres la mort du Tisseran, le

Tisseran soit aussi, puis qu'il est plus de duree que son habillement. Pour moy, Simias, ie croy que cela est foible, & que peu de gens se voudroient payer de telles raisons : car ce Tisseran qui aura vse plusieurs habillemens, & en aura tissu plusieurs, il est mort apres beaucoup d'habillemens, & seulement plustost qu'vn, & si ne s'ensuit nullement pour cela, qu'vn homme soit quelque chose de plus vil & de plus debile quv'n habillement. On peut ce me semble faire la mesme comparaison de l'ame au corps moins fort & moins durable : mais que chaque ame consume plusieurs corps, mesme en celles qui viuent long-temps : car si le corps s'en va & deperit tous les iours, mesme durant la vie, & que l'ame repare tousiours ce qui se consume, & remet ce qui se perit ; alors que l'ame perit, c'estoit son dernier habillement, deuant lequel elle meurt, ayant suruescu à plusieurs autres, & qu'apres la fin de l'ame le corps qui n'a plus dequoy se refaire, est contrainct de monstrer l'imbecillité de sa nature, & pourrit & esuanoüit bien tost. De tout ce discours on ne trouue point que l'ame demeure apres que nous ne sommes plus : car quand bien on t'accorderoit que non seulement l'ame estoit auant le corps, qu'apres la mort de quelques vns, leurs ames reuiendront encore dans les corps, & qu'il se trouuast des esprits qui vinssent ainsi à quitter & reprendre des corps, comme la nature de l'ame est excellente & puissante, si peut-on dire pourtant que l'ame en fin lasse de tant de generations, & d'esteindre & de r'allumer tant de vies, pourroit rencontrer vne mort derniere, dont elle ne reuine iamais. Outre qu'il n'y a personne qui se puisse perceuoir quelle separation de l'ame auec le corps est celle ou l'ame doit perir : Que s'il en est ainsi, c'est vne folie d'auoir des confiances en la mort, ne pouuant faire voir que l'ame est immortelle & indissoluble, & selon l'apparence, on tire de là vne necessité que chacun doit craindre pour son ame, quand elle est proche de son partement, ne sçachant si elle prend son congé pour tousiours, & si c'est la separation qui la doit acheuer.

Ce fust là le discours ou nostre ame attachée,
De sentimens douteux diuersement touchée,
Dans vn estonnement nous laissa tous rauis;
Nous vismes des raisons par d'autres renuersees,
Et desià bien penchans vers ce dernier aduis,
Nous ne sçauions à quoy resoudre nos pensees.

Socrate nous ayant persuadé si bien,
Que nul sur son discours ne doutoit plus de rien,
Nos esprits balancez souffroient vne contrainte,
Et de ceste dispute à demy rebutez,
Nous creûmes que la chose estoit douteuse ou feinte,
Ou que nos iugemens estoient trop hebetez.

Ce n'est point sans subiect, Phædo, que vous demeurastes en doute, & en cét estonnement: car seulement à t'ouyr parler, il m'a prins vne mesme deffiance des persuasions de Socrate, & m'esbahy pourquoy ie commence à me desdire de son opinion veritable.

C'a esté tousiours mon aduis qu'il y a vn grand

rapport de l'ame à ceste harmonie, & comme ie l'ay tousiours creu auparauant, ton discours m'a remis encore plus auant cette creance, si bien que i'ay besoin tout à faict d'autres preuues que les premieres, pour cognoistre que l'ame soit immortelle. Partant ie te coniure de me dire si Socrate se trouua aussi esmeu que les autres pour ses obiections, s'il eut des raisons pour bien appuyer sa doctrine, de quelle façon il se prist à la disputer, & comme quoy il s'en acquitta.

Vrayement depuis le temps que ie cognois sa vie,
I'admire de l'ouyr parler si sainement:
Toutesfois la vertu de mon ame rauie,
Ne me saisit iamais de tant d'estonnement.
Du trouble de son dueil mon esprit se rappaise
Et le ressentiment que i'ay de son trespas,
Ne sçauroit m'empescher que ie ne sois bien aise,
D'auoir veu l'accident de ce mortel repas.
Les raisons qu'il tiroit de son esprit fertile,
Contre les mouuemens de nos esprits douteux,
Rendirent tout l'effort de l'erreur inutile,
Et nos difficultez nous rendirent honteux.
Sans qu'aucun desplaisir luy parust au visage,
Il vid bien comme quoy le faux nous esmouuoit,
Et d'vn œil complaisant comme estoit son langage
Il ouyt proposer les doutes qu'on auoit.
Puis à chaque blesseure apportant vn dictame,
Il donna ses raisons auecques tant de poix,
Qu'il fut assez puissant pour affranchir nostre ame,
A qui desia l'erreur auoit donné ses loix.
Comme dans vn combat des troupes estonnées,

Quand l'ennemy vainqueur a dissipé leurs rans,
Ont besoin d'vn bon chef pour estre ramenées,
Et refaire le gros de leurs Soldats errans.
Socrate doucement auecques sa conduitte,
De ses mauuais objects rompant la trahison,
Ramena ces esprits qui s'estoient mis en fuitte,
Et leur fit retrouuer le train de la raison.
Combien que son propos d'vn sens incomparable,
Parust vne merueille au iugement de tous,
Il sembloit toutesfois encor plus admirable,
En ceste gaye humeur dont il parloit à nous.
I'estois lors d'auenture au pied du lict funeste,
Où ses yeux attendoient le somme du trespas,
Socrate estoit assis plus haut que tout le reste,
Et moy sur la main droite en vn siege assez bas.
Passant dessus mes yeux son regard venerable,
Et ioüant de sa main auecques mes cheueux,
Il sembloit à le voir que le Ciel fauorable,
En son affliction eust accomply ses vœux.
Comme chacun de nous à l'escouter s'appreste,
Encore sur mon poil il repassa la main,
Et possible (dit-il) en me pressant la teste,
Phædon, ces beaux cheueux seront coupés demain.
Ie respondis, qu'ouy, ne sçachant pas entendre,
Pour quel dueil il vouloit que ie les fisse choir,
Ha ! dit-il, cher Phædon, ce seroit trop attendre
Si nous auons icy plus prés le desespoir.
Tous deux si tu me crois tant que Phœbus demeure
Sur l'Orizon dernier dont ie dois voir le cours,
Razons-nous s'il aduient que la raison nous meure,
Et monstrons par ce dueil la mort de nos discours.
Comme au pays d'Argos au milieu des batailles,

Les Soldats font serment d'estre tousiours rasez,
Iusqu'à tant que leur glaiue ait fait les funerailles,
D'eux ou des combatans qui leur sont opposez.

Moy si j'estois Phœdon auant que de me rendre
Au deffy de Simie & de Cebes aussi,
Ie les mettrois au point de ne s'ozer deffendre,
Ou mon dernier souspir s'acheueroit icy.

Ha! dis-ie, mon dessein seroit bien ridicule
De me prendre moy seul à ces deux forts esprits,
Ie serois temeraire & le puissant Hercule
D'vn si sot desespoir ne fut iamais épris.

Si tu te vois, dit-il, trop foible d'aduanture
Phœdon, prends vn second, Hercule en fit autant,
Demande moy secours tant que ce iour me dure,
Ie feray l'Iolas auec toy combattant.

Ouy, dis-je, vous Hercule & moy trop foible encore,
Pour faire l'Iolas en ce combat icy,
Et de peur que mon bras vos coups ne deshonore
Vous en prendrez tout seul la gloire & le soucy.

Apres ces complimens rentrant dans la matiere,
Il retrama le fil d'vn discours si fecond,
Que parmy tout le cours de la dispute entiere,
Il fit voir qu'il n'auoit que faire d'vn second.

Afin que nostre esprit plus clairement regarde
Dans le vray qui souuent se couure de l'erreur,
Deuant tout (nous dit-il) chers amis prenez garde,
Que iamais la raison ne vous soit en horreur.

Chacun deuient subiect à ceste maladie,
Lors que par le discours il s'est trouué seduit,
Et que des faux objects dans vne ame estourdie,
Au lieu de la lumiere ont faict venir la nuict.

La meilleure raison nous vient en deffiance,
L'ame vne fois trompée à tousiours de la peur,

Et n'ose apprehender l'obiect de la science,
Quant celuy qui le donne est soupçonné trompeur.
Ainsi dans l'amitié que nous auons vouée
A quel qu'vn dont l'humeur se forme à nos desirs,
Nostre ame auec la sienne estroitement nouée,
Se laisse innocemment surprendre à ses plaisirs.
Mais l'infidelité qui demeuroit cachée,
Enfin se descouurant fasche vn homme de bien:
Et l'ame auec effort d'vn tel ioug destachée,
Se deffie tousiours d'vn si traistre lien.
Mesme apres que plusieurs ont abusé nostre ame
Que nous auons glissé souuent au mesme pas,
Et que ceux dont nos cœurs estimoient plus la flamme,
Ont eu le plus funeste & le plus feint appas.
Nostre esprit rebuté ne croit point de courages,
Capable de donner ny de garder la foy,
Les plus sacrez sermens luy laissent des ombrages,
Et le font incredule à tout autre qu'à soy.
C'est pourtant vn deffaut de la foiblesse humaine,
Qu'vne infidelité nous doiue ainsi picquer,
Et l'homme de qui l'ame est vigoureuse & saine,
Iamais de tels rebuts ne se laisse choquer.
Il faut vn peu d'adresse à bien cueillir des roses,
Il faut bien du mystere à gouuerner les gens,
Il faut de l'artifice à discerner les choses,
Que n'ont iamais cogneu tous ces esprits changeants.

Or si les entendemens foibles qui se trouuent ainsi subjects à se rebuter, auoient vn peu de finesse à se seruir des hommes, ils cognoistroient la chose comme elle est, c'est à dire qu'il se trouue peu d'hommes extremement bons, ou extrémement mauuais, mais il y en a vne infinité de mediocres. Pourquoy, luy dis-ie, me dites-vous cela ? Tout ainsi, dit-il, qu'il en arriue aux choses petites ou grandes, vois-tu pas qu'il n'y a rien de si rare que de trouuer vn homme, ou vn chien, ou autre chose bien grande, ou bien petite?

Les objects d'estrange figure,
Sont rares parmy les humains
Il se trouue dans la Nature,
Peu de Geans, & peu de Nains.

Bien peu de beauté comme Helene,
Peu de freres comme Castor,
Peu d'yurongnes comme Silene,
Peu de sages comme Nestor.

Peu de chiens comme estoit Cerbere,
Peu de fleuues comme Acheron,
Peu de femmes comme Megere,
Peu de Nochers comme Charon.

Aucun teinct beau comme d'Aminthe,
Rien de si clair que le Soleil,
Rien de plus amer que l'Absynthe,
Et rien plus doux que le sommeil.

Peu de bruits comme le tonnerre,
Peu de monts comme Pelion,
Et des animaux de la terre,
Peu sont fiers comme le Lion.

Peu de felicitez suprémes,
Peu d'incomparables mal-heurs,

Peu de ressentimens extremes
De voluptez ou de douleurs.

En fin tu trouueras que les choses extrémes sont fort rares, & que les mediocres sont frequentes. Que si on venoit à proposer vn prix à la meschanceté & au crime, il s'en trouueroit peu qui vinssent à l'extrêmité, & qui se trouuassent entierement meschans.

Si le Ciel ostoit les tortures,
Dont il punit les forfaictures,
Et qu'il y proposast vn prix,
Comme à des choses legitimes,
Il se trouueroit peu d'esprits,
Qui sceussent bien faire des crimes.

Est-ce pas ton aduis, ô Phœdon! Ie luy respondis que ie le croyois ainsi. Tu fais bien, me dit-il, ce n'est pas pourtant tout vn des raisons & des hommes pource qu'elles ne sont pas ainsi differentes & rares aux extremitez entre elles, comme nous disons des hommes extrémement meschans ou bons: mais ie me suis emporté en te suiuant iusques à ce discours: toutesfois voicy où est nostre similitude, en ce que nous auons dit au commencement, qu'il y a vn certain artifice à se seruir des hommes, & à les cognoistre de peur de s'y tromper. Tout de mesme, il y a du mystere à se bien seruir de quelques raisons & à les cognoistre. Sans doute si quelqu'vn vient à prendre vne creance, & apperceuoit vne raison sans s'y estre seruy de l'art des raisons, il est subject à se tromper, se confondre, & se rebuter,

& qu'apres que ceste creance se trouue fausse, & qu'il l'á descouure telle luy-mesme, comme il peut estre qu'elle sera fausse, & peut estre aussi qu'elle ne le sera point, & ce mesconte luy estant arriué plusieurs fois, il ne peut estre qu'il ne se rebute, & ne vienne en deffiance de toutes les raisons. Cét inconuenient est ordinaire à ceux qui aiment à traicter des raisons contradictoires : car tu sçais qu'ils s'imaginent estre les seuls parfaictement sçauans, & que ce sont eux seulement qui ont descouuert, qu'il n'y a rien de sein ny de ferme dans les choses, ny dans les raisons, mais que tout est sans dessus dessous, pesle-mesle, comme en l'Euripe, & qu'il n'y á rien où il y ait d'arrest pour vn moment, & toute discipline de verité leur semble suspecte & dangereuse.

Comme Euripe en ses eaux mouuantes,
Qu'aucun vaisseau n'ose toucher,
Et qui donne tant d'espouuantes,
Qu'on fremit à les approcher.

Et n'est-ce pas, ô cher Phœdon, vne honteuse & miserable maladie, que se trouuant des raisons bonnes & fermes, & bien capables d'appuyer nostre creance, vn homme vienne à s'en deffier par la deprauation, & le degoust de son esprit, que ses discours ainsi contradictoires ont empieté, & luy ont persuadé que tout est tantost vray, & tantost faux, & qu'estant deuenu ennemy de toutes les raisons, il fasse comme le malade qui impute l'amertume de son goust aux viandes, & cestui cy sa foiblesse & son deffaut aux raisons pour les hayr apres toute sa vie,

& se priue de la verité, & de la cognoissance des choses.

Son sens gasté se persuade
Qu'il ne faut plus rien affermer,
Comme l'apetit d'vn malade
Qui ne trouue rien que d'amer.

Cher Phœdon, croyons ie te prie,
Que souuent l'ame des humains
A bien besoin d'estre guerie,
Et taschons à nous rendre sains.

Mille choses sont veri[illegible]bles,
Et peuuent par le fondem[illegible]
De leur preuues indubitabl[illegible]
S'appuyer dans l'entendement.

Les deffauts sont dans nos pensees,
Il se trouue peu de mortels,
Dont les ames soient bien sensees,
Mais taschons à deuenir tels.

Moy pour auoir cét aduantage,
De mourir sur vn vray discours,
Et vous pour en garder l'vsage
En tout le reste de vos iours.

Auiourd'huy que ma mort est proche,
Et que ie cours à mon repos,
Ie veux esuiter le reproche,
De disputer mal à propos.

Que ie hay l'humeur enragée
De ces esprits contentieux,
Qui gesnent vne ame engagée
Dans les discours ambitieux.

Toutes choses paroissent sombres,
A qui les veut ouyr parler,
Leurs subtilitez sont des ombres,
Et leurs voix du vent & de l'air.

Tout le soucy de leur estude
N'est qu'vne sotte vanité,
De donner vne incertitude,
Sous couleur d'vne verité.

Et laissant le vray d'vne chose,
Ils n'ont que des discours menteurs,
Pour rendre ce qui se propose,
Apparent à leurs auditeurs.

Moy d'vne humeur toute contraire,
Laissant libres vos iugemens,
Ie ne tasche qu'à satisfaire,
Par raison à mes sentimens.

Ennemy d'vn discours qui tente,
Et qui suborne les esprits,
C'est assez que ie me contente,
Car ie n'ay rien plus entrepris.

Cognoissant la chose à mon aise,
Ie suis quitte de mon deuoir,
S'il aduient que mon sens vous plaise,

c'est à vous de le receuoir.

Et voicy, mon amy, le profit qui me reuient en disputant de la sorte. C'est que mon opinion & ce que i'entreprends de prouuer se trouuant veritable, il sera bon de s'y arrester, si ie me trompe en ma creance, & qu'il soit faux, qu'apres la mort il demeure encore quelque chose de nous, au moins ce peu de temps que i'ay auant que de mourir, passera auec moins d'ennuy, & pour vous, & pour moy. Et apres tout, l'ignorance de ces choses là ne me peut pas durer beaucoup, car ie n'ay plus guere à m'en esclaircir : & voila de quel dessein ie reuiens, ô Simias! & vous Cebes, tout prest à disputer : mais pour vous, si vous me croyez, ne vous en rapportez point à Socrate, mais à la verité. Quand vous iugerez que ie dis vray, accordez-le, sinon, niez-le, & me repliquez hardiment, & prenez garde pour moy que me trompant moy-mesme, ie ne vous trompe aussi, & me separe d'auec vous, comme la guespe, apres vous auoir laissé mon aiguillon. Reuenons donc à vos objections, & s'il ne m'en ressouuient pas bien, aidez moy à les repeter. La doute de Simias, si ie ne me trompe, c'est que l'ame, quoy que plus belle, & plus diuine que le corps, ne laisse pas pourtant de perir plustost que le rapport qu'elle a auec ces harmonies dont nous auons parlé. Cebes, ce me semble, accordoit bien que l'ame estoit de plus de durée que le corps : mais il adjoustoit que personne ne peut sçauoir si l'ame apres auoir consommé plusieurs corps, laissant en fin le dernier nay finit aussi elle mesme, & que telle sorte de mort seulement soit la fin de l'ame : mais que le corps est subject à se dissoudre, & deperir continuellement, Simias & Cebes accorderent tous d'eux, que c'estoient là leurs doutes : mais dit Socrate, niez vous ce qui à esté dit au traicté precedent : ou si vous en accordez vne partie, & en niez l'autre ? Il y a (luy dirent-ils) des choses que nous trouuons bonnes, & d'autres que nous n'approuuons point. Mais, dit Socrate, touchant la reminiscence, qu'est-ce qu'il vous en semble ? Croyez vous qu'elle est ? & si elle est, estes-vous d'accord auec moy, qu'il en faille tirer vne consequence necessaire, que l'ame à esté en quelque lieu auparauant que de venir dans le corps ? Pour cela, dit Cebes, i'ay pris vn grand plaisir au discours que tu en as faict, & me tiens ferme en ceste creance : Et moy, dit Simias, i'en suis tout de mesme, & serois fort estoné s'il estoit possible qu'on me persuadast le contraire. Tu es pourtant obligé, hoste Thebain, à prendre vne autre opinion, si tu crois que l'harmonie soit quelque chose de composé, & que l'ame soit vne harmonie de la temperature, & de la constitution du corps: car tu ne sçaurois aduoüer que ceste consonance composée de quelque chose, ait esté plustost que la chose dont il falloit qu'elle se composast. Tu ne sçaurois iamais adüoüer cela. Iamais, dit Simias. Et vois-tu pas bien cependant que tu es contraint de le confesser, quand tu dis que l'ame à esté plustost que le corps, & que elle est vne consonance composée du corps : ton dire reuient à cecy, qu'elle se fait des choses qui ne sont point. Encore mesme l'harmonie du luth ne peut estre de la sorte, c'est à dire, auant les choses dont elle est composée : car le bois & les cordes, & quelques sons rudes & mal accordans precedent ceste douce & parfaicte consonance qui vient apres tout cela, & se perd plustost que le reste. Vois donc, comme quoy ce que tu dis icy reuient fort mal à ce que tu disois auparauant, & que sur les propos de ces harmonies & de ces concordances, tes discours se trouuent tres-mal d'accord. Tres-mal, dit Simias, si est-ce qu'en ceste matiere de consonances, il faut sur tout que les paroles soient bien concertées, & qu'elles ne discordent point en propos : le desordre au langage ne doit pas estre si remaquable.

Dans vne passion de douleur ou de rage,
Quand l'espoir d'vn amant est troublé d'vn refus,
Ou qu'vn pasle Nocher gemit parmy l'orage,
L'ame ne peut fournir que des propos confus.

N'importe qu'vn bouuier en escorchant la terre,
Parle auec eloquence à ses taureaux rebours,
Ny qu'vn braue soldat en parlant de la guerre,
Cherche de l'artifice à ranger ses discours.

Au lieu de bon discours & de voix eloquantes,
On ne peut escouter qu'vn dissolu caquet,
Sur le mont Cytheron où s'en vont les Bacchantes
Quand leur Dieu les appelle à son vineux banquet.

Mais celuy dont l'esprit n'est iamais en desordre,
Et que les passions laissent en son repos,
Afin que les Censeurs n'ayent dequoy le mordre,
Il doit auoir le soing d'accorder ses propos.

C'est à dire, ô Simias! qu'vn Philosophe doit faire en sorte que ses discours se trouuent de bon accord,

& les tiens à present se trouuans tres-desaccordans, il faut que de deux tu choisisse lequel tu aymes le mieux, ou receuoir la discipline de la reminiscence, ou croire que l'ame est vne harmonie. Ie choisis le premier, dit-il, car ie ne sçache point qu'on m'ait iamais prouué suffisamment que l'ame soit comme vne harmonie. Ie ne l'ay iamais veu faire apparoistre que par des choses vray semblables, & les opinions qui s'impriment par des apparences trompent ordinairement, & en la Geometrie, & en autres choses: mais la preuue de la reminiscence est appuyée (ce me semble) sur des fondemens asseurez: Car nous auons dit que l'ame deuant que d'entrer dans le corps est autre part, en telle sorte que son essence à le surnom d'vn vray estre, & pour ce point là, ie m'en trouue bien persuadé. C'est pourquoy ie ne sçaurois croire ny à personne ny à moy-mesme, que l'ame soit ceste harmonie. Quoy encore Simias, luy dit Socrate, te semble-t'il qu'vne consonance ou autre composition de quelque sorte qu'elle soit, puisse estre autrement, & auoir dispositions que celles des choses dont elle est faicte, ny patir, ny agir, que ces choses ne patissent & agissent? Ie croy que non, dit Simias.

SOCRATE.

L'harmonie à mon aduis sans sa matiere, dont elle est composee, n'est rien du tout.

Cela n'est rien qu'vn peu de bois,
Qui de soy ne sçachant rien dire,
Emprunte la vie & la voix,
Et des cordes & de nos doigts,
Et de la façon de la lire,

Mais lors que le bois est cassé,
Tous les ioueurs les plus habiles,
R'appellans le son trespassé,
Sur vn instrument enfoncé,
Touchent des cordes inutiles:

Il n'y a donc point d'apparence, dit Socrate, que telle consonance precede, & fasse suiure les choses dont elle est cõposee, mais bien plustost qu'elle suit, en telle sorte qu'elle ne peut auoir, ny son, ny mouuement contraire à ses parties. Sans doute, dit Simias.

SOCRATE.

Et la consonance n'est point consonance en sa nature, sinon entant qu'elle est temperee. Simias trouua cecy d'abord vn peu obscur, & luy dist, qu'il ne l'entendoit point. C'est (luy dit Socrate) que la consonance à mesure qu'elle est ou plus ou moins contemperée, qu'elle reçoit ou plus, ou moins, elle est ou plus, ou moins consonance: comme en vn concert, à mesure qu'il est bon ou mauuais, on dit qu'il y a, ou plus, ou moins d'harmonie, ce qui ne se peut dire de l'ame entant qu'ame, que pour le respect de quelque chose ou grande ou petite, elle soit, ou moins, ou plus ame. Prẽds garde encore à cecy, disons nous pas de l'ame que l'vne a du sens & de la vertu, & celle-là nous l'appellons bonne, & que l'autre a de la folie & du vice, & nous l'appellons mauuaise: & celuy qui croit les ames estre des harmonies, dira-t'il en cet endroit, que ceste ame a de la vertu, ou que ceste autre a du vice; ou si au lieu du vice & vertu, il dira que ceste ame a de la consonance, ou de la dissonance, & que la bonne est consonance, & estant vne consonance elle mesme, elle ait des consonance qu'elle possede, & que la mauuaise soit dissonance elle mesme, & n'en ait point d'autre en soy ? Ie n'ay point dequoy repartir là, dit Simias.

SOCRATE.

Tu vois bien que ceux qui croyent que l'ame soit vne harmonie, sçauent respondre comme cela. Or nous auons desià concedé qu'vne ame n'est ny plus ny moins ame, ny a moins de degrez de consonance, l'vne que l'autre, & que l'ame qui n'est ny plus ny moins consonance, n'est ny plus ny moins temperée l'vne que l'autre. Et ie te prie, l'ame qui n'est ny plus ny moins temperée, peut-elle estre participante de la consonance à moins ou plus de degrez, ou plustost esgalement ? Ie croy qu'elle y participe esgalement, respond Simias.

SOCRATE.

Par consequent l'ame, puis qu'elle n'est ny plus ny moins ame l'vne que l'autre, elle n'est aussi ny plus ny moins temperée l'vne que l'autre. Estant donc de la sorte, elle n'est pas plus participante à la consonance qu'à la dissonance ; si bien qu'estant telle, vne ame ne sçauroit auoir plus de vices ny plus de vertus l'vne que l'autre, si le vice est vne dissonance, & la vertu vne consonance. Il me le semble, dit Simias. Mais bien au contraire, dit Socrate, car la raison veut que si l'ame est vne consonance, elle soit incapable de vice, pource que la vraye consonance, estant qu'elle est consonance, ne participe iamais à la dissonance, & par là on prouue qu'vne ame si elle est bien ame, n'est point capable d'auoir de vice, & par ces raisons, on trouue que les ames de toutes sortes d'animaux, estans aussi bien ames l'vne que l'autre sont toutes bonnes. Cela semble-il pas bien dit, & s'ensuiuroit si ceste proposition estoit vraye, que l'ame soit vne consonance ; Encore plus Simias, de toutes les choses qui sont en l'homme, ne penses-tu point que celle qui tient l'Empire c'est l'ame ? mesme alors qu'elle est prudente, & pour obtenir ceste maistrise, faut-il qu'elle obeisse au corps ou qu'elle luy resiste comme en vne extreme soif ou faim, où l'appetit du corps est pressé de boire ou de manger ; souuent l'ame le retient & l'empesche d'obeyr à son desir ? Il est vray dit Simias.

Souuent que le corps aueuglé
De son appetit desreglé,
Cherche de contenter sa rage;
L'esprit resiste à ses desirs,
Et pour éuiter son dommage,
Le destourne de ses plaisirs.

Aupres d'vn' eau claire & coulante,
Alors qu'vne soif violente,
Nous a mis les poulmons en feu,
La crainte d'vne maladie,
Nous faict bien arrester vn peu,
Quoy que nostre appetit nous die.

En chasque passion extréme,
L'ame se combat elle mesme,
Et quelque forte liaison
Que nostre corps ait auec elle
Nos sentimens & la raison,
Se font guerre perpetuelle.

Et ce combat ne seroit point, si l'Ame estoit vne

harmonie composée des temperatures du corps, car en ce cas elle seroit obligée de suiure ce temperament comme nous auons dit, & d'agir, ny ne patir qu'auec les choses dont elle seroit composée, sans iamais en produire qui leur fust contraire: où tout au rebours, nous voyons que l'ame est ordinairement contraire au corps, tantost le pressant à des exercices qui luy donnent de la peine contre son gré: tantost en la forçant par des medecines, tantost par des censures contre ses vices, & des admonitions contre les douleurs, craintes & autres passions.

Lors que la crainte du danger,
Nous a faict paslir le visage,
L'Ame afin de nous soulager
Raisonne auecques le courage,
Et semble dresser vn langage
A quelque chose d'estranger.

Voicy vn endroict d'Homere, où Vlysse touché de quelque desplaisir, exhorte son courage par sa raison, & semble faire parler vne partie de son ame auec l'autre, lors que se battant la poitrine, il se prend à dire,

Quoy? ma constance est elle morte?
Où dort aujourd'huy ma valeur?
Arme toy mon courage & porte,
Le faix de ce nouueau malheur,
Ie t'ay veu vaincre la douleur,
D'vne calamité plus forte.

Penses-tu Simias, qu'Homere ait ainsi parlé, croyāt que l'ame fust vne armonie, & quelque chose de subiect aux passions du corps, ou s'il a creu qu'elle fust quelque chose de plus diuin & plus excellent ? Il entendoit sans doute dit Simias, que l'ame estoit quelque chose de plus diuin que l'harmonie. Il n'est point donc raisonnable que nous tenions l'ame pour vne harmonie, car nous serions de contraire opinion à ce Poëte diuin Homere, & à nous mesmes. Il est vray, dit Simias, me voila content.

En fin auec assez de peine,
La nuict faict place à la clarté,
Et la consonance Thebaine,
Nous laisse sans difficulté.

Te voila donc appaisé, hoste Thebain, mais comme quoy appaiserons nous Cebes ?

De quels si rares sentimens
Faut-il auoir l'ame animée,
Pour refuter les argumens
De la subtilité Cadmee ?

A t'ouyr respondre aux objections de Simias, i'ay bien cogneu que tu trouueras le chemin de me contenter, car ie ne pensois pas qu'il fust possible de tenir contre ses obiections, & me suis tout esbahy de la raison que tu as imaginée contre l'harmonie dont il n'a peu soustenir le pressant assault, si bien que ie m'attends fort à voir le discours Cadmeen renuersé aussi bien que l'autre. Espargnez moy, dit Socrate, ne me loüez pas si tost, peut-estre qu'on nous enuiera l'explication du reste, & que ie ne m'acquiteray pas si bien du discours suiuant, Dieu y pouruoira, mais nous qui (comme dit Homere) sommes aux prises, voyons si ce que tu as dit est quelque chose. La somme de ce que tu propose est qu'on te fasse voir, comme quoy l'ame est indissoluble & immortelle.

Afin que passant chez les morts,
Et quittant la prison du corps,
Ou son ame estoit asseruie,
Le Sage ne se trompe pas,
En esperant qu'vne autre vie
Luy doit naistre d'autres trespas.

Tant de voluptez mesprisees,
Tant de nuicts sagement vsees,
L'enfer si long-temps combatu,
Et tant de sainctes resueries,
Pour l'estude de la vertu,
Ne seroient que des moqueries,

Ces suprémes felicitez,
Qui suiuent les aduersitez,
Dont la vie terrestre abonde,
Seroient vn espoir deceuant,
Et les plaisirs de l'autre monde,
Ne se trouueroient que du vent.

De sorte que le Philosophe qui auroit si bien estudié à la sagesse toute sa vie, se trouueroit à sa mort vn vray fol de s'estre attendu à des choses vaines & fausses. C'est le danger, Cebes, auquel tu crois qu'il est subject, ne cognoissant pas encore comme quoy personne ne se peut asseurer de l'Immortalité de l'Ame: Car pour estre de plus longue durée, & plus excellente que le corps, & semblable à quelque chose de diuin, comme aussi pour auoir esté auát le corps, & auoir cogneu & fait toute seule plusieurs choses, tu dis qu'il ne s'ensuit pas pour cela qu'elle soit immortelle, & que mesme ceste entrée qu'elle fait dans ce corps humain, luy est comme vne maladie, par où elle commence à se ruiner; si bien que dans la vie du corps elle n'y trouue que des miseres pour elle, & en la mort elle y trouue aussi sa ruine; & quoy qu'elle ne se loge qu'en vn corps, ou qu'elle reuiue dans vn ou plusieurs, cela ne sçauroit asseurer personne en sa mort: car il faut estre fol pour n'auoir point de peur en ce moment si on ne sçait point parfaictement des raisons qui prouuent l'immortalité. Voila ce que tu dis Cebes. Ie l'ay tout repeté, afin que tu y adjouste, ou que tu en oste encore si bon te semble. Il n'y a rien, dit Cebes, pour le present que i'y vueille adiouster ny diminuer. Lors Socrate s'arrestant vn peu, & comme appellant ses esprits: ce que tu demande, dit-il, ô Cebes! n'est pas peu de chose. Il nous faudra traicter à ce subject la cause de la generation & de la corruption. A ce propos, ie te raconteray ce qui m'est arriué, & si tu iuge que de ce que diray il y ait quelque chose qui fasse pour descouurir la verité de la question que tu proposes, tu t'en seruiras. Escoutez-moy.

I'auois en mon ieune aage vn merueilleux desir,
De voir de l'Vniuers l'admirable structure:
Et mon esprit touché d'vn juste desplaisir,
D'ignorer les secrets qui sont dans la nature,
Creût que c'estoit l'object qu'il me falloit choisir:
Mon ame auec effort combatoit l'ignorance;

Ie bruslois d'vn ardeur de deuenir sçauant,
Et de peu de profit paissant mon esperance,
Mes curiositez alloient tousiours auant,
Pour voir si mon estude auoit quelque asseurance.

Ie croyois que c'estoit vn dessein glorieux,
De sçauoir comme quoy toutes choses arriuent,
D'entendre quelle force ont les flambeaux des Cieux,
Pourquoy les animaux ça bas meurent & viuent,
Et ce soing me rendoit tousiours plus curieux.

Tournant de toutes parts mon ame vagabonde,
Selon le sens d'aucuns ie voulois discourir,
Si ce n'est point le feu, la terre, l'air, & l'onde,
Quand le froid & le chaud viennent à se pourrir
Qui donnent la vigueur aux animaux du monde.

Apres cela, i'allois imaginer si du feu, de l'air, ou du sang, nous venoit le sçauoir, ou si c'estoit le cerueau qui nous fournissoit les facultez de l'ouye, de la veuë, & de l'odorat, & que de tels sens se faisoit la memoire & l'opinion, & que de la memoire & de l'opinion mise à repos, se faisoit la science. Ainsi considerant & les corruptions des ces choses là, & les passions qui arriuent autour du Ciel & de la terre, i'ay trouué à tout cela mon entendement fort deffectueux, & me vis à considerer ces choses là, si stupide que rien plus. Ie m'en vay vous en apporter vne coniecture suffisante ? C'est que ceste consideration & ceste resuerie m'offusqua tellement qu'elle ne m'empeschoit pas seulement d'apprendre quelque chose de nouueau : mais encore me faisoit-elle oublier ce que i'auois appris, & ce que ie croyois auec d'autres, auoir tres-bien sçeu auparauant comme cecy, de sçauoir de quelle sorte croist vn homme, car ie pensois qu'il estoit clair à vn chacun, que le boire & le manger font croistre l'homme, & qu'adjoustant chair sur chair, & os sur os, de mesme qu'en toutes autres choses y mettant ce qu'il leur faut, & les traictant selon que leur nature le requiert, premierement d'vne petite masse s'en faict vne grande, & qu'ainsi d'vn petit homme s'en faict vn grand. C'estoit alors mon opinion, te semble-t'il pas qu'elle estoit bonne? Pour moy ie la trouue bonne, dit Cebes. Prends garde encore à cecy, ie croyois que c'estoit assez bien pensé à moy, lors que voyant vn homme, ou vn cheual grand aupres d'vn petit, ie iugeois qu'il estoit plus grand de toute la teste, & ie cognoissois fort clairement que dix estoient plus que huict, pour ce qu'il y en auoit deux dauantage, & qu'vne mesure de deux coudées estoit la moitié plus grande que celle d'vne coudée. Et maintenant, luy dit Cebes, qu'est-ce que tu en iuges? Ie suis veritablement, luy respondit Socrate, bien loing de croire que i'entende aucune cause de toutes ces choses là, qui ne me peux pas bien persuader, encore que lors que quelqu'vn adjouste vn à vn, si cet vn à qui on adiouste, à cause de la conionction de l'vn à l'autre deuient deux: car i'admire comment, puis qu'estans separez, l'vn & l'autre n'estoient qu'vn & n'estans point alors deux, pourquoy s'estans ioincts, ceste congression qui les faict mettre l'vn apres l'autre, soit la cause qu'ils soient deux: & ne puis me persuader non plus, pourquoy si quelqu'vn vient à diuiser vn, ceste diuision soit cause qu'il en soit deux: car il se trou-

uerois là

seroit là vne cause pour laquelle ce deux se faict, toute contraire à celle d'auparauant. La premiere cause estoit, pource que l'vn approchoit de l'autre, & celle-cy pource que l'vn s'esloigne de l'autre, & ne pense point sçauoit encore pourquoy vn se faict; ny pour dire en somme pourquoy quelque chose se faict, ou petit, où grand. Ie ne le pense iamais entendre par ceste voye, mais i'y mesle en vain quelque autre moyen, & ne reçois nullement celuy-là: Mais ayant ouy lire vne fois d'vn liure à Anaxagoras, vne opinion qu'il auoit, que l'entendement estoit la cause de toutes choses, & disposoit de tout.

Que nostre entendement disposoit toutes choses,
Qu'il en estoit la cause, & qu'il auoit ouuers:
Les abysmes plus creux où demeuroient encloses
Toutes les raretez qui sont dans l'Vniuers,
Aussi tost son aduis arresta ma creance,
Car c'estoit le meilleur que i'eusse encore veu,
Ie croyois que l'esprit ayant ceste puissance,
Auroit tout disposé le mieux qu'il auoit peu.
Et que pour voir la cause & la raison plus seure,
Pourquoy dedans le monde vne chose perit,
Pourquoy l'autre n'est plus, & celle-cy demeure,
Puis que le bien estoit le but de nostre esprit.
Il falloit s'enquerir comment tout deuoit estre,
Comme il estoit meilleur que cecy ne fust point,
Que ceste chose fust que l'autre vint à naistre,
Et nous eussions cogneu les causes de tout point.

Car si l'entendement ne dispose iamais de la chose qu'en cognoissant comme quoy vne chose seroit bien disposée, on cognoist comme quoy elle est disposée, & qu'ainsi vn homme ne deuoit rien considerer ny de soy, ny des autres que ce qui est de plus à propos & de meilleur. Or il est necessaire que celuy qui sçait ce qui est bon, sçache aussi ce qui est mauuais, pource que c'est vne mesme science. Dans ceste pensée, ie me resiouyssois d'auoir trouué en Anaxagoras, vn Maistre qui m'apprist ce que i'auois tant desiré de sçauoir, c'est à dire, les causes des choses. Et que premierement, il me dit si la terre estoit ou planiere ou ronde, & qu'apres il m'en eust apporté la cause & la necessité, c'est à dire, qu'il m'eust monstré comme quoy il estoit mieux qu'elle fust, & pourquoy elle estoit telle, si bien que s'il me disoit que la terre estoit au milieu du monde, ie m'attendois qu'il me fist entendre qu'il estoit meilleur qu'elle fust ainsi, & que m'ayant monstré cela, ie ne serois plus en peine de chercher vne autre espece de causes.

Qu'il apprendroit à mon sens curieux,
Pour quel subiect la terre est toute ronde,
Et s'il falloit afin qu'elle fust mieux,
Qu'elle se tint au beau milieu du monde.
Ie m'attendois qu'il me diroit aussi,
Pourquoy se monstre & se cache la Lune,
Pourquoy le iour penetre iusqu'icy,
Et ce que peut le Ciel sur la fortune.
Qu'il me monstrast pourquoy tant de flambeaux,
Qui dans le Ciel font leurs courses legeres,
Deuoient paroistre, & si grands & si beaux,
Et nous monstrer leurs clartez passageres.

Ie m'imaginois qu'il me feroit voir tout cela, &

qu'il m'instruiroit clairement de quelle sorte, & pour quelle raison il estoit meilleur que ceste chose, ou ceste autre patist ou agist en cecy ou en cela. Car ie ne pensois pas qu'apres m'auoir dit au commencement que nostre esprit disposoit toutes choses: il n'alloit apres assigner autre cause des choses, sinon la cause d'estre bien; c'est à dire, que chaque chose est ainsi, pource que pour estre bien, il faut qu'elle soit ainsi. Si i'estois donc persuadé que nommant particulierement les causes, il assigneroit à chaque chose pour sa cause, ce qui estoit meilleur pour elle, & generalement pour la cause de toutes choses, ie croyois qu'il allegueroit le bien commun.

Animé de ceste esperance,
Iurant desia sur mon autheur,
Ie trouuay que cét imposteur,
Auoit pis que mon ignorance.

D'vn aueuglement qui tenoit
Ses fantasies esgarées,
Quelques natures ætherées,
Sont les causes qu'il amenoit.

Des essences imaginaires,
L'vne d'air, & l'autre de feu,
Bref ie fus honteux d'auoir leu
Des discours si peu necessaires.

Apres auoir leu tout son liure que i'acheuay auec vne grande impatience, ie me repentis d'en auoir pris la peine: car il n'alleguoit pour les causes des choses que des fantasies, & des choses incroyables.

est disposée, & qu'ainsi vn homme ne deuoit rien considerer ny de soy, ny des autres que ce qui est de plus à propos & de meilleur. Or il est necessaire que celuy qui sçait ce qui est bon, sçache aussi ce qui est mauuais, pource que c'est vne mesme science. Dans ceste pensée, ie me resiouyssois d'auoir troué en Anaxagoras, vn Maistre qui m'apprist ce que i'auois tant desiré de sçauoir, c'est à dire, les causes des choses. Et que premierement, il me dit si la terre estoit ou planiere ou ronde, & qu'apres il m'en eust apporté la cause & la necessité, c'est à dire, qu'il m'eust monstré comme quoy il estoit mieux qu'elle fust, & pourquoy elle estoit telle, si bien que s'il me disoit que la terre estoit au milieu du monde, ie m'attendois qu'il me fist entendre qu'il estoit meilleur qu'elle fust ainsi, & que m'ayant monstré cela, ie ne serois plus en peine de chercher vne autre espece de causes.

Qu'il apprendroit à mon sens curieux,
Pour quel subiect la terre est toute ronde,
Et s'il falloit afin qu'elle fust mieux,
Qu'elle se tint au beau milieu du monde.
Ie m'attendois qu'il me diroit aussi,
Pourquoy se monstre & se cache la Lune,
Pourquoy le iour penetre iusqu'icy,
Et ce que peut le Ciel sur la fortune.
Qu'il me monstrast pourquoy tant de flambeaux,
Qui dans le Ciel font leurs courses legeres,
Deuoient paroistre, & si grands & si beaux,
Et nous monstrer leurs clartez passageres.

Ie m'imaginois qu'il me feroit voir tout cela, &

Il n'y a donc nulle sorte d'apparence qu'il faille tenir toutes ces choses-là pour des causes : mais sans doute si quelqu'vn dit que sans les nerfs & les os, ie ne sçaurois executer ce que i'aurois dessein de faire, il diroit vray : ce seroit pourtant vne extréme nonchalance de discours, d'asseurer que ie fais tout à cause de ces choses-là, tant que ie le fay par mon entendement, sans amener la cause d'estre bien, & sans dire que ie le fay auec ces choses, & par l'entendement à dessein de faire, comme quoy il faut que cela soit pour estre bien : & ceux qui ne s'expliquent pas comme cela, ne sçauent pas discerner la vraye cause d'vne chose d'auec ce, sans quoy la cause ne peut point estre cause, & que les ignorans appellent fausse cause, en prenant l'vn pour l'autre.

Comme dans vne nuict obscure,
Où nostre veuë est en deffaut,
Et chaque chose est sans figure,
On ne prend iamais ce qu'il faut.

C'est pourquoy quelques vns qui veulent que la terre tourne tousiours en rond, disent qu'elle ne bouge iamais de dessous le Ciel. Les autres qui la font comme vne grande Maist de Patissier, tiennent qu'elle est soustenuë de l'air, comme d'vn fondement.

Ceux-cy croyent.u la terre vne pesante boule,
Qui sans aucun repos autour de soy se roule,
Mais que tousiours son siege est ferme sous les Cieux,
Les autres qui la font comme vne grande buye,
Soustiennent d'vn discours qui ne vaut guere mieux,
Que le vague de l'air est le fonds qui l'appuye.

Et ne s'enquierét ny les vns ny les autres de la puissance par laquelle elle a esté disposée au mieux qu'elle le pouuoit estre, & ne pensent qu'elle ait vne vertu & force demonique.

Et ceux-cy pour porter ceste pesante charge,
Pensoient auoir trouué quelque puissant Athlas,
De qui l'espaule estoit plus vigoureuse & large,
Et que ce grand fardeau ne rendoit point si las.

Mais ils s'imaginent auoir rencontré quelque plus robuste & plus immortel Athlas, & de plus larges espaules qui puissent mieux porter tout que l'autre: & ne croyent point que la bien-sceance & le bon, conjoignent ny contiennent aucune chose du monde. Parmy tant d'incertitudes, ie me rendois volontiers disciple de qui que ce fust, qui me voulut enseigner la vraye cause des choses : Mais puis que ie ne la cognois point, & qu'il m'est impossible de la trouuer, ny de moy-mesme, ny par autruy, i'ay entrepris vne seconde nauigation pour aller querir, & tenter vne autre voye pour paruenir à la cognoissance de la cause. Et veux-tu, ô Cebes ! que ie te communique l'inuention dont ie me suis aydé ? De bon cœur, respondit Cebes.

SOCRATE.

Comme ie fus lassé de considerer les choses sans rien aduancer.

Mon esprit rebuté de ce trauail penible,
Poursuiuant vn dessein qui n'estoit pas possible,
Craignit de s'aueugler par vn obiect si beau,
Comme quand le Soleil dans l'Ocean arriue.

Nos regards qui tout droit contemplent son flambeau
Se sentent esblouyr d'vne clarté trop viue,
Et l'vnique moyen de le toucher des yeux,
C'est de le voir dans l'eau qui le nous monstre mieux.

Ainsi pour sauuer mon esprit d'vn tel esblouyssement, ie creus qu'au lieu de porter mes sens tout droict, & immediatement à mon subject, ie ferois mieux de la contempler comme en vn miroüer, & m'imaginay qu'il falloit recourir aux raisons, pour considerer la verité par elles. Mais peut estre que nostre comparaison ne respond point à toutes ses parties: car ie n'accorde pas entierement que celuy qui contẽple les choses dans les raisons, les regarde plustost dans des images, que celuy qui les void dans les œuures: car ie crois que cestuy-cy les regarde aussi biẽ dans des images, que l'autre qui les void dãs les raisons; si est-ce toutesfois que i'ay prins ceste addresse, & choisi mon chemin par là. Voicy comme quoy ie fay, supposant vne raison que ie trouue la plus valable. Ie tiens pour veritable ce qui se rapporte le mieux à elle, i'obserue cela, & touchant les causes des choses, & touchant autre chose. Et comme i'approuue ce qui est selon la raison que i'ay posée, aussi ie desapprouue & tiens pour faux tout ce que i'en trouue esloigné. Ie te veux mieux expliquer ce que ie te dis, car ie ne pense pas que tu l'entende bien encore. Non pas beaucoup, dit Cebes. Ie n'ameine icy rien de nouueau, dit Socrate, mais seulement ce que i'ay repeté souuent en la dispute precedente. Ie m'en vay donc continuer à te faire voir ceste espece de cause que i'ay tant traictée, & reuiens à ce que i'ay si souuent presché. Ie suppose donc qu'il y a quelque chose qui de soy est beau, bon, & grand, & telles autres choses. Que si tu m'accordes cela, i'espere de te faire voir ce qui est proprement cause, & de trouuer l'immortalité de l'ame.

CEBES.

Conclus quand il te plaira. Ie te l'accorde.

SOCRATE.

Mais consideres en ce qui s'ensuit, si tu veux y consentir aussi : car ie pēse que s'il y a quelque chose de beau outre le beau mesme, que ceste chose belle, quelle qu'elle soit, n'est belle, que d'autant qu'elle participe au beau ; & c'est ainsi que i'en dis du reste. Ne crois-tu point que c'est pour ceste cause ?

CEBES.

Ie le crois.

SOCRATE.

Pour moy ie ne vay point plus auāt, & ne suis point capable de comprendre toutes ces autres causes excellentes. Si quelqu'vn me demande, pourquoy cecy ou cela est beau, ie luy diray que c'est à cause qu'il a ou la couleur esclatante, ou figure belle, ou quelque autre chose comme cela : ie ne sçaurois luy respondre autre chose, & si ie cherche des causes plus auant ie me trouble. Cecy crois-ie bien absolument & sans doute, cōbien que peut estre sans raison, que rien ne fait vne chose belle que la presence ou la communion du beau de quelque façon, & pour quelle raison qu'il arriue, & cela n'oze-ie pas bien asseurer encore, mais que tout ce qui est beau, est beau, à cause du beau. C'est ce qu'on peut respondre plus asseuremēt, & appuyé sur ce fondemēt, ie ne pense pas tomber, & ie puis dire asseurément que toute chose belle est faite belle par le beau mesme. Ne le crois-tu point comme cela? Si ay, dit Cebes. Par mesme raison, ce qui est grand est grand par la grandeur, & ce qui est plus petit, est ainsi plus petit par la petitesse. C'est comme cela, dit Cebes. Ainsi, dit Socrate, tu n'approuueras point celuy qui diroit que cét homme icy est plus grand que l'autre de toute la teste, & que cét autre est plus petit que luy de toute la teste: comme si leur grandeur & leur petitesse se deuoit cognoistre & discerner par la teste. Mais tu diras que tout ce qui est plus grand n'est plus grand d'autre chose que de la grandeur, & plus grand à cause de la grandeur aussi: & ce qui est plus petit n'est ausi plus petit que de la petitesse, & à cause de la petitesse. Tu raisonneras sans doute ainsi, de peur que si tu viens à dire que quelqu'vn est plus grand ou plus petit de la teste, on ne t'obiecte que premierement par ceste raison d'vne mesme chose se fait le plus grãd plus grand: & le plus petit plus petit, apres que de la teste dont cecy sera moindre, cela aussi qui est plus grand en est plus grand: & que c'est vne chose monstreuse que ce qui est grand, soit grand à cause de ce qui est petit. Ne craindrois-tu pas ausi de dire que dix sont plus que huict, à cause des deux, plustost qu'à cause de la multitude ou numeralité? & semblablement qu'vne mesure de deux coudées est plus grande que celle d'vne coudée à cause de ceste moitié, plustost qu'à cause de la grãdeur? c'est ce que tu deuois craindre de dire. Et ne craindrois-tu point de dire ausi que si vn est adiousté à vn, que cét adioustement est la cause qu'il s'en faict deux: & si vn se diuise, ceste diuision est la cause qu'ils sont deux? Mais tu dois crier tout haut, & asseurer que tu ne sçais comme quoy autrement, ou cecy, ou cela se faict que par la participation de l'essence qui luy est propre, à laquelle il participe, & que tu ne sçais point autre chose pourquoy il faut que ces vns qui doiuent estre deux soient participans, & comme aussi tout ce qui doit estre mis à vn, doit estre participant à l'vnité, & laisseras ces adionctions & diuisions, & toutes ces subtilitez à des plus sçauans que toy, pour faire des responces pareilles à leur fantasie. Mets toy tousiours en deffiance, & craignant comme on dit, ton ombre mesme, tu te rendras tousiours ferme en la raison que tu auras posée, & feras tes responces de la sorte: Que si quelqu'vn se tenant à la mesme raison que tu aurois posée, venoit à te presser, tu le laisseras là sans luy respondre qu'apres auoir consideré, si ce qui suit de ceste raison s'accorde auec elle ou non. Que si tu estois obligé à rendre raison de la raison mesme que tu aurois posee, il te faudroit recourir à d'autres positions, & choisir celle qui te sembleroit la meilleure de toutes les precedentes, & ne confondrois iamais comme font les contentieux & les principes, & ce qui deriue des principes, si pour le moins tu voulois trouuer quelque chose de vray: car pour ces contentieux, ils n'ont ny soing ny discours qui tende à cela, & si ne laissent point à faute de sapience de plaire & trouuer leur conte dans cét embroüillement dont ils confondent tout. Mais toy, ô Cebes! si tu es du nombre des Philosophes, tu feras ie pense ce que ie dis.

PHÆDO.

Cebes & Simias approuuerent là tout ce que Socrate disoit.

ECHECRATES.

Ils auoient sans doute raison d'y consentir, car ie ne pense pas que ce discours ne soit maintenant assez clair aux plus hebetez.

PHÆDO.

Aussi n'y eut-il personne en la compagnie qui ne le trouuast fort aisé.

ECHECRATES.

Ce n'est pas merueille, puis que moy qui n'y estois point, le comprends fort bien, & le trouue facile seulement à te l'ouyr dire. Mais apres cela, comme quoy est-ce qu'il poursuiuit?

PHAEDO.

Apres que Socrate les eut rangez à son opinion, & qu'ils luy eurent accordé que chacune des especes est quelque chose, & que ce qui leur participe prend d'elles sa denomination, il se mit encore à les interroger de ceste sorte.

SOCRATE.

S'il en est ainsi que nous auons monstré, aduoüeras tu point alors que tu dis que Simias est plus grand que Socrate, & plus petit que Phœdon, que ces deux choses là sont en Simias, c'est à dire, la grandeur & la petitesse?

CEBES.

Asseurément.

SOCRATE.

Et tu confesses toutesfois que Simias surpasse Socrate, non pas en la sorte que les paroles le disent: car tu ne crois pas qu'il ait esté ainsi ordonné par la nature, que Simias entant que Simias surpasse Socrate: Mais à cause de la grandeur de stature qu'il a, ny que Socrate aussi soit moins que Simias, entant qu'il eſt Socrate : mais à raiſon de ſa taille qui eſt petite, au reſpect de celle de Simias.

CEBES.

Ie le crois comme cela.

SOCRATE.

Et ſemblablement Phœdon ne ſurpaſſe point Simias, entant que Phœdon : mais entant qu'il eſt de grande ſtature au prix de Simias qui ſe trouue de petite taille, au reſpect de Phœdon.

CEBES.

Il eſt ainſi.

SOCRATE.

Si bien que Simias aura la denomination de petit & de grand : car il eſt entre les deux, ſurpaſſant par ſa grandeur la petiteſſe de l'vn, & cedant par ſa petiteſſe à la grandeur de l'autre.

PHÆDON.

Alors il nous dit en ſouſriant : il ſemble que ie vous ay deſcrit cecy auec trop d'affection, ſi eſt-il pourtant de meſme que i'en ay parlé.

CEBES.

Il appert.

SOCRATE.

Ie le dis à deſſein de vous faire croire ce que ie crois auſsi. Mon opinion eſt que la grandeur ne veut iamais non ſeulement eſtre enſemble & grande & petite, mais auſsi que ceſte grandeur qui eſt en nous, ne reçoit iamais petiteſſe & ne veut point eſtre ſurmontée : mais que de deux choſes il en arriue l'vne : ou qu'elle fuit & ſe retire quand la petiteſſe ſon contraire approche, ou bien qu'elle meurt & finit auſsi-toſt que la petiteſſe eſt arriuée : car elle ne peut attendre, ny ſe rendre en receuant la petiteſſe, autre chose que ce qu'elle estoit;comme moy par exemple, qui ay la petitesse, tandis que ie suis ce que ie suis sans doute ie ne puis estre que petit. Tout demesme vne chose grande ne peut estre petite, & ce qui est de petit en nous, ne peut ny deuenir, ny estre grand, ny aucune sorte de contraires: car vn contraire tant qu'il demeure tel qu'il estoit, ne peut iamais deuenir son contraire: mais il faut qu'il fuye ou perisse aussi tost que son contraire arriue.

CEBES.

C'est iustement mon opinion.

PHÆDON.

Alors quelqu'vn de la compagnie, (ie ne sçaurois dire maintenant qui ce fut) comme tout esbahy, se print à dire; bons Dieux, ne nous a t'on point accordé dans les discours precedens tout le contraire de ce qu'on nous vient de dire icy? car on nous a mõstré que du moindre se faisoit le plus grand, & du plus grand le moindre, & que sans doute il y auoit vne generation des contraires les vns des autres, & maintenant il semble que vous disiez que cela ne se peut. Socrate aduançant vn peu la teste, escouta cela, & tout à l'instant; tu as (dit-il) bonne memoire d'auoir retenu cela, mais tu n'entends pas pourtant la difference qu'il y a de ce que nous disons à ceste heure, à ce que nous auons dit auparauant: car alors nous disions que d'vne chose contraire se faisoit vne chose contraire, & icy nous disons qu'vn contraire ne peut iamais deuenir son contraire, ny touchant ce qui est en nous de contraire, ou en la nature. Nous parlions des choses qui ont des contraires, & les appellions du nom de contraires ; & maintenant nous parlons des contraires qui sont en elles, desquels elles prennent la nomination, & disons que les contraires ne s'engendrent iamais l'vn l'autre. Lors tournant les yeux vers Cebes, & toy, dit Socrate, ne te trouue tu point troublé pour ceste objection?

CEBES.

Nullement.

SOCRATE.

Nous auons donc simplement aduoüé qu'vn contraire ne se fait iamais de son contraire.

CEBES.

Il est vray.

SOCRATE.

Prends garde si tu n'es point aussi d'accord auec moy en cecy : Appelles-tu cela quelque chose, la chaleur & le froid ?

CEBES.

Sans doute.

SOCRATE.

Mais appelle-tu simplement le chaud & le froid, neige & feu ?

CEBES.

Non vrayement.

SOCRATE.

Tu dis donc que la chaleur est quelque autre chose que le feu, & le froid quelque autre chose que la neige.

CEBES.

Ie le pense.

SOCRATE.

Mais tu crois bien aufsi que la neige tant qu'elle eſt neige ne peut point receuoir de chaleur comme nous diſions, & qu'elle ne peut eſtre enſemble, & neige & chaude: mais que la chaleur venant, il faut qu'elle fuye ou qu'elle ceſſe d'eſtre, & que le feu tout de meſme, le froid venant, ſe deſrobe ou s'eſteigne, & qu'il ne ſçauroit eſtre enſemble & feu & froid.

CEBES.

Tu dis vray.

SOCRATE.

Remarque donc qu'il y a certaines choſes qui non ſeulement honorent touſiours l'eſpece de leur nom: Mais encore quelque autre choſe qui n'eſt pas à la verité ce qui eſt le premier, mais qui en a la forme tandis qu'il eſt, & voicy en quoy tu trouueras pour eſtre plus clair, ce que ie te dis; non-pair garde touſjours ce non de non-pair: mais n'en a t'il point auſſi dautre? car c'eſt ce que ie cherche, ſçauoir s'il n'y a point quelque autre choſe qui n'eſt pas à la verité proprement ce qu'eſt non pair: mais qui cependant auec vn autre nom qu'il a, eſt obligé auſsi de porter touſiours ce nombre non pair, pour ce qu'il eſt ainſi ordonné par la nature, qu'il ne peut iamais eſtre abandonné du non pair, comme le nombre de trois que nous appellons le ternaire, ne te ſemble t'il point qu'il eſt touſiours appellé ternaire, & non pair? lequel non pair n'eſt pas cependant la meſme choſe que ternaire: car il eſt dit auſſi bien & de cinq,

& de ſept, comme de trois, & autre medieté de nombres ou imparieté : car chacun de ces nombres là eſt auſsi bien non pair que le ternaire, & n'eſtant pas cela meſme qu'eſt non pair, chacun d'eux ne laiſſe pas d'eſtre non pair ; ſemblablement & deux, & quatre, & autre ordre de nombre quel qu'il ſoit, combien qu'il ne ſoit pas cela meſme qu'eſt pair, chacun d'eux pourtant eſt pair.

CEBES.

Sans doute.

SOCRATE.

Regarde donc icy ce que ie demande, c'eſt qu'il ſemble veritablement que non ſeulement les contraires entr'eux ne ſe reçoiuent iamais l'vn l'autre : mais auſſi que les choſes qui ſont de telle ſorte que n'eſtans point contraires entr'elles meſmes, cependant poſſedent touſiours des contraires, ne reçoiuent iamais vne eſpece contraire à l'eſpece qu'elles ont, mais qu'à ſon arriuée elles s'en vont ou periſſent. Ne dirons nous point que trois deffaudront pluſtoſt, & patiroient toute autre choſe pluſtoſt que d'eſtre faicts pairs, entant qu'ils ſont trois?

CEBES.

Il eſt vray.

SOCRATE.

Si eſt-ce pourtant que la diuinité n'eſt pas contraire à la ternité.

CEBES.

Nullement contraire.

SOCRATE.

Si bien que non ſeulement les eſpeces contraires ne ſe

ne se reçoiuēt iamais entr'elles mesmes, mais qu'outre les especes, *il y a* des choses qui ne souffrent point l'entrée des contraires.

CEBES.

Tu dis tres-vray.

SOCRATE.

Veux-tu donc que nous definissions, s'il nous est possible, ces choses là comme elles sont?

CEBES.

Ie le desire fort.

SOCRATE.

Ces choses Cebes, ne seront elles point choses qui occupans quoy que ce soit, le rendent tel qu'il est contraint de retenir non seulement l'Idée de soymesme, mais d'auoir aussi son contraire?

CEBES.

Comme quoy est-ce que tu dis cela?

SOCRATE.

Comme ie disois vn peu auparauant, car tu sçais que ce qui est contenu dans l'Idée de trois, doit estre non seulement trois, mais aussi non-pair.

CEBES.

Il est vray.

SOCRATE.

A cela nous disions qu'vne Idée contraire à la forme qui parfaict cela, n'arriue iamais.

CEBES.

Iamais.

SOCRATE.

C'est pourquoy le nombre de trois est exempt d'estre pair.

CEBES.

Il est vray.

SOCRATE.

Il s'ensuit donc que la ternité ou nombre de trois, est necessairement non pair.

CEBES.

Ie l'aduouë:

SOCRATE.

Ainsi ce que i'auois pris à definir, à sçauoir quelles choses ce sont qui n'estans contraires à rien, ne reçoiuent pas pourtant le contraire. Cela, dis-ie, est de mesme que la ternité, qui n'estant point contraire au pair, ne le reçoit pourtant iamais, pource qu'il luy apporte tousiours ce qui luy est contraire. Tout de mesme en est-il du nombre de deux au non pair, & du feu au froid, & de la neige, à la chaleur, & de beaucoup d'autre choses comme celà. Vois donc maintenant, Cebes, si tu ne penses point qu'il faille definir ainsi, que non seulement le contraire: mais aussi ce qui apporte quelque chose de contraire à ce où il va. Ce qui apporte ne receura iamais vne forme contraire à ce qui est apporté, retiens le donc bien encore: car il n'est pas inutile de le redire: iamais le nombre de cinq ne receura l'espece du pair, ny dix qui est le double du non-pair: car cestui cy qui est contraire à l'autre ne reçoit pourtant iamais l'espece du non pair; ny au nombre de douze, si les moitiez de ce douze ne reçoiuent iamais la forme du tout, ny tous autres qui ont comme cela la moitié du nombre, ou qui en ont vne troisiesme partie, ne reçoiuent iamais la forme du plus grand nombre, car en la receuant ils periroient, & ne seroient plus ce tiers ou ceste moitié qu'ils estoient. M'entends-tu bien, & te trouues-tu bien de mon aduis en tout cela?

CEBES.

Fort bien.

SOCRATE.

Derechef, dy moy comme depuis le commencement, & me responds, non point par ce que i'interroge, mais par autre chose à mon imitation. Or ie dis outre ceste responce asseurée que nous auons posée dés le commencement, rends moy quelque autre responce aussi asseurée qui soit tirée de ce que nous auons dit plus franchement, comme si tu m'interroges de la sorte: dis moy Socrate, qu'est-ce qui estant dans le corps, l'eschauffe: Ie ne t'iray pas rendre ceste asseurée & grossiere responce, que c'est la chaleur: mais d'vne plus exquise, tirée de nos discours plus recens, ie te diray que c'est le feu. De mesme, si tu me demandes qu'est-ce qui estant dans le corps, le rend malade? Ie ne respondray pas la maladie, mais la fiéure: & si tu me demandes qu'est-ce qui estant dans vn nombre le rend impair? Ie ne respondray pas l'imparieté, mais l'vnité: & comme cela en autres choses, prends garde donc si tu comprends bien mon sens.

CEBES.

Entierement.

SOCRATE.

Responds moy donc, qu'est-ce qui estant dans le corps le rend viuant?

CEBES.

L'Ame.

SOCRATE.

Et cela, n'est-il pas tousiours ?

CEBES.

Il ne peut autrement.

SOCRATE.

L'Ame donc, lors qu'elle occupe quelque chose, luy apporte sans doute la vie.

CEBES.

Sans doute.

SOCRATE.

N'y a-il point quelque chose contraire à la vie?

CEBES.

S'y a.

SOCRATE.

Et qu'est-ce ?

CEBES.

C'est la mort.

SOCRATE.

Or l'ame ne reçoit iamais le contraire de ce qu'elle ameine, comme nous auons accordé au discours precedent.

CEBES.

Il est ainsi.

SOCRATE.

Et comment appellions nous tantost ce qui ne reçoit point l'Idée du pair ?

CEBES.

Non-pair.

SOCRATE.

Et ce qui n'est point capable de iustice ou de muſique, nous l'appellions iniuſte ou non muſicien, & ce qui n'eſt point capable de la mort, & qui n'en reçoit point, comment l'appellerons nous? Sans doute immortel. Or l'ame veritablement ne reçoit iamais la mort: elle eſt donc immortelle.

CEBES.

Il s'enſuit, ſans doute, qu'elle eſt immortelle.

SOCRATE.

Et l'ame veritablement ne reçoit iamais la mort?

CEBES.

Iamais.

SOCRATE.

Auons nous donc faict voir cela aſſez clairement?

CEBES.

Tres-bien & tres-ſuffiſamment.

SOCRATE.

Ne te ſemble-t'il point auſſi, ô Cebes! que ſi le non pair eſtoit exempt de ruine, & de mort, trois le ſeroit auſſi, & ſi ce qui n'eſt point capable de receuoir la chaleur ne periſſoit iamais, que la neige auſſi demeureroit aupres du feu ſans ſe fondre, & qu'elle ne periroit point, & ne receuroit point de chaleur.

CEBES.

Ie le croy.

SOCRATE.

Par meſme raiſon, ſi ce qui n'eſt point capable de deuenir froid, ne mouroit iamais lors que le feu attaque le froid, le feu ne s'eſteindroit pas pour cela, & ne s'eſuanouyroit point: mais il ſe retireroit ſans danger.

CEBES.

Il le faudroit par necessité.

SOCRATE.

Par vne pareille necessité pouuons nous conclurre, touchant l'immortel, que si ce qui est immortel ne perit point, il est impossible que l'ame perisse à la venuë de la mort : car cõme nos discours precedents ont monstré, elle ne peut point receuoir la mort : & ne peut point perir, comme le ternaire ne peut point estre pair, ny le non-pair ne peut point estre pair, ny le feu froid, ny la chaleur qui est au feu froide.

Au reste quelqu'vn pourra dire, que combien que le non pair ne deuienne iamais pair, pour l'arriuée du pair en luy, comme nous auons esté d'accord, que toutesfois apres le non pair, nous disons que le pair succede à sa place. Et si quelqu'vn nous disoit que le non-pair est dissoult, & n'est plus, nous ne luy sçaurions nier cela. A la verité ne sçaurions nous aussi: car il n'en est pas du non-pair comme de ce qui est indissoluble; & s'il en estoit de mesme, nous trouuerions facilement que pour le pair venant, le non pair, ny les trois ne periroient point, & pourrions tenir le mesme, & du feu & de la chaleur, & de tout le reste: Ne le pourrions nous pas bien à ton aduis ?

CEBES.

Fort aisément.

SOCRATE.

Mais pour ce qui est de l'immortel, s'il nous appert qu'il est incapable de perir, il nous appert aussi que l'ame outre ce qu'elle est immortelle, est aussi incapable de perir. Si cela n'estoit point accordé, il faudroit trouuer vne autre raison, mais il n'en est nullement besoin touchant cela, car qu'est-ce qui seroit indissoluble, si ce qui est immortel & d'eternelle durée se pouuoit dissoudre?

Nostre ame deslogeant du corps
Auecques ses organes morts,
Ne seroit que vers & que poudre,
Et tout l'enclos de l'Vniuers,
N'auroit plus rien exempt des vers:
Si l'immortel se peut dissoudre,
Les Cieux mesmes seroient dissous,
Et les Dieux mourroient comme nous.

Mais puis que ce qui est immortel est aussi incorruptible, pourquoy est-ce que l'ame si elle est immortelle, ne seroit-elle point aussi incorruptible?

CEBES.

Il s'ensuit necessairement.

SOCRATE.

Ainsi quand la mort nous separe,
Sa fureur prend pour son obiect,
Tout ce que l'homme a de subiect,
A sa possession auare,
Mais ce que nous auons de beau,
D'indissoluble & d'inuisible,
D'immortel & d'incorruptible,
Ne passe point dans le tombeau,
Et nos esprits sans leurs organes,
Logeront heureux chez les Manes.

CEBES.

Il ne me reste nulle sorte de difficulté qui m'empesche de cõsentir à ton opinion: mais si Simias ou quelqu'vn de la cõpagnie à quelque chose à dire, ils n'ont que faire de se taire; car il me semble qu'on ne doit laisser passer le temps en l'occasion d'ouyr parler de telles choses ou d'en discourir.

Qui voudra propose sa doute,
Pour se rendre tout esclarcy,
Et le temps est bien cher aussi,
Quand on traicte, ou quand on escoute
Des discours pareils à ceux-cy.

SIMIAS.

Ie n'ay rien à dire, non plus que toy; ô Cebes! contre les raisons precedentes, toutesfois la grandeur de la chose dont il s'agit, & la foiblesse humaine me donnent assez de deffiances sur ces discours.

SOCRATE.

Tu as raison, Simias, & nos premieres positions, combien qu'elles vous semblent dignes de foy, ont besoin pourtant d'estre plus diligemment cõsiderées: que si vous les pouuez vne fois assez comprendre, vous suiurez ceste raison autant qu'il est possible de le faire, & cela estant rendu clair, vous n'auez plus rien à demander.

SIMIAS.

Tu dis vray.

SOCRATE.

Amis si l'ame est eternelle,

Il est bien iuste de songer,
Comme quoy nous deuons purger,
Tout le mal qui se trouue en elle,
Ce mystere à qui l'a compris,
Est bien vtile à nos esprits,
Et deuant que nostre corps meure,
Et lors qu'ayant perdu le iour,
Nous eschangeons cette demeure,
A quelque plus heureux seiour.

Et s'il faut que la pourriture,
Fasse manger nostre ame aux vers,
Lors que les membres sont couuerts,
Du fardeau de la sepulture,
Les mauuais ont le bon destin,
Car où se trouueroit en fin,
La peine ou le plaisir de l'homme,
Si quand les corps sont desmolis,
L'Ame languit & se consomme
Auec les os enseuelis?

Mais puis que nostre esprit s'esloigne
Quand la mort saisit nostre cher,
Qu'il ne se laisse point toucher,
Et ne deuient iamais charongne;
Tous ces esprits pernicieux,
Qui des actes plus vicieux,
Rendent l'ame & la chair complices,
Ne sçauroient fuir leur tourment,
Et rencontrent mille supplices,
Dans les horreurs du monument.

Et les ames les mieux sensées,
Dont la prudence & la bonté
Gouuernent à leur volonté,
Les mouuemens & les pensees.

Auec le sçauoir qui les suit,
Elles s'en vont gouster le fruict
De leurs attentes arriuées,
Rien ne les suit que leur sçauoir,
Quand le trespas les a priuées,
Du corps qu'elles souloient auoir.
Dès le premier pas de la fuitte,
Qu'elles prennent à leur despart,
L'ame qui porte pour sa part,
La gloire d'estre bien instruite,
Trouue bien de l'aduancement,
En son heureux commencement,
Mais celles qui n'ont pour partage,
Que l'ignorance & que le mal
Trouuent bien du desaduantage,
En ce deslogement fatal.
Vn Demon qui durant la vie,
Habite l'esprit d'vn chacun,
Par la loy d'vn Destin commun,
Conduit l'ame qu'il a suiuie,
Et la meine dedans vn lieu,
Où du commandement de Dieu,
Toutes les ames ramassées,
Vont receuoir leur iugement,
Aussi-tost qu'elles sont passées,
Dans leur eternel logement.
Ces Demons comme ils ont la charge,
De les prendre au sortir d'icy,
Apres leur iugement aussi
Leur font voir vne plaine large,
Où l'ame vefue de son corps,
Attendant de noueaux ressorts,
Long-temps errante & vagabonde,

Se traine aux bords des fleuues noirs,
Dont les peuples de l'autre monde
Arrousent leurs hideux manoirs.
Leurs fatalitez acheuées,
Elles rompent ce dur sommeil,
Et retournent vers le soleil
Dont elles ont esté priuées,
Vn Demon aussi les conduit,
Hors de ceste profonde nuict,
D'où leur iuste sort les renuoye,
Et dans ces incogneus quartiers,
Leur passage au lieu d'vne voye
Trouue de differens sentiers.
Mille destours, mille trauerses,
Dans ces lieux s'offrent à leurs pas
Quoy que Telephe ne creut pas,
Tant de routes, ny si diuerses:
Aeschile qui l'a faict parler,
Entendit qu'il falloit aller,
Par vne carriere assez droicte,
Et qui ne se monstroit de rien,
Ny plus large, ny plus estroicte,
Au meschant qu'à l'homme de bien.
Mais ces opinions le trompent,
Ces chemins sont pleins de marests,
Mille gouffres, mille forests,
Mille precipices le rompent,
Sans doute Aeschile estoit menteur,
Et sans l'aide d'vn conducteur,
Qui n'ignore pas vne adresse,
Les esprits ne sçauroient passer,
Et parmy la nuict & la presse,
Se verroient tous embarrasser.

Il est bien clair des sacrifices
Que les hommes font tous les iours,
Que ces chemins ont des destours,
Et qu'ils sont pleins de precipices,
Si bien qu'vn esprit moderé,
S'estans commis de son bon gré,
Au Demon qui le veut conduire,
Trouue son voyage plaisant,
Et se laisse si bien instruire,
Qu'il n'ignore rien du present.
Au contraire vne ame enchaisnée,
Des liens de la volupté,
Et d'vn sentiment enchanté,
Parmy la chair contaminée,
Quant la mort finit ses plaisirs,
Brusle encore de vains desirs,
Dont le sang l'auoit chatoüillée,
Et cherche autour des os pourris,
Ceste charongne despoüillée,
Où ses vices estoient nourris.
A la fin quand de longues geines,
Pires que flammes & que fers,
La rejettent dans les Enfers,
Pour y continuer ses peines,
Le vieux demon qui l'introduict,
Dedans l'Empire de la nuict,
La quitte dans ces riues sombres,
Où tout le temps de son erreur,
Ny l'enfer, ny les autres ombres,
Ne la souffrent qu'auec horreur.
Châque esprit gronde à ses approches,
Tous les Manes troublent sa paix,
Et pour les crimes qu'elle a faicts,

La percent toute de reproches,
Il faut des siecles infinis,
Auant que ses forfaicts punis,
Elle eschappe de sa torture,
Et sort par la necessité,
Du grand ressort de la nature,
Par qui tout est ressuscité.

Ces vilaines ames apres des longues erreurs & des peines infinies, retrouuent dans le monde des habitations toutes conformes à leurs mauuais sentimens; & les bonnes au contraire, sans estre obligees à l'erreur ny au supplice des autres, iouyssent bien tost apres leur trespas, d'vne demeure fortunee, capables d'exercer leurs iustes & prudentes volontez, elles s'en reuont sans doute en des lieux bien-heureux car se sont les Dieux qui prennent la peine eux mesmes de les y conduire.

Or la terre a beaucoup de lieux, & de bien admirables, & n'est pas grande ny telle que disent quelques vns, au moins à ce que i'en ay appris par d'autres.

SIMIAS.

Comment me dis-tu cela ? pour moy i'ay bien ouy dire beaucoup de choses du Globe de la terre, mais non pas ce que tu dis en auoir appris de veritable; & serois bien aise que tu prinsses la peine de le raconter.

SOCRATE.

Veritablement il me semble que l'art de Glaucus ne raconte pas quelles choses ce sont, & que de trouuer qu'elles sont les vrayes, c'est ce qui surpasse sa faculté. Ie ne pense pas aussi moy mesme y suffire, & quand bien i'en serois parfaictement sçauant, ma vie seroit trop courte pour vn compte si long, ie te diray bien pourtant la forme du Globe de la terre, & ces lieux de la sorte que ie crois qu'ils sont.

SIMIAS.

Ce sera bien assez.

SOCRATE.

Ie croy que ceste masse est ronde,
Que les Cieux luy sont à l'entour,
Et que ferme dans son sejour,
C'est son propre poids qui la fonde,
Les Cieux qui sont esgaux par tout,
La balancent de bout en bout,
Elle mesme en soy soustenuë,
Par tout pesante esgallement,
Se tient sans s'aider de la nuë,
De son contrepois seulement.

Car vne chose qui est ainsi d'égale pesanteur, si elle est mise au milieu de quelque chose aussi esgale de par tout, elle ne sçauroit pencher ny d'vn costé ny d'autre: & se trouuant auecques tant de rapport, elle demeure & tient par l'inclination, & la disposition d'autruy: C'est ce que ie me suis premierement persuadé.

SIMIAS.

Auec beaucoup de raison.

SOCRATE.

Ceste masse ainsi suspenduë,
Est comme ie le croy sçauoir,
Et comme il est aisé de voir,
D'vne merueilleuse estenduë.

N'ous icy comme des fourmis,
Et des grenoüilles sommes mis,
Autour des marests & de l'onde,
Entre le Phaside, & ce lieu
Ou les piliers d'vn demy Dieu,
Creurent auoir borné le monde.

En plusieurs endroits de la sorte,
Habitables comme ceux-cy,
Elle a des logemens aussi,
Pour d'autres mortels qu'elle porte,
Car selon la forme & le fais,
Qui de l'onde ou de l'air espais
Dedans ceste grandeur s'escoule;
Ses flancs deuiennent enfoncez,
Et fournissent des lieux assez
Pour faire peupler ceste boule.

Vne plus excellente terre,
Plaine de douceur & de paix
Où l'air ne faict venir iamais
L'importunité du tonnerre,
Pure & parfaicte en tous ses lieux
Est assise dedans les Cieux.
Où tout est pur, tout admirable,
Là les astres sont arrangez
Là les bien-heureux sont logez,
Là tout est plaisant & durable.

Ce grand Palais de la nature,
Comme ie crois, s'appelle Aether,

Par ceux a qui i'ay veu traicter,
Des secrets de ceste structure,
Les Astres apres ces obiects,
Qui demeurans ainsi subiects,
Penetrent les airs comme verre,
Et iusqu'au fonds de l'Vniuers,
Cherchent les chemins entr'ouuers,
Pour passer au sein de la terre.

Nous icy comme dans vn antre
Vn peu touchez de leurs rayons,
Assez imprudemment croyons
Estre bien esloignez du centre:
Nous pensons que nostre seiour,
Est au plus haut du large tour,
Qui ceint l'enclos de ceste masse,
Que la terre est toute dessous,
Et que les bestes auec nous,
N'en habitent que la surfasse.

Ainsi les Tritons & Nerée,
Qui dedans l'abysme des eaux,
Voyent le Ciel & ses flambeaux,
Au trauers de l'onde azurée,
Imagineroient sans raison,
Que leur moite & basse prison,
Seroit tout au dessus de l'onde,
Et que les lumieres des Cieux,
Ne sçauroient apparoistre mieux,
En quelqu'autre quartier du monde.

Ils croy-

Ils croyroient que dedans Neptune,
Les astres s'iroient allumer,
Et qu'ailleurs que dedans la mer,
Ne loge ny Soleil ny Lune,
Mais s'ils auoyent tant seulement
Du dessus de leur Element
Contemplé le siege où nous sommes,
Leurs erreurs s'esuanouyroient,
Et leurs regards s'esblouyroient
De la clarté qui luit aux hommes,

Nous icy comme dans des caues,
Trop pesans pour nous enuoler,
Sous le grand Empire de l'air,
Demeurons comme des esclaues,
Nous croyons que les feux luysans
Au trauers de l'air conduisans
Tant de lumieres incogneuës,
N'ont autre siege que les airs,
Et que d'où partent les esclairs,
De là partent aussi les nuës.

Mais si iamais quelque aduenture,
Nous esleuoit d'vn coup de vent
Pour nous faire voir plus auant,
Les merueilles de la nature,
Nous irions iusqu'où le Soleil
Paroist si clair & si vermeil,
Iusqu'où ces nuageuses toiles,
N'ont encore iamais monté,

Et dans vn Ciel ou sa clarté,
S'accorde auecques les estoiles.
Là bien plus haut que le tonnerre,
Dans vn Palais si glorieux,
Si quelqu'vn abaissoit les yeux,
Sur les ordures de la terre,
Il seroit honteux de la voir,
Et rauy du nouueau sçauoir
De tant de merueilles si rares,
Voyant qu'au prix de tant de bien,
Tous nos thresors sont moins que rien;
Se mocqueroit bien des auares.
Les poissons hors de la cauerne,
Ou la bize & les aquilons,
Renuersans l'onde & les sablons,
Troublent le Dieu qui les gouuerne,
Hors des creux puants de la mer,
Ou tout est vilain tout amer,
Tout rongé de sel & d'escume,
Trouueroient beaux ces lieux icy,
Comme nous le Palais aussi,
Ou la torche du iour s'allume.
Les marbres qui sont nos murailles,
Les ioyaux qui parent nos doigts,
Et tout ce que les champs Indois
Se laissent tirer des entrailles:
Bref tant de biens de tant de prix
Ou des plus conuoiteux esprits

L'insensé desir se limite,
Ne sont rien en comparaison,
De ce qui luit dans la maison,
Ou la troupe des Dieux habite.

Sur ce propos icy ie vous raconteray vne fable tres-belle, si vous la voulez ouyr, pour vne plus claire intelligence des contrées de ceste excellente terre qui est au dessous du Ciel.

SIMIAS.

Nous serons tous bien-aises de l'entendre.

SOCRATE.

Qui de ce lumineux Royaume,
Que iamais la nuict ne voila,
Pourroit voir cette terre là,
Il la verroit comme vne Paume,
De qui le dessus est couuert
De iaune, de blanc, ou de vert,
Et mille autres couleurs encore,
Comme celle de l'arc d'Iris,
Comme l'esmail des prez fleuris,
Et du chariot de l'Aurore.

Tout ce qu'on void dans la peinture
Des pourtraicts qui se font icy,
Comme tous nos obiects aussi
Imitent vn peu leur nature
Nos sombres & basses couleurs
N'approchent point l'esclat des leurs
Ny la neige, ny l'escarlate,
Ny le iaune du lourd metal,

Qui dedans l'ame du brutal,
Si dangereusement esclate.
  Mille autres couleurs incogneuës
A la faculté de nos yeux,
Brillent en ces sublimes lieux,
Au trauers de l'onde & des nuës,
Et le creux d'vn seiour si beau,
Qui s'emplit de l'air & de l'eau
Que tousiours la nature y verse,
Luit d'vn esclat tout different,
Si bien que ceste terre prend
Tousiours quelque couleur diuerse.
  Là sont peints les fruicts & les arbres
Chaque fleur vaut vn diamant,
Là c'est bastir honteusement,
Que de faire seruir les marbres,
Les escarboucles, les rubis,
Et ce qu'vn Roy sur ses habits
Peut faire voir de plus superbe,
Se trouuent parmy leurs forests,
Comme icy dedans nos marests
Se trouue du sable & de l'herbe.
  L'argent y donne peu de ioye,
Et les metaux de plus de pris,
Y viennent si fort à mespris,
Qu'on n'en faict point de la monnoye.
Là toute sorte d'animaux,
Franche de la rigueur des maux,

Où nostre terre est asseruie,
Viuent auecques liberté,
Et dans des lieux pleins de santé
Iouyssent d'vne longue vie.
On void là des plaisans riuages,
Affranchis de la loy du sort,
Et iusqu'où la faim de la mort,
N'estendit iamais ses rauages,
On y void des Isles aussi,
Bien plus belles que celles-cy,
Ce n'est point la mer qui les touche
Elles ont au lieu de rempars,
Vn air serain de toutes pars,
Où iamais Phœbus ne se couche.
Ceux qui dans ce pays de grace
Occupent ces Palais heureux,
Sont plus grands & plus vigoureux,
Que n'est ceste mortelle race:
Les eslemens leurs sont plus doux,
L'air leur est ce que l'onde à nous,
Et dans ce merueilleux Empire,
Au lieu de nostre air infecté,
Vn beau Ciel tout plein de clarté
Est-ce que leur poulmon respire.
Ils ont l'esprit & le visage,
Plus aimables que nous n'auons,
Et des choses que nous sçauons,
Vn plus grand & meilleur vsage:

Ils ont les sens en leur vigueur,
Et la desplaisante langueur
Que nous donnent les maladies
Ne trouble pas vn de leurs iours,
Non plus que les fascheux discours
Que font nos ames estourdies.

D'autant que l'air vaut mieux que l'onde,
Et que le Ciel vaut mieux que l'air,
Tout ce qui faict viure & parler,
Est meilleur en cét autre monde:
Ainsi de ces heureux humains,
Les esprits & les corps bien sains,
Dans leur forte temperature,
Peuuent heureusement sçauoir
Iusques où s'estend le pouuoir,
Et la volonté de nature.

Là sont tous ces fameux miracles
Que nous oyons dire des Cieux,
Et ces vrays organes des Dieux
Que les mortels nomment Oracles,
De vrais Temples & des Autels,
A l'entretien des immortels,
Leur donnent vne libre entrée,
Et dans cét admirable lieu
Il est aisé de voir vn Dieu,
Comme vn homme en ceste contrée.

Sans aucun ombrage des nuës,
Loing de la nuict & du sommeil

On y void & Lune & Soleil,
Et toutes les estoiles nuës,
Iamais aucun traict de malheur,
N'y fit venir vne douleur,
Les Dieux ne sont là que propices,
On ne void point la de prison,
Ny de peste, ny de poison,
Ny de fers, ny de precipices.
Des canaux de diuerses sortes,
Retiennent des eaux là dedans,
D'ou saillent des ruisseaux grondans,
Par les plis de leurs vaines tortes.
Ces fossez en diuers endroicts,
Sont ores larges, or' estroits,
Leur emboucheure est toute ronde,
Ils different de ceux d'icy,
Ores du bord plus estreßi,
Ou de la baze plus profonde.
Chacun dans le creux qui le serre,
Suiuant vn poids qui va dessous
Ces canaux se rencontrent tous
Dans le centre de ceste terre.
Là mille merueilleux ruisseaux
Changent l'vn l'autre de Vaisseaux,
Ils meslent mille fois leur course,
Et chacun forcé de changer
Laisse dans vn gouffre estranger,
Ce qu'il apporte de sa source.

Icy des eaux viues & fortes,
Vomissent le souffre & le feu,
Icy d'autres qui coulent peu,
Laissent geler leurs vagues mortes,
Ces fleuues eternels & grands
Sont l'vn de l'autre differents,
L'vn est fascheux l'autre facile,
L'vn est clair, l'autre est vn torrent,
Tousiours parmy la bourbe errant,
Comme fait celuy de Sicile.

Depuis le haut iusqu'à la baze,
L'vn dedans l'autre renuersez:
Ces fleuues sont tous balancez,
Dans vn profont & large vase,
Qui panche indubitablement,
De tous costez esgalement,
Ce vase est ce fossé d'Homere,
De tout ce globe se couurant,
Que tous ces fleuues vont ouurant
Comme le ventre de leur mere.

Ceste masse d'eau passagere,
Dans ce vase ainsi suspendu,
Ny trop serré ny trop fendu,
N'est ny pesante ny legere,
Ceste humeur est sans fondement,
Comme aussi sans nul firmament,
Elle s'abaisse, elle se leue,
Elle s'enfuit, elle reuient,

Elle s'eslance & se retient,
Sans se donner iamais de tréue.
L'air qui vient dans son ouuerture,
Et qui la suit de bout en bout,
Allant & reuenant par tout,
Est aussi de mesme nature,
Suiuant ces eaux & ces limons,
L'air comme il faict en nos poulmons,
Incessamment souffle & respire,
Et poussé dans ces flots mouuans,
Il y faict naistre de grands vens,
Soit qu'il aille ou qu'il se retire.
Ce canal tire son haleine,
Lors que nos eaux coulent la bas,
Et les souffle quand il est las,
Et que sa caue est toute pleine,
Resoufflant ce qu'il a puisé,
Vn grand amas d'eaux diuisé,
Amplement nos terres abreuue,
Vn de ses bras faict des marests,
Et l'autre arrache des forests,
Pour y faire passer vn Fleuue.
Tous nos ruisseaux & nos fontaines,
Naissent de ce débordement,
Et de là prend son fondement,
Le siege des vagueuses plaines,
Ces mesmes eaux en leur retour
Vers ce vaste & profond seiour,

Du grand vase appellé Tartare
Coulent par les chemins diuers,
De mille gouffres entr'ouuers,
Au sein de ce canal auare.

Les vns plus promptement se rendent
Dans les lieux dont ils sont venus,
Les autres vn peu retenus,
Plus paresseusement descendent,
Repassans par mille recoins,
Les vns plus bas, les autres moins,
Ils tombent dans la grande masse,
Et voulant replacer leurs eaux,
Ils trouuent tous que leurs vaisseaux
Ont leur assiette vn peu plus basse.

Arriuez qu'ils sont dans ce gouffre,
Ou ce fleuue rit, l'autre dort,
Et cét autre, d'vn cours plus fort,
Ne iette que flamme & que souffre,
Et les mornes, & les coulans,
Se vont encore remeslans,
Dans le large creux de ce ventre:
C'est iusqu'ou peut aller leur saut,
Car il faudroit tomber d'en haut,
S'ils vouloient deualer du centre.

Dans ce large espace du monde
Quatre grands fleuues principaux
A l'entour des champs infernaux,
Traine le vieux cours de leur onde:

Le grand Ocean en est vn
Qui sous l'Empire de Neptun,
Riche de poissons & de barques
Moüillé la terre à l'enuiron,
Le second fleuue est Acheron,
Qui faict vn grand marets aux Parques.
Apres ses courses vagabondes,
Vn estang nommé comme luy,
Dans ces lieux de ioye & d'ennuy,
Arreste ses rapides ondes,
Dans ces obscurs & tristes bords,
Quelques fois les ombres des mors
Vont accomplir leurs destinées,
Et noyez que sont tous leurs maux,
R'animent d'autres animaux,
Dans les lieux dont elles sont nées.
Vn fleuue de nature estrange,
Entre ces deux là faict son cours,
Et tombe en vn lac ou tousiours,
L'onde brusle parmy la fange,
On void là dedans s'enflammer,
Bien plus d'eau que n'en a la mer,
Aussi ce fleuue est-il plus large
Il ceint la terre & va couler,
Vers l'Acheron sans s'y mesler,
Puis au grand canal se descharge.
A cause de l'onde enflammée,
Qui bout dedans ce gros vaisseau,

Ceste grande chaudiere d'eau,
Est Pyriphlegeton nommée,
Du sein de ses fangeux torrens,
Mille petits ruisseaux errans,
Par des conduites incertaines,
Reglissent dans ce lieu profond,
Et par toute la terre font
Des ruisselets & des fontaines.

Le dernier fleuue est le Cocite,
Dont le cours d'abord fluctueux,
Est fier, grondant, impetueux,
Et rien que son flot ne l'excite,
Il est entre bleu, rouge, & noir,
Comme on void dans vn creux manoir
La couleur de l'onde stigide,
Stix sur les fleuues couronné,
Sans qui Iupiter desthroné,
Eust perdu la foudre & l'Aegide.

Comme les Dieux en ceste guerre,
Cocyte prend là du secours,
Et passe d'vn plus roide cours,
Dans les entrailles de la terre,
Puis par mille destours roulant,
Vers Pyriphlegeton coulant,
Il trouue l'Acheron en teste,
Et sans se mesler à pas vn,
Il se rend dans ce lieu commun,
Qui leur tient sa cauerne preste.

Le grand Conſeil de la nature,
L'ayant ainſi bien ordonné,
Ce regne eſt le lieu deſtiné,
Où les morts font leur aduanture.
Leur Demon les a là logez,
C'eſt ou les Dieux les ont iugez,
Ce ſont là les lieux redoutables,
Conſacrez aux droicts de la mort,
Ou ſe donne l'arreſt du ſort,
Pour les iuſtes & les coulpables.

Qui ne rend pas bien ſon ſeruice,
Au ſainct deuoir de la vertu,
Et n'eſt auſſi tout abbatu,
Sous l'infame empire du vice,
Tous ceux de qui les ſombres iours
D'vn fade & mediocre cours,
Ont paſſé ceſte vie humaine,
Trouuent vn pareil ſort pour eux,
Ny bien-heureux, ny mal-heureux,
Dedans ceſte commune plaine.

Ils ſont mis dans vne charette,
Ou le Demon leur paſſager,
Conduiſant ce fardeau leger,
Au mareſt d'Acheron s'arreſte.
Ils ſont là comme tous noyez,
Iuſqu'à tant qu'ils ſoient nettoyez
Des ordures de leurs offences,
Et quelques ſupplices ſouffers,

Les Dieux leur vont oster les fers,
Pour leur donner des recompenses.
Les ames de sang enyurées
Toutes noires de trahison,
Ont le Tartare pour prison,
Et n'en sont iamais deliurées.
Là sont mis les tueurs des Roys,
Comme ceux qui iusqu'aux abois,
N'ont aimé que le sacrilege,
Et pour les tirer de ce lieu,
La misericorde de Dieu
N'a point assez de priuilege.
D'autres ames bien criminelles,
Mais pour qui les Dieux moins faschez,
Ne condamnent point leurs pechez,
A des tortures eternelles.
Ceux qu'vn brutal aueuglement,
Prouoque irraisonnablement,
A fascher le pere & la mere,
Sont dans cét espoir de guerir,
S'estans purgez auant mourir,
Par vne repentance amere.

Vn desgoust des lieux adorables,
Vn meurtre faict mal à propos
Dont l'image oste le repos,
A l'ame de ces miserables.
Ce sont là ces crimes pesans,

Dont les Dieux ne se r'appaisans
Qu'apres vne vengeance rude,
Tiennent les esprits affligez,
Dedans le Tartare obligez
D'vne effroyable seruitude.
Il faut que la Lune accomplisse
Douze fois au Ciel son sentier,
Et qu'vn an passe tout entier
Pour le terme de leur supplice,
Le temps arriué qu'vn tourment
Si durable & si vehement,
Leur permet vn peu de relasche,
Le destin à demy contant,
Et lassé de leur nuire tant,
Hors de ces cachots les arrache.
Auant leur deliurance entiere
Sortant de ce canal commun,
Ils sont tous renuoyez chacun
Dedans le sein d'vne riuiere,
Ceux que le meurtre a condamnez,
Au Cocite sont amenez,
Cét autre fleuue plein de flamme,
Reçoit ces hommes violens,
Qui contre leur Pere insolens
En ont eu des remors dans l'Ame.
Lors ces forçats auec licence,
Suiuans les flots qui les ont pris
S'en vont visiter les esprits

Dont ils ont blessé l'innocence,
Et les trouuant prés des palus,
Qui d'vn large & tranquille flus,
Arrousent vne heureuse plaine,
Desireux de s'y resiouyr,
Les coniurent de les ouyr,
Et d'auoir pitié de leur peine.

Si ces Manes leur font la grace
De les receuoir à mercy,
Ils s'en vont auec eux aussi,
Posseder vne heureuse place,
Et pleins de franchise & d'honneur,
Participent à leur bon-heur :
Mais tant que leur iustice auare,
Leur veut retenir les forfaicts,
Sans auoir ny tresue ny paix,
Ils s'en reuont dans le Tartare.

Leur peine se rend infinie
Leur douleur ne cuit pas assez,
Et tant qu'il plaist aux offencez,
Leur faute n'est iamais punie:
Mais soudain qu'ils sont pardonnez,
Ils vont au rang des fortunez,
Le mal-heur calme son orage,
L'Enfer est las de les punir,
Et chacun perd le souuenir,
D'en auoir receu de l'outrage.

Mais ceux qui d'vne saincte vie,

Ont suiuy le train glorieux,
Et dont la volonté des Dieux
A tousiours limité l'enuie,
Sçauans & sans aucun deffaut,
Ils volent bien-heureux la haut,
Ou parmy des grandeurs suprémes,
Ils n'ont plus de corps comme icy,
Et francs de tout humain soucy,
Ils deuiennent des Dieux eux-mesmes.

A des felicitez si rares
Se doit donner tout nostre soing,
Car ceste gloire de bien loing,
Passe la pompe des Thiares:
Nul sans prudence & sans bonté
Encore n'est iamais monté,
Dans ce grand palais de lumiere,
Ou nostre parfaicte raison
Doit habiter vne maison
Plus heureuse que la premiere.

PHÆDON.

Il finissoit ainsi sa fable, dans le discours de ces beatitudes eternelles, que les esprits bien purgez par la Philosophie doiuent esperer, & dont il ne pouuoit disoit-il, exprimer la magnificence faute du loisir & de la capacité d'vn homme, qui ne suffit pas au discours des choses si merueilleuses au bout de son compte, il dit à Simias.

Toutes ces choses là, comme ie les ay rangées; ne sont pas dignes sans doute qu'vn homme de bon sens y arreste aucunement sa creance: toutesfois estans certains de l'immortalité de nos ames, nous deuons penser que leur habitation en l'autre monde sera quelque chose d'approchant à ce que ie vous en ay discouru, & dans l'incertitude où nous demeurons pendant la vie, il me semble qu'il est à propos de se persuader à plus prés ce que i'ay dit, & de l'apprendre par cœur, comme les magiciens font leurs vers: s'il y a du danger qu'on se trompe; il y a de la gloire à courre ce hazard, & ie croy qu'vne esperance bien legitime doit icy soulager les incommoditez de ceux qui viuent dans le mespris du faste, & de la volupté du corps, & qui ayans sçeu trouuer le goust des plaisirs que la science donne, n'ont resiouy leur esprit d'autre chose, & n'empruntent rien d'estranger pour l'accommoder, ils sont parez d'ornemens tous tirez d'eux mesmes, qui sont la téperance, la iustice, la magnanimité, la liberté, la verité. Parmy toutes ses vertus, le sage se trouue ferme contre les atteintes de la mort, & par tout le temps de sa vie, se trouue aussi preparé pour son despart, qu'à l'heure mesme qu'il faut qu'il parte. Pour vous tous qui estes icy, vous deslogerez sans doute, & mourrez chacun à vostre téps: mais pour moy, c'est maintenant, comme diroit quelque Tragique, que les Destins m'appellen, mesme il est desià temps que ie m'en aille pour me lauer: car auant que de prendre le poison, ie me veux nettoyer pour n'incommoder point les femmes, qui s'amuseront à lauer ce corps mort. Là dessus, Criton luy demanda s'ils ne vouloit rien commander à personne, touchát ses enfans, ou pour quelque autre chose, où on luy peut faire plaisir. Ie n'ay rien à vous recommander, dit-il, que ce que ie vous presche il y a long-temps;

que si vous prenez garde à vous, vous me seruirez de beaucoup, & à vous mesmes, quoy que vous ne m'en voulussiez pas icy donner vostre parole, & que si vous ne suiuez en toute vostre vie les traces qui vous ont esté marquees, & par tous les discours que nous auons faicts, asseurez vous que vous ny gaignerez rien, quoy que vous vueillez icy accorder à nostre conference. Nous y prendrons garde (luy dit Criton) mais comme quoy veux-tu qu'on t'enseuelisse? Comme il vous plaira, dit-il, au moins si apres vous me pouuez atteindre, & tout sousriant, il se tourna vers nous? Ie ne sçaurois, dit-il, persuader à Criton que c'est moy ce Socrate qui dispute icy, & qui range ainsi mes discours: mais il croit que ie suis ceste charongne, qu'il doit voir incontinent, & se soucie peu de la consolation que ie vous ay voulu donner, & de l'opinion que i'ay d'estre auiourd'huy bien loing de vous, & de paruenir à la condition des bien-heureux. Asseurez-en donc Criton, ie vous prie, & soyez mes cautions enuers luy, autrement qu'il n'a esté pour moy enuers mes Iuges: car il a respondu que ie comparoistrois en iugement, & vous luy respondrez, s'il vous plaist, qu'apres que ie seray mort, ie ne comparoistray plus pour tout: mais que ie m'en iray. Persuadez-le luy ie vous prie, afin qu'il ait moins de regret à ma mort; & que voyant brusler ou enseuelir mon corps, il ne soit pas si fol que de me plaindre, comme si i'endurois beaucoup; & qu'il ne die point aux funerailles que c'est Socrate qu'on porte au tombeau, & qu'on me va mettre sous la terre. Sçachez aussi Criton, que ce qui est si mal dit, ne manque pas seulement en cela: mais qu'il nuit aussi en quelque façon à nos esprits mais bien il faut dire que mon corps doit estre enseuely, & de la sorte qu'il te semblera bon. Cela dit, il se leua, & passa dans vne chambre pour se lauer, Criton le suiuit, & nous pria de les attendre. Nous estions là cependant à nous entretenir sur les discours qui auoient esté tenus, & à desplorer nostre fortune en la perte de cét homme là, qui estant nostre Pere à tous, nous laissoit à la mort tous orphelins. Apres que Socrate fut laué, on luy apporta ses fils: car il en auoit deux petits, & vn desià grand, il y vint aussi des femmes ses domestiques. Socrate leur ayant parlé tout deuant Criton, & leur ayant ordonné ce qu'il vouloit, il leur commanda de se retirer, & à ses fils aussi, puis il reuint à nous enuiron l'heure que le Soleil s'alloit coucher: car il auoit esté là dedans assez long temps. Comme il nous fut venu retrouuer tout laué, il s'assit, & sans qu'il eust presque loisir de nous plus rien dire: Voicy le bourreau qui arriue, & se tenant aupres de Socrate, il luy dit: Ie ne pense point trouuer en toy l'estonnement que i'ay accoustumé de trouuer aux autres: car ils se despitent à moy, & me disent des injures, lors que faisant ma charge, par le commandement des Magistrats, ie leur viens annoncer qu'il leur faut aualler le poison: & i'ay recogneu à te voir icy, que tu auois l'ame grande & genereuse, & l'humeur paisible, que tu es le meilleur homme qui aye iamais entré dans ceste prison; & sçay bien que tu ne m'imputeras point ton malheur; mais à ceux qui en sont la cause. Tu cognois assez maintenant la nouuelle que ie t'apporte; Adieu, & tasche à te preparer à ceste necessité. Apres luy auoir dit cela, il se retira tout pleurant. Socrate tournant les yeux sur le bourreau. Adieu, luy dit-il, toy-mesme, ie m'en vay me preparer. Et tout aussi tost, voila, nous dit-il, vn honneste hōme, & courtois: car ce n'est pas d'auiourd'huy seulement que ie l'ay cogneu ciuil comme cela, il m'a tousiours salüé, & m'est venu icy souuent entretenir, ie croy qu'il est homme de bien, voyez comme quoy il me plaint. Courage Criton, faisons ce qu'il nous dit: & si le poison est prest, qu'on me l'apporte, si ne l'est pas encore, qu'on le luy fasse apprester. Quoy? dit Criton, ie croy que le Soleil n'est point encore couché, & ie sçay que les autres sont encore long-temps à prendre le poison apres qu'on le leur a dit: mesme ils ne le boiuent bien souuent qu'apres auoir bien gousté & ioüy de ce qu'ils ayment: ainsi n'as tu point affaire de te haster, car il y a du temps assez. Ceux qui font de la sorte, dit Socrates, ont raison: car ils croyent que cela leur profite à quelque chose. Et moy i'ay raison de ne le point faire, car ie croy que pour retarder ie n'y puis gaigner autre chose que de me rendre ridicule à moy-mesme, comme trop amoureux de ma vie; & mesnager d'vne chose où ie n'ay plus rien. Mais oblige moy ie te prie, & fais ce que ie te dis. Comme Criton eut ouy ceste resolution, il fit signe à vn garçon qui n'estoit pas loin de là. Ce garçon sortist de la chambre, & sans arrester beaucoup il reuint auec celuy qui deuoit donner le poison qu'il apporta tout prest dans la coupe. Socrates le regardant: Et ie te prie, dit-il, toy qui entends cecy qu'est-ce qu'il faut que ie fasse autre chose? Rien que te promener, apres auoir beu, iusqu'à tant que tu sente affoiblir les iambes, apres tu te coucheras: & luy disant cela il luy tendit la coupe. Socrates, veritablement, ô Echecrates, là print fort ioyeusement sans changer de couleur : mais regardant viuement comme il auoit accoustumé, il dit au bourreau. Est-il pas permis d'en respandre vn peu par maniere de sacrifice ? Il n'y en a, luy dit l'autre, iustement que ce qu'il faut : I'ay tout beu, dit Socrates : mais si est-il permis au moins de prier les Dieux qu'ils me rendent ma mort fauorable, & ceste separation heureuse, ie les en prie de bõ cœur : & ainsi soit-il. Disant cela, il porte le verre à la bouche & boit fort gayement. Plusieurs de la compagnie s'estoient empeschez de pleurer iusques à lors ; mais le voyant comme il beuuoit, & apres qu'il eut beu il nous fut impossible de nous retenir : pour moy ie me laissay là tellement emporter à la douleur, que les larmes me tomboient à force du regret que i'auois, non pas tant pour luy que pour moy mesme, & la perte que ie faisois d'vn tel amy. Criton aussi auant que de commencer de pleurer s'estoit leué, & Appollodorus qui n'auoit tout le iour fait autre chose, se print lors à crier les hauts cris, desplorant la condition de tous ceux qui estoient là, hormis de Socrates : Vrayement, nous dit Socrates, vous estes de braues gens, n'auez vous point de honte : ie n'auois renuoyé ces femmes pour autre chose : car ie sçay que ceste foiblesse de se plaindre & de pleurer leur est ordinaire : Et i'ay souuent ouy dire, que c'est auec applaudissement & ioye qu'il faut s'en aller d'icy. Arrestez vous donc & prenez patience. Nous rougismes tous à ceste parole, & ne pleurasmes point d'auantage. Desia tout se promenant il sentit faillir ses iambes & se coucha sur le dos, car ainsi luy auoit ordonné le bourreau, qui vn peu apres venant à le toucher commença à prendre garde aux pieds de Socrates, & à ses iambes, & luy pressant fort le pied luy demanda s'il ne sentoit rien, rien du tout dit Socrates : apres il luy serra les iambes, & mõtant tousiours de la main en les serrant il nous monstra qu'elles estoient froides & toutes roides : le touchant encore vne fois, il nous dist, lors que le froid sera venu au cœur il trespassera. Aussi-tost le froid le saisit. Iusques là il se descouurit, car il s'estoit enueloppé d'vne robe, & puis le dernier mot qu'il profera fut; O Criton, dit-il, nous deuons le Coq à Esculape, payez le luy ie vous prie & n'y manquez point, Cela se fera, luy dit Criton : mais ne te plaist-il point encore quelque chose ? A cela Socrates ne respondit point : mais ayant demeuré quoy tout vn temps il rémua vn peu : le bourreau le descouurit : lors Socrates ficha sa veuë & la perdit. Criton luy ferma les yeux & la bouche.

Voylà (Echecrates) la fin de nostre amy; homme sans doute à mon iugement, le meilleur, le plus sage & le plus iuste que i'aye iamais pratiqué.

Fin du Traicté de l'Immortalité de l'Ame.

AV ROY SVR SON EXIL.

ODE.

CEluy qui lance le tonnerre,
Qui gouuerne les elemens,
Et meut auec des tremblemens,
La grande masse de la terre
Dieu qui vous mit le Sceptre en main,
Qui vous le peut oster demain,
Luy qui vous preste sa lumiere,
Et qui malgré les fleurs de Lys
Vn iour fera de la poußiere
De vos membres enseuelis.
Ce grand Dieu qui fit les abysmes,
Dans le centre de l'Vniuers,
Et qui les tient tousiours ouuers,
A la punition des crimes,
Veut außi que les innocens
A l'ombre de ses bras puissans
Trouuent vn asseuré refuge,
Et ne sera point irrité
Que vous tarißiez le deluge,
Des maux où vous m'auez ietté.
Esloigné des bords de la Seine,
Et du doux climat de la Cour,

Il me semble que l'œil du iour,
Ne me luit plus qu'auecques peine:
Sur le faiste affreux d'un rocher,
D'où les Ours n'osent approcher,
Ie consulte auec des furies,
Qui ne font que solliciter
Mes importunes resueries,
A me faire precipiter.

Auiourd'huy parmy des Sauuages,
Où ie ne trouue à qui parler,
Ma triste voix se perd en l'air,
Et dedans l'echo des riuages:
Au lieu des pompes de Paris,
Ou le peuple auecques des cris,
Benit le Roy parmy les ruës,
Icy les accens des corbeaux,
Et les foudres dedans les nuës,
Ne me parlent que de tombeaux.

I'ay choisi loing de vostre Empire
Vn vieux desert ou des serpens,
Boiuent les pleurs que ie respans,
Et soufflent l'air que ie respire:
Dans l'effroy de mes longs ennuis,
Ie cherche, insensé que ie suis,
Vne Lyonne en sa cholere,
Qui me deschirant par morceaux
Laisse mon sang & ma misere,
En la bouche des lyonceaux.

Iustes Cieux qui voyez l'outrage,
Que ie souffre peu iustement,
Donnez à mon ressentiment
Moins de mal, ou plus de courage.
Dedans ce lamentable lieu,
Fors que de souspirer à Dieu,
Ie n'ay rien qui me diuertisse :
Iob qui fut tant homme de bien
Accusa le Ciel d'iniustice,
Pour vn moindre mal que le mien.

Vous grand Roy si sage & si iuste,
Qu'on ne voit point de Roy pareil,
Suiurez vous le mesme conseil
Qui fit iadis faillir Auguste ?
Sa faute offence ses nepueux,
Et faict perdre beaucoup de vœux
Aux autels qu'on doit à sa gloire :
Mesmes les Astres auiourd'huy,
Font des plaintes à la memoire,
De ce qu'elle a parlé de luy.

Encore dit-on que son ire,
L'auoit bien iustement pressé,
Et qu'Ouide ne fut chassé,
Que pour auoir osé mesdire :
Moy dont l'esprit mieux arresté,
D'vne si sotte liberté
Ne se trouua iamais capable,
Aussi tost que ie fus banny,

Ie souhaittay d'estre coulpable,
Pour estre iustement puny.
Mais iamais la melancolie
Qui trouble ces mauuais esprits,
N'a faict paroistre en mes escrits,
Vn pareil excez de folie :
Et si depuis le premier iour,
Que mon deuoir & mon amour,
M'attacherent à vos seruices,
Ie n'ay tout oublié pour eux,
Le Ciel pour chastier mes vices
Fasse vn Enfer plus rigoureux.
Ie n'ay point failly que ie sçache,
Et si i'ay peché contre vous,
Le plus dur exil est trop doux,
Pour punir vn crime si lasche :
Aussi quels lieux ont ce credit,
Ou pour vn acte si maudit
Chacun n'ait droict de me poursuiure ?
Quel Monarque est si loing d'icy,
Qui me vueille souffrir de viure,
Si mon Roy ne le veut aussi.
Quoy que mon discours execute,
Que feray-ie à mon mauuais sort :
Qu'appliqueray-ie que la mort,
Au malheur qui me persecute :
Dieu qui se plaist à la pitié,
Et qui d'vn sainct neud d'amitié

Ioinct vos volontez à la sienne,
Puis qu'il vous a voulu combler,
D'vne qualité si chrestienne,
Vous oblige à luy ressembler.
Comme il faict à l'humaine race,
Qui se prosterne à ses autels,
Vous ferez paroistre aux mortels,
Moins de iustice que de grace:
Moy dans le mal qui me poursuit,
Ie fais des vœux pour qui me nuit,
Que iamais vne telle foudre,
N'esbranste l'establissement
De ceux qui vous ont fait resoudre
A signer mon bannissement.
Vn iour leurs haines appaisees
Feront caresse à ma douleur,
Et mon sort loing de ce mal-heur,
Trouuera des routtes aisees:
Si la clarté me dure assez,
Pour voir apres ces maux passez,
Vn Ciel plus doux à ma fortune,
Mon ame ne rencontrera
Aucun soucy qui l'importune,
Dans les vers qu'elle vous fera.
De la vaine la plus hardie,
Qu'Apollon ayt iamais remply,
Et du chant le plus accomply,
De sa parfaicte melodie,

Dessus la fueille d'vn papier,
Plus durable que de l'acier
Ie feray pour vous vne image,
Ou des mots assez complaisans,
Pour bien parler de mon ouurage,
Manqueront à vos courtisans.

La suiuant vne longue trace,
De l'histoire de tous nos Roys,
La Nauarre & les monts de Foix,
S'estonneront de vostre race:
Là ces vieux pourtraicts effacez
Dans mes Poëmes retracez,
Sortiront de vieilles Chroniques
Et ressuscitez dans mes vers,
Ils reuiendront plus magnifiques
En l'estime de l'Vniuers.

Depuis celuy que la fortune
Amena si prés du Liban,
Et sous qui l'orgueil du Turban,
Vit fouler le front de la lune,
Ie feray parler ces Roys morts,
Et renouuelant mes efforts
Dans le discours de vostre vie,
Ie feray si bien mon deuoir
Que la voix mesme de l'enuie
Vous parlera de me reuoir.

AV ROY.

CHer obiect des yeux & des cœurs,
Grand Roy dont les exploicts vainqueurs
N'ont rien que de doux & d'Auguste,
Vsez moins de vostre amitié,
Vous perdrez ce tiltre de Iuste,
Si vous vsez trop de pitié.
Quand vn Roy par tant de proiects,
Voit dans l'ame de ses suiects
Son authorité dissipée,
Quoy que raisonne le conseil,
Ie pense que les coups d'espée
Sont vn salutaire appareil.
L'honneur d'vn iuste Potentat,
Est de faire qu'en son estat,
La paix ayt des racines fermes:
Par là se doit-il maintenir,
Et demeurer tousiours aux termes
De pardonner & de punir.
Contre ces esprits insensez,
Que se tiennent interessez
En la calamité publique,
Selon la loy que nous tenons,
Il ne faut point qu'vn Roy s'explique
Que par la bouche des canons.
Les forts brauent les impuissans,

Les vaincus sont obeyssans,
La Iustice estouffe la rage :
Il les faut rompre sous le faix,
Le tonnerre finit l'orage,
Et la guerre apporte la paix.

Henry, destourne icy tes yeux,
Et regarde ces tristes lieux
Consacrez à ta sepulture,
Considere comme ton cœur
Se lasche, & contre sa nature
Reçoit vn ennemy vainqueur.

Toutesfois grand Astre des Roys,
Celle qui te print autrefois
Encore impunément te braue,
Ton cœur ne luy resiste pas,
Et demeure tousiours esclaue
De ses victorieux appas.

Grande Reyne, en faueur des lys
Auec luy presque enseuelis,
N'offencez point ses funerailles,
Pour l'auoir, à quoy le dessein
De venir rompre des murailles,
Si vous l'auez dans vostre sein ?

Merueilleux changement du sort,
Ce grand Roy que deuant sa mort
Vous gaigniez auecques des larmes,
Est-il si puissant auiourd'huy,
Qu'il vous faille employer des armes

Pour auoir empire sur luy.
Quoy que ce grand cœur genereux,
Forcé d'vn respect amoureux
Ait fleschy deuant vostre face,
Il n'est point si fort abbatu,
Que son fils n'y trouue vne place
Ou faire luyre sa vertu.
Nous croyons que ces reuoltez
A nostre abord espouuentez
Se deffendront mal à la bresche:
Et qui fera comparaison
De vingt canons contre vne flesche,
Dira que nous auons raison.

SVR LA PAIX DE L'ANNEE MIL SIX CENTS VINGT.

ODE.

LA paix trop long-temps desolée,
Reuient aux pompes de la Cour,
Et retire du Mausolée
Les ieux, les dances & l'amour,
Au seul esclat de nos espées
Les tempestes sont dissipées,
Tous nos bruits sont enseuelis,
Mon Prince à faict cesser la guerre,

Et la grace a rendu la terre
Pleines de palmes & de lys.
Nostre estat d'vn triste visage,
Desesperé de son salut,
Sans le Roy ne trouuoit l'vsage,
D'aucun remede qui valut :
Grand Roy que vos vertus sont grandes!
Et bien dignes de nos offrandes !
Que vos trauaux ont eu de fruict !
Toute la terre en est semée
Et la voix de la renommée
N'en sçauroit faire assez de bruict.
Et bien races desnaturées,
Qu'auez-vous plus à murmurer
Les fureurs se sont retirées,
Le desordre n'a peu durer,
Vos estendars sont nostre proye,
Vos flammes sont nos feux de ioye
Le Roy triomphe du mal-heur,
Et iamais on n'a veu Monarque,
Qui grauast de meilleure marque
Son iugement, ny sa valeur.
La trahison confuse & blesme
Ne sçait plus surquoy rauager,
Mon Prince a mis tout ce qu'il ayme,
Loing de la honte & du danger,
Il a reprimé la licence
Dont on pressoit son innocence,

Et ses desseins laborieux,
Qui ne vont point à l'aduanture
On fait voir que sa creature
Estoit aussi celle des Dieux.

Dans nos victorieuses armes,
Si la clemence l'eust permis,
Et plus de sang, & plus de larmes
Eussent marqué ses ennemis.
Et dirois bien à quels supplices
S'attendoient leurs noires malices:
Mais il est las de les punir,
Il est honteux de leur diffame
Et seroit fasché que son ame
En eust gardé le souuenir.

Il suffit que la paix est ferme,
Que ces esprits audacieux
Ont en fin acheué le terme
De leurs complots seditieux:
Il suffit que rien n'importune
Ny sa vertu, ny sa fortune,
Que le Ciel rit à son plaisir,
Que sa gloire a lassé l'enuie,
Et que sa grandeur assouuie
Ne trouue ny but, ny desir.

Traistres outils de nos folies,
Instrumens de flamme & de fer,
Que vos races enseuelies
Se recachent dedans l'enfer:

Aussi bien nos Dieux tutelaires,
Dont ces reuoltes ordinaires
Ont armé les mains tant de fois,
Iurent que le premier rebelle
Sera la victime eternelle
De l'iniure de tous nos Roys.

Esperer encore des graces,
Et croire en de pareils forfaits,
Que vous, ny vos futures races
Puissiez iamais trouuer de paix:
C'est douter que vos felonnies
Ne soient proches d'estre punies,
C'est ne sçauoir point de prison,
S'imaginer qu'vn a deux testes,
Que le Ciel n'a point de tempestes,
Ou qu'il aime la trahison.

Mais ie faux en mes deffiances,
Nostre mal vous a faict patir,
Et ie croy que vos consciences
L'ont faict auec du repentir.
Auriez vous bien la barbarie
De confesser que la furie
Vous ait faict venir sans remors
Au trauers du fer & des flammes,
Où tant de genereuses ames
Ont accreu le nombre des morts?

Ie vis de quel sanglant orage
L'enfer se desborda sur nous,

Et voulus mal à mon courage
De m'auoir fait venir aux coups:
La campagne estoit allumée,
L'air gros de bruict & de fumée,
Le Ciel confus de nos debats,
Le iour triste de nostre gloire,
Et le sang fit rougir la Loire
De la honte de nos combats.
C'est assez faict de funerailles
On void vn assez grand tableau
De cheuaux, d'hommes, de murailles,
Que la flamme a ietté dans l'eau;
C'est assez, le Ciel s'en irrite,
Et de quelque si grand merite
Dont l'honneur flatte nos exploits,
Il n'est rien de tel que de viure,
Soubs vn Roy tranquille, & de suiure,
La saincte Maiesté des loix.

AV ROY.

ESTREINE.

LE dessein que i'auois de saluër le Roy,
Et de luy faire vn don de mes vers & de moy,
D'vne vieille coustume aux presens ordonnée,
Attendoit que le temps recommençast l'année:
Mais mon iuste deuoir ne s'est pû retenir,
Ie trouue que ce iour est trop long à venir,
Et ce n'est point icy, le temps, ny la coustume,
A qui ie donne loy de gouuerner ma plume:
Quelque iour de l'année où ie respire l'air,
C'est de ce fils des Dieux de qui ie dois parler,
Mon ame en adorant à cét obiect s'arreste,
Et mon esprit en faict mon trauail & ma feste.
Tout ce que la nature à de rare & de beau,
Ce qui vid au Soleil qui dort dans le tombeau,
Tout ce que peût le Ciel pour obliger la terre,
Les plaisirs de la paix, les vertus de la guerre
Les roses, les rochers, les ombres, les ruisseaux
Le murmure des vents, & le bruict des oyseaux,
Le vestement d'Iris, & le teint de l'Aurore,
Les attraits de Venus, ny les douceurs de Flore,
Tout ce que tous les dieux ont de cher & de doux,
Grand Prince, ne peut point se comparer à vous,
Cesar aupres de vous perd ce renom d'Auguste,

Mars celuy de Vaillant, Themis celuy de Iuste,
La vertu n'eut iamais des mouuemens si saincts
Qu'elle en a rencontré dans vos heureux dessains,
C'est par où dans nos cœurs son amitié s'imprime,
C'est pour l'amour de vous que nous quittons le crime
L'exemple de vos mœurs force plus que la loy,
Et vostre saincte vie authorise la foy.
Lors que ces grands desseins, à qui l'Europe entiere,
Pour vn mois d'exercice estoit peu de matiere,
Furent mis au tombeau du plus vaillant Heros,
Dont le sein de la terre ait iamais eu les os:
La vertu s'en alloit, mais vous l'auez suiuie,
Et retenant de luy la couronne & la vie,
Il vous pleut d'arrester auecques vous aussi,
Les belles qualitez qui l'honoroient icy:
Ie croyois l'Vniuers perdu dans ceste perte,
Que la terre apres luy demeureroit deserte,
Que l'air seroit tousiours de tempeste allumé,
Que le Ciel dans l'enfer se verroit abismé,
Et que les elemens sans ordre & sans lumiere,
Reuiendroient en l'horreur de la masse premiere,
Sa gloire alloit du pair auec les immortels,
Et pour luy tous nos cœurs n'estoient que des Autels:
Tous les peuples Chrestiens l'auoient fait leur arbitre
Iamais autre que luy ne posseda ce tiltre,
Sa vertu luy gagna tous ces noms glorieux,
Que nostre fantasie accorde aux demy Dieux,
Les plus grãds Roys trouuoiẽt du merite a luy plaire
L

Tout aymoit sa faueur, tout craignoit sa cholere.
Ainsi que ce Soleil penchant vers le tombeau,
Iettoit sur l'Vniuers l'œil plus grand & plus beau,
Sa valeur trop long-temps honteusement oysiue,
Meditoit d'arracher son myrthe & son oliue:
Le bruict de ses desseins par l'europe voloit,
Chacun de ses proiects differemment parloit,
Tous les Roys ses voisins pendoient sur la balance,
Esgallement douteux ou fondroit sa vaillance,
Son courage rioit, de voir que la terreur
Se mesloit parmy tous dans leur confuse erreur:
Son bien s'alloit borner de la terre & de l'onde,
Et sans vous c'eust esté le plus grand Roy du monde.
Que sans vous son trespas eust causé de mal-heurs?
Qu'il nous eust fait verser, & de sang, & de pleurs,
Mais grace au roy des cieux, tout preuoyãt & sage
Dont vous estes icy la plus parfaicte image,
Nous sommes consolez, & le mesme cercueil,
Qui renferma ses os, renferma nostre dueil,
Les arts, & les plaisirs, les autels, & les armes,
Ont presque du regret d'auoir ietté des larmes.
Quel de tous les plus grands, & des plus braues roys
Asseure mieux que vous l'authorité des loix?
Vostre empire nous sçait si doucement contraindre,
Que les plus libertins ont plaisir à vous craindre:
L'ame la plus sauuage à pour vous de l'amour
Quel si grand Roy n'est point ialoux de vostre cour?
Et les Dieux contemplans vostre adorable vie,

Si vous n'estiez leur fils vous porteroient enuie
Le Soleil est rauy quand son œil vous reluit,
Et ne voudroit iamais de repos ny de nuict :
Ses rayons n'ayment point à chasser le nuage
Que pour n'estre empeschez de vous voir au visage.
C'est pour l'amour de vous qu'il bastist ses maisons,
Qu'il rompit le chaos, qu'il changea les saisons,
Qu'il nous fit discerner le Ciel d'auecques l'onde,
Et mit le grand esclat de la lumiere au monde:
Pour vous son feu s'occupe à ce metal pesant
Par tout dedans le Louure à vos yeux reluisant.
Pour vous sa fantasie en nos vergers errante,
Forme le gris de lin, l'orangé, l'amarante,
Et sçachant que vos yeux se plaisent aux couleurs,
Il vous peint son amour dans la face des fleurs:
Que cét astre fut gay, quant aux riues de loire,
Il vid des monumens grauez pour vostre gloire,
Sentant que son deuoir touchoit vostre grandeur,
Il n'esclaira iamais auecques tant d'ardeur,
Et receut comme encens l'honorable fumée,
Que le canon donnoit à vostre renommée:
Le fleuue de son lict alors fit vn cercueil,
Qui de vos ennemis fut le sanglant accueil,
Et redoubla ses pas pour conter à Neptune,
Ce que vostre vertu fit faire à la fortune:
Neptune resiouy de vos succez heureux,
Rendit de vostre nom sous ses flots amoureux,
Et d'vn chair empané fendant ses routes calmes,

Vint planter sur ses bords vne forest de palmes,
Et le Ciel glorieux d'vn si iuste bon-heur,
Auec affection fist feste à vostre honneur:
Mars n'a point faict encor vne si belle proye,
Et vante ce iour là, plus que la nuict de Troye,
Voyant vostre ieunesse en nos sanglants combats,
Dans le sein du peril rechercher ses esbats:
Que nous eusmes de peur qu'vn excez de courage,
Ne nous mist au hazard d'vn general naufrage:
Benist soit ce grand Dieu, qui d'vn soin paternel,
Garde à vostre genie vn bon-heur eternel,
Il a faict vil pour vous ce que la terre admire,
Et n'a pas mieux fondé le Ciel que vostre empire.
Ce sage & grand esprit, que vostre sainct desir,
Pour le salut commun nous a daigné choisir:
Ce grand Duc nous faict voir auec trop d'asseurãce
Que le destin du Ciel est celuy de la France:
Que vos plus grands desseins arriuent à leur port,
Et que vous & les dieux n'auez qu'vn mesme sort.
On dit que ce grand Siege ou tous les dieux reposent
Et d'vn conseil secret de nos dessains disposent,
Ce grand pourpris d'azur, d'où cent mille flãbeaux,
Esclattent à nos yeux si puissans & si beaux,
Eut autre fois besoin, qu'vn mortel prit l'audace
De se charger du faix de sa pesante masse:
Athlas s'auantura de soustenir les Cieux,
Autrement la nature eust veu tomber les Dieux:
Ce n'est point qu'en effect la celeste machine

Se trouuast quelquesfois proche de sa ruine,
Ny que iamais vn homme à nostre sort pareil,
Ait penetré les airs, ny touché le Soleil,
Ceste fable au vray sens que la raison luy donne,
Nous enseigne qu'Atlas eut la trempe si bonne,
Et l'esprit si hardy, qu'il osa s'esleuer,
Iusqu'ou mortel que luy ne pouuoit arriuer,
Il sçauoit les secrets d'Iris, & du Tonnerre,
Et comme châque estoille à pouuoir sur la terre,
L'vniuers le croyoit son general appuy,
Et plusieurs potentats se reposoient sur luy.
La nature y reprit vne vertu seconde,
Le destin luy laissa la conduicte du monde,
Et les dieux par plaisir mirent entre ses mains,
L'inéuitable droict qu'ils ont sur les humains.
Grand Roy, vous auez faict vn Ciel de vostre empire:
Il eut vn bon Atlas, le vostre n'est pas pire,
Et chacun voit assez qu'en sa comparaison,
Vostre amitié s'accorde auecques la raison:
Tant que vostre faueur esclaire à ses pensees,
Nos fortunes ne sont d'aucun dueil menacées:
Quoy que les factieux retrament de nouueau,
Leurs complots en naissant trouueront leur tombeau,
Et vous verrez tousiours durer à la Couronne
La paix, qu'à vostre esprit, vostre innocence donne,
Ainsi fasse le Ciel, & iamais son courroux
N'approche aucun danger, ny de luy, ny de vous.

AV PRINCE D'ORANGE.

ODE.

VN esprit lasche & mercenaire,
Qui d'vne gloire imaginaire,
Flatte les cœurs ambitieux,
Lors qu'il parle de vos loüanges,
Met les hommes plus vicieux
A la comparaison des Anges.
Aussi bien nuë & sans appas,
La pauure Muse n'ose pas,
Parmy les pompes ou vous estes
Faire venir la verité,
Et si les bouches des Poëtes
Ne quittent leur seuerité
Elles demeureront muettes.
Prince ie dis sans me louër,
Que le Ciel m'a voulu doüer,
D'vn esprit que la France estime,
Et qui ne faict point mal sonner,
Vne loüange legitime;
Quand il trouue à qui la donner.
Mais le vice à qui tout aspire,

Maistrise auecques tant d'empire
Ceux qui gouuernent l'vniuers :
Que chez les plus heureux Monarques,
O honte de ce temps peruers !
A peine ay-ie trouué des marques,
Qui fussent dignes de mes vers.
Et depuis que la Cour aduouë
Ces ames de cire & de bouë,
Que tout crime peut employer:
Chacun attend qu'on le corrompe
Et les grands donnent le loyer,
Tant seulement à qui les trompe.
Lors que la force du deuoir,
Pousse mon ame à deceuoir
Quelqu'vn à qui ie fais hommage:
Si quelquesfois pour vn mortel,
Ie tire vne immortelle image,
C'est afin qu'il se rende tel
Qu'il se void peint en mon ouurage.
Mais quand ie pense à ta valeur,
O que mon sort à de mal-heur !
Car mesme de noueaux Orphées
Ne pourroient en flattant les Dieux
Dire si bien que tes Trophées
Ne meritent encore mieux.
Quels vers faut-il que ie prepare?
En quel si beau marbre de Pare
Dois-ie grauer des monuments,

Qui soient fidelles à ta gloire ?
Quels si religieux sermens,
Iurant tes faits à la memoire,
Feront croire que ie ne mens?

L'Espagne mere de l'orgueil,
Ne preparoit vostre cercueil,
Que de la corde & de la roüe,
Et venoit auec des vaisseaux
Qui portoient peintes sur la proüe,
Des potences & des bourreaux.

Ses trouppes à pleine licence,
Venoient fouler vostre innocence
Et l'appareil de ses efforts
Craignoit de manquer de matiere,
Où vos champs tapissez de corps
Manquoient plustost de cymetiere,
Pour le sepulchre de ses morts.

Les vostres que mordit sarage,
Mourant disoient en leurs courage,
O nos terres, ô nos citez ;
Si vous n'estes plus asseruies,
Ayant gaigné vos libertez,
Nous voulons bien perdre nos vies

O vous que le destin d'honneur,
Retira pour nostre bon-heur:
Belles ames soyez apprises,
Que l'horreur de vos corps destruits
N'a point rompu nos entreprises,

Et que nous recueillons les fruicts,
Des peines que vous auez prises.
Nos ports sont libres, nos rempars
Sont asseurez de toutes parts,
Picorans iusqu'au bout du monde,
Si nos victorieux nochers,
Trouuent des ennemis sur l'onde,
Ce sont les vents, & les rochers.
Ainsi ta gent victorieuse,
Dessus la tombe glorieuse
Des braues dont tu fus le chef:
Maurice vante ta proüesse,
Et dans les pleurs de son meschef
Verse des larmes de liesse.
Toy seul grand Prince és le vainqueur
Car si les tiens monstrent du cœur,
Tout ce qui les y fait resoudre
Sont tes yeux, dont le feu reluit
Dans le sang, & parmy la poudre,
Comme aux orages de la nuict
Brillent les flammes de la foudre.
Sans toy qui ne deuoit douter
Que ce peuple au lieu de gouster
La douceur d'vn repos durable,
De sa foible rebellion,
Retomberoit plus miserable
En la vengeance du lyon?
La liberté qu'on a veu naistre

Du grand Mars, dont tu pris ton estre,
Apres luy veſue de ſupport,
Si tu n'euſſes eſté ſon frere:
Par quel ſecours que de la mort,
Eſperoit-elle ſe deffaire
Des mains d'vn ennemy ſi fort?
Tu l'arrachas du precipice,
Faiſant voir que tout eſt propice,
A qui tu daignes ſecourir,
Et qu'ayant ton deſtin pour elle,
Parce que tu ne peux mourir,
Sa liberté n'eſt pas mortelle.
Mais que pour te deïfier,
Il te falut ſacrifier
De ſang au tenebreux Monarque,
Que pour eſpargner le denier
Qu'on paye aux riues de la Parque,
Tu fis riche le nautonnier
Qui conduict la mortelle barque.
Hercule à qui les immortels
Ont donné rang à leurs Autels,
N'a pas mieux merité ſa feſte,
Et ſi le ſort l'euſt aſſailly,
Des forces qu'il t'a mis en teſte,
Il euſt ſans doute deffailly.
Oſtende ou les ſoldats d'Ibere,
En riant de voſtre miſere,
Pleuroient la cauſe de la leur:

Voyant le sort qui t'accompagne
Vendre tant mesme le mal-heur,
A creu que le demon d'Espagne
S'entend auecque ta valeur.
Les ans qu'on mit pour ses ruynes
Furent les iours dont tes machines,
Regaignerent vn plus beau lieu:
Et c'est ainsi que tes iournées,
Comme on te conte pour vn Dieu,
Valent autant que des années.
A Nieuport ou ton œil charmoit,
La frayeur & la desarmoit,
On vid Bellone au sang trempée
Dans le choc se precipiter,
Et par fois qu'elle estoit frappée,
Au lieu de Mars, & Iupiter,
Ne reclamer que ton espée.
Aux coups que le Canon tiroit,
Le Ciel de peur se retiroit,
La mer se vid toute allumée,
Les astres perdirent leur rang,
L'air s'estouffa de la fumée,
La terre se noya de sang.
Parmy la nuict de ces tumultes,
Quelque grand Dieu que tu consultes,
Alors que tout semble perir,
Vint aux coups afin de te suiure
Sans besoin de te secourir:

Car pour

Car pour ne t'empescher de viure
La Parque auroit voulu mourir!
L'ennemy battu sans retraitte,
N'auoit au bout de sa deffaicte
Que ta clemence de support ;
Ainsi par fois apres l'orage,
Les nochers ont trouué le port,
Sur le rocher de leur naufrage.
A bien chanter tant de combats,
Où iamais tu ne succombats,
Ie voudrois consacrer mes veilles:
Mais ton esprit trop retenu,
Se fascheroit à tes oreilles,
Si ie l'auois entretenu
De la moindre de tes merueilles.
Aussi bien n'est il pas besoin,
Que mon Poëme soit tesmoin
De tes exploicts si manifestes :
Car quelque part qu'on puisse aller,
Si quelqu'vn n'a point veu tes gestes,
Il en a bien ouy parler.
L'horison de la gent sauuage
N'a point de mont ny de riuage,
Où ne soit adoré ton los,
Que dans ton nom l'Hyperborée
A faict voir à nos mattelots,
Haut escrit en lettre dorée
Sur le fer de ses iauelots.

Puis que sa gloire est accomplie,
Grands destins ie ne vous supplie,
Que de faire continuer
L'honneur ou ie le vois paroistre
Sans le faire diminuer,
Quand vous ne le pouuez accroistre.

Mais le Ciel que tu dois orner,
Maurice tasche de borner,
Le fil sacré de tes iournées :
Il t'a desià marqué le lieu
Ou tu dois apres cent années,
Assis vn peu plus bas que Dieu,
Fouler aux pieds les destinées.

Les Muses en m'ouurant les Cieux,
M'ont fait voir que ces demy Dieux,
A qui la terre faict offrande :
Fors le bien de ton amitié,
N'ont point felicité si grande,
Qui ne te peust faire pitié.

Les astres, dont la bien-veillance
Se sent forcer de ta vaillance,
Sont apprestez pour t'accueillir :
Desià leur splendeur t'enuironne,
Dieu comme fleurs les vient cueillir,
Pour t'en donner vne couronne
Qui ne pourra iamais vieillir.

A Monsieur le Duc de Luynes.

ODE.

ESCriuains tousiours empeschez
Apres des matieres indignes,
Coulpables d'autant de pechez,
Que vous auez noircy de lignes,
Ie m'en vay vous apprendre icy,
Quel d'eust estre vostre soucy,
Et dessus les iustes ruines
De vos ouurages criminels,
Auecques des vers eternels,
Peindre l'image de Luynes.

Ie confesse qu'en me taisant
D'vne si glorieuse vie,
Ie m'estois rendu complaisant
Aux iniustices de l'enuie,
Et meritois bien que le Roy
En suitte du premier effroy,
Dont me fit pallir sa menace,
M'eust fait sentir les cruautez,
Qu'on ordonne aux desloyautez,
Qui n'ont point merité de grace.

A qui plus iustement qu'à luy,
Se doiuent nos sainctes loüanges?

Quel des humains voit auiourd'huy
Sa vertu si proche des Anges?
Ceux que le Ciel d'vn iuste choix
Faict entrer dans l'ame des Roys,
Ils ne sont plus ce que nous sommes,
Et semblent tenir le milieu
Entre la qualité de Dieu,
Et la condition des hommes.

Vn chacun les doit estimer,
Ainsi qu'vn Ange tutelaire,
La vertu c'est de les aymer,
L'innocence est de leur complaire,
Les mouuemens de la bonté
C'est proprement leur volonté:
Les suiure c'est fuyr le vice,
Bien viure c'est les imiter,
Et ce qu'on nomme meriter,
C'est de mourir pour leur seruice.

Grand Duc que toutes les vertus,
Recommandent à nostre estime,
Et que les vices abattus
Tiennent pour vainqueur legitime,
Benits soient par tout l'Vniuers
Les doctes & les sages vers,
Où ta gloire sera semée,
Et iamais ne soyent innocens,
Ceux qui refuseront l'encens
Aux autels de ta renommée.

Vn nombre d'esprits furieux
De ta prosperité s'irrite,
Et fait des querelles aux Cieux,
Pour auoir payé ton merite,
Appaisez-vous foibles mutins,
En despit de vous les Destins
Luy seront à iamais propices,
Puis que mon Prince en prend le soing,
Sçachez que sa fortune est loing
Du naufrage & des precipices.

Si son ame estoit sans appas,
Si sa valeur estoit sans marques,
Et que sa vertu ne fust pas
Necessaire aupres des Monarques,
On pourroit auec moins de tort,
Blasmer son fauorable sort,
Mais toutes nos ingratitudes
S'accorderont à confesser,
Que sa prudence à faict cesser
La honte de nos seruitudes.

Quand le Ciel parmy nos dangers,
Auoit horreur de nos prieres,
Quand les yeux des plus estrangers
Donnoient des pleurs à nos miseres,
Quand nos maux alloient iusqu'au bout
Que l'Estat branlant de par tout
Estoit prest à changer de maistre,
Il fist mourir nostre douleur,

Et perdre esperance au mal-heur
De la faire iamais renaistre.
Ce grand Iour, ou tant de plaisirs,
Succederent à tant de peines,
Qui fit changer tant de desirs,
Et qui r'appaisa tant de haines :
Tous nos cœurs sans fard & sans fiel
Enclinans ou l'amour du Ciel
Poussoit nos volontez vnies,
Rauis de ce commun bon-heur,
Firent des vœux à son honneur,
Pour nos calamitez finies.
Ceux qui mieux ont senty l'effect,
D'vne si loüable victoire,
Honteux du bien qu'il leur a faict,
Ont du mal à souffrir sa gloire :
Ils arrachent à leurs esprits
Le ressentiment du mespris,
Dont la grandeur estoit foulée,
Quand leur foiblesse auec raison,
Souhaittoit l'heureuse saison
Que ce grand Duc a rappellée.
Le remords vous doit bien punir,
Vostre ame est bien peu liberale,
De luy nier le souuenir
D'vne grace si generale,
Que vos fureurs changent d'obiect,
Aussi bien cherchant le subiect,

De la haine qui vous anime,
Vous ne trouuerez point dequoy,
Sinon que la faueur du Roy,
Tienne lieu de honte & de crime.
Ceux qui veillent à rechercher,
Quelque iuste subiect de blasme,
Ne peuuent point luy reprocher
Vn deffaut du corps ny de l'ame,
Pour moy lors que ie pense à luy,
Ceste enuie qui pousse autruy
De mes sens bien loing se retire,
Tous mes vers vont au compliment,
Et ne sçaurois trouuer comment,
Il se faut prendre à la satyre.
S'il est coulpable, c'est d'auoir
Trop de iustice, & de vaillance,
D'aymer son Prince, & receuoir
Les effects de sa bien-veillance:
Grand Duc laisse courir le bruit
Et gouste doucement le fruict
Que la bonne fortune apporte,
Tous ceux qui sont tes ennemis,
Voudroient bien qu'il leur fust permis
D'estre criminels de la sorte.
Iamais à leurs funestes vœux
Vn Dieu propice ne responde:
Iamais sinon ce que tu veux
Ne puisse reüßir au monde,

Que tousiours de meilleurs succez
Te donnent de nouueaux accez
A des felicitez plus grandes,
Et qu'en fin les plus enragez,
A ta deuotion rangez,
Te viennent payer des offrandes.

A Monsieur de Montmorency.

ODE.

LORS *qu'on veut que les Muses flattent,*
Vn homme qu'on estime à faux,
Et qu'on doit cacher cent deffaux,
Afin que deux vertus esclattent,
Nos esprits d'vn pinceau diuers,
Par l'artifice de nos vers,
Font le visage à toutes choses,
Et dans le fard de leurs couleurs,
Font passer de mauuaises fleurs
Sous le teinct de lys & de roses.
Ce vagabond, de qui le bruict,
Fut si chery des destinées,
Et si grand que trois mille années
Ne l'ont point encores destruict,
Auecques de si bonnes marques
N'eust foulé la rigueur des Parques,
Ny peuplé le pays latin,
Si depuis qu'on brusla sa ville

Auguste n'eust prié Virgile,
De luy faire vn si beau destin.
Tout de mesme au siecle ou nous sommes,
Les richesses ont achepté
De nostre auare lascheté
La façon de loüer les hommes:
Mais ie ne te conseille pas
De presenter aucun appas
A tant de plumes hypocrites:
D'autant que la posterité
Verra mieux dans la verité,
La memoire de tes merites.
Laisse là ces esprits menteurs,
Sauue ton nom de leurs ouurages,
Les complimens sont des outrages,
Dedans la bouche des flatteurs:
Moy qui n'ay iamais eu le blasme
De farder mes vers ny mon ame,
Ie trouueray mille tesmoings
Que tous les censeurs me reçoiuent,
Et que les plus entiers me doiuent
La gloire de mentir le moins.
Ceste grace si peu vulgaire
Me donne de la vanité,
Et faict que sans temerité
Ie prendray le soing de te plaire,
Les Dieux aydans à mon dessein,
Me verseront dedans le sein

Vne fureur mieux animée,
Ils m'apprendront des traits nouueaux,
Et plus durables & plus beaux,
En faueur de ta renommée.
Mais aussi-tost que mon desir
Qui ne respire que la gloire
De trauailler à ta memoire,
Ioüira d'vn si doux loisir,
Mon Astre qui ne sçait reluire,
Que pour me troubler & me nuire,
Cachera son mauuais aspect,
Et son influence inhumaine,
N'a pas eu pour moy tant de haine,
Qu'elle aura pour toy de respect.
Mes affections exaucées
En l'ardeur d'vn si beau proiect,
Recouureront pour ton suiect
La liberté de mes pensées,
Mes ennuys seront escartez
Et mon ame aura des clartez
Si propices à tes loüanges,
Que le Ciel s'il n'en est ialoux,
Ayant trouué mes vers si doux,
Les fera redire à ses Anges.
Ie sens vne chaleur d'esprit,
Qui vient persuader ma plume,
De tracer le plus grand volume
Que François ait iamais escrit:

Tout plein de zele & de courage,
Ie m'embarque à ce grand ouurage
Ie ſçay l'Antarctique & le Nort,
I'entends la carte & les eſtoilles,
Et ne fais point enfler mes voiles
Auant qu'eſtre aſſeuré du port.
Par les rochers & dans l'orage,
De l'onde ou ie me ſuis commis,
Ie prepare à mes ennemis,
L'eſperance de mon naufrage:
Mais que les Aſtres irritez,
De toutes leurs aduerſitez
Perſecutent mon entrepriſe,
Ie ne cognois point de mal-heur,
Qu'au ſeul renom de ta valeur,
Ie ne vainque, ou ie ne meſpriſe.

A feu Monſieur de Loſieres.

ODE.

MON Dieu que la franchiſe eſt rare,
Qu'on trouue peu d'honneſtes gens!
Que la fortune & ſes regens,
Sont pour moy d'vne humeur auare.
LOSIERES, Perſonne que toy,
Dans les troubles ou ie me voy,
Ne me monſtre vn œil fauorable,

Tout ne me fait qu'empeſchement,
Et l'amy le plus ſecourable
Ne m'aßiſte que laſchement.
Si i'eſtois vn homme de fange,
Ou d'vn eſprit iniurieux,
Qui ne portaſt iamais les yeux
Sur le ſuiet d'vne loüange,
Ou qu'on m'euſt veu deſobliger
Ceux qui me veulent affliger:
Ie ne ſerois point pardonnable,
I'approuuerois mes ennemis,
Et trouuerois irraiſonnable
Le ſecours que tu m'as promis.
Mais iamais encore l'enuie,
D'eſcrire vn Paſquin ne me prit,
Et tout le ſoin de mon eſprit
Ne tend qu'à l'aiſe de ma vie
I'ayme bien mieux ne dire mot
Du plus infame & du plus ſot,
Et me ſauuer dans le ſilence,
Que d'expoſer mal à propos
A l'effort d'vne violence,
Ma renommée, & mon repos.
O deſtin que tes loix ſont dures
L'innocence ne ſert de rien,
Que le ſort d'vn homme de bien,
A de cruelles aduentures!
Ce grand Duc redouté de tous

Dont ie ne ſouffre le couroux,
Pour aucun crime que ie ſçache,
Me menaſſe d'vn chaſtiment,
Contre qui l'ame la plus laſche
Fremiroit de reſſentiment.

Il eſt bien aiſé de me nuire
Car ie ne puis m'aſſuiectir,
Au ſoucy de me garantir,
Quoy qu'on faſſe pour me deſtruire,
Ie ſçay bien qu'vn aſtre puiſſant,
A tous ſes vœux obeyſſant,
Force les plus fiers à luy plaire,
Et que c'eſt plus de dépiter
La menace de ſa colere,
Que le foudre de Iupiter.

Mais que la flamme du tonnerre
Vienne eſclatter à mon treſpas,
Et le Ciel faſſe ſous mes pas,
Creuer la maſſe de la terre,
Mon eſprit ſans eſtonnement
S'appreſte à ſon dernier moment,
Plus ie ſens approcher le terme,
Plus ie deſire aller au port,
Et touſiours d'vn viſage ferme,
Ie regarde venir la mort.

Ainſi quoy que ce fier courage
Menace mon foible deſtin,
Sans eſtre poltron ny mutin,
Ie verray fondre cét orage,

Et coniure ton amitié,
De n'auoir ny soin ny pitié,
Quelque mal-heur qui m'importune,
Dieu nous blesse & nous sçait guerir:
Et les hommes ny la fortune,
Ne nous font viure ny mourir.

A Monsieur le Marquis de Boquiguant.

ODE.

VOVS pour qui les rayons du iour
Sont amoureux de cét Empire,
Que Mars redoute, & que l'Amour
Ne sçauroit voir qu'il ne souspire,
C'est bien auecques du subiect,
Qu'vn grand Roy vous a faict l'obiect
D'vne affection infinie,
Et que toutes les nations
Ont permis que vostre genie
Forçast leurs inclinations.
Les faueurs que vous meritez
Ont obligé mesme l'enuie
D'accroistre vos prosperitez,
En disant bien de vostre vie,
Lors qu'elle veut parler de vous,
Sans artifice, & sans courroux,
Elle se produit toute nue,

Et ses vains desirs abatus,
Faict gloire d'estre recogneuë
Pour triomphe de vos vertus.
Personne n'est fasché du bien
Dont vostre sort heureux abonde,
D'autant qu'il ne vous sert de rien
Qu'a faire du plaisir au monde.
Ainsi le celeste flambeau,
Qui fut l'ornement le plus beau
Qu'enfanta la masse premiere,
N'a iamais eu des enuieux:
Car il n'vse de sa lumiere
Que pour en esclairer nos yeux.
Chaque saison donne ses fruicts:
L'Automne nous donne ses pommes,
L'Hyuer donne ses longues nuicts,
Pour vn plus grand repos des hommes:
Le Printemps nous donne des fleurs,
Il donne l'ame, & les couleurs
A la fueille qui semble morte:
Il donne la vie aux forests,
Et l'autre saison nous apporte,
Ce qui faict iaunir nos guerets.
La terre pour donner ses biens
Se laisse foüiller iusqu'au centre:
Et pour nous les champs Indiens
Se tirent les thresors du ventre,
L'onde enrichit de cent façons
Nos vaisseaux & nos hameçons,

Et cét element si barbare,
Pour se faire voir liberal,
Arrache de son sein auare,
L'Ambre, la Perle, & le Coral.
Ce qu'on dit de ce grand thresor
Decoulant de la voix d'Alcide,
C'estoient vrayement des chaines d'or,
Qui tenoient les esprits en bride,
Cognoissant ces diuins appas
Alexandre donnoit-il pas
Tout son gain de paix & de guerre?
Ce Prince auec tout son bon-heur,
S'il n'eust donné toute la terre,
Ne s'en fust iamais faict Seigneur.
Les Zephirs se donnent aux flots,
Les flots se donnent à la Lune,
Les nauires aux Matelots
Les Matelots à la fortune,
Tout ce que l'Vniuers conçoit
Nous apporte ce qu'il reçoit
Pour rendre nostre vie aisee,
L'Abeille ne prend point du Ciel
Les doux presens de la rosee,
Que pour nous en donner le miel.
Les rochers, qui sont le tableau
Des sterilitez de nature,
Afin de nous donner de l'eau,
Fendent-ils pas leur masse dure,
Et les champs les plus impuissans

Nous

Nous donnent l'yuoire & l'encens:
Les deserts les plus inutiles
Donnent de grands tiltres aux Roys,
Et les arbres les moins fertiles
Nous donnent de l'ombre & du bois.
Marquis, tout donne comme vous,
Vous donnez comme celuy mesme,
Dont les animaux sentent tous
La liberalité supresme,
Dieu nous donne par son amour,
Auecques les presens du iour,
Les traits mesmes de son visage,
Ce monde ouurage de ses mains,
N'est point basty pour son vsage,
Car il l'a fait pour les humains.
Que le Ciel reçoit de plaisir
Alors qu'il voit sa creature,
Viure dans vn si beau desir,
Et si conforme à sa nature,
Ie voudrois bien vous imiter,
Mais ne pouuant vous presenter,
Ce que la fortune me cache,
Puisque tout donne en l'vniuers,
Ie veux que tout le monde sçache,
Que ie vous ay donné des vers.

CONTRE L'HYVER.

ODE.

PLein de cholere & de raison,
Contre toy barbare saison
Ie prepare vne rude guerre:
Malgré les loix de l'Vniuers,
Qui de la glace des hyuers,
Chassent les flammes du tonnerre:
Auiourd'huy l'ire de mes vers
Des foudres contre toy deserre.

Ie veux que la posterité,
Au rapport de la verité,
Iuge ton crime par ma haine,
Les Dieux qui sçauent mon mal-heur,
Cognoissent qu'il y va du leur,
Et d'vne passion humaine,
Participans à ma douleur
Promettent d'alleger ma peine.

La Parque retrenchant le cours
De tes Soleils bien que si cours
Rien que nuict sur toy ne deuide,
Puisses-tu perdre tes habits,
Et ce qu'au parc de nos brebis
Peut souhaitter le loup auide,
T'arriuent tous les maux d'Ibis,

Comme le souhaittoit Ouide.

Cerés ne voit point sans fureur
Les miseres du Laboureur,
Que ta froidure a fait resoudre
A brusler mesme les forests,
Les champs ne sont que des marests,
L'Esté n'espere plus de moudre
Le reuenu de ses guerests,
Car il n'y trouuera que poudre.

Tous nos arbres sont despoüillez,
Nos promenoirs sont tous moüillez,
L'esmail de nostre beau parterre
A perdu ses viues couleurs,
La gelée a tué les fleurs,
L'air est malade d'vn caterre,
Et l'œil du Ciel noyé de pleurs,
Ne sçait plus regarder la terre.

La nasselle attendant le flux
Des ondes qui ne courent plus,
Oysifue au port est retenuë,
La tortuë & les limaçons,
L'oyseau sur vne branche nuë,
Attend pour dire ses chansons,
Que la fueille soit reuenuë.

Le Heron quand il veut pescher,
Trouuant l'eau toute de rocher,
Se paist du vent & de sa plume,
Il se cache dans les roseaux,
Et contemple au bord des ruisseaux,

La bize contre sa coustume,
Souffle la neige sur les eaux,
Où boüilloit autresfois l'escume.
Les poissons dorment asseurez,
D'vn mur de glace remparez,
Francs de tous les dangers du monde,
Fors que de toy tant seulement,
Qui restreins leur moitte element,
Iusqu'à la goutte plus profonde,
Et les laisse sans mouuement,
Enchassez en l'argent de l'onde.
Tous les vents brisent leurs liens,
Et dans les creux Aeoliens,
Rien n'est resté que le Zephire,
Qui tient les œillets & les lys,
Dans ses poulmons enseuelis,
Et triste en la prison souspire,
Pour les membres de sa Philis,
Que la tempeste luy deschire.
Auiourd'huy mille Mattelots,
Ou ta fureur combat les flots,
Deffaillis d'art & de courage,
En l'auenture de tes eaux,
Ne rencontrent que des tombeaux,
Car tous les astres de l'orage,
Irritez contre leurs vaisseaux,
Les abandonnent au naufrage.
Mais tous ces maux que ie descris,
Ne me font point ietter des cris,

Car eusses-tu porté l'abysme,
Iusques ou nous leuons les yeux,
Et d'vn débord prodigieux,
Trempé le Ciel iusqu'à la cime,
Au lieu de t'estre iniurieux,
Hyuer ie loüerois ton crime.
Helas! le gouffre des mal-heurs,
D'où ie puise l'eau de mes pleurs,
Prend bien d'ailleurs son origine,
Mon desespoir dont tu te ris,
C'est la douleur de ma Cloris,
Qui rend toute la Cour chagrine,
Les dieux qui tous en sont marris
Iurent ensemble ta ruine.
Ce beau corps ne dispose plus
De ses sens, dont il est perclus
Par la froideur qui les assiege:
Espargne hyuer tant de beauté?
Remets sa voix en liberté;
Fais que ceste douleur s'allege,
Et pleurant de ta cruauté,
Fais distiller toute la neige.
Q'uelle ne touche de si prés
L'ombre noire de tes Cyprés,
Car si tu menassois sa teste,
Le laurier que tu tiens si cher,
Et que l'esclair n'ose toucher,
Seroit subiect à la tempeste,
Et les Dieux luy feroient secher

La racine comme le faiste.

Mais si ta crainte ou ta pitié,
Veut flechir mon inimitié
Sois luy plus doux que de coustume,
Ronge nos vignes de muscats,
Dont les Muses font tant de cas,
Mais à la faueur de ma plume,
Dans ses membres si delicats
Ne r'ameine iamais le rume.

Promeine tes froids Aquilons
Par la campagne des Gelons,
Gresle dessus les monts de Thrace:
Mais si iamais tu reprimas,
La violence des frimas,
Et la dureté de ta glace
Sur les plus temperez climats,
Le sien tousiours ayt ceste grace.

Sa maison comme le sainct lieu,
Consacré pour le nom d'vn Dieu,
Rien que pluye d'or ne possede,
La neige fonde sur ton toit,
Vn sacré nectar qui ne soit
Ny bruslant, ny glacé, ny tiede,
Mais tel que Iupiter le boit
Dans la couppe de Ganimede.

Si tu m'accorde ce bon heur,
Par cét œil que i'ay fait Seigneur,
D'vne ame à l'aymer obstinée,
Ie iure que le Ciel lira,
[illegible]

Ton nom qu'on n'enseuelira,
Qu'au tombeau de la destinée,
Et par moy ta loüange ira,
Plus loing que la derniere année.

LE MATIN.

ODE.

L'Aurore sur le front du iour,
Seme l'azur, l'or & l'iuoire,
Et le Soleil lassé de boire,
Commence son oblique tour.
Ses cheuaux au sortir de l'onde,
De flamme & de clarté couuerts,
La bouche & les naseaux ouuerts,
Ronflent la lumiere du monde.
La lune fuit deuant nos yeux,
La nuict a retiré ses voiles,
Peu à peu le front des estoilles,
S'vnit à la couleur des Cieux.
Desia la diligente Auette,
Boit la mariolaine & le thyn,
Et reuient riche du butin,
Qu'elle a pris sur le mont Hymette.
Ie voy le genereux lion,
Qui sort de sa demeure creuse,
Herissant sa perruque affreuse,
Qui faict fuir Endimion.

Sa Dame entrant dans les boccages
Compte les Sangliers qu'elle a pris,
Ou deuale chez les esprits
Errant aux sombres marescages.
Ie voy les Agneaux bondissans,
Sur ces bleds qui ne sont que naistre,
Cloris chantant les meine paistre,
Parmy ces costaux verdissans.
Les oyseaux d'vn ioyeux ramage,
En chantant semblent adorer,
La lumiere qui vient dorer,
Leur cabinet & leur plumage.
La charuë escorche la plaine,
Le bouuier qui suit les seillons,
Presse de voix & d'aiguillons,
Le couple de bœufs qui l'entraine.
Alix appreste son fuseau,
Sa mere qui luy fait la tasche,
Presse le chanure qu'elle attache
A sa quenoüille de roseau.
Vne confuse violence,
Trouble le calme de la nuict,
Et la lumiere auec le bruit,
Dissipe l'ombre & le silence.
Alidor cherche à son resueil,
L'ombre d'Iris qu'il a baisee,
Et pleure en son ame abusée
La fuitte d'vn si doux sommeil.
Les bestes sont dans leur taniere,

Qui tremblent de voir le Soleil,
L'homme remis par le sommeil,
Reprend son œuure coustumiere.
  Le forgeron est au fourneau,
Oy comme le charbon s'alume
Le fer rouge dessus l'enclume,
Estincelle sous le marteau.
  Ceste chandelle semble morte,
Le iour la faict esuanouyr,
Le Soleil vient nous esblouyr,
Voy qu'il passe au trauers la porte.
  Il est iour, leuons nous Philis,
Allons à nostre iardinage,
Voir s'il est comme ton visage,
Semé de roses, & de lys,

LA SOLITVDE.

ODE.

Dans ce val solitaire & sombre,
Le cerf qui brame au bruit de l'eau,
Panchant ses yeux dans vn ruisseau
S'amuse à regarder son ombre.
  De ceste source vne Naiade
Tous les soirs ouure le portal
De sa demeure de crystal,
Et nous chante vne serenade.
  Les Nymphes que la chasse attire

A l'ombrage de ces forests,
Cherchent les cabinets secrets,
Loing de l'embusche du Satyre.
Iadis au pied de ce grand chesne,
Presque aussi vieux que le Soleil,
Bacchus, l'Amour, & le Sommeil,
Firent la fosse de Silene.
Vn froid & tenebreux silence,
Dort à l'ombre de ces ormeaux,
Et les vents battent les rameaux
D'vne amoureuse violence.
L'esprit plus retenu s'engage,
Au plaisir de ce doux seiour,
Où Philomele nuict & iour
Renouuelle vn piteux langage.
L'orfraye & le hibou s'y perche,
Icy viuent les loup-garoux,
Iamais la Iustice en courroux,
Icy de criminels ne cherche.
Icy l'amour faict ses estudes,
Venus y dresse des Autels:
Et les visites des mortels
Ne troublent point ces solitudes.
Ceste forest n'est point profane,
Ce ne fut point sans la fascher,
Qu'Amour y vint iadis cacher,
Le Berger qu'enseignoit Diane.
Amour pouuoit par innocence,
Comme enfant, tendre icy des rets,

Et comme Reine des forests,
Diane auoit ceste licence.
Cupidon d'vne douce flamme,
Ouurant la nuict de ce valon,
Mist deuant les yeux d'Appollon,
Le garçon qu'il auoit dans l'ame.
A l'ombrage de ce bois sombre,
Hyacinthe se retira,
Et depuis le Soleil iura
Qu'il seroit ennemy de l'ombre.
Tout aupres le ialoux Boree,
Pressé d'vn amoureux tourment,
Fut la mort de ce ieune amant,
Encore par luy souspirée.
Saincte forest ma confidente,
Ie iure par le Dieu du iour,
Que ie n'auray iamais amour,
Qui ne te soit toute euidente.
Mon Ange ira par cét ombrage,
Le Soleil le voyant venir,
Ressentira du souuenir,
L'accez de sa premiere rage.
Corine ie te prie approche,
Couchons nous sur ce tapis vert,
Et pour estre mieux à couuert,
Entrons au creux de ceste roche.
Ouure tes yeux ie te supplie,
Mille amours logent là dedans,
Et de leurs petits traicts ardans,

Ta prunelle est toute remplie.
Amour de tes regards souspire,
Et ton esclaue deuenu,
Se voit luy-mesme retenu,
Dans les liens de son Empire.
O beauté sans doute immortelle,
Où les Dieux trouuent des appas,
Par vos yeux ie ne croyois pas,
Que vous fussiez du tout si belle.
Qui voudroit faire vne peinture
Qui peust vos traicts representer,
Il faudroit bien mieux inuenter,
Que ne fera iamais nature.
Tout vn siecle les destinées,
Trauaillerent apres vos yeux;
Et ie croy que pour faire mieux,
Le temps n'a point assez d'années.
D'vne fierté pleine d'amorce,
Ce beau visage a des regards,
Qui iettent des feux & des dards,
Dont les Dieux aymeroient la force.
Que ton teint est de bonne grace,
Qu'il est blanc, & qu'il est vermeil,
Il est plus net que le Soleil,
Et plus vny que de la glace.
Mon Dieu que tes cheueux me plaisent,
Ils s'esbattent dessus ton front,
Et les voyans beaux comme ils sont
Ie suis ialoux quand ils te baisent.

Belle bouche d'ambre & de roze,
Ton entretien est desplaisant,
Si tu ne dis en me baisant,
Qu'aymer est vne belle chose.
D'vn air plein d'amoureuse flamme,
Aux accens de ta douce voix,
Ie voy les fleuues & les bois,
S'embrazer comme a faict mon ame.
Si tu moüilles tes doigts d'yuoire
Dans le crystal de ce ruisseau,
Le Dieu qui loge dans ceste eau,
Aymera s'il en oze boire.
Presente luy ta face nuë,
Tes yeux auecques l'eau riront,
Et dans ce miroir escriront,
Que Venus est icy venuë.
Si bien elle y sera despeincte
Que les Faunes s'enflammeront,
Et de tes yeux qu'ils aymeront,
Ne sçauront descouurir la feinte.
Entends ce Dieu qui te conuie
A passer dans son element,
Oy qu'il souspire bellement
Sa liberté desià rauie.
Trouble luy ceste fantasie,
Destourne toy de ce miroir,
Tu le mettras au desespoir,
Et m'osteras la ialousie.
Voy-tu ce tronc & ceste pierre,

Ie croy qu'ils prennent garde à nous,
Et mon amour deuient ialoux
De ce myrthe & de ce lierre.
Sus ma Corine ? que ie cueille,
Tes baisers du matin au soir,
Voy comment pour nous faire asseoir,
Ce myrthe a laissé cheoir sa fueille.
Oy le Pinçon & la Linotte,
Sur la branche de ce rosier,
Voy branler leur petit gosier
Oy comme ils ont changé de notte.
Approche, approche ma Driade,
Icy murmureront les eaux,
Icy les amoureux oyseaux
Chanteront vne serenade.
Preste moy ton sein pour y boire
Des odeurs qui m'embasmeront,
Ainsi mes sens se pasmeront,
Dans les lacs de tes bras d'yuoire.
Ie baigneray mes mains folastres,
Dans les ondes de tes cheueux,
Et ta beauté prendra les vœux,
De mes œillades idolatres.
Ne crains rien, Cupidon nous garde,
Mon petit Ange es-tu pas mien,
Ha ! ie voy que tu m'aymes bien,
Tu rougis quand ie te regarde.
Dieux que ceste façon timide
Est puissante sur mes esprits,

Regnaud ne fut pas mieux éprits,
Par les charmes de son Armide.
Ma Corine que ie t'embrasse,
Personne ne nous voit qu'Amour,
Voy que mesme les yeux du iour,
Ne trouuent point icy de place.
Les vents qui ne se peuuent taire,
Ne peuuent escouter aussi,
Et ce que nous ferons icy,
Leur est vn incogneu mystere.

ODE.

VN fier demon qui me menasse,
De son triste & funeste accent
Contre mon amour innocent,
Gronde la haine & la disgrace.
On m'a rapporté que tes yeux,
Dans leurs paupieres languissantes,
N'auoient plus ces flammes puissantes,
Qui blessoient les ames des Dieux.
Nature est vrayement bien hardie,
Et le sort bien faux & malin,
D'assuiectir le sang diuin,
A l'effort d'vne maladie.
En detestant ses cruautez,
Quelque peur qui m'en diuertisse,
Ie crie contre l'iniustice
Quel Ciel faict à tes beautez,
Depuis ce mal-heureux message,

Qui m'a priué de tout repos,
La tristesse a mis dans mes os,
Vn tourment d'amour & de rage,
Malade au lict d'où ie ne sors,
Ie songe que ie vois la Parque,
Et que dans vne mesme barque,
Nous passons le fleuue des morts.
Si tu te dueils de mon abscence,
C'est vn supplice d'amitié,
Qui merite autant de pitié,
Qu'il a de peine & d'innocence.
Ie mourray, si tu meurs pour moy,
Autrement ie serois bien traistre,
Puisque le sort ne m'a faict naistre,
Que pour mourir auecques toy.

SVR VNE TEMPESTE,

ODE.

PArmy ces promenoirs sauuages,
I'oy bruire les vents & les flots,
Attendant que les Mattelots,
M'emportent hors de ces riuages,
Icy les rochers blanchissans,
Du choc des vagues gemissans,
Herissent leurs masses cornuës,

Contre

Contre la cholere des airs,
Et présentent leurs testes nuës,
A la menace des esclairs.
I'oy sans peur l'orage qui gronde,
Et fust-ce l'heure de ma mort,
Ie suis prest à quitter le port,
En dépit du Ciel & de l'onde,
Ie meurs d'ennuy dans ce loisir:
Car vn impatient desir,
De reuoir les pompes du Louure,
Trauaille tant mon souuenir,
Que ie brusle d'aller à Douure,
Tant i'ay haste d'en reuenir.
Dieu de l'onde, vn peu de silence;
Vn Dieu faict mal de s'esmouuoir,
Fais moy paroistre ton pouuoir,
A corriger ta violence,
Mais à quoy sert de te parler,
Esclaue du vent & de l'air,
Monstre confus qui de nature,
Vuide de rage & de pitié,
Ne monstre que par aduanture,
Ta hayne, ny ton amitié?
Nochers qui par vn long vsage,
Voyez les vagues sans effroy,
Et qui cognoissez mieux que moy,
Leur bon & leur mauuais visage;
Dictes moy, ce Ciel foudroyant,
Ce flot de tempeste abbayant,

Les flancs de ces montagnes grosses,
Sont-ils mortels à nos vaisseaux
Et sans applanir tant de bosses,
Pourray-ie bien courir les eaux?
Allons Pilote où la fortune
Pousse mon genereux dessein,
Ie porte vn Dieu dedans le sein,
Mille fois plus grand que Neptune:
Amour me force de partir,
Et deut Thetis pour m'engloutir,
Ouurir mieux ses moittes entrailles,
Cloris m'a sçeu trop enflammer,
Pour craindre que mes funerailles
Se puissent faire dans la mer.
O mon Ange, ô ma destinée,
Qu'ay-ie fait à cét element,
Qu'il tienne si cruellement
Contre moy sa rage obstinée?
Ma Cloris ouure icy tes yeux,
Tire vn de tes regards aux Cieux,
Ils dißiperont leurs nuages,
Et pour l'amour de ta beauté,
Neptune n'aura plus de rages,
Que pour punir sa cruauté.
Desia ces montagnes s'abaissent,
Tous les sentiers sont aplanis,
Et sur ces flots si bien vnis,
Ie voy des Alcions qui naissent,
Cloris que ton pouuoir est grand,

La fureur de l'onde se rend
A la faueur que tu m'as faicte,
Que ie vay passer doucement,
Et que la peur de la tempeste,
Me donne peu de pensement.
L'ancre est leuée, & le Zephire,
Auec vn mouuement leger,
Enfle la voile, & faict nager
Le lourd fardeau de la Nauire:
Mais quoy le temps n'est plus si beau,
La tourmente reuient dans l'eau,
Dieux que la mer est infidelle,
Chere Cloris si ton amour,
N'auoit plus de constance qu'elle,
Ie mourrois auant mon retour.

A PHILIS.

ODE.

AVSSI *franc d'Amour que d'enuie.*
Ie viuois loing de vos beautez
Dans les plus douces libertez
Que la raison donne à la vie:
Mais les regards imperieux,
Qu'Amour tire de vos beaux yeux,
M'ont bien faict changer de nature,
Ha! que les violens desirs,
Que me donna ceste aduanture,

Furent traistres à mes plaisirs.
Le doux esclat de ce visage,
Qui paroissoit sans cruauté,
Et des ruses d'vne beauté,
Me sembloit ignorer l'vsage ;
Me surprit d'vn si doux malheur,
Et m'affligea d'vne douleur
Si plaisante à ma frenaisie,
Que deslors i'aymay ma prison,
Et deliuray ma fantasie,
De l'empire de ma raison.
Contre ce coup ineuitable,
Qui me mit l'amour dans le sein ;
Ie ne sçay prendre aucun dessein,
Ny facile, ny profitable,
Embrazé d'vn feu qui me suit
Par tout où le Soleil me luit,
Ie passe les monts Pyrenées,
Où les neiges que l'œil du iour
Et les foudres ont espargnées,
Fondent au feu de mon Amour.
Sur ces riuages où Neptune,
Fait tant d'escume & tant de bruit,
Et souuent d'vn vaisseau destruit,
Faict sacrifice à la fortune,
I'inuoque les ondes & l'air,
Mais au lieu de me consoler,
Les flots grondent à mon martyre,
Mes souspirs vont auec le vent,

Et mon pauure esprit se retire,
Aussi triste qu'auparauant.
Mes langueurs, mes douces furies,
Quel sort, quel Dieu, quel element,
Nous ostera l'aueuglement
De vos charmantes resueries?
La froide horreur de ces forests,
L'humidité de ces marests,
Ceste effroyable solitude,
Dont le Soleil auec des pleurs,
Prouoque en vain l'ingratitude,
Que font elles à mes douleurs?
Grands deserts, sablons infertiles,
Ou rien que moy n'ose venir,
Combien me deuez-vous tenir,
Dans ces campagnes inutiles?
Chauds regards, amoureux baisers,
Que vous estes dans ces desers,
Bien sensibles à ma memoire?
Philis, que ce bon-heur m'est doux
Et que ie trouue de la gloire,
A me ressouuenir de vous!
En fin ie croy que la tempeste,
Me permettra d'ouurir les yeux,
Et que l'inimitié des Cieux,
Me laissera leuer la teste,
Apres tous ces maux acheuez,
Les faueurs que vous reseruez,
A ma longue perseuerance,

Reprocheront à mon ennuy,
D'auoir creu que mon esperance,
Me quitteroit plustost que luy.
Au retour de ce long voyage,
La terre en faueur de Philis,
D'œillets, de roses, & de lys,
Semera par tout mon passage:
Ces grands pins deuenus plus beaux,
Ioignans du faiste les flambeaux
Dont la voûte du Ciel se pare,
Iront aux astres s'enquerir,
Si quelque autre bien s'accompare,
A celuy que ie vay querir.
Ce iour sera filé de soye,
Le Soleil par tout ou i'iray,
Laissera, quand ie passeray
Des ombrages dessus ma voye,
Les Dieux à mon sort complaisans,
Me combleront de leurs presens,
I'auray tout mon soûl d'ambrosie,
Les Deesses me viendront voir,
Au moins si vostre courtoisie,
Leur veut permettre ce deuoir.
Ceste triste nuict acheuée,
Mon ame quittera le dueil,
Si les tenebres du cercueil.
Ne preuiennent mon arriuée:
A l'aise du premier abord,
Lors que tous nos destins d'accord,

Permettront que ie vous reuoye,
Si ie n'ay pour me secourir,
Des remedes contre la ioye,
Ie dois bien craindre de mourir.
Ie sçay qu'à la faueur premiere
Que vos regards me ietteront,
Mes esprits rauis quitteront,
Le doux obiect de la lumiere :
C'est tout vn, i'ayme bien mon sort,
Car les cruautez de la mort,
N'ont point de si cruelle geine,
Que des Roys ne voulussent bien,
Se trouuer en la mesme peine,
Pour vn mesme honneur que le mien.

ODE.

C LORIS *ma franchise est perduë,*
Mais quand pour guerir mon ennuy,
Quelque Dieu me l'auroit renduë,
Mon ame se plaindroit de luy,
Toute la force & l'industrie,
Que i'opposois à la furie,
De mes trauaux trop rigoureux,
A fait des efforts inutiles :
Car mes sentimens indociles,
En deuiennent plus amoureux.
Ce qui peut finir ma souffrance,
E*t recommencer mon plaisir,*
S'esloigne de mon esperance,

Außi bien que de mon desir,
Les destins, & le Ciel luy-mesme,
Qui recognoissent comme i'ayme,
Au seul obiect de mes douleurs,
Ne me presentent point leur ayde,
Car ils sçauent que tout remede,
Est plus foible que mes langueurs.
Ie cognois bien que l'œil d'vn ange
Que le Ciel ne gouuerne pas,
Et qui tient à peu de loüange,
Qu'amour brusle de ses appas,
S'il veut vn iour à ma priere,
Ietter l'esclat de sa lumiere,
A l'aduantage de mes vœux,
Fera naistre au sort qui m'irrite,
Plus de bien que ie ne merite,
Et plus d'honneur que ie ne veux.
Tandis que ma flame, ou ma rage,
Attendoit apres sa beauté,
Vn faux & criminel ombrage,
Embarrasse sa volonté,
Ce feint honneur, ceste fumee,
Vient estonner sa renommee,
De l'impudence des mortels,
Cloris perdez ceste foiblesse,
Si vous ne viuez en Deesse,
Dequoy vous seruent mes Autels?
Le plus audacieux courage,
Deuant vous ne fait que trembler,

Qui void vostre diuin visage,
N'est plus capable de parler,
Vos yeux gouuernent les pensees,
Des ames les plus insensees,
Et les bornent de toutes parts:
Et la plus aigre mesdisance,
N'est qu'honneur, & que complaisance,
Aux attraicts de vos doux regards.

Moy qui suis deuenu perfide,
Contre les Dieux que i'adorois,
Et dont l'ame n'a plus de guide,
Si non l'empire de vos loix,
Ie vous croy parfaicte & diuine,
Et mon iugement s'imagine,
Que les faits des plus odieux,
Lors que vous leur donnez licence,
Sont plus iustes que l'innocence,
Et que la saincteté des Dieux.

Mais quand les ames indiscrettes,
S'amuseroient à discourir
De nos flammes les plus secrettes,
Elles ne doiuent pas mourir:
O Dieux qui fistes les abysmes
Pour la punition des crimes,
Ie renonce à vostre pitié,
Et vous appelle à mon supplice,
Si iamais mon ame est complice
De la fin de nostre amitié.

Chere Cloris ie vous coniure,

Par les nœuds dont vous m'arrestez,
Ne vous troublez point de l'iniure,
Des faux bruits que vous redoutez,
Comme vous i'en ay des atteintes;
Et mille violentes craintes
Me persecutent nuict & iour,
Ie croy que les Dieux & les hommes
Dedans le climat ou nous sommes,
Ne parlent que de nostre amour.
Ie suis plus craintif que vous n'estes
Et crains que les destins ialoux,
Ne donnent vn langage aux bestes,
Pour leur faire parler de nous;
Vne ombre, vn rocher, vn zephire,
Parlent tout haut de mon martyre:
Et quand les foudres murmurans,
Menacent le peché du monde,
Ie croy que le tonnerre gronde,
Du seruice que ie vous rends.
Mais quoy que le Ciel & la terre,
Troublassent nos contentemens,
Et nous fissent souffrir la guerre,
Des astres & des élemens,
Il faut rire de leurs malices,
Et dans vn fleuue de delices,
Noyer les soins iniurieux
Qui priuent nos ieunes années,
Des douceurs que les destinées,
Ne permettent iamais aux vieux.

AV SIEVR HARDY.

ODE.

Couſtumier de courre vne plaine,
Qui s'eſtend par tout l'Vniuers,
Toy ſeul ſçais compoſer des vers
Trois milliers tout d'vne halaine.
Hardy dont les Lauriers feconds
Font ombre à tant de doctes teſtes,
Que les plus grands de nos Poëttes
S'honnorent d'eſtre tes ſeconds.
Iamais ta veine ne s'amuſe,
A couller vn Sonnet mignard,
Deteſtant la pointe & le fard,
Qui rompt les forces à la Muſe.
Que c'eſt peu d'oüir Cupidon,
En Sonnets mollement s'esbattre,
Au prix de voir ſur le Theatre
Le deſeſpoir de ta Didon.
I'ayme Renaud & Theagene,
I'en ayme encor vn million,
Mais plus qu'vn liure d'Ilion
Scedaſe mort deſſus ta Scene.
Ie marque entre les beaux eſprits
Malherbe, Bertaud, & Porcheres,
Dont les loüanges me ſont cheres,
Comme i'adore leurs eſcrits.

Mais à l'air de tes Tragedies,
On verroit faillir leur poumon,
Et comme glaces du Strimon,
Seroient leurs veines refroydies.
Tu parois sur ces arbrisseaux
Tel qu'vn grand Pin de Sylesie,
Qu'vn Ocean de Poësie,
Parmy ces murmurans ruisseaux.
Les enuieux de ton estime,
Te donnent peu de sentiment,
L'ignorance est le chastiment
Comme la cause de ce crime.
Hardy contre ces faux aboys,
Tu feras voir comme Cigalles
Toutes les muses inégalles
Se creuer en leurs propres voix.

ODE.

HEureux tandis qu'il est viuant,
Celuy qui va tousiours suiuant,
Le grand maistre de la nature,
Dont il se croit la creature,
Il n'enuiera iamais autruy,
Quand tous les plus heureux que luy,
Se mocqueroient de sa misere,
Le rire est toute sa colere,
Celuy-là ne s'esueille point,
Aussi-tost que l'Aurore point,

Pour venir des soucis du monde,
Importuner la terre & l'onde,
Il est tousiours plein de loisir,
La iustice est tout son plaisir,
Et permettant à son envie
Les douceurs d'vne saincte vie,
Il borne son contentement,
Par la raison tant seulement:
L'espoir du gain ne l'importune,
En son esprit est sa fortune,
L'esclat des cabinets dorez,
Où les Princes sont adorez,
Luy plaist moins que la face nuë,
De la campagne ou de la nuë,
La sottise d'vn courtisan,
La fatigue d'vn artisan,
La peine qu'vn Amant souspire,
Luy donne esgallement à rire,
Il n'a iamais trop affecté
Ny les biens, ny la pauureté,
Il n'est ny seruiteur, ny maistre:
Il n'est rien que ce qu'il veut estre,
Iesus Christ est sa seule Foy,
Tels seront mes amis & moy.

A PHILIS.

STANCES.

HA ! Philis que le Ciel me faict mauuais visage,
Tout me fasche & me nuit,
Et reserué l'Amour & le courage,
Rien de bon ne me suit.
Les Astres les plus doux ont coniuré ma perte,
Ie n'ay plus de soustien,
La Cour me semble vne maison deserte,
Où ie ne trouue rien.
Les hommes & les Dieux menassent ma fortune:
Mais en leur cruauté,
Pour mon soulas tout ce que i'importune,
Ce n'est que ta beauté.
Les traits de tes beautez sont d'assez fortes armes,
Pour vaincre mon mal-heur,
Et dans la gesne assisté de tes charmes,
Ie mourray sans douleur.
Dedans l'extremité de la peine où nous sommes,
Souspirant nuict & iour,
Ie feins que c'est la disgrace des hommes,
Mais c'est celle d'amour.
Parmy tant de dangers, c'est auec peu de crainte,
Que ie prends garde à moy,
En tous mes maux le subiect de ma plainte,

C'est d'estre absent de toy.
Pour m'oster aux plus forts qui me voudroient pour-
Ie trouue assez de lieux, (suiure
Mais quel climat m'asseurera de viure,
Si ie quitte tes yeux.
Le Soleil meurt pour moy, vne nuict m'enuironne,
Ie pense que tout dort,
Ie ne voy rien, ie ne parle à personne,
N'est-ce pas estre mort?

STANCES.

QVE mon espoir est foible, & ma raison
confuse,
C'est bien hors de propos,
Bruslant comme ie fais, que mon esprit s'amuse,
A chercher du repos.
Les remedes plus doux qui touchent à ma playe
Irritent ma douleur,
Et ie suis en fureur, quand mon discours essaye
De finir mon mal-heur.
Car vn si cher ennuy combat ma violence,
Ie meurs si doucement,
Que pour me secourir ie ferois conscience
De parler seulement.
Philis dans les tourmens que ta rigueur me donne,
Quoy que ie meure à tort,
Ie me diray coulpable, afin qu'on te pardonne

L'iniure de ma mort.
Amour a resolu que ie sois ta victime,
Mais que ta cruauté,
A son occasion ne fasse point de crime,
Qu'auecque ta beauté.
Non mon sort est meilleur, Philis veut que ie viue,
Et sans compaßion,
Ne sçauroit endurer qu'vn déplaisir arriue
A mon affection,
On void sur son visage animé de sa flame
Quelle a de la pitié,
Et ma fureur me trouble, où ie vois que son ame
Entend mon amitié.
Ie sçais bien que l'honneur, & les loix de la vie,
Combattent son desir,
Et que sa chasteté resiste à mon enuie,
Auecques déplaisir.
Son cœur dans cét effort sauuant son innocence,
Languit pour mon subiect,
Et donne ses souspirs sans doute à mon absence,
Plustost qu'à son obiect.
Vn riual me trauerse, elle qui s'en afflige,
Se defferoit de luy,
Mais la condition de ce fascheux l'oblige,
De souffrir auec luy.
Cét Amant importun, dont elle est offencée,
Pese à son entretien,
Et recognoist assez qu'elle a dans la pensée,
Autre feu que le sien.

STAN-

STANCES.

Mon esperance refleurit,
Mon mauuais destin pert courage
Auiourd'huy le Soleil me rit,
Et le Ciel me fait bon visage.
Mes maux ont acheué leur temps.
Maintenant ma douleur se range,
A la fin mes vœux sont contens,
Amour a ramené mon Ange.
Apres vous auoir tant priez,
Sans me vouloir iamais entendre,
Ie vous ay bien iniuriez,
D'estre si longs à me la rendre.
I'excuse vostre cruauté,
Ie perds le soing de vous desplaire,
Le retour de ceste beauté
A finy toute ma cholere.

A Madamoiselle de Rohan, sur la mort de Madame la Duchesse de Neuers.

IE vous donne ces vers pour nourrir vos douleurs,
Puisque ceste Princesse est digne de vos pleurs,
Et ne veux point reprendre vn dueil si legitime,

Pour elle vos regrets prennent vn iuste cours,
Et de les arrester, ie croyrois faire vn crime,
Aussi bien que la mort en arrestant ses iours.
Ie sçay bien que vostre ame assez robuste & saine
Auecques son discours à combatu sa peine,
Et qu'elle à vainement cherché sa guerison,
Y tascher apres vous on ne le peut sans blasme,
Car ie ne pense pas qu'on trouue en la raison
Ce que vous ne pouuez trouuer dedans vostre ame.
Les plus cuisans mal-heurs trouuent allegement,
Apres que le deuoir à rendu sagement
Tout ce que l'amitié demande à la nature :
Mais lors que mon esprit songe à vous consoler,
Contre les sentimens d'vne perte si dure
Plus ie suis preparé, moins i'ay dequoy parler.
Tandis que la memoire à vos sens renouuelle
L'esclat de la vertu qui reluysoit en elle,
Vous nourrissez en vain quelque espoir de guerir,
Et quand le souuenir d'vne amitié si ferme,
Pour guerir vostre ennuy se laissera mourir,
Croyez que vostre vie est proche de son terme.
Aussi ceste Princesse estant loing de vos yeux,
Le iour, de tous vos maux est le plus odieux,
La mort, de vos langueurs est la moins inhumaine,
Quelque part de la terre ou vous faciez seiour,
Il ne vous reste plus que des obiects de haine,
Apres auoir perdu l'obiect de vostre Amour.
De moy, si la rigueur d'vn accident semblable,

M'auoit osté le fruict d'vn bien si desirable,
Ie croirois que pour moy tout n'auroit que du mal,
Mes pieds ne s'oseroient asseurer sur la terre,
Le iour m'offenceroit, l'air me seroit fatal,
Et la plus douce paix me seroit vne guerre.
Aigrissez vous tousiours d'vn chagrin plus recēt
Que vostre ame en flattant l'ennuy qu'elle ressent,
Pour si chere compagne incessamment souspire,
Iamais son entretien ne vous sera rendu,
Et le Ciel reparant vos pertes d'vn Empire,
Vous donneroit bien moins que vous n'auez perdu.

A ELLE MESME.

PVis qu'en cét accident le sort nous desoblige,
Ie croy que tout le monde auecques vous s'afflige.
Et ce commun mal heur qui trouble l'Vniuers,
Reprocheroit vn crime aux loix de la nature,
Si non que ceste mort à faict naistre vos vers,
Dont l'aymable douceur efface son iniure.
A voir vos sentimens escrits si doucement,
A voir vostre douleur peinte si viuement,
Ie croy qu'en vain la mort de ce butin se vante,
Car comme la raison m'apprend à discourir,
Celle que vous plaignez est encore viuante, (rir.
Puis qu'elle est dãs vos vers qui ne sçauroient mou-
Vous meslez dãs ce dueil tant d'agreables charmes

Que c'est estre insensé que luy donner des larmes,
Ie la croy bien heureuse en si rare tombeau,
Et regarde sa gloire auecque tant d'enuie,
Que si l'on m'eust deu faire vn monument si beau
Ie mourrois de regret de ne l'auoir suyuie.
I'ay creu que la tristesse estoit pleine de maux,
Et perdois en l'erreur d'vn iugement si faux,
La douce resuerie où l'ennuy nous amuse,
Mais vous faictes le dueil auecques tant d'appas,
Que i'ayme sa rigueur, combien que ie l'accuse,
Et trouue du plaisir à craindre le trespas.

Pour Madamoiselle de M.

STANCES.

IE suis bien ieune encor, & la beauté que i'ayme,
Est ieune comme moy,
I'ay souuẽt desiré de lui parler moi mesme
Pour luy donner ma foy.
I'obey sans contrainte à l'amour qu'il me donne,
Quelque desir qu'il ait,
Et sans luy resister mon ame s'abandonne,
A tout ce qui luy plaist.
Si pour luy tesmoigner combien ie suis fidelle,
Il me falloit mourir,
Quoy qu'on eust faict la mort mille fois plus cruelle,
On m'y verroit courir.

Ie iure mon destin, & le iour qui m'esclaire,
Qu'il est tout mon soucy,
Et ce Soleil si beau ne faict que me desplaire,
Quand il n'est pas icy.
Lors que l'aube ensuiuant la nuict qu'elle a chassée,
Espart ses tresses d'or,
Le premier mouuement qui vient à ma pensee,
C'est l'Amour d'Alidor.
Ie tasche en m'esueillant à r'appeller les songes
Que i'ay faicts en dormant,
Et dans le souuenir de leurs plaisans mensonges
Ie reuoy mon amant.
Mon esprit amoureux n'est point sans violence
Au milieu du repos,
Ie le voy dans la nuict, & parmy le silence
I'entends ses doux propos.
Tous les secrets d'amour que le sommeil exprime,
Mon ame les ressent,
Et le matin ie pense auoir commis vn crime,
Dans mon lict innocent
De honte à mon resueil ie suis toute confuse,
Et d'vn œil tout fasché,
Ie voy dans mon miroir la rougeur qui m'accuse
D'auoir faict vn peché.
Ie me veux repentir de ceste double offense,
Mais ie ne sçay comment:
Car mon esprit troublé me faict vne deffense,
Que luy mesme desment.

Dans mon lict desolé toute moitte de larmes,
Ie prie tous les Dieux,
De maltraicter Morphée, à cause que ses charmes
Ont abusé mes yeux.
Helas ! il est bien vray que ie suis amoureuse,
Et qu'en mon sainct Amour,
Ie me puis reputer l'Amante plus heureuse,
Qui soit en ceste Cour.
I'adore vne beauté si viue & si modeste,
Qu'elle peut tout rauir,
Et qui ne prend plaisir d'estre toute celeste,
Qu'afin de me seruir.
Il a dedans ses yeux des pointes & des charmes,
Qu'vn tygre gousteroit,
Et si Mars luy voyoit mettre la main aux armes,
Il le redouteroit.
Il va dans les combats plus fier qu'à la rapine
Ne marche le Lyon :
Et plus braue qu'Achille ardant à la ruine,
Des pompes d'Ilion.
C'est le meilleur esprit & le plus beau visage,
Qu'on ayt encores veu,
Et les plus genereux n'ont point eu d'aduantage
Que mon amant n'ayt eu.
La gloire entre les cœurs qui la font mieux paroistre
Faict estime du sien,
Et les mieux accomplis ne le sçauroient cognoistre
Sans en dire du bien:

Hors de luy, la vertu dans l'ame la plus belle,
Est comme en vn tombeau, (celle
Et ses plus grands esclats sont moins qu'vne estin-
Au prix de ce flambeau,
Ie pense en l'adorant que mon idolatrie
A beaucoup merité,
Et i'aymerois bien mieux mettre à feu ma patrie
Que l'auoir irrité.
Dieux que le beau Paris eut vne belle proye,
Que cét amant fit bien ;
Alors qu'il alluma l'embrasement de Troye,
Pour amortir le sien.
O mon cher Alidor, ie suis bien moins qu'Heleine
Digne de t'esmouuoir :
Mais tu sçais bien aussi qu'auecques moins de peine,
Tu me pourrois auoir.
Il l'a fallut prier, mais c'est moy qui te prie ;
Et la comparaison,
De ses affections auecque ma furie,
Est loing de la raison
L'impression d'honneur, & celle de la honte
Sont hors de mon esprit,
La chasteté m'offence, & paroist vn vieux conte,
Que ma mere m'apprit.
Iamais fille n'ayma d'vne amitié si forte,
Tous mes plus chers parens
Depuis que i'ay conceu l'Amour que ie te porte
Me sont indifferens.

Ils auroient beau se plaindre & m'appeller barbare,
On me doit pardonner :
Car vers eux ie ne suis de mon amour auare,
Que pour te la donner.
Reçois ma paßion pourueu que ton merite,
N'en soit pas offencé,
Et vois que mon esprit ne te l'auroit escrite,
S'il n'estoit insensé.

STANCES.

Maintenant que Philis est morte,
Et que l'amitié la plus forte
Dont vn cœur fut iamais atteint
Est dans le sepulchre auec elle,
Ie croy que l'amour le plus saint
N'a plus pour moy rien de fidelle.
Cloris, c'est mentir trop souuent,
Tes propos ne sont que du vent,
Tes regards sont tous pleins de ruzes,
Tu n'as point pour tout d'amitié,
Ie me mocque de tes excuses,
Et t'ayme moins de la moitié.
Ie te voy tousiours en contrainte,
Il te vient tousiours quelque crainte
Tu ne trouue iamais loisir,
Dis plustost que ie t'importune,

Et que ie te ferois plaisir
De chercher ailleurs ma fortune.
Ne fais plus semblant de m'aymer
Et quoy qu'il me soit bien amer
De perdre vne si douce flame,
Si tu n'as point d'amour pour moy,
Ie iure tes yeux & mon ame
De ne songer iamais à toy.
Ie t'allois consacrer ma plume,
Et te peindre dans vn volume
Sur qui les ans ne peuuent rien,
Sçache vn peu de la renommée,
Comme i'ay sçeu dire du bien,
D'vne autre que i'auois aymée.
Mais cela ne te touche pas,
Les vers sont de mauuais appas,
Vn roc n'en deuient point passible,
Ce sont de foibles hameçons,
Pour ton naturel insensible,
Que luy promettre des chansons.
Que veux-tu plus que ie te donne,
Auiourd'huy que Dieu m'abandonne,
Que le Roy ne me veut pas voir,
Que le iour me luit en cholere,
Que tout mon bien est mon sçauoir,
Dequoy plus te pourrois-ie plaire?
Si mon mauuais sort peut changer,
Ie iure de te partager

Les prosperitez où i'aspire,
Et quand le Ciel me feroit Roy,
Vn present de tout mon Empire,
Te feroit preuue de ma foy.
Mais tu n'as point l'esprit auare,
Et quelque dignité si rare
Qu'vn Dieu mesme te vint offrir,
Quelque tourment qu'il eust dans l'ame,
Tu le laisserois bien souffrir,
Auant que soulager sa flamme.
Quand à moy las de tant brusler,
Et si pressé de reculer,
I'ay desesperé de la place,
La nature icy vaut bien peu
Qu'vn front de neige, vn cœur de glace
Puissent tenir contre le feu.

A CLORIS.

STANCES.

S'IL est vray Cloris que tu m'aymes,
Mais i'entends que tu m'aymes bien,
Ie ne croy point que les Roys mesmes,
Ayent vn heur comme le mien,
Que la mort seroit importune,
De venir changer ma fortune
A la felicité des Dieux,

Tout ce qu'on dit de l'ambrosie,
Ne touche point ma fantaisie,
Au prix des graces de tes yeux.
Sur mon ame il m'est impoßible
De passer vn iour sans te voir,
Qu'auec vn tourment plus sensible
Qu'vn damné n'en sçauroit auoir,
Le sort qui menaça ma vie,
Quand les cruautez de l'enuie
Me firent esloigner du Roy,
M'exposant à tes yeux en proye,
Me donna beaucoup plus de ioye
Qu'il ne m'auoit donné d'effroy.
Que ie me pleus dans ma misere,
Que i'aymay mon bannissement,
Mes ennemis ne valent guere
De me traicter si doucement,
Cloris, prions que leur malice,
Fasse bien durer mon supplice,
Ie ne veux point partir d'icy,
Quoy que mon innocence endure,
Pourueu que ton amour me dure,
Que mon exil me dure aussi.
Ie iure l'Amour & sa flamme,
Que les doux regards de Cloris,
Me font desia trembler dans l'ame,
Quand on me parle de Paris,
Insensé ie commence à craindre,

Que mon Prince me va contraindre,
A souffrir que ie sois remis,
Vous qui le mistes en cholere,
Si vous l'empeschez de le faire,
Vous n'estes plus mes ennemis.

Toy qui si viuement pourchasses,
Les remedes de mon retour,
Prens bien garde quoy que tu fasses,
De ne point fascher mon amour,
Arreste vn peu, rien ne me presse,
Ton soin vaut moins que ta paresse,
Me bien seruir c'est m'affliger,
Ie ne crains que ta diligence,
Et prepare de la vengeance,
A qui tasche de m'obliger.

Il te semble que c'est vn songe,
D'entendre que ie m'ayme icy,
Et que le chagrin qui me ronge,
Vienne d'vn amoureux soucy,
Tu penses que ie ne respire,
Que de sçauoir ou va l'Empire,
Que deuient ce peuple mutin,
Et quand Rome se doit resoudre,
A faire partir vne foudre,
Qui consomme le Palatin.

Toutes ces guerres insensées
Ie les trouue fort à propos,
Ce ne sont point là les pensées,

Qui s'opposent à mon repos,
Quelques maux qu'apportent les armes,
Vn amant verse peu de larmes,
Pour fléchir le courroux diuin,
Pourueu que Cloris m'accompagne,
Il me chaut peu que l'Allemagne
Se noye de sang ou de vin.

Et combien qu'vn appas funeste
Me traine aux pompes de la Cour,
Et que tu sçais bien qu'il me reste,
Vn soin d'y retourner vn iour:
Quoy que la fortune appaisée,
Se rendist à mes vœux aisée,
Auiourd'huy ie ne pense pas,
Soit-il le Roy qui me r'appelle,
Que ie puisse m'esloigner d'elle,
Sans trouuer la mort sur mes pas.

Mon esprit est forcé de suiure,
L'aymant de son diuin pouuoir,
Et tout ce que i'appelle viure,
C'est de luy parler & la voir,
Quand Cloris me faict bon visage,
Les tempestes sont sans nuage,
L'air le plus orageux est beau,
Ie ris quand le tonnerre gronde,
Et ne croy point que tout le monde
Soit capable de mon tombeau.

La felicité la plus rare,

Qui flatte mon affection,
C'est que Cloris n'est point auare,
De carresse & de passion,
Le bon-heur nous tourne en coustume;
Nos plaisirs sont sans amertume,
Nous n auons ny courroux ny fard;
Nos trames sont toutes de soye;
Et la Parque apres tant de ioye;
Ne les peut acheuer que tard.

Desespoirs Amoureux.

STANCES.

Esloigné de vos yeux ou i'ay laissé mon ame,
Ie n'ay de sentiment que celuy du mal-heur,
Et sans vn peu d'espoir qui luit parmy ma flame
Mon trespas eust esté ma derniere douleur.
Pleust au Ciel qu'aujourd'huy la terre eust quitté l'onde
Que les raiz du Soleil fussent absents des Cieux,
Que tous les eslements eussent quitté le monde,
Et que ie n'eusse pas abandonné vos yeux.
Vn arbre que le vent emporte à ses racines,
Vne ville qui void desmolir son rampart,
Le faiste d'vne tour qui tombe en ses ruines,
N'ont rien de comparable à ce sanglant départ.
Depuis vostre Damon ne sert plus que de nombre;
Mes sens de ma douleur s'en vont desia rauis,
Ie ne suis plus viuant, & passerois pour ombre,
Sinon que mes souspirs descouurent que ie vis.

Mon ame est dans les fers, mon sang est dans la flame,
Iamais mal-heur ne fut à mon mal-heur esgal:
I'ay des vautours au sein, i'ay des serpens dans l'ame,
Et vos traicts qui me font encore plus de mal.

Errant depuis deux mois de Prouince en Prouince,
Ie traine auecques moy la Fortune & l'Amour,
L'vn oblige mes pas à courtiser mon Prince,
L'autre oblige mes sens à vous faire la cour.

Des plus rares beautez en ce fascheux voyage
Où iadis pour aymer les Dieux fussent allez,
M'ont assez prodigué les traicts de leur visage:
Mais ce n'estoit qu'horreur à mes yeux desolez.

Par tout où loing de toy la fortune me traine,
Ie iure par tes yeux que tout mon entretien,
N'est que d'entretenir ma vagabonde peine,
Et qu'il me souuient moins de mon nom que du tien.

En ma condition d'où mille soins ne partent,
L'entendement me laisse, & tout conseil me fuit:
Tous autres pensemens de mon ame s'escartent,
Au souuenir du tien qui sans cesse me suit.

Que ta fidelité se forme à mon exemple;
Fuy comme moy la presse, hay comme moy la Cour:
Ne frequente iamais bal, promenoir, ny temple,
Et que nos deytez ne soyent rien que l'Amour.

Tout seul dedans ma chambre ou i'ay faict mon Eglise,
Ton image est mon Dieu, mes passions ma foy:
Si pour me diuertir Amour veut que ie lise,
Ce sont vers que luy mesme a composé pour moy.

Dans le trouble importun des soucis de la guerre
Chacun me voit chagrin, car il semble à me voir,
Que ie fais des projects pour conquerir la terre,
Et mes plus hauts desseins ne sont que de t'auoir.

STANCES.

QVand tu me vois baiser tes bras
Que tu poses nuds sur tes draps
Bien plus blancs que le linge mesme:
Quand tu sens ma brustante main,
Se pourmener dessus ton sein,
Tu sens bien Cloris que ie t'ayme.

Comme vn deuot deuers les Cieux,
Mes yeux tournez deuers tes yeux,
A genoux aupres de ta couche,
Pressé de mille ardans desirs,
Ie laisse sans ouurir ma bouche,
Auec toy dormir mes plaisirs.

Le sommeil aise de t'auoir,
Empesche tes yeux de me voir,
Et te retient dans son empire
Auec si peu de liberté,
Que ton esprit tout arresté
Ne murmure ny ne respire.

La rose en rendant son odeur
Le Soleil donnant son ardeur,
Diane & le char qui la traine,
Vne naiade dedans l'eau,
Et les graces dans vn tableau,
Font plus de bruict que ton haleine:
Là ie souspire aupres de toy

Et con-

Et considerant comme quoy,
Ton œil si doucement repose,
Ie m'escrie : ô Ciel ! peux-tu bien
Tirer d'vne si belle chose,
Vn si cruel mal que le mien.

STANCES.

IE iure le iour qui me luit,
Et la froide horreur de la nuict
Ou la tristesse me conuie,
Que le temps de mon amitié,
Doit plus durer de la moitié,
Que ne faict celuy de ma vie.

Alors que mon supréme iour,
M'aura porté dans le seiour
Des ames mieux fauorisées,
Mon ame versera des pleurs,
Qui feront naistre mille fleurs
Dans les campagnes Elizées.

Ce doux & ce poignant soucy,
Le mesme qui me touche icy,
Reuiendra dans mon ame morte,
Et les esprits qui me verront,
Approchant mon feu iureront,
Qu'ils n'en ont point veu de la sorte.

Apres moy d'vn amour flatteur
Quelque infidelle seruiteur

Surprendra tes desirs nouices,
Et tu n'as point assez de foy,
Pour permettre que mes seruices
Te fassent souuenir de moy.
Ie te coniure par tes yeux,
Que i'ayme & que i'honore mieux,
Ny que le Ciel, ny que la terre:
Tost ou tard de t'en repentir,
Car le Ciel te feroit sentir,
Quelque pointe de son tonnerre.

STANCES.

LA frayeur de la mort esbranle le plus ferme,
Il est bien mal-aisé,
Que dans le desespoir, & proche de son terme
L'esprit soit appaisé.
L'ame la plus robuste, & la mieux preparée
Aux accidens du sort,
Voyant aupres de soy sa fin toute asseurée,
Elle s'estonne fort.
Le criminel pressé de la mortelle crainte
D'vn supplice douteux,
Encore auec espoir endure la contrainte,
De ses liens honteux.
Mais quand l'arrest sanglant a resolu sa peine,
Et qu'il voit le bourreau,
Dont l'impiteuse main luy detache vne chaine
Et luy met vn cordeau.

Il n'a goutte de sang qui ne soit lors glacée,
Son ame est dans les fers!
L'image du gibet luy monte à la pensée,
Et l'effroy des enfers.
L'imagination de cét obiect funeste
Luy trouble la raison,
Et sans qu'il ait du mal, il a pis que la peste,
Et pis que le poison.
Il iette malgré luy les siens dans sa detresse,
Et traine en son mal-heur,
Des gens indifferens, qu'il voit parmy la presse
Pasles de sa douleur.
Par tout dedans la Greue il voit fendre la terre,
La Seine est l'Acheron,
Chaque rayon du iour est vn traict de tonnerre,
Et chaque homme Charon.
La consolation que le prescheur apporte
Ne luy faict point de bien:
Car le pauure se croit vne personne morte,
Et n'escoute plus rien.
Les sens sont retirez, il n'a plus son visage,
Et dans ce changement,
Ce seroit estre fol, de conseruer l'vsage,
D'vn peu de iugement.
La nature, de peine & d'horreur abbatuë,
Quitte ce mal heureux,
Il meurt de mille morts, & le coup qui le tuë,
Est le moins rigoureux.

Consolation à Madamoiselle de L.

STANCES.

Donne vn peu de relasche au dueil qui t'a surpris,
Ne t'oppose iamais aux droits de la nature,
Et pour l'amour d'vn corps ne mets point tes espris
Dedans la sepulture.
La mort dans tes regrets à toy se presentant,
Te fait voir qu'elle n'est qu'horreur & que misere,
Pourquoy donc tasches tu qu'elle t'en face autant
Qu'elle a fait à ton Pere?
Quoy que l'affection te fasse discourir,
Tes beaux iours ne sont point en estat de le suiure,
Comme c'estoit à luy la saison de mourir,
C'est la tienne de viure.
Il estoit las d'honneur, de fortune & de iours,
Tes ieunes ans ne font que commencer la vie,
Et si tu vas si tost en acheuer le cours,
Que deuiendra Lyuie?
Remets pour l'amour d'elle encore ces appas
Qui s'en vont effacer dans ton visage sombre:
Et qu'vn si long chagrin ne te mal-traicte pas
Pour contenter vne ombre,
Il est vray qu'vn tel mal est fascheux à guerir,
Et de quelque vigueur que ton esprit puisse estre
Il te faut souspirer, lors que tu vois perir,
Celuy qui t'a faict naistre.

Encore ses vertus touchoient ton amitié,
Au delà du deuoir où la nature oblige,
Si bien que la raison approuue la pitié,
Pour l'ennuy qui t'afflige.

Ses conseils sçauoient rendre vn Roy victorieux:
Son renom honoroit & la paix & la guerre:
Et ie croy que l'enuie est cause que les Cieux,
L'ont osté de la terre.

Mais aussi quel climat n'en a du desplaisir?
L'Europe à son subiect se plaint contre les Parques,
Autant que sa leurs lacs estoient venus saisir
Quelqu'vn de ses Monarques.

Ie voy comme le Ciel pour soulager ton dueil
Veut que tout l'vniuers à tes souspirs responde,
Et pour t'en exempter, ordonne à son cercueil
Les pleurs de tout le monde.

Toutesfois tous ces cris sont des soings superflus,
Nos plaintes dans les airs sont vainement poussées?
Vn homme enseuely ne considere plus,
Nos yeux ny nos pensées.

Sçachant qu'il a rendu ce qu'on doit aux Autels,
Tu dois estre asseuré de sa beatitude.
Ou ton esprit troublé croit que les immortels
Sont plains d'ingratitude.

Tes importuns regrets se rendront criminels,
Ton Pere en son repos ne trouuera que peine:
Puis qu'il semble estre admis aux plaisirs eternels
Pour te mettre à la geine.

Se rend le mal plus grand lors que nous l'irritons?
Reuiens dans les plaisirs que la ieunesse apporte,
C'est vn grand bien de voir fleurir les reiettons,
Lors que la souche est morte.
Vn homme de bon sens se mocque des malheurs,
Il plaint esgallement sa seruante & sa fille,
Iob ne versa iamais vne goutte de pleurs,
Pour toute sa famille.
Apres t'estre affligé pense à te resiouyr,
Qui t'a faict la douleur t'a laissé les remedes,
Il ne te reste plus que de sçauoir iouyr,
Des biens que tu possedes.
Arreste donc ces pleurs vainement respandus,
Laisse en paix ce destin que tes douleurs detestent:
Il faut apres ces biens que nous auons perdus,
Sauuer ceux qui nous restent.

STANCES.

Dans ce temple, ou ma passion,
Me mit dedans le cœur les beautez de Madame,
Ie benissois l'amour encore que sa flame,
Destournast ma deuotion.
Au lieu de penser à nos Dieux,
I'adorois vous voyant l'image de Diane,
Et m'estimois heureux de deuenir profane,

En me consacrant à vos yeux.
Ce fut auec de mesmes traicts
Que la mere d'Amour perça le cœur d'Anchise:
Suis-ie pas glorieux de donner ma franchise,
A la mercy de ses attraits?
A ce premier rauissement
Mon ame triompha de se sentir blessée,
Et l'Autel m'eust despleu d'oster a ma pensee
L'entretien d'vn si doux tourment.
Me deust le Ciel faire perir,
Ie mesure ma peine auecques mes annees,
Et l'amour se fait fort d'oster aux destinees
La puissance de me guerir.
Au point que ceste ardeur m'a mis,
Mon superbe bon-heur se mocque de l'enuie,
Et quelque mal qui vienne à menacer ma vie
Ie me ris de mes ennemis.
Tout ce monde de poursuiuans
Me fait perseuerer auecques plus de ioye,
Ce renommé Iason n'eust iamais eu sa proye,
S'il eust craint la mer ny les vents,
Soubs l'auspice de vostre loy
Il n'est point de grandeur que mon esprit ne braue,
Et le mesme accident qui me faict estre esclaue,
Il me semble qu'il m'a faict Roy.

ELEGIE A VNE DAME.

SI vostre doux accueil n'eust consolé ma peine,
Mon ame languissoit, ie n'auois plus de vaine,
Ma fureur estoit morte & mes esprits couuerts
D'vne tristesse sombre auoient quitté les vers.
Ce mestier est penible, & nostre sainte estude
Ne cognoist que mespris, ne sent qu'ingratitude,
Qui de nostre exercice ayme le doux soucy,
Il hayt sa renommée & sa fortune aussi,
Le sçauoir est honteux, depuis que l'ignorance
A versé son venin dans le sein de la France,
Auiourd'huy l'iniustice a vaincu la raison,
Les bonnes qualitez ne sont plus de saison,
La vertu n'eust iamais vn siecle plus barbare,
Et iamais le bon sens ne se trouua si rare,
Celuy qui dans les cœurs met le mal ou le bien,
Laisse faire au destin sans se mesler de rien,
Non pas que ce grand Dieu qui donne l'Ame au monde,
Ne trouue à son plaisir la nature feconde
Et que son influence encore à plaine mains,
Ne verse ses faueurs dans les esprits humains,
Parmy tant de fuseaux la Parque en sçait retordre
Où la contagion du vice n'a sceu mordre,

Et le Ciel en faict naistre encore infinité,
Qui retiennent beaucoup de la diuinité,
Des bons entendemens, qui sans cesse trauaillent
Contre l'erreur du peuple, & iamais ne defaillent,
Et qui d'vn sentiment hardy, graue & profond,
Viuent tout autrement que les autres ne font,
Mais leur diuin genie est forcé de se feindre,
Et les rend malheureux s'il ne se peut contraindre,
La coustume & le nombre authorise les sots,
Il faut aymer la Cour, rire des mauuais mots,
Acoster vn brustal, luy plaire, en faire estime:
Lors que cela m'aduient ie pense faire vn crime,
I'en suis tout transporté, le cœur me bat au sein,
Ie ne croy plus auoir l'entendement bien sein,
Et pour m'estre souïllé de cest abord funeste,
Ie croy long-temps apres que mon ame à la peste,
Cependant il faut viure en ce commun malheur,
Laisser à part esprit, & franchise & valeur,
Rompre son naturel, emprisonner son ame,
Et perdre tout plaisir pour acquerir du blasme:
L'ignorant qui me iuge vn fantasque resueur:
Me demandant des vers croit me faire faueur,
Blasme ce qu'il n'entend, & son ame estourdie,
Pense que mon sçauoir me vient de maladie.
Mais vous à qui le Ciel de son plus doux flambeau,
Inspira dans le sein tout ce qu'il a de beau,
Vous n'auez point l'erreur qui trouble ces infames,
Ny l'obscure fureur de ces brutales ames,

Car l'esprit plus subtil en ses plus rares vers,
N'a point de mouuements qui ne vous soient ouuerts
Vous auez vn genie à voir dans les courages,
Et qui cognoist assez mon ame & mes ouurages,
Or bien que la façon de mes nouueaux escrits,
Differe du trauail des plus fameux esprits,
Et qu'ils ne suiuent point la trace accoustumée,
Par où nos escriuains cherchent la renommée :
I'ose pourtant pretendre à quelque peu de bruit,
Et croy que mon espoir ne sera point sans fruict,
Vous me l'auez promis , & sur ceste promesse,
Ie fausse ma promesse aux vierges de Permesse,
Ie ne veux reclamer ny Muse,ny Phœbus,
Grace à Dieu bien guery de ce grossier abus,
Pour façonner vn vers que tout le monde estime,
Vostre contentement est ma derniere lime:
Vous entendez le poids,le sens ,la liaison,
Et n'auez en iugeant pour but que la raison,
Aussi mon sentiment à vostre adueu se range,
Et ne reçoit d'autruy ny blasme ny loüange.
Imite qui voudra les merueilles d'autruy,
Malherbe a tres-bien faict,mais il a fait pour luy,
Mille petits volleurs l'escorchent tout en vie,
Quand à moy ces larcins ne me font point d'enuie:
I'approuue que chacun escriue à sa façon,
I'ayme sa renommée & non pas sa leçon,
Ces esprits mandiants d'vne vaine infertile,
Prennent à tous propos ou sa rime ou son style,

*Et de tant d'ornemens qu'on trouue en luy si
beaux,
Ioignent l'or & la soye, à de vilains lambeaux,
Pour paroistre auiourd'huy d'aussi mauuaise grace
Que parut autresfois la corneille d'Horace.
Ils trauaillent vn mois à chercher comme à fils,
Pourra s'apparier la rime de Memphis,
Ce liban, ce turban, & ces riuieres mornes,
Ont souuent de la peine à retrouuer leurs bornes,
Cét effort tient leurs sens dans la confusion,
Et n'ont iamais vn rais de bonne vision.
I'en cognois qui ne font des vers qu'à la moderne,
Qui cherchent à midy Phœbus à la lanterne,
Grattent tant le François qu'ils le dechirent tout,
Blasmant tout ce qui n'est facile qu'à leur goust,
Sont vn mois à cognoistre en tastant la parole,
Lors que l'accent est rude ou que la rime est mole,
Veulent persuader que ce qu'ils font est beau,
Et que leur renommée est franche du tombeau,
Sans autre fondement, sinon que tout leur aage,
S'est laissé consommer en vn petit ouurage,
Que leurs vers dureront au monde precieux,
Pource qu'en les faisant ils sont deuenus vieux,
De mesmes l'Areignée en filant son ordure,
Vse toute sa vie & ne faict rien qui dure.
Mais cét autre Poëte est bien plein de ferueur,
Il est blesme, transi, solitaire, réveur,
La barbe mal peignée, vn œil branslant & caue,*

Vn front tout refrongné, tout le visage haue,
Abane dans son lict, & marmotte tout seul,
Comme vn esprit qu'on oit parler dans vn linceul.
Grimasse par la ruë, & stupide retarde.
Ses yeux sur vn obiect sans voir ce qu'il regarde:
Mais desia ce discours m'a porté trop auant,
Ie suis bien prest du port, ma voile a trop de vent,
D'vne insensible ardeur peu à peu ie m'esleue
Commençant vn discours que iamais ie n'acheue,
Ie ne veux point vnir le fil de mon subiet,
Diuersement ie laisse & reprens mon obiect.
Mon ame imaginant n'a point la patience
De bien polir les vers & ranger la science,
La reigle me desplaist, i'escris confusément,
Iamais vn bon esprit ne fait rien qu'aisément,
Autres-fois quant mes vers ont animé la scene,
L'ordre ou i'estois contrainct m'a bien faict de la peine.
Ce trauail importun m'a long-temps martyré,
Mais en fin grace aux Dieux ie m'en suis retiré.
Peu sans faire naufrage & sans perdre leur ourse,
Se sont auanturez à ceste longue course:
Il y faut par miracle estre fol sagement,
Confondre la memoire auec le iugement,
Imaginer beaucoup, & d'vne source plaine,
Puiser tousiours des vers dans vne mesme veine:
Le dessein se dissipe, on change de propos,
Quand le stile a gousté tant soit peu le repos,
Donnant à tels efforts ma premiere furie,

Iamais ma veine encor ne s'y trouua tarie.
Mais il me faut resoudre à ne la plus presser,
Elle m'a bien seruy, ie la veux caresser,
Luy donner du relasche, entretenir la flame,
Qui de sa ieune ardeur m'eschauffe encore l'ame,
Ie veux faire des vers qui ne soient pas contraints,
Promener mon esprit par des petits desseins,
Chercher des lieux secrets où rien ne me desplaise,
Mediter à loisir, resuer tout à mon aise,
Employer toute vne heure à me mirer dans l'eau,
Ouyr comme en songeant la course d'vn ruisseau,
Escrire dans le bois, m'interrompre, me taire,
Composer vn quatrain sans songer à le faire,
Apres m'estre esgayé par ceste douce erreur,
Ie veux qu'vn grand dessein rechauffe ma fureur,
Qu'vn œuure de dix ans me tienne à la contraincte,
De quelque beau Poëme, ou vous serez dépeinte
Là, si mes volontez ne manquent de pouuoir
I'auray bien de la peine en ce plaisant deuoir.
En si haute entreprise où mon esprit s'engage,
Il faudroit inuenter quelque nouueau langage,
Prendre vn esprit nouueau, penser & dire mieux;
Que n'ont iamais pensé les hommes & les Dieux,
Si ie paruiens au but où mon dessein m'appelle,
Mes vers se moqueront des ouurage d'Appelle,
Qu'Heleine resuscite elle aussi rougira,
Par tout ou vostre nom dans mon ouurage ira,
Tandis que ie remets mon esprit à l'eschole,
Obligé des long-temps à vous tenir parole,

Voicy de mes escrits ce que mon souuenir,
Desireux de vous plaire, en a peu retenir.

IE pensois au repos, & le celeste feu,
Qui me fournit des vers s'allantissoit vn peu :
Lors que le messager qui m'a rendu ta lettre,
Dans ma premiere ardeur m'est venu tout remettre,
I'ay d'abord a peu prés deuiné ton dessein,
Et deslors que mes yeux ont recogneu ton seing,
Mon sang s'est rechauffé, tes vers m'ōt picqué l'ame,
Et de leur propre esclat m'ont ietté de la flame.
Clairac en est esmeu, son fleuue en a grossi,
Et dans ce peu de temps que ie t'escris cecy,
D'autant qu'à ta faueur il sent flatter son onde,
Lot s'est rendu plus fier que riuiere du monde.
Le desbord insolent de ses rapides eaux,
Couurant auec orgueil le faiste des roseaux,
Fait taire nos moulins, & sa grandeur farouche
Ne sçauroit plus souffrir qu'vn auiron le touche,
Dans l'excez de la ioye où tu le viens rauir,
Ce torrent glorieux ne daigne plus seruir,
Ie l'ayme de l'honneur qu'il rend à ta caresse,
Et luy veux faire part aux Autels que ie dresse,
Resuant sur son riuage apres tes beaux escrits,
Tout à coup dans l'obiect d'vn penser qui m'a pris,
Ie disois en voyant comme son flot se pousse,
Ainsi va la fureur d'vn Roy qui se courrouce,
insi mes ennemis contre moy furieux,

M'ont rendu sans subiect le sort iniurieux,
Et si loing estendu leur orgueilleux rauage,
Qu'a peine sur les monts ay-ie veu du riuage,
Mon exil ne sçauroit ou trouuer seureté,
Par tout mille accidens choquent ma liberté,
Quelques deserts affreux, ou des forests suantes
Rendent de tant d'humeur les campagnes puantes,
Ont esté le seiour, ou le plus doucement,
I'ay passé quelques iours de mon bannissement,
Là vrayment l'amitié d'vn Marquis fauorable,
Qui n'eust iamais horreur de mon sort déplorable,
Diuertit mes soucis, & dans son entretien,
Ie trouuay du bon sens qui consola le mien.
Autrement dans l'ennuy d'vn lieu si solitaire,
Ou l'esprit ny le corps ne trouuent rien à faire,
Ou le plus Philosophe auecques son discours
Ne sçauroit sans languir auoir passé deux iours,
Le chagrin m'eust saisi dans vne grande chere
Qui deux fois châque iour enchantoit ma misere,
Car ie n'ay sçeu trouuer de l'humeur dont ie suis,
Vn plus present remede à chasser mes ennuys.
Et si comme tu dis vous auez tous enuie
De me faire passer vn iour de douce vie,
Appreste de bons vins : mais n'en prends point d'autruy,
Car ie sçay que ton pere en a de bon chez luy.
Il m'a bien obligé du salut qu'il m'enuoye,
Dis luy que cét honneur m'a tout comblé de ioye,
Et qu'vn pauure banny ne croyoit pas auoir

Ceste prosperité que tu m'as faict sçauoir:
Ainsi t'ayme le Ciel, & iamais la disgrace
Ne frappe ton destin, ny celuy de ta race.
Si mon mal-heur s'appaise & qu'il me soit permis
De refaire ma vie auecques mes amis,
Ie verray de quel œil tu verras mon passage,
Et que ces vers t'en soient vn asseuré message:
Possible auant qu'vn mois ayt acheué son cours,
Le Soleil me rendra ces agreables iours.
Ie croy que ce printemps doit chasser mon orage,
Mon mauuais sort vaincu flattera mon courage
Et perdant tout espoir de m'abatre iamais,
Tout confus il viendra me demander la paix;
Et quand mon iuste Roy n'aura plus de cholere,
Qui m'a persecuté taschera de me plaire.
Et quoy que de me perdre, vn chacun ayt tasché:
Ie diray sans mentir qu'il ne m'ont point fasché:
Et qu'vn exil si plain de danger & de blasme,
Ne m'a point faict changer le visage ny l'ame.
Ceux auec qui ie vis sont estonnez souuent,
De me voir en mon mal aussi gay que deuant:
Et le mal-heur picqué de ne me voir point triste,
Ignore d'ou me vient l'humeur qui luy resiste,
C'est l'arme dont le Ciel a voulu me munir
Contre tant d'accidens qui me deuoient venir
Autrement vn tissu de tant de longues peines,
M'eust gelé mille fois le sang dedans les veines,
Mon esprit dés long-temps fust reduit en vapeur,
S'il eust

S'il eust peu conceuoir vne vulgaire peur:
Mon ame de frayeur fust elle point faillie,
Lors que Panat me fist sa brutalle saillie?
Que les armes au poing accompagné de deux
Il me fit voir la mort en son teint plus hideux?
Ie croyois bien mourir, il le croyoit de mesme:
Mais pour cela le front ne me deuint point blesme
Ma voix ne changea point, & son fer inhumain
A me voir si constant luy trembloit à la main.
Encore vn accident aussi mauuais ou pire,
Me plongea dans le sein du poissonneux Empire,
Au milieu de la nuict, ou le front du Croissant,
D'vn petit bout de corne à peine apparoissant
Sembloit se retirer & chasser les tenebres
Pour ietter plus d'effroy dans des lieux si funebres:
Lune rompts ton silence, & pour me dementir,
Repproche moy la peur que tu me vis sentir.
Que deus-ie deuenir vn iour que le tonnerre
Presque dessoubs mes pieds vint ballier la terre?
Il brusla mes voisins, il me couurit de feu,
Et si pour tout cela ie le cragnis bien peu.
Mais vrayment ce discours te doit sembler estrãge,
Et tu vois que ces vers sentent trop ma loüange:
Tu m'as mis sur ce train ie te veux imiter,
Et comme tu l'as faict i'escris pour me flatter.
Adieu ne reuiens plus soliciter ma vaine,
I'ay faict à ce matin ces vers tout d'vne haleine,
Et pour me diuertir du desir de la Cour,

Depuis peu i'en escris plus d'autant chasque iour,
Ie finis vn trauail, que ton esprit qui gouste
Les doctes sentimens, trouuera bon sans doute:
Ce sont les saincts discours d'vn fauory du Ciel,
Qui trouua le poison aussi doux que le miel,
Et qui dans la prison de la Cité d'Athenes
Vit lascher sans regret & sa vie & ses chaines:
Ainsi quand il faudra nous en aller à Dieu
Puissions nous sang regret abandonner ce lieu:
Et voir en attendant que la fortune m'ouure
L'ame de la faueur & le portail du Louure.

ELEGIE A M. DE C.

QVand la Diuinité, qui formoit ton essence
Vid arriuer le temps au poinct de ta naissance,
Elle choisit au Ciel son plus heureux flambeau,
Et mis dans vn beau corps vn esprit aussi beau.
La trempe que tu pris en arriuant au monde
Estoit du feu, de l'air, de la terre & de l'onde;
Immortels élemens, dont les corps si diuers,
Estrangement meslez font vn seul Vniuers,
Et durent enchaisnez par les liens des ames,
Selon que le destin a mesuré nos trames,
Triste condition, que le sort plus humain
Ne nous peut asseurer au soir d'estre demain.
Ainsi te mit nature au cours de la fortune,
Ausi subiect que tous à ceste loy commune,

D'vn naturel fragile, & qui se vient ranger
A quel poinct que l'humeur le force de changer,
Impatient, tardif, iniurieux, affable,
Despiteux, complaisant, malicieux, aymable,
Cerf de tes paßions, & du commun soucy,
Des vices des mortels, & des vertus außi:
N'attens point qu'en ton nom honteusemẽt i'escriue,
Ce qui ne fut iamais sur la Troyenne riue,
Que ie t'appelle Achile, & que tu sois vanté,
Par tant de faux exploits qu'on a iadis chanté:
Ces Poëtes resueurs par leur plume hypocrite,
De tous ces vieux Heros ont trompé le merite,
Et sans aucune foy laissans mille tesmoins,
Il nous en disent plus; mais en font croire moins:
Car au rapport trõpeur d'vn demy Dieu qu'on nõme;
Ie douteray s'il fut tant seulement vn homme,
Mon esprit plein d'amour, & plein de liberté,
Sans fard & sans respect, t'escrit la verité;
Et sans aucun dessein d'offencer ou de plaire,
Ie fais ce que mon sens me conseille de faire.
I'escrirois le Demon qui du train de tes iours;
Si difficilement guidoit le ieune cours;
Et l'astre dont tu vis la haine si puissante,
Opposer tant d'effort à ta vertu naissante,
Iescrirois ton destin, auant le doux moment;
Que pour te faire cerf le Ciel te fit amant:
Mais nostre ieune temps laisse außi peu de marque
Que le vol d'vn oyseau, ou celuy d'vne barque,

Et les traicts de ces ans confusément passez
Pesent au souuenir s'ils n'en sont effacez,
Laissant ces iours perdus iusqu'aux premieres forces
Que l'amour vient tenter de ses douces amorces:
Mes vers ne discourront que depuis le bon iour
Que tu te vins ranger à l'empire d'amour,
Et suyuant ta fureur, tu penseras peut-estre,
Que dés lors seulement tu commenças à naistre.
Que tu ne fus viuant, ny d'esprit, ny de corps,
Que depuis qu'vn bel œil te donna mille morts,
Les aymables attraicts, dont les yeux d'vne dame
Firent naistre l'ardeur de ta premiere flamme,
Furent bien tost vainqueurs, & l'amour qui le prit,
Au lieu de te desplaire obligea ton esprit,
Ton naturel ployable à la premiere atteinte,
Souspira son tourment d'vne si douce plainte,
Et si modestement permit d'es e arresté,
Qu'il sembla que tes fers estoient ta liberté:
Tant le sort de ta vie autrement mal-heureuse,
Se trouue pour ton bien de nature amoureuse.
En ce destin les maux que le Ciel a versez,
Dans l'erreur de tes iours sans cesse trauersez,
Ont trouué leur remede, & n'est peine si forte,
Que par luy ton esprit legerement ne porte.
Quand le poison d'amour t'eust vne fois charmé
Contre tout autre effort tu fus assez armé,
Toute autre passion aux prix mousse & legere,
Depuis ne fut en toy que foible & passagere,

Depuis pour viure esclaue au ioug d'vne beauté,
Ton ame ne fut plus qu'amour que loyauté:
Celle qui gouuernoit ta captiue pensée
Dissimuloit le coup dont elle fut blessée :
La honte, & le deuoir, & ce fascheux honneur,
Ennemis coniurez de tout nostre bon heur.
De contrainctes froideurs desesperoient son ame,
Quand ton obiect pressant solicitoit sa flame.
En ses regards forcez son amour paroissoit,
Et par la resistance heureusement croissoit.
Tes yeux dont la fureur auoit changé l'vsage,
Languissoient estonnez aupres de son visage,
Son visage & le tien, plus blãcs, frais & vermeil,
Que le teint de l'Aurore, & le front du Soleil.
Elle estoit à tes yeux plus agreable encore,
Que deuant le Soleil ne fut iamais l'Aurore.
Vostre obiect en son sexe, esgalement pouuoit
Se dire le plus beau que la nature auoit,
Et les traicts de ta face auiourd'huy, que l'iniure
Du temps qui change tout à changé ta figure,
Vniquement parfaicts, sont punis d'vn amour,
A qui mille beautez font encore la Cour,
Qu'elle deust estre alors, & combien plus prisée
Ta face que le poil n'auoit point déguisée:
En sa ieune vigueur, conforme au ieune obiect
De la premiere belle à qui tu fus subiect.
Tu meritois beaucoup, & si l'amour auare,
Eust frustré ton espoir, il eust esté barbare,

Indigne que iamais à son sacré brasier
Aucun amant portast le mirthe & le rosier.
Mais ce Dieu pour t'oster tout subiect de te plaindre,
L'a voulut auec toy de mesmes nœuds estraindre;
De mutuelle ardeur son esprit enflamma,
Et rangea son humeur au poinct qu'elle t'ayma.
D'vn semblable desir vous taschiez à vous plaire,
Ce que l'vn desseignoit, l'autre le vouloit faire:
Vous lisiés dans vos fronts ce que vos cœurs disoiẽt,
Et de mesmes propos vos ames deuisoient:
Alors qu'impatient en ta flamme excessiue
Tu blasmois le refus de son amour craintiue,
Son cœur plus que le tien de martyre souffroit,
Te refusant du corps ce que l'ame t'offroit;
Ta qualité de marque, aucunement estrange,
A son sang populaire & tiré de la fange,
N'yoit à son espoir les bien heureux accords,
Qui ioignẽt sous l'himen deux esprits & deux corps,
Et ce tiltre d'espoux, honteux aux ames fortes,
Que par despit du Ciel & de l'amour tu portes,
Duysoit mal à ton aage, & pour vous allier,
Il eust fallu la terre au Ciel apparier.
Quelquesfois en riant tu m'as compté la feste,
Que pour vostre nopçage on pensoit toute preste
Lors que sa parenté ridicule, esperoit,
Q'vn accord entre vous ferme demeureroit,
Elle qui seulement d'Amour fut insensée,
Ne s'entretint iamais de si folle pensée:

Mais contre le destin auec toy se plaignoit,
Qu'à vos desirs esgaux le rang ne se ioignoit.
Il est vray qu'en l'effort de ceste rage extréme,
Tu pouuois oublier & ta race & toy-mesme;
Et l'amant qui troublé de tel empeschement
Se destourne d'aymer, ayme trop laschement.
Mais tu sçauois qu'Amour meurt en la iouyssance,
Qu'il nous trauaille plus, moins il a de licence,
Qu'en des baisers permis ceste vertu s'endort,
Et que le lict d'Hymen, est le lict de sa mort.

Elegie à Monsieur de M.

D*Esia trop longuement la paresse me flatte,*
Et ie sens qu'à la fin elle deuient ingratte,
I'*ay donné trop de temps a mon propre plaisir,*
Pour trop de liberté i'ay manqué de loisir,
Ie veux effrontement auecques mon salaire,
Nourrir à tes dépens le soucy de me plaire.
I*e ne puis estre esclaue & viure en te seruant*
Comme vn maistre d'hostel, Secretaire, ou suiuant.
Telle condition veut vne humeur seruile,
E*t pour me captiuer elle est vn peu trop vile,*
Mais puis que le destin à trahy mon esprit,
Et que loing du Perou la fortune me prit,
Ie dois aymer mon ioug, my rendre volontaire,
E*t dedans la contraincte obeyr & me taire:*
C'est d'vn iuste deuoir surmonter la raison,

Et trouuer la franchise au fonds d'vne prison,
Or ie suis bien heureux soubs ton obeyssance
En ma captiuité i'ay beaucoup de licence,
Et tout autre que toy, se lasseroit en fin,
D'auoir si librement vn serf si libertin,
Le soin de te seruir est ce qui moins m'aflige,
Et l'honneur de te voir est-ce qui plus m'oblige :
Ton entretien est doux, agreable, & sçauant,
Aux plus doctes discours qu'on peut mettre en auãt.
Tes regards sont courtois, tes propos amiables,
Ton humeur agreable, & tes mœurs sociables,
Tes charges, tes maisons, tes qualitez, ton bien,
Au prix de ta vertu, ie ne les prise rien.
I'estime ton merite il vaut mieux que le Gange,
Tes richesses au prix sont de terre & de fange.
Cela n'a point d'esclat aupres de ta valeur,
Et mon poëme aussi n'emprunte rien du leur,
La race, la grandeur, l'argent, la renommée,
Aux iugemẽs bien clairs n'est qu'õbre & que fumée
C'est vn lustre pipeur, qui s'escoule, & qui fuit,
Auec l'entendement du brutal qui le suit :
Ie sçay que la nature a voulu que tu prinsses
Et le sang, & le nom d'vne race de Princes,
Mais quand bien les grands Roys, dont le nom est fameux,
T'auroient laissé bien riche, & florissant cõme eux,
Si d'vn esprit commun le Ciel t'auoit fait naistre,
Ie serois bien marry de t'auoir eu pour maistre.

Qu'vn homme sans esprit est rude & desplaisant,
Et que le ioug des sots est fascheux & pesant,
Vn sage à leur desir sans contraincte ne plie,
Et iamais sans regret d'vn tel nœud ne se lie:
Vn sot, il est cruel, ingrat, imperieux.
Tantost on le void morne, & tantost furieux,
Oblige sans subiect, mal à propos offence,
Et qui ne faict iamais du bien quand il y pense.
Son esprit ignorant ne peut rien estimer,
Il n'a nulle raison, il ne sçait rien aymer:
Or il veut qu'on le tance, & tantost qu'on le loué,
Tantost il fait du bruit, & tantost il se ioue,
Il ne sçait qui le fasche, ou qui luy faict plaisir,
Et luy-mesme en son cœur n'entend point son desir.
Mais d'vn orgueil farouche, & d'vne ame insolente,
Il force tout deuoir, toutes loix violente,
Et ne peut accorder, tout ignorant qu'il est,
Qu'vne chose soit bien que quand elle luy plaist:
Estre sçauant chez luy, c'est vne honte, vn crime,
Il croit que c'est tout vn, qu'vn charme ou qu'vne ri-
Si Dieu m'auoit iamais à tel maistre donné, (me,
Ie pourrois bien iurer que ie serois damné,
Et croy que mes destins auroient moins de cholere,
De m'auoir attaché des fers d'vne galere,
Bourellé comme ceux que tu voyois ramer,
Quand vn si beau dessein te porta sur la mer.
Neptune est effroyable, il tempeste, il escume,
Sa fureur iusqu'au Ciel vomit son amertume,

Trahit les plus heureux, & leur fait vn cercueil
Tantost d'vn banc de sable, & tantost d'vn escuei
Ses abois font horreur, & mesme en la bonace,
Par vn silence affreux ce trompeur nous menace.
Il a deuant tes yeux faict blesmir les nochers,
Obscurcy le Soleil, & fendu les rochers,
De ses flots il faict naistre & mourir le tonnerre,
Et de son bruict hydeux gemir toute la terre:
L'image de la mort passe au trauers des flots,
Dans les cœurs endurcis des plus fiers Mattelots:
Ces frayeurs ne t'ont point esbranslé le courage,
On ta veu tousiours ferme au plus fort de l'orage,
D'vn iugement robuste au milieu du danger,
Tenir indifferent vn sepulchre estranger;
Et les lasches accens d'vne voix estonnée,
Ne t'ont point faict gemir comme faisoit Aenée,
Bien que moins rudement Neptune l'assaillit;
Tout Heros qu'il estoit, le cœur luy deffaillit,
Il eut peur de la mort, & se remit en l'ame,
Ses compagnons bruslez dans la Troyenne flame:
Enuia leur destin, & d'vn esprit peureux,
Pour estre hors du peril, les nomma bien-heureux,
Se fust voulu rebattre auec l'ombre d'Achille,
Se plaignoit de suruiure aux cendres de sa ville,
Et de n'auoir l'honneur que ses os fussent mis,
Dans le tombeau de Troye ou gisoient ses amis,
Iamais tes sentimens n'auront tant de tristesse,
Quelque pan de la terre ou le Soleil te laisse.

Tu tiens esgallement, & propice, & fatal,
Ou la terre estrangere, ou le pays natal.
Ha! que i'ay de regret de n'auoir veu le monde,
Par ou ta ieune ardeur te promena sur l'onde,
I'escrirois en beaux vers le climat & le lieu,
Ou ton bras attaqua les ennemis de Dieu.
Ie serois glorieux d'auoir paint ton image,
A qui les mieux vantez viendroient faire vn hom-(mage,
Tu me dois accorder deux heures de loisir,
Pour contenter icy mon curieux desir.
Me faire vn long recit de toutes les trauerses,
Que t'ont faict tant de mers & de terres diuerses,
Ie sçauray iusques ou la ligne tu passas,
Les hommes, que tu pris, les lieux que tu forças,
Et ce combat naual, ou ton ardeur trop prompte,
Fit rougir tous les tiens de cholere & de honte,
I'ignore ces hazards, tu me diras que c'est,
Tu me diras comment vn naufrage se faict,
Le sanglant desespoir dont le vaincu se ronge,
Et les dangers hideux ou le soldat se plonge,
L'estat d'vn homme libre apres que le destin,
Au Comite cruel l'a donné pour butin,
Auec combien d'horreur il se range à la chaine,
Et force l'innocence à receuoir la peine.
A voir tous ces obiects d'horreur & de pitié,
Ie croy qu'on en deuient plus dur de la moitié,
C'est ce qui rend ainsi le marinier farouche,
Du mal de son prochain, moins esmeu qu'vne souche,

Et sur nos paßions nostre desir vainqueur,
En fin dispose à tout & les yeux, & le cœur.
Vne lente coustume auec le temps emporte,
De nostre naturel l'affection plus forte:
Mais ta douce nature, & ton cœur seulement,
De ces contagions n'est touché nullement,
Tu reuins tout courtois, si bien qu'en apparence,
Tu n'auois point passé les riuages de France.
Entre tes qualitez ceste douceur d'esprit,
Qui si facilement par l'oreille me prit,
Oblige plus que tout ; vn grand qui s'humilie,
Faict vn ioug fort aisé dont le plus fier se lie,
Il ne faut qu'vn sousris, il ne luy faut qu'vn mot,
Afin d'ensorceller & le sage, & le sot.
Ceux-là de leur grandeur comme ie pense abusent,
Qui leur salut au moindre insollemment refusent,
Dans vne vanité qui les tient tout contrains,
Ne voyãt ce qu'ils sont, qu'en l'esclat de leurs trains.
Se trouuent estonnez perdans leur bonne mine,
Si leur suitte ordinaire auec eux ne chemine:
Pour monstrer leur pouuoir d'vn accent irrité
Parlent à leurs suyuants auec authorité.
Il est bien raisonnable icy que ie te die,
Que ton esprit bien sain n'a point leur maladie:
L'Astre qui te fit naistre éuita ce mal-heur,
Et suiuit vn destin bien differend du leur,
Ne crois point que ie mente à dessein de te plaire,
C'est ce que ie n'ay point accoustumé de faire.

Ie fais le plus souuent mes discours trop hardis,
Et pource qu'on me croyt on hayt ce que dis:
Bien-heureux auiourd'huy, que te voulant dépeindre,
Ie ne suis obligé de faillir ni de feindre:
Pour toy seul mon humeur qui suit la verité,
Trouue de l'aduantage en sa seuerité.
Vne iuste amitié m'excite le courage,
D'vne incroyable ardeur à ce dernier ouurage:
Mon esprit glorieux s'attache à cét obiect,
Et tire vanité d'vn si rare subiect.
Ta vertu me rauit, & fait que mon Poëme
Seruant à ton plaisir m'obligera moy-mesme,
Or pour le grand dessein oui'engage mes vers,
Il faut que tes destins me soient mieux descouuerts,
Que i'entre dans ton ame, & que de là ie tire
La matiere du liure où ie te veux descrire:
Mon trauail sera long, & depuis ton berceau,
Poßible durera iusques à mon tombeau.
Au rapport de mes vers, n'espere pas qu'on croye,
Que tu sois descendu du fugitif de Troye:
Car mes inuentions sans prendre rien d'autruy,
Te feront bien sortir d'außi bon lieu que luy.
Il fut vn vagabond, & quoy qu'on le renomme,
Ie ne sçay s'il posa les fondemens de Rome:
Le conte de sa vie est fort vieux & diuers,
Virgile par luy-mesme a desmenty ses vers.
Il le dépeint deuot, & le confesse traistre (stre:
Vers l'amour que leurs Dieux recognoissent pour mai-

Mais mon dessein n'est pas d'examiner icy
Les deffauts du Troyen, ny du Poëte aussi.
Plaise à Dieu que des miens nos escriuains se taisent,
Et qu'à leur goust tardif mes ardeurs ne desplaisent,
Toutes-fois mon renom n'aura que faire d'eux,
Pourueu que mon trauail soit au gré de nous deux,
Si mes esprits lassez perdent iamais haleine
Ton aggreable accueil r'animera ma veine:
En me loüant vn peu tu me feras plaisir,
Et me reschaufferas d'vn plus ardant desir,
Vn regard de mespris me rebutte & me lasse,
Et mon sang le plus chaud en deuient tout de glace,
Donne moy du repos, & ne viens point choisir,
A mes conceptions les lieux ny le loisir,
Ores i'ayme la ville, ores la solitude,
Tantost la pourmenade, & tantost mon estude,
Bref, si tu ne me tiens pour vn fascheux rimeur,
Tu souffriras vn peu de ma mauuaise humeur.

A Monsieur du Fargis.

I*E ne my puis resoudre, excuse moy de grace,*
Escriuant pour autruy ie me sens tout de glace,
Ie t'ay promis chez toy des vers pour vn amant,
Qui se veut faire ayder à plaindre son tourment,
Mais pour luy satisfaire, & bien paindre sa flame,
Ie voudrois parauant auoir cogneu son ame,
Tu sçais bien que chacun à des gousts tous diuers,

Qu'il faut à châque esprit vne sorte de vers,
Et que pour bien ranger le discours, & l'estude,
En matiere d'amour ie suis vn peu trop rude:
Il faudroit comme Ouide auoir esté picqué?
On escrit aisément ce qu'on a pratiqué.
Et ie te iure icy sans faire le farouche,
Que de ce feu d'amour aucun traict ne me touche;
Ie n'entends point les loix, ny les façons d'aymer,
Ny comme Cupidon se mesle de charmer:
Ceste diuinité des Dieux mesme adorée,
Ces traits d'or & de plomb, ceste trousse dorée,
Ces aisles, ces brandons, ces carquois, ces apas,
Sont vrayement vn mystere ou ie ne pense pas.
La sotte antiquité nous a laißé des fables,
Qu'vn homme de bon sens ne croit point receuables,
Et iamais mon esprit ne trouuera bien sain
Celuy-là qui se paist d'vn fantosme si vain,
Qui se laisse emporter à des confus mensonges,
Et vient mesme en veillant s'embarrasser de songes,
Le vulgaire qui n'est, qu'erreur, qu'illusion,
Trouue du sens caché dans la confusion,
Mesme des plus sçauants mais non pas des plus sages,
Expliquent auiourd'huy ces fabuleux ombrages.
Autres fois les mortels parloient auec les Dieux,
L'on en voyoit pleuuoir à toute heure des Cieux:
Quelquesfois on a veu prophetiser des bestes,
Les arbres de Dodonne estoient außi Prophetes.
Ces comptes sont fascheux à des esprits hardis,

Qui sentent autrement qu'on ne faisoit iadis.
Sur ce propos vn iour i'espere de t'escrire,
Et prendre vn doux loisir pour nous donner à rire;
Cependant ie te prie encore m'excuser,
Et me laisser ainsi libre à te refuser,
Me permettre tousiours de te fermer l'oreille,
Quand tu me prieras d'vne faueur pareille,
Pense tu quand i'aurois employé tout vn iour,
A bien imaginer des passions d'Amour,
Que mes conceptions seroient bien exprimées
En paroles de choix, bien mises, bien rimées:
L'autre n'y trouueroit possible rien pour luy,
Tant il est mal-isé d'escrire pour autruy.
Apres qu'à son plaisir i'aurois donné ma peine,
Ie sçay bien que possible il loüeroit ma veine,
Vrayement ces vers sont beaux, ils sont doux & cou-(lants
Mais pour ma passion ils sont vn peu trop lents:
I'eusse bien desiré que vous eussiez encore
Mieux loüé sa beauté, car vrayement ie l'honore,
Vous n'auez point parlé du front, ny des cheueux,
Ny de son bel esprit seul obiect de mes vœux:
Tant seulement six vers encor ie vous supplie.
Mon Dieu que de trauail vous donne ma folie!
Il voudroit que son front fust aux astres pareil,
Que ie la fisse ensemble & l'Aube, & le Soleil,
Que i'escriue comment ses regards sont des armes,
Comme il verse pour elle vn ocean de larmes,
Ces termes esgarez offencent mon humeur.

Et ne

Et ne viennent qu'au sens d'vn nouice rimeur:
Qui reclame Phœbus, quant à moy ie l'abiure,
Et ne recognois rien pour tout que ma nature.

SATIRE PREMIER.

QVI que tu sois de grace escoute ma Satyre,
Si quelque humeur ioyeuse autre part ne t'attire,
Ayme ma hardiesse, & ne t'offence point,
De mes vers, dont laigreur vtilement te point;
Toy que les eslemens ont fait d'air & de bouë,
Ordinaire subiect ou le malheur se iouë,
Sçache que ton filet que le destin ourdit,
Est de moindre importance encor qu'on ne te dit.
Pour ne le point flatter d'vne diuine essence,
Voy la condition de ta sale naissance,
Que tiré tout sanglant de ton premier seiour,
Tu vois en gemissant la lumiere du iour,
Ta bouche n'est qu'aux cris & à la faim ouuerte,
Ta pauure chair naissante est toute descouuerte,
Ton esprit ignorant encor ne forme rien,
Et moins qu'vn sens brutal sçait le mal & le bien.
A grand peine deux ans t'enseignent vn langage,
Et des pieds & des mains te font trouuer l'vsage,
Heureux au prix de toy les animaux des champs,
Ils sont les moins hays, comme les moins meschans.
Loyselet de son nid à peu de temps s'eschappe,
Et ne craint point les airs que de son aisle il frappe:

Les poissons en naissans commencent à nager:
Et le poulet esclos, chante, & cherche à manger.
Nature douce mere à ces brutales races,
Plus largement qu'à toy leur à donné des graces,
Leur vie est moins subiecte aux fascheux accidens
Qui trauaillent la tienne & dehors & dedans,
La beste ne sent point, peste, guerre, ou famine,
Le remors d'vn forfaict en son cœur ne la mine:
Elle ignore le mal pour n'en auoir la peur,
Ne cognoist point l'effroy de l'Acheron trompeur.
Elle à la teste basse, & les yeux contre terre,
Plus prés de son repos, & plus loing du tonnerre:
L'ombre des trespassez n'aigrit son souuenir,
On ne voit à sa mort le desespoir venir:
Elle conte sans bruit & loing de toute enuie
Le terme dont nature à limitté sa vie,
Donne la nuict paisible aux charmes du sommeil,
Et tous les iours s'esgaye aux clartez du Soleil,
Franche de passions, & de tant de trauerses,
Qu'on voit au changement de nos humeurs diuerses.
Ce que veut mon Caprice, à ta raison desplaist,
Ce que tu trouues beau mon œil le trouue laid:
Vn mesme train de vie au plus constant n'agree,
La prophane nous fasche autant que la sacrée.
Ceux qui dans les bourbiers des vices empeschez
Ne suyuent que le mal, n'ayment que les pechez,
Sont tristes bien souuent, & ne leur est possible,
De consommer vne heure en volupté paisible.

Le plus libre du monde est esclaue à son tour,
Souuent le plus barbare est subiect à l'amour:
Et le plus patient que le Soleil esclaire
Se trouue quelque fois emporté de cholere.
Comme Saturne laisse & prend vne saison;
Nostre esprit abandonne & reçoit la raison:
Ie ne sçay quelle humeur nos volontez maistrise,
Et de nos passions est la certaine crise:
Ce qui sert auiourd'huy nous doit nuire demain,
On ne tient le bon-heur iamais que d'vne main:
Le destin inconstant sans y penser oblige,
Et nous faisant du bien souuent il nous afflige:
Les riches plus contans ne se sçauroient guarir
De la crainte de perdre & du soin d'acquerir.
Nostre desir changeant suit la course de l'aage,
Tel est graue & pesant qui fut iadis volage,
Et sa masse caduque esclaue du repos
N'ayme plus qu'à resuer, hayt le ioyeux propos:
Vne sale vieillesse en desplaisir confite,
Qui tousiours se chagrine, & tousiours se despite,
Voit tout à contre-cœur, & ses membres cassez
Se rongent de regret de ses plaisirs passez,
Veut trainer nostre enfance à la fin de la vie,
De nostre sang boüillant veut estouffer l'enuie.
Vn vieux pere resueur aux nerfs tous refroidis,
Sans plus se souuenir quel il estoit iadis,
Alors que l'impuissance esteint sa conuoitise
Veut que nostre bon sens reuere sa sottise,

Que le ſang genereux eſtouffe ſa vigueur,
Et qu'vn eſprit bien né ſe plaiſe à la rigueur.
Il nous veut arracher nos paßions humaines,
Que ſon malade eſprit ne iuge pas bien ſaines,
Soit par rebellion, ou bien par vne erreur,
Ces repreneurs faſcheux me ſont tous en horreur,
I'approuue qu'vn chacun ſuiue en tout la nature
Son Empire eſt plaiſant, & ſa loy n'eſt pas dure :
Ne ſuiuant que ſon train iuſqu'au dernier moment
Meſmes dans les mal-heurs on paſſe heureuſement.
Iamais mon iugement ne trouuera blaſmable
Celuy-là qui s'attache à ce qu'il trouue aymable,
Qui dans l'eſtat mortel tient tout indifferent,
Außi bien meſme fin à l'Acheron nous rend:
La barque de Charon à tous ineuitable,
Non plus que le meſchant n'eſpargne l'equitable.
Iniuſte Nautonnier helas! pourquoy ſers-tu
Auec meſme auiron le vice & la vertu?
Celuy qui dans les biens à mis toute ſa ioye,
Et dont l'eſprit auare apres l'argent aboye,
Ou qu'il tourne la terre en refendant la mer,
Ses nauire iamais ne puiſſent abyſmer:
L'autre qui rien du tout que les grandeurs ne priſe ;
Et qu'vn vif aiguillon de vanité maiſtriſe.
Soit touſiours bien paré, meſure tous ſes pas,
S'imagine en ſoy meſme eſtre ce qu'il n'eſt pas,
Qu'il faſſe voir vn ſceptre à ſon ame aueuglée,
Et ſon ambition ne ſoit iamais reiglée:

Cestuy-cy veut poursuyure vn vain tiltre de vent,
Qui pour nous maintenir nous perd le plus souuent;
Il s'attache à l'honneur, suit ce destin seuere:
Qu'vne sotte coustume ignoramment reuere.
De sa condition ie prise le bon-heur,
Et trouue qu'il fait bien de mourir pour l'honneur.
Vn esprit enragé qui voudroit voir en guerre,
Pour son contentement & le Ciel & la terre,
Ne respire brutal que la flame & le fer,
Et qui croit que son ombre estonnera l'Enfer, (mes.
Qu'il employe au carnage, & la force, & les char-
Et sō corps nuict & iour ne soit vestu que d'armes;
Vne sauuage humeur, qui dans l'horreur des bois
Des chiens auec le cor anime les abois,
Son dessein innocent heureusement poursuiue,
En la tranquillité de ceste peine oysiue:
Qu'il trauaille sans cesse à brosser les forests,
Et iamais le butin n'eschappe de ses rets.
Celuy qu'vne beauté d'ineuitable amorce
Retient dans ses liens plus de gré que de force,
Qu'il se flatte en sa peine & tasche à prolonger
Les soucis qui le vont si doucement ronger,
Qu'il perde rarement l'obiect de ce visage,
Ne destourne iamais son cœur de ceste image,
Ne se souuienne plus du ieu, ny de la Cour,
N'adore aucun des Dieux qu'apres celuy d'amour,
N'ayme rien que ce ioug, & tousiours s'estudie
A tenir en humeur sa chere maladie,

Ne se trouble iamais d'aucun soupçon ialoux,
Se mocque des aguests d'vn impuissant espoux,
Qu'il se trouue allegé par la moindre caresse
Des fers les plus pesants dont sa rigueur le presse,
Suiue les mouuemens de ses affections
Ne tasche de brider iamais ses passions.
Si tu veux resister, l'amour te sera pire,
Et ta rebellion estendra son empire:
Amour à quelque but, quelque temps de durer,
Que nostre entendement ne peut pas mesurer:
C'est vn fieureux tourmẽt, qui trauaillãt nostre ame
Luy donne des accez, & de glace & de flame,
S'attache à nos esprits comme la fieure au corps,
Iusqu'à ce que l'humeur en soit toute dehors,
Contre ses longs efforts la resistance est vaine
Qui ne peut l'euiter il doit aymer sa peine.
L'esclaue patient n'est qu'à demy dompté,
S'il veut à sa contraincte vnir sa volonté.
Le sanglier enragé, qui d'vne dent poinctuë
Dans son gosier sanglant mort l'espieu qui le tuë
Se nuit pour se deffendre, & d'vn aueugle effort,
Se trauaille luy mesme, & se donne la mort.
Ainsi l'homme souuent, s'obstine à se destruire
Et de sa propre main il prend peine à se nuire.
Celuy qui de nature, & de l'amour des Cieux,
Entrant en la lumiere est n'ay moins vicieux,
Lors que plus son Genie aux vertus le conuie,
Il force sa nature, & fait toute autre vie,

Imitateur d'autruy ne ſuit plus ſes humeurs,
S'eſgare pour plaiſir du train des bonnes mœurs,
S'il eſt n'ay liberal, au diſcours d'vn auare
Il taſchera d'eſteindre vne vertu ſi rare;
Si ſon eſprit eſt haut, il le veut faire bas,
S'il eſt propre à l'eſtude, il parle des combats.
Ie croy que les deſtins ne font venir perſonne
En l'eſtre des mortels qui n'ayt l'ame aſſez bonne,
Mais on la vient corrompre, & le celeſte feu
Qui luit à la raiſon ne nous dure que peu:
Car l'imitation rompt noſtre bonne trame,
Et touſiours chez autruy fait demeurer noſtre ame.
Ie penſe que chacun auroit aſſez d'eſprit,
Suyuant le libre train que Nature preſcrit.
A qui ne ſçait farder, ny le cœur, ny la face,
L'impertinence meſme à ſouuent bonne grace.
Qui ſuyura ſon Genie, & gardera ſa foy,
Pour viure bien-heureux, il viura comme moy.

SECONDE SATIRE.

COgnois-tu ce faſcheux, qui contre la fortune,
Aboye impudemmẽt cõme vn chien à la Lune?
Et qui voudroit ce ſemble en deſtourner le cours,
Par l'importunité d'vn outrageux diſcours:
D'vne ſotte malice en ſon ame il s'afflige,
Quand la faueur du Roy ſes fauoris oblige.
Vn homme, dont le nom eſt a peine cogneu,

D'vn pays estranger nouuellement venu,
Que la fortune aueugle en promenant sa rouë,
Tira sans y penser d'vne orniere de bouë,
Malgré toute l'enuie au dessus du mal-heur,
D'vn credit insolent gourmande la valeur:
Et nous le permettons, & le François endure,
Qu'à ses propres despens ceste grandeur luy dure.
Nos Princes autresfois estoient bien plus hardis?
Où se cache auiourd'huy la vertu de iadis?
Apprends malicieux comme tu sçais mal viure,
Qu'vne fortune est d'or & que l'autre est de cuyure,
Que le sort à des loix qu'on ne sçauroit forcer,
Que son compas est droict, qu'on ne le peut fausser.
Nous venons tous du Ciel pour posseder la terre,
La faueur s'ouure aux vns, aux autres se reserre:
Vne necessité que le Ciel establit,
Des-honore les vns, les autres anoblit,
Vn ignoble souuent de riches biens herite,
L'autre dans l'hospital est tout plein de merite.
Pour trouuer le meilleur, il faudroit bien choisir:
Ne crois point que les Dieux soiët si pleins de loisir,
Encor si chaque infame estoit marqué d'vn signe,
Qui de toutes vertus le fit trouuer indigne,
Les Roys qui soubs les Dieux disposent du bon-heur,
Enrichiroient tousiours le merite & l'honneur.
Que si l'ame des Dieux est la mesme iustice,
Qu'elle ayme la vertu, qu'elle abhorre le vice,
Les Roys qui sont leurs fils & Lieutenans icy,

Peuuent iuger des bons, & des mauuais aussi.
Et sans flatter mon Roy, ie trouue bien estrange,
Qu'vn vulgaire ignorant & tiré de la fange,
Contre sa maiesté se monstre iniurieux,
Dessus ses actions portant l'œil curieux.
Quant à moy ie repute vne faueur bien mise
Enuers le plus chetif que le Roy fauorise,
Quoy que tousiours biẽ pauure, & tousiours dedaigné
Sur mon esprit l'enuie encor n'a rien gaigné:
Qu'vn homme de trois iours, de soye, & d'or se couure,
Du bruit de sa carosse importune le Louure:
Qu'vn estranger heureux se mocque des François,
Qu'il ait mille suiuans, pourueu que ie n'en sois,
Ie leur fais ce souhait en mon humeur hardie,
Ie ne crains point faillir, quoy que ma Muse die:
Ma liberté dit tout sans toutesfois nommer
Par vne vaine aigreur ceux que ie veux blasmer,
Aussi n'attends iamais que ie te face rire,
D'vn vers, que sans danger ie ne sçaurois escrire.
Ceux-là sont fols vrayemẽt qui vendẽt vn bõ mot,
De cent coups de baton que fait donner vn sot,
Esclaues imprudens de leur humeur mauuaise,
Ne sçauent mediter vn vers qu'il ne desplaise.
Des pasquins contre aucun ie ne compose icy,
Et ne sçaurois souffrir des iniures aussi.
Le Dieu des vers m'inspire vne modeste flame,
Qui n'est propre à donner ny receuoir du blasme:

Ie hay la médisance & ne puis consentir
De gaigner auec peine vn triste repentir.
Chacun qui voit mes vers, s'il a les yeux d'vn hõme
Cognoistra son portraict, combien qu'on ne le nõme.
Qui ne lict ma Satyre, il n'en est pas tancé,
Plusieurs s'en fascheront à qui ie n'ay pensé.
Qui hait trop la laideur de son vilain visage,
Il ne deuroit iamais en regarder l'image:
Qui craint d'estre repris, il n'a qu'à se cacher,
Et des-là mon dessein n'est plus de le facher.

ELEGIE.

CHere Philis, i'ay bien peur que tu meure,
Dans ce desert si triste où tu demeure.
Helas! quel sort te peut la retenir?
A quoy se peut ton ame entretenir?
Ta fantasie est-elle point passée?
L'aurois-tu bien encor en la pensée,
Te souuient-il de la Cour ny de moy,
Et de m'auoir iadis donné ta foy.
S'il t'en souuient, Philis ie te coniure
Par tous les droits d'amour & de nature,
Fais moy l'honneur de t'asseurer aussi
Que ie languis de mon premier soucy.
Si tu sçauois a quel point de folie
M'a faict venir ceste melancholie:
Si tu sçauois à quoy ie suis reduict,

En quel trauail mon ame est iour & nuict,
Quoy que t'ait dit de moy ta deffiance,
Ta ialousie ou ton impatience:
Tu m'aymerois, & sçachant mes ennuys,
Tu me plaindrois en l'estat ou ie suis;
Pasle, deffait, & sec comme vne idole:
Changé d'humeur, de face, de parole;
Tousiours ie resue en mon affliction,
Sans nul desir de consolation,
Ie ne veux point que personne s'employe,
A r'animer mon esprit ny ma ioye:
Car sans te faire vn peu de trahison,
Ie ne sçaurois chercher ma guarison.
Puis qu'il est vray que i'ay cét aduantage,
Que mon seruice à gaigné ton courage,
Et que parmy tant d'aymables amans
Mon seul obiect touche tes sentimens:
Ie serois bien d'vn naturel barbare,
Bien moins ciuil, qu'vn Scythe, qu'vn Tartare,
Si ie n'aymois le bien de ton amour,
Plus cherement que la clarté du iour,
Le Ciel m'enuoye vn traict de son tonnerre,
Et sous mes pieds fasse creuer la terre:
Dés le moment qu'vn sort iniurieux
De ma memoire effacera tes yeux.
Helas! comment trouueroy-ie en ma vie,
Quelque subiect qui m'en donnast enuie;
Quelle beauté me sçauroit obliger

A diuertir ma flame ou la changer,
Dedans les yeux ou loge ma fortune,
Venus à mis ses trois graces en vne:
Amour luy mesme auec tous ses attraicts,
Comme il est peint dans les plus beaux pourtraicts,
Rapporte à peine vne petite trace
Du vif esclat qui reluit dans ta face,
Et tes beaux yeux, ou s'est lié mon sort,
Touchent les cœurs d'vn mouuement si fort
Que si le Ciel d'vne pareille flamme
Nous inspiroit sa volonté dans l'ame,
Tous les mortels d'vne inuincible foy
Obeyroient à la diuine loy.
Ton front paroit, comme aupres de la nuë,
Paroist au Ciel Diane toute nuë,
Plus vny qu'elle, & qu'on ne voit gasté,
D'aucune tache empreinte en sa beauté,
Vn teint vermeil, & frais comme l'Aurore,
Lors qu'elle vient des riuages du More,
Sur ton visage a semé tant d'appas,
Qu'il faut t'aymer, ou bien ne te voir pas.
Amour sçachant de quels traicts est pourueuë
Ceste beauté, s'est faict oster la veuë:
Il n'oze point hazarder ses esprits,
A la mercy du charme qui m'a pris:
Et tel qu'il est, imperieux & braue,
Il meurt de peur de deuenir esclaue.
O cher tyran des hommes & des Dieux,

Aueugle toy de grace encore mieux;
Demeure ainsi dans ta premiere crainte,
Et ne la vois iamais viue ny peinte:
Tu ne sçaurois regarder vn moment
De ses beautez l'ombre tant seulement,
Sans t'embrazer, sans trouuer la ruyne
De ton Empire en leur flame diuine.
Que s'il l'effort de ton cœur indompté
De ses appas sauuoit ta liberté,
Tu te plaindrois d'auoir l'ame trop dure,
Et maudirois ta force & ta nature:
Car le bon-heur d'aymer en si bon lieu,
Passe la gloire & le repos d'vn Dieu.
Que penses-tu que le Soleil est ayse,
Lors qu'vn rayon de sa clarté la baise,
Lors que Philis regarde son flambeau,
D'vn air ioyeux, le iour en est plus beau:
Et quand Philis luy faict mauuais visage
Le iour est triste & chargé de nuage:
L'air glorieux de former ses souspirs,
Entre en sa bouche auecques des zephirs
Tous enbausmez des roses de l'Aurore,
Et tous couuerts des richesses de Flore,
Zephir doux vent, doux createur des lys,
S'il te souuient encor de ta Philis,
Ranime-là, fais tant qu'elle reuienne
Pour te baiser, & me laisse la mienne.
Mais les discours qu'on nous a faict de toy

En mon esprit n'ont iamais eu de foy:
Ton feint amour, tes fausses aduantures
Ne sont que vent, & que vaines figures,
Mais il est vray que ie suis bien atteinct,
Et que mon mal ne sçauroit estre feinct.
Que pleust aux Dieux que le discours des fables,
Trouuast en moy ses effects veritables,
Et que le sort me voulust transformer
En quelque obiect qui ne sçeust rien aymer:
Que ie mourusse, ou qu'il me fust possible
De deuenir vne chose insensible,
Vn vent, vne ombre, vne fleur, vn rocher,
Qu'aucun desir ne peust iamais toucher.
O vous Amans qui n'estes plus en vie
Esprits heureux qui n'auez plus d'enuie:
Là bas noyant vos maux en vos erreurs,
Vous trouuez bien plus douces vos fureurs.
Tristes forçats qui remplissez ce gouffre,
Souffrez vous bien les peines que ie souffre
Pasles subiects des eternelles nuicts,
Estes-vous bien aussi morts que ie suis?
O mon fidelle & mon triste Genie,
Quand tu verras ma trame desunie,
Et que mon ame ira toucher les bords
De la riuiere ou passent tous les morts;
Volle au desert ou ma Philis demeure,
D'y luy qu'en fin le Ciel veut que ie meure,
Que la rigueur de mon iniuste sort

Consent en fin de me donner la mort.
Tu la verras peut-estre vn peu touchée
Et de ma mort aucunement faschée.
Va donc Genie, il est temps de partir
Vois que mon ame est preste de sortir,
Mais mon Genie, arreste toy ie resue,
Ceste douleur me donne vn peu de tresue,
I'entends Philis, son visage me rit,
Le souuenir de ses yeux me guerit,
Comment, mourir; non, reprenons courage,
Vn teinct plus vif remonte en mon visage,
Ma force esteinte est preste à s'animer,
Et tout mon sang vient à se r'allumer.
Amour m'esmeut, ie ne suis plus si blesme,
Philis m'ayma que i'estois tout de mesme:
Car ie sçay bien qu'encore elle verroit
En mes regards des traicts qu'elle aimeroit.
Que si l'excez de ma douleur fatale
Rend quelquefois ce corps hideux & pasle,
Cela, Philis deuroit plus animer
Ce beau desir qui te pousse à m'aymer:
Mon mal me rend ainsi desagreable,
Pour trop aymer ie deuiens moins aymable,
Ton œil me rend, ou plus laid, ou plus beau,
Comme il m'approche, ou tire du tombeau.

ELEGIE.

EN fin guery d'vne amitié funeste,
A mon esprit desormais il ne reste
Qu'vn sentiment de iuste desplaisir,
D'auoir langy d'vn si mauuais desir;
Bien mal-heureux d'auoir dans la pensée
Le souuenir de ma fureur passée,
Qui fut honteuse, & dont ie me repens,
D'oresnauant plus sage à mes despens:
Que si iamais mon iugement s'oublie,
Iusqu'à rentrer en semblable folie,
Dieux qui vengez les crimes des humains,
Punissez moy si vous auez des mains,
Si vous auez pouuoir sur la tempeste,
Ne la poussez ailleurs que sur ma teste.
Et *vous beaux yeux plus aymez que le iour,*
Qui remplissez tous mes esprits d'Amour,
Pour penitence octroyez moy de grace,
Mourant pour vous, que mon peché s'efface;
Que ie reprenne en vos diuins appas
D'vn lasche crime vn glorieux trespas:
Et *quand mon ame en vos liens captiue*
Pour mieux souffrir obtiendra que ie viue,
Que le regret d'auoir esté si sot,
Et sans le bien de vous seruir plustost,
Chaque moment reproche à mon courage
Le deshonneur de mon premier seruage.

Faictes

Faictes le donc beaux yeux, ie le consens:
Mais ie demande vn mal que ie ressens:
Ie suis desia dans ce supplice mesme
Prest de mourir depuis que ie vous ayme:
Le souuenir d'auoir porté des fers,
Si mal-heureux me tient dans les enfers.
A chaque fois que ce bel œil m'ennoye
Ses doux regards pleins d'honneur & de ioye,
Où Venus rit, où ses petits Amours,
Passent le temps à se baiser tousiours;
Les vains souspirs d'vne contraincte flame,
Me font ainsi discourir en mon ame,
Pauure abuzé que i'eus mauuais conseil;
Que i'ay bien pris la nuict pour le Soleil,
Que mon esprit fut autrefois facile,
Et que l'erreur me trouua bien docile,
Que ie fus lourd, que ie fus insensé,
Mon iugement en est tout offensé:
Les faux attraicts à qui ie fis hommage
Qu'ont-il d'esgal à ce diuin visage?
Ce n'est qu'horreur au prix de ta beauté
A qui ie viens donner ma liberté.
Dieux que l'amour estoit bien en cholere,
De m'obliger au soucy de luy plaire:
Que mes destins sont bien mes ennemis,
Qu'ils m'ont trahy de me l'auoir permis.
Vous qui m'ostez ceste mauuaise enuie,
Qui banissez la honte de ma vie,
Chere Amaranthe, à qui ie dois le bien

D'auoir rompu cét infame lien.
Gardez qu'Amour ne me soit plus contraire,
Que mon destin ne soit mon aduersaire.
Dites aux Dieux, vous qui les gouuernez
Et leur esprit en vos yeux retenez,
Que si mon ame est encore capable
D'vn autre Amour si lasche & si coulpable,
Ils n'auront point de tonnerre si fort,
Qui ne me donne vne trop douce mort.
Mais ou l'Amour trouueroit-il des armes?
Quelle beauté luy fournira des charmes,
Pour degager encores mes esprits
Des beaux liens ou ie demeure pris ?
Autre que vous n'a rien que ie desire,
Vous estes seule au monde que i'admire:
Ie vous adore, & iure vos beaux yeux,
Qu'vn Paradis ne me plairoit pas mieux.
Que si mes veux rendoient iamais possible
Qu'à vos regards mon ame fust visible;
Vous y verriez les plus beaux mouuemens
Qu'amour iamais fist naistre à des amans,
Vous y verriez la douce frenaisie
Dont vous auez ma volonté saisie;
Mille pensers à vos yeux incogneus
D'vn grand respect iusqu'icy retenus:
Vous y verriez vn cœur sans artifice,
Se presantant luy-mesme en sacrifice,
Et qui se croit mourir assez heureux,
Si vous croyez qu'il soit bien amoureux,

Il est trop vray, ma peine est assez claire,
Et c'est en vain que ie la pense taire.
Qui ne cognoist à mes yeux languissans,
A mes souspirs sans cesse renaissans,
Qu'vne fureur secrette me deuore,
Que ie n'ay sceu vous descouurir encore?
Bien que pressé de ne la plus celer,
Aupres de vous ie ne sçaurois parler.
Ce que ie voy reluire en ce visage
Me faict faillir la voix & le courage:
Mais si ie puis iamais me r'asseurer,
Ou si ie puis en fin moins souspirer,
Ie parleray, ie vous diray ma peine,
Qu'autre que moy iugeroit inhumaine:
Mais que ie sens plus douce mille fois,
Que ie ne croy la fortune des Roys.

ELEGIE.

AVßi souuent qu'amour faict penser à mon ame
Combien il mit d'attraits dans les yeux de ma
Dame,
Combien ce m'est d'honneur d'aymer en si bon lieu,
Ie m'estime außi grãd & plus heureux qu'vn dieu,
Amaranthe, Philis, Caliste, Pasithée:
Ie hay ceste mollesse à vos noms affectée:
Ces tiltres recherchez auecques tant d'appas,
Tesmoignent qu'en effect vos yeux n'en auoient pas.
Au sentiment diuin de ma douce furie,
Le plus beau nom du monde est le nom de Marie,

Quelque ſoucy qui m'ait enueloppé l'eſprit,
En l'oyant proferer, ce beau nom me guerit,
Mon ſang en eſt eſmeu, mon ame en eſt touchée,
Par des charmes ſecrets d'vne vertu cachée.
Ie la nomme touſiours, ie ne m'en puis tenir,
Ie n'ay dedans le cœur autre reſſouuenir.
Ie ne cognois plus rien, ie ne voy plus perſonne,
Pleuſt à Dieu qu'elle ſçeuſt le mal qu'elle me donne
Qu'vn bon Ange vouluſt examiner mes ſens,
Et qu'il luy rapportaſt au vray ce que ie ſens,
Qu'amour euſt prins le ſoing de dire à ceſte belle,
Si ie ſuis vn moment ſans ſouſpirer pour elle :
Si mes deſirs luy font aucune trahiſon,
Si ie penſay iamais à rompre ma priſon.
Ie iure par l'eſclat de ce diuin viſage,
Que ie ſerois marry de deuenir ſi ſage.
E*n l'eſtat ou ie ſuis aueugle & furieux,*
Tout bon aduis me choque & m'eſt iniurieux.
Ie hay la liberté, i'ayme la ſeruitude,
Et à la conſeruer giſt toute mon eſtude.
Quand le meilleur amy que ie pourrois auoir,
Touché du ſentiment de ce commun deuoir,
A monſter cét Amour employeroit ſa peine,
Il n'auroit trauaillé que pour gaigner ma hayne:
En telle bien-vueillance vn Dieu m'offenceroit,
Et ie me vengerois du bien qu'il me feroit.
Qui me veut obliger, il faut qu'il me trahiſſe,
Qu'il prenne ſon plaiſir à voir que ie periſſe,
Honorez mes fureurs, vantez ma laſcheté

Mesprisez deuant moy l'honneur, la liberté,
Consentez que ie pleure, aymez que ie souspire,
Et vous m'obligerez de plus que d'vn Empire.
Mais non reprochez moy ma honteuse douleur,
Dittes combien l'Amour m'apporte de mal-heur,
Que pour vn faux plaisir ie perds ma renommée,
Que mes esprits n'ont plus leur force accoustumee,
Que ie deuiens fascheux, sans courage, & brutal,
Bref que pour cét amour tout m'est rendu fatal.
Faictes le pour tuer l'ardeur qui me consume,
Car ie cognois qu'ainsi ma flame se ralume:
Plus on presse mon mal, plus il fuit au dedans,
Et mes desirs en sont mille fois plus ardans.
A l'abord d'vn censeur ie sens que mon martyre,
De dépit & d'horreur dans mes os se retire,
Amour ne faict alors que renforcer ses traicts,
Et donne à ma maistresse encores plus d'attraicts.
Ainsi ie trouue bon que chacun me censure,
Afin que mon tourment dauantage me dure.
Pour conseruer mon mal ie fais ce que ie puis,
Et me croyant heureux sans doute ie le suis:
Ie ne recherche point de Dieux, ny de fortune,
Ce qu'ils font au dessous, ou par dessus la Lune
Pour le bien des mortels: tout m'est indifferent,
Excepté le plaisir que ma peine me rend.
Ie croy que mon seruage est digne de loüange,
Ie croy que ma maistresse est belle cõme vn ange,
Qu'elle merite bien d'auoir lié ma foy,
S'il est vray que son ame ait de l'Amour pour moy.

Elle me l'a iuré, la promesse est vn gage
Où la foy tient le cœur auecque le langage.
Ie suis bien peu deuot d'auoir quitté ses yeux,
Ie suis trop noncholant d'vn bien si precieux,
Ie ne deurois iamais esloigner ce visage,
Qu'apres que de mes sens i'auray perdu l'vsage,
Aussi bien mes esprits loing de ses doux regards,
N'ont que melancholie, & mal de toutes parts:
Le seul ressouuenir des beautez de ma Dame,
Est l'vnique entretient qui resiouyt mon ame.
Mais si les immortels me font iamais auoir,
Au moins auant mourir, l'honneur de la reuoir:
Quelque necessité que le Ciel me prescriue,
Quelque si grand mal heur qui iamais m'en arriue,
Ie me suis resolu d'attendre que le sort
Aupres de ses beautez fasse venir ma mort,
Si tandis ie souffrois le coup des destinées,
I'aurois bien du regret à mes ieunes années,
Mon ombre ne feroit qu'iniurier les Dieux,
Et plaindre incessamment l'absence de ses yeux.

ELEGIE.

MOn ame est triste, & ma face abbatuë,
Ie n'en puis plus, ta disgrace me tuë:
Croy que ie t'ayme, & que pour te fascher,
I'ay ton plaisir & mon repos trop cher,
Que si ie viens iamais à te desplaire,

e ne veux point que le Soleil m'esclaire,
Et si les Dieux ont si peu de pitié,
Que de m'oster vn iour ton amitié,
Il ne faut point d'autre coup de tonnerre,
Pour me bannir du Ciel & de la terre.
Hier pressé bien fort de ma douleur,
En souspirant mon innocent malheur,
Ie supplíois Lisandre de te dire,
Que ton courroux aux desespoir me tire,
Et si bien tost il ne s'en va cesser,
Tu n'auras plus à qui te courroucer,
Car mon esprit consommé de ta haine
Ne peut souffrir d'auantage de peine,
Sans plus de mal, ie cognois bien pourquoy,
Ton doux regard s'est destourné de moy,
Et que ma faute est assez pardonnable,
Ou tu rendras ton amitié coulpable,
Voy donc de grace, auant que te venger,
Que ton amour, ou mon crime est leger.
Que i'ay du droict assez pour me deffendre
Si tu ne prens plaisir de me reprendre :
Car en tel cas ie me veux accuser,
Et mon pardon moy-mesme refuser,
Ie diray tout pour flatter ta colere,
I'ay si tu veux assasiné mon pere,
Mesdit des Dieux, empoisonné l'Autel,
I'ay plus failly que ne peut vn mortel.
Mais si iamais tu me donnois licence
De te presser à bien voir mon offence,

Tu iugerois que ie suis trop puny,
Pour vn moment de ta grace banny,
Lors que le Ciel de tes faueurs me priue,
Comment crois-tu mon Ange que ie viue?
Ce qui me plaist de tous costez me fuit,
En toutes parts tout me choque & me nuit.
Ie ne voy rien que des obiects funebres,
Comme mes yeux, mon ame est en tenebres;
Mon ame porte vn vestement de dueil,
Tous mes esprits sont comme en vn cercueil:
Lors ma memoire est toute enseuelie,
Mon iugement suit ma melancholie;
Tantost ie prens le soir pour le matin,
Tantost ie prends le Grec pour le Latin,
Soit vers, ou prose, à quoy que ie trauaille
Ie ne puis rien imaginer qui vaille.
Prends en pitié, redonne la clarté
A mon esprit, rends luy la liberté.
Que me veux-tu; ie confesse mon crime,
I'ay merité que la foudre m'abysme.
Puis qu'il te plaist ie t'ay manqué de foy,
Ie me repens, & ie ne sçay pourquoy.
Il est bien vray qu'aux yeux du populaire,
Ce que i'ay faict paroistra temaire,
Et me traictant comme vn esprit abiect,
Ce long courroux semble auoir du suiect.
Mais si tu veux considerer encore,
Ce que ie suis, à quel point ie t'honore,
A quel degré mon amitié s'estent,

Ce souuenir ne t'ennuyra pas tant,
Ie ne veux point m'ayder de mon merite,
Pour excuser ma faute qui t'irrite,
Ny mandiant vn estranger appuy
Deuoir ma paix à la faueur d'autruy:
Il ne faut point qu'autre que moy me trace
Honteusement vn retour à ta grace:
Si c'est Lisandre à qui ie dois ce bien,
Mon repentir ne m'a seruy de rien;
Si c'est luy seul pour qui tu me pardonnes,
C'est desormais à luy que tu me donnes,
Et que tu veux laisser à sa mercy,
De me sauuer & de me perdre aussi.
Mais s'il te reste encore quelque flame,
Des beaux desirs que ie t'ay veu dans l'ame,
Si tu n'as point perdu ceste bonté,
Si tu n'as point changé de volonté,
Ie suis certain que tu seras bien aise,
Qu'autre que toy ton cœur ne me rapaise:
Et ie serois marry qu'autre que nous
Eust iamais sçeu ma faute & ton courroux.
Tu me diras que ta hayne estoit feinte,
Qu'en ce despit ton ame estoit contrainte.
Que tu voulois esprouuer seulement,
Si ton courroux me pressoit mollement;
Si le refus de ta douce caresse,
M'obligeroit à changer de maistresse,
Lors par le Ciel, par l'honneur de ton nom,
Par tes beaux yeux, ie iureray que non,

Que l'amitié de tous les Roys du monde,
Tous les presens de la terre & de l'onde,
L'amour du Ciel, la crainte des enfers,
Ne me sçauroient faire quitter mes fers:
Ne me sçauroient arracher du courage,
Ce bel esprit & ce diuin visage.
Comme les cœurs se plaisent à l'amour,
Comme les yeux sont aises d'vn beau iour,
Comme vn printemps tout l'vniuers recrée,
Ainsi l'esclat de ta beauté m'agrée,
L'eau de la seine arrestera son flux,
Le temps mourra, le Ciel ne sera plus,
Et l'vniuers aura changé de face,
Auparauant que cette humeur me passe.

ODE.

L'Infidelité me déplaist,
Et mon humeur iuge qu'elle est,
Le plus noir crime de la terre:
Lors que les Dieux firent venir
Les premiers esclats du tonnerre,
Ce ne fut que pour la punir.
La Deesse qui fait aymer,
Des flots de l'inconstante mer,
Sortit à la clarté du monde:
Or Venus, si ton doux flambeau
Fust venu d'ailleurs que de l'onde
Sans doute il eust esté plus beau.

Ce qu'vn hyuer à fait mourir,
Vn Printemps le fait refleurir,
Le Destin change toutes choses,
Mon amitié tant seulement,
Vos beaux lys & vos belles roses,
Dureront eternellement.

ODE.

ENfin mon amitié se lasse,
Ie suis forcé de me guerir,
L'amour qui me faisoit perir
Tous les iours peu à peu se passe,
I'ay rappellé mon iugement,
I'ay fait vœu d'aymer sagement,
Ie rougis de ma seruitude,
Et proteste deuant les Dieux,
Que ie hay ton ingratitude
Plus que ie n'ay chery tes yeux.
Ie n'ay plus le soing de te plaire,
Mes charmes sont esuanouys,
Desormais ie me resiouys,
De ta haine & de ta cholere.
Ceste lascheté d'endurer
Ne me sçauroit guere durer:
Ie veux estre exempt de souffrance,
Aussi bien que toy de pitié,
Et viure auec l'indifference
Dont tu traictes mon amitié.

Iamais douleur insupportable
Iusques à mon mal n'empira:
Iamais esprit ne souspira,
D'vn trauail si peu profitable,
Ie vis trop amoureusement,
Ie sers trop mal-heureusement,
Ma belle ne veut point entendre
Le mal qu'elle me fait sentir,
Et me deffend de rien pretendre
Que la honte & le repentir.
O mes Dieux, ô mon influence,
Regardez la peine ou ie suis,
Sans faire vn crime ie ne puis
Esperer vne recompense,
O Dieux qui gouuernez nos cœurs,
Si vous n'estes des dieux mocqueurs
Ou des Dieux sans misericorde;
Remettez-moy dans ma maison:
Ou faictes en fin qu'on m'accorde,
Ou la mort, ou la guerison.

ODE.

IE n'ay repos, ny nuict ny iour,
Ie brusle, ie me meurs d'amour,
Tout me nuit, personne ne m'ayde,
Le mal m'oste le iugement,
Et plus ie cherche de remede,
Moins ie trouue d'allegement.

Ie ſuis deſeſperé, i'enrage,
Qui me veut conſoler m'outrage,
Si ie penſe à ma gueriſon
Ie tremble de ceſte eſperance,
Ie me faſche de ma priſon,
Et ne crains que ma deliurance.

Orgueilleuſe & belle qu'elle eſt,
Elle me tuë, elle me plaiſt,
Ses faueurs qui me ſont ſi cheres
Quelquesfois flattent mon tourment,
Quelquesfois elle a des choleres
Qui me pouſſent au monument,

Mes amoureuſes fantaiſies,
Mes paßions, mes frenaiſies,
Qu'ay-ie plus encore à ſouffrir?
Dieux, deſtins, amour, ma maiſtreſſe
Ne dois-ie iamais ny guerir,
Ny mourir du traict qui me bleſſe?

Mais ſuis-ie point dans vn tombeau?
Mes yeux ont perdu leur flambeau,
Et mon ame Iris l'a rauie,
Encor voudrois-ie que le ſort,
Me fiſt auoir plus d'vne vie
Afin d'auoir plus d'vne mort.

Pleuſt aux dieux qui me firent naiſtre
Qu'ils euſſent retenu mon eſtre,
Dans le froid repos du ſommeil,
Que ce corps n'euſt iamais eu d'ame,
Et que l'amour ou le Soleil,

Ne m'eussent point donné leur flame.
Tout ne m'apporte que du mal,
Mon propre demon m'est fatal,
Tous les Astres me sont funestes,
I'ay beau recourir aux autels,
Ie sens que pour moy les celestes,
Sont foibles comme les mortels.
O Destins tirez moy de peine,
Dites moy si ceste inhumaine
Consent à mon affliction:
Ie beniray son iniustice,
Et n'auray d'autre passion,
Que de courir à mon supplice.
Las! ie ne sçay ce que ie veux,
Mon ame est contraire à mes vœux,
Ce que ie crains ie le demande,
Ie cherche mon contentement,
Et quand i'ay du mal i'apprehende,
Qu'il finisse trop promptement.

ODE.

DIS moy Thirsis sans vanité,
Remarques tu que la beauté,
Qui tient ton esprit & ta vie,
Ayt pour toy quelque peu d'amour,
Cognois tu bien qu'elle ayt enuie,
De te le tesmoigner vn iour?
Elle est si parfaicte & si belle,

Que sans blasme d'estre cruelle,
Elle peut destourner ses yeux
Des mortels, & de leurs offrandes,
Et mesme refuser aux Dieux,
L'amitié que tu luy demandes.
Mais aussi faut-il aduoüer,
Que tout ce qu'on sçauroit loüer
En tes perfections abonde,
Et qu'elle se doit estimer
La premiere beauté du monde
Pource que tu la veux aymer.
S'il est vray qu'vne mesme flame
Vous ayt mis des desirs dans l'ame,
Ie te louë d'estre amoureux,
Tu fais bien d'essuyer tes larmes,
Et de te croire bien-heureux
Depuis qu'on a quitté les armes.
Que ton amour eut de profit,
Du monstre que le Roy desfit,
Tout le monde alloit à la guerre,
Et chacun s'estonnoit de voir
Le plus braue homme de la terre
Si paresseux à ce deuoir.
Ie disois pallissant de honte,
Il n'a qu'vne valeur trop prompte:
Mais ce courage est endormy,
C'est en vain que l'honneur le presse,
Il hayt trop peu cét ennemy,
Et cherit trop ceste maistresse.

ODE.

VN corbeau deuant moy croasse,
Vne ombre offusque mes regards,
Deux bellettes, & deux renards,
Trauersent l'endroit ou ie passe:
Les pieds faillent à mon cheual,
Mon laquay tombe du haut mal,
I'entends craqueter le tonnerre,
Vn esprit se presente à moy,
I'oy Charon qui m'appelle à soy,
Ie voy le centre de la terre.

Ce ruisseau remonte en sa source
Vn bœuf grauit sur vn clocher,
Le sang coule de ce rocher,
Vn aspic s'accouple d'vne ourse,
Sur le haut d'vne vieille tour,
Vn serpent deschire vn vautour,
Le feu brusle dedans la glace,
Le Soleil est deuenu noir,
Ie voy la Lune qui va cheoir,
Cét arbre est sorty de sa place.

SON-

SONNET.

SI i'estois dans vn bois poursuiuy d'vn Lion,
Si i'estois à la mer au fort de la tempeste:
Si les Dieux irritez vouloient presser ma teste,
Du faix du mont Olympe, & du mont Pelion.

Si ie voyois le iour que veit Deucalion,
Où la mort ne cuida laisser homme ny beste,
Si pour me deuorer ie voyois toute preste
La rage des flambeaux qui brusloient Ilion.

Ie verrois ces dangers auecques moins d'ennuy,
Que les maux violents que ie souffre auiourd'huy,
Pour vn mauuais regard que m'a donné mon Ange.

Ie voy desia sur moy mille foudres pleuuoir,
De la mort de son fils Dieu contre moy se venge,
Depuis que ma Philis se fasche de me voir.

V

SONNET.

LES Parques ont le teint plus gay que mon visage,
Ie croy que les damnez sont plus heureux que moy
Außi le vieux tyran qui leur donne la loy,
Des peines que ie sens n'a iamais eu l'vsage.

Les iours les plus serains pour moy sont pleins d'orage,
Les obiets les plus beaux pour moy sont pleins d'effroy,
Et du plus doux accueil que me fasse le Roy
Mon esprit incensé croit souffrir vn outrage.

Ton iniuste mespris m'a faict ceste douleur,
Depuis incessamment ie resue à mon malheur,
Et rien plus que la mort ne me peut faire enuie:

Voy donc si mon mal-heur s'obstine à me punir,
Ie pense que la mort refuse de venir,
Pource qu'elle n'est point si triste que ma vie.

SONNET.

QVI que tu sois bien grand, & bien-heureux sans doute,
Puis que Deheins en parle, & qu'il t'estime tant,
Voy la troupe des Sœurs, qui se dispose toute,
A courre auecques toy sur l'Empire flotant.

Thetis ne frappera ta Nef qu'en la flattant,
Tu choisiras les vents, & la celeste voûte
De tous ces feux ioyeux sur ton chef esclattant,
Caressera tes yeux, & guidera ta route.

Quelque terre incogneuë ou tu viendras à bord,
Tes vers cogneus par tout seront ton passeport :
Mais non ne les prends pas auecque toy dans l'onde,

Le Soleil qui ne vid iamais rien de si beau,
Enchanté parmy nous s'amuseroit dans l'eau,
Et d'vne longue nuict aueugleroit le monde.

SONNET.

TOn orgueil peut durer au plus deux ou trois ans,
Apres ceste beauté ne sera plus si viue,
Tu verras que ta flame alors sera tardiue,
Et que tu deuiendras l'obiect des mesdisans.

Tu seras le refus de tous les Courtisans,
Les plus sots laisseront ta passion oysiue,
Et tes desirs honteux d'vne amitié lasciue
Tenteront vn valet à force de presens.

Tu chercheras à qui te donner pour maistresse,
On craindra ton abord, on fuira ta caresse;
Vn chacun de par tout, te donnera congé,

Tu reuiendras à moy, ie n'en feray nul compte,
Tu pleureras d'amour, ie riray de ta honte:
Lors tu seras punie, & ie seray vengé.

SONNET.

Vos rigueurs me pressoient d'vne douleur si forte,
Que si vostre present receu si cherement,
Encor vn iour ou deux eust tardé seulement,
Vous n'eussiez obligé qu'vne personne morte.

Iamais esprit ne fut trauaillé de la sorte,
Tout ce que ie faisois aigrissoit mon tourment,
Et pour me secourir i'essayois vainement,
Tout ce que la raison aux plus sages apporte.

En fin ayant baisé dans ce don precieux
La trace de vos mains, & celle de vos yeux,
I'ay repris ma santé plus qu'à demi rauie,

Cloris vous estes bien maistresse de mon sort,
Car ayant eu pouuoir de me donner la vie,
Vous auez bien pouuoir de me donner la mort.

SONNET.

ME dois-ie taire encor, Amour quelle apparence?
Iamais esprit ne fut forcé comme le mien:
Il faut ou denoüer, ou rompre ce lien,
Et d'vn dernier effort tenter ma deliurance.

Trop de discretion nuit à mon esperance:
En fin ie veux sçauoir, ou mon mal, ou mon bien,
Et quitter ce respect qui ne sert plus de rien,
Que d'vn sot exercice à ma perseuerance.

Mon amour ne veut plus seruir si laschement,
Elle ostera bien tost ce foible empeschement,
Rien plus ne me sçauroit obliger à me taire.

Philis se rit d'vn mal qu'elle me voit celer,
Et me iuge vn enfant qui ne sçauroit rien faire,
Puis que comme vn enfant ie ne sçaurois parler.

SONNET.

QVelque si doux espoir ou ma raison s'appuye,
Vn mal si découuert ne se sçauroit cacher,
I'emporte mal-heureux, quelque part ou ie fuye,
Vn traict qu'aucun secours ne me peut arracher.

Ie viens dans vn desert mes larmes espancher,
Ou la terre languit, ou le Soleil s'ennuye,
Et d'vn torrent de pleurs qu'on ne peut estancher,
Couure l'air de vapeurs, & la terre de pluye.

Parmy ces tristes lieux trainants mes longs regrets,
Ie me promene seul dans l'horreur des forests,
Ou le funeste orfraye, & le hibou se perchent.

Là le seul reconfort qui peut m'entretenir,
C'est de ne craindre point que les viuans me cherchẽt
Ou le flambeau du iour n'osa iamais venir.

SONNET.

Ie passe mon exil parmy de tristes lieux,
Ou rien de plus courtois qu'vn loup ne m'auoisine
Ou des arbres puants formillent d'Escurieux,
Ou tout le reuenu n'est qu'vn peu de resine.

Ou les maisons n'ont rien plus froid que la cuisine,
Ou le plus fortuné craint de deuenir vieux,
Ou la sterilité faict mourir la lesine:
Ou tous les eslemens sont mal-voulus des Cieux.

Ou le Soleil contrainct de plaire aux destinées,
Pour estendre mes maux allonge ses iournées,
Et me faict plus durer le temps de la moitié :

Mais il peut bien changer le cours de sa lumiere,
Puis que le Roy perdant sa bonté coustumiere
A destourné pour moy le cours de sa pitié.

SONNET.

ESprits qui cognoissez le cours de la nature,
Vous seuls à qui le Ciel apprend sa volonté,
Et dont les sentimens trouuent de la clarté,
Dans la plus noire nuict d'vne chose future.

Celestes qui voyez mon ame à la torture,
Qui sçauez le dedale ou le sort m'a ietté;
Quand est ce que ie dois r'auoir ma liberté?
Dittes moy qui de vous entend mon aduanture?

Ange qui que tu sois, vueille songer à moy:
Et lors que tu seras de garde aupres du Roy,
De qui le cœur deuot est tousiours en priere,

Arreste moy le cours de son inimitié,
Et dis luy que s'il veut exercer sa pitié,
Il n'en trouua iamais de si belle matiere.

SONNET.

Vous dont l'ame diuine aspire aux choses sainctes,
Et que le Ciel a faict l'obiect de son amour,
Verserez vous des pleurs, & ferez vous des plaintes
Quand pour l'amour de Dieu vous laisserez le iour?

Les coulpables esprits ont tousiours mille craintes,
Lors qu'il leur faut quitter ce vicieux seiour,
Et leurs yeux criminels auecques des contrainctes,
Approchent de l'esclat de la celeste Cour.

Mais vostre espoux, qui sceut parfaictement bien viure,
S'est pleu dans les assauts que le trespas nous liure,
Il est dedans le Ciel, où vous irez aussi,

Il est où vos pensers incessamment seiournent:
Pourquoy donc voulez vous que ses esprits retournẽt,
Ils sont plus auec vous que s'ils estoient icy.

EPIGRAMME.

IE doute que ce fils prospere,
Mars & l'Amour en sont ialoux,
Pource qu'il est beau comme vous,
Et courageux comme son Pere.

EPIGRAMME.

GRace à ce Comte liberal,
Et à la guerre de Mirande :
Ie suis Poëte & Coporal,
O Dieux que ma fortune est grande !
O combien ie reçois d'honneur
Des sentinelles que ie pose !
Le sentiment de ce bon-heur,
Faict que iamais ie ne repose :
Si ie couche sur le paué,
Ie n'en suis que plustost leué,
Parmy les troubles de la guerre
Ie n'ay point vn repos en l'air,
Car mon lict ne sçauroit branler,
Que par vn tremblement de terre.

SVR LE BALET DV ROY.

Le Forgeron pour le ROY.

IE ne suis point industrieux,
Comme ce Forgeron des Dieux,
Dont les subtilitez nuisibles,
Pour vn chef d'œuvre de son art,
Dessous des filets inuisibles,
Firent voir qu'il estoit cornard.
Cét infame aux creux Aetneans
Dessus les tombeaux des Geans,
Enyuré de souffre & de flamme,
Forgeoit des armes pour autruy,
Cependant que Mars & sa femme
Faisoyent des forgerons pour luy.
Ie suis vn Forgeron nouueau,
Qui sans enclume & sans marteau,
Forge vn tonnerre à ma parole,
Et du seul regard de mes yeux,
Fais partir vn esclair qui vole,
Plus puissant que celuy des Cieux.

Les plus rebelles des humains
Subiuguez des traits de mes mains
Ont fait esmerueiller l'Europe,
Et Vulcan auouë aisément
De n'auoir iamais veu Cyclope
Battre le fer si rudement.

Le dard qu'amour me fait forger,
Sans déplaisir & sans danger
Penetre au fond de la pensee :
Et la Dame qu'il veut toucher
En est si doucement blessee,
Qu'elle n'en peut hayr l'archer.

Mais les fleches de mon courroux,
Fatales qu'elles sont à tous,
Font trembler le Dieu de la guerre,
Et rien ne l'a fait habiter
Dans vn Ciel si loing de la terre,
Que le soing de les euiter.

Pour Monseigneur le Duc de Luynes.

APOLLON EN THESSALIE.

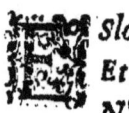

ESloigné du celeste Empire,
Et du siege de la clarté,
N'attendez point que ie souspire:
Car les faueurs du Roy dont ie suis arresté,
Font que mon destin n'est pas pire,

Et que i'ay plus d'honneur, & plus de liberté.
Au rauissement qui me reste
Parmy ces agreables lieux,
Ie croy que la maison celeste
Ne se doit point nommer la demeure des Dieux,
Pour moy ie la iuge funeste,
Et ce nouueau seiour me plaist mille fois mieux.
Ce Prince a des vertus parfaictes,
Ses appas ont gaigné ma foy:
Iupiter faict bien les tempestes,
Et quoy que les mortels tremblent dessous sa loy,
On ne celebre point ses festes
Auec tant de respect qu'on sert ce ieune Roy.
A voir comme quoy tout succede
A ses desseins aduantureux,
Et qu'on ne sçait point de remede
Pour ceux que sa cholere a rendus mal-heureux:
Sa faueur à qui la possede,
Rend le sort à son gré propice ou rigoureux.

VN BERGER PROPHETE.

IE vis dans ces lieux innocens,
Où les esprits les plus puissans,
Quittans leurs grandeurs souueraines,
Suiuent ma prophetique voix,
Dans le silence de nos bois,
Et dans le bruict de nos fontaines.

Icy mon desir est ma loy,
Mon entendement est mon Roy,
Ie preside à mes aduantures:
Et comme si quelqu'vn des Dieux,
M'eust presté son ame & ses yeux,
Ie comprends les choses futures.
I'ay veu quand des esprits mutins
Sollicitoient nos bons destins,
A quitter le soin de la France,
Et deuiné que leur mal-heur,
Trouueroit dans nostre valeur,
Le tombeau de leur esperance.
Ie voy qu'vn ieune Potentat,
Bornera bien tost son Estat,
Du plus large tour de Neptune,
Et son bon-heur sans estre vain
Pourra voir auecques desdain,
Les caresses de la fortune.

APOLLON CHAMPION.

Moy de qui les rayons sont les traits du tonnerre
Et de qui l'Vniuers adore les Autels:
Moy dont les plus grands Dieux redouteroient la guerre,
Puis-ie sans deshonneur me prendre à des mortels?
I'attaque malgré moy leur orgueilleuse enuie,
Leur audace a vaincu ma nature & le sort:

Car ma vertu qui n'est que pour donner la vie,
Est auiourd'huy forcee à leur donner la mort.
I'affranchis mes Autels de ces fascheux obstacles
Et foulant ces brigands que mes traicts vont punir,
Chacun d'oresnauant viendra vers mes oracles,
Et preuiendra le mal qui luy peut aduenir.
C'est moy qui penetrant la dureté des arbres
Arrache de leur cœur vne sçauante voix,
Qui fais taire les vents, qui fais parler les marbres,
Et qui trace au destin la conduicte des Roys.
C'est moy dont la chaleur donne la vie aux roses,
Et fait ressusciter les fruicts enseuelis,
Ie donne la duree & la couleur aux choses,
Et fais viure l'esclat de la blancheur des lys.
Si peu que ie m'absente, vn manteau de tenebres,
Tient d'vne froide horreur Ciel & terre couuers,
Les vergers les plus beaux sont des obiects funebres,
Et quand mon œil est clos tout meurt en l'Vniuers.

BALET.

Venus aux Reynes.

LOrs que ie sortis de la mer
Moins couuerte d'eau que de flames,
La beauté qui me fait aymer
Me destina Reyne des ames,

Et me dit que ie cederois
A vos yeux qu'elle a fait mes Roys.
Le Soleil monstrant son flambeau,
Par Cythere & par Amathonte,
Lors qu'il eust veu le mien si beau,
Il faillit à mourir de honte:
Mais vous emportez auiourd'huy,
L'auantage que i'eus sur luy.
L'estonnement qu'il eut aux cieux,
Lors que ie me leuay de l'onde,
Ie le ressens deuant vos yeux,
Qui sont les plus beaux yeux du monde:
Astres des esprits bien-heureux
Dont mes Amours sont amoureux.
Mes petits amours, mes appas,
Et mes graces les plus parfaictes,
Belles Reynes sont-elles pas,
Aux mesmes places ou vous estes?
Ie sçay que veritablement
Vostre cour est leur élement.
Les bords de Cypre ou mon Autel
Autresfois en si belle estime,
M'auoit rendu chaque mortel
Tributaire d'vne victime,
Sont deserts à cause de vous,
Qui receuez les vœux de tous.
Ces Princes qu'vn deuoir d'amour
Retenoit en ma seruitude,

Lassez d'vn si mauuais seiour
En ont faict vne solitude,
Et rendent à vos maiestez
Mon Empire & leurs libertez.

Leur cœur desgouté de mes loix,
Aussi bien que de mon visage,
Demande à captiuer des Roys
Quelque plus glorieux seruage,
Vous seules auez des liens
Plus honorables que les miens.

Vos beautez font qu'auec raison
Ces Princes m'ont esté rebelles,
Craignez la mesme trahison,
Quand vous ne serez plus si belles
Mais si c'est par là seulement,
Ils sont serfs eternellement.

LES NAVTONNIERS.

LEs amours plus mignards à nos rames se lient,
Les Tritons à l'enuy nous viennent caresser,
Les vents sont moderez, les vagues s'humilient
Par tous les lieux de l'onde ou nous voulons passer.

Auec nostre dessein va le cours des estoilles,
L'orage ne faict point blesmir nos matelots,

Et iamais Alcion sans regarder nos voiles
Ne commit sa nichée à la mercy des flots.

Nostre Ocean est doux cõme les eaux d'Euphrate,
Le Pactole, le Tage, est moins riche que luy,
Icy iamais nocher ne craignit le Pirate,
Ny d'vn calme trop long ne ressentit l'ennuy.

Sous vn climat heureux, loing du bruit du tõnerre
Nous passons à loisir nos iours delicieux,
Et là iamais nostre œil ne desira la terre,
Ny sans quelque desdain ne regarda les Cieux.

Agreables beautez pour qui l'amour souspire,
Esprouuez auec nous vn si ioyeux destin,
Et nous dirons par tout qu'vn si rare nauire,
Ne fut iamais chargé d'vn si rare butin.

LES PRINCES
De Cypre.

LEs lieux que nous auons laissez
Sont beaucoup plus heureux qu'autres lieux de la terre,
Le degoust de la paix, ny la peur de la guerre,
Iamais ne les a menacez.

Mars arriuant à la contrée,
Que nostre esloignement conuertit en desers,
Hayt le fer & la flame, & veut que les baisers,
Fassent l'honneur de son entrée.

Cypre ne se peut estimer,
Ses riuages feconds que Neptune enuironne,
Sont au milieu des flots la plus belle couronne
Que porte le Roy de la mer.

Cupidon y est sans malice:
Les plus grandes beautez ont le plus d'amitié;
Là iamais vn esprit qui manque de pitié
Ne sçauroit manquer de supplice.

Les plaisirs y sont en vigueur;
La loy de l'Hymenée aux desirs asseruie
Dans le contentement de nostre douce vie
Ne mesla iamais sa rigueur.

Comme les Dieux en leur Empire
De tout ce qu'il nous plaist nous nous rendons espris,
Et pour vne beauté qui n'a que du mespris,
Iamais nostre ame ne souspire.

Ce qu'amour faict dessous les eaux,
Est vne loy pour nous que le Ciel mesme ordonne,
Accordant à nos feux la liberté qu'il donne
A l'innocence des oyseaux.

Autour de nos fontaines viues,
Toutes peintes d'azur, & de rayons du iour,
Les zephirs & les eaux parlent tousiours d'amour
Aux Nymphes de ces belles riues.

Nostre Ciel est tousiours serain,
Nostre ioyeux destin n'est iamais en disgrace,
Et chez nous le Soleil ne void aucune trace
Du siecle de fer ny d'airain.
Nous n'oyons point le bruit des Syrthes,
Le plus fresle vaisseau se mocque des rochers,
Trouue le vent facile, & conduit les nochers
Iusqu'à l'ombrage de nos myrthes.
Nous ne voyons iamais pleuuoir,
Si ce n'est des rubis eschappez à l'aurore,
Que nos champs glorieux plus ennoblis encore
Daignent à peine receuoir.
Nostre sort aux Dieux admirable,
Lors qu'vn renom meilleur nous a parlé de vous,
A perdu son estime, & s'est rendu ialoux
Du vostre encor plus desirable.
Aux pieds de vostre Maiesté,
Nos grandeurs mesprisant leur premiere puissance
Mettent au seul honneur de vostre obeyssance,
Tout l'espoir qui leur est resté.
Au nombre des subiects de France,
Auiourd'huy bien heureux nous nous venons rãger,
Et nostre masque osté de ce front estranger,
Nous ostera la difference.

LE plus aymable iour qu'ayt iamais eu le monde,
Le plus riche Printemps que le Soleil ait veu,
Celuy de nos amours, d'attraits le mieux pourueu,
Ny toutes les beautez de la fille de l'onde.
Ce que donne Apollon pour embellir sa sœur,
Aux graces de vos yeux à peine s'accompare,
Ny toutes ces fleurs d'or dont l'aurore se pare,
Quand elle va baiser son amoureux chasseur.

QVI voudra, pense à des Empires;
Et auecques des vœux mutins,
S'obstine contre ses destins,
Qui tousiours luy deuiennent pires.
Moy ie demande seulement
Du plus sacré vœu de mon ame,
Qu'il plaise aux Dieux & à Madame,
Que ie brusle eternellement.

MOn frere ie me porte bien,
La Muse n'a soucy de rien:
I'ay perdu ceste humeur prophane,
On me souffre au coucher du Roy,
Et Phœbus tous les iours chez moy,

A des manteaux doublez de pane.
Mon ame incague les destins,
Ie fay tous les iours des festins,
On me va tapisser ma chambre,
Tous mes iours sont des Mardys-gras,
Et ie ne bois point d'hypocras
S'il n'est faict auecques de l'ambre.

V*Ous commettez vn grand abus,*
En prenant Bordier, pour Phœbus,
Il est trop mal dans la fortune
Pour souffrir ces comparaisons,
Car Phœbus a douze maisons
Et le coquin n'en a pas vne.

S*I Iacques le Roy du sçauoir,*
N'a pas trouué bon de me voir,
En voicy la cause infaillible:
C'est que rauy de mon escrit,
Il creust que i'estois tout Esprit,
Et par consequent inuisible.

LARISSA.

ANCILLABAR in ædibus Romani ciuis conſeruo Græco adoleſcente quem infœlix marium fides à libertate patria in exoticam ſeruitutem egerat : nam quibus indicijs natura ſignat in fronte, aut genus, aut educationem, nobilitatem ſtirpis ingenus iuuenis liberali prorſus vultu præ ſe ferebat, & quam ingenuis occupationibus ætatem incepiſſet, tota vitæ ſuæ ratione monſtrabat : Tam enim à ſeruilibus muniis erat alienus, vt ſi quando verû depromeret, dixiſſes tenere lanceam, ſi geſtandum eſſet onus, leuioribus impar erat, & viginti pondo vltra milliarum non valebat. Enitebatur tamen ad omnia & difficillimis obſequiis facilem ſe præbebat, animumque docilem generis oblitum ſui ſeueritati ſortis obedientem fecerat. Excruciabat itaque teneros artus inexpertæ ſeruitutis iugum, & breui poſtquam ſeruire cœpit, mollis & delicati corporis vires duriori victu, aſperiori cultu languidæ marceſcunt, labore & vigilijs quibus non aſſueuerant minuuntur & deficiunt. Aurei capilli puta calamiſtris olim diſcriminati tunc ſordidis & intricatis nodis impexi negligebantur : frontis niueæ venuſtas ad rugas, & ſqualorem prope deformata, oculi languidi genæ diductæ, manus calloſæ, macies per vniuerſa membra horridulum, & eneruem ad extremam pene tabem perduxerant : animus autem in tanta ruina corporis ſi qua ſpirabat aura ſingultus erant, & ſuſpiria. Dolebam ego vicem afflicti, & de Fortunæ tam ſæua varietate commiſeratione illius mœſta conquerebar: tum ſi quando ſe dederat occaſio hortabar ærumnoſum, & ſæpiſſime fletibus meis, lachrimoſum aut ſolabar, aut adjuuabam, tum quæ illius erant officia præripiebam, & anxiè defungebar, imo quæcumque domi curanda erant ipſa penè ſola peragebam. Neque vero illius demum obire munera, ac laboribus meis otium illi comparare, ſed & proprio ſeruitio vltroneum eius mancipium facta ſocium colere, & demereri conata ſum. Enimuero quantumuis nouæ conditionis fato demiſſa facies aliquid habebat ſublimioris genij, & quamlibet nubilo oculorum lumine fulgebat quiddam lucidioris, humili & obſcuro meo ſideri iure veluti aliquo dominantis. Eminebat itaque ex vultu planè nobili neſcio quid in nos imperij, quod meus animus haud inuitus ſequebatur : intellexit tamen benè natus iuuenis quantum debere humanitati meæ, & quoties beneficium accepit puduit non potuiſſe referre, gratiaſque verecundus egitiis verbis quibus ſolet vrbanitas aulica truculoribus animis ſuppalpari: vt erat ingenium mite, placidi mores, ſermo blandus, os amabile, & planè diuiniſſimi vultus formoſa & luculenta materia, breui de miſericordia ærumnarum in amorem eius lapſa ſum. Primo quidem inoffenſum antea pectus leuiter cœpit ſauciari, necdum penitus ad miſſus Cupido in ipso mentis aditu, nascentibus flammis militabat: sensit animus orientem oculis ignem, & hoste gauisus suo vltrò se illi permisit. Ad lenocinantem hujusmodi fabulam progrediens Larissa omnium aures ad sedulam attentionem erexerat: sed duarum præcipuè virginum. Illæ autē in aduersione simulata, ne sermoni castis animis refugiendo inuerecundiùs interesse viderentur, faciem ab ore narrantis auertebāt, ac iugiter oscitantes, tum conniuentibus oculis, nutanteque capite molliter in somnum tota corporis specie fluere videbantur, vt quietis desiderium ementitæ, tuto silentio indulgerent secretæ libidini, ac lasciui sermonis gratissimè blandientes illecebras mentibus prorsus experrectis, & vigilantissimis auribus hauriebant. Vibrauit etiam interim altera in conspectum loquentis curiosa lumina, sed velut improuisa & obtutu vago in somni recentis imaginibus errantia subinde recondidit. Altera spontaneo lapsu de sede sua commota, tamquam è cubili sub diluculum excitata: Hem! (ait) num illuscescit rubor? tamen in parum cōfirmata fronte vero pudore fictæ verecundiæ latebras indicauit. Risimus, & tantillum in punicantibus virginum malis intuitu morati cōmentum apparuisse prodidimus. Desierat tamen à sermone Larissa, ac negans verba se vlterius habituram, quæ cuiuspiam supercilium neue per speciem irritarent, veterem nescioquam de Carmenta historiam minabatur, quum Philæsus interceptæ narrationis impatiens: Et hæ (inquit) ô Larissa, soporem tentant haud dubiè, quò tui Græculi libidinosam imaginem in somnis amplexari queant: tum impetu iuuenili rugosæ vetulæ marcidas genas exosculatus: Et per tuam te Venerem obtestor (ait) noli tam grapiter nobis irasci:ac diutissimè de rancido collo pendulus bellulus puer impetrauit vt pergeret, puellis vero cætera se quàm pudicissime posset absolutură anus pollicita est, iussitque proprius assiderent sibi: Licet (inquit) iuuenibus quotidie semel insanire.

Tum his verbis tanquam data venia moribus improbis, & quiduis audiendi facta copia, virgines haut grauatim morem gerunt, & applicarunt se proximè Larissæ, quæ suas expectatissimas omnibus voces sic recepit. Sensim illapsus amor, ac de tenui principio velut in ardente segete factus validor, breui sibi per vniuersam animam viam fecit. Iam ex illo in suis primordijs oblectante fallaci cupidine sæuior nescio quis Deus, & de triumpho captiuæ mentis ferocior, in nos imperium exercere cæpit, deque hospite primò fœliciter in oculis & innocuè diuersante, sensimus quid incendiarium, quod tepidum venis sanguinem, & exustis voret ossibus medullas. Nihil hic contrà, pudor! quàm gemere aut lachrimari potuit, ac quicquid de misera Larissa placeat Tyranno grauius statuere, neue ipsa voluntas ausit reluctari. Quid id est, aut quomodo dicendum haud satis scio, sponte ne an per vim subeatur amoris iugum qui iudicem? quæ subinde querelis illum atque in eodē labore mentis votis etiam prosequuta sim. O pestem, dixi, (quoties sapere voluit meus furor) & humani generis pestem? cur tibi tantum de melicuit? tum repente de contumeliis in preces versa: Parce inquam, ô potentissime Deorum Domine, insania mea est quæ te criminatur, ac si quid est in hoc corde reliquū sani, Paphium & Idalium venerata quæso Glisonem meum mihi conciliato, & quicquid ego vnquam in te patraui sceleris, feruido passerum & columbarum ſanguine roſeis in altaribus tuis diluetur. At vero conſternatis animis, ad vltimum lethali vulnere properantibus, non iam cibus, non ſomnus ad leuamen placuerunt, menteмq; noſtram impotentiſſima rabie ſeruulo mancipatam nulla ratio liberauit. Et formoſior inde meus Gliſo (hoc enim erat puero nomen) & gratior loquentis ſermo videri cœpit, oculiſque in oras clarius niteſcentibus illecebræ nouæ voluptatis accedebant : nam vbi lenta dierum medicina luctus acerbitatem mitigauit, atque animus aſſuetudine malorum obduruit ad dolores , enituit vultus priſtino ſplendoris reſtitutus tanta pulchritudine, vt Venerē referre potuiſſet eam quã appelles dicitur effinxiſſe. Interim mihi tacito vulnere pereunti toto corpore langueſcunt vires ; & quantum ad ſpeciem formoſi iuuenis noui decoris additum, tantum deceſſum meæ formæ illa ætate haud omnino pœnitendæ. Quod autem eſt in tormentis amantium acerbius, quæ me incenderat flamma, iam adultior premebatur miſero metu , qumque prouectæ libidinis ferociores eſſent impetus quam vt vlterius cohiberi poſſent , minus tamen audax erat tenellus & amorum inexpertus animus, quàm, vt pudoris mei pretium tanto repulſę periculo auderet temerariæ voci committere. Itaque deſperandum fuit, quippe in tabeſcente corpore moriens anima ſuam ſibi ſepulturam foderat ni miſericordia fatorũ meus amator conclamatæ propemodũ vitæ meæ ſalutis viam aperuiſſet : nam vbi pertinaci morbo labefactari, vidit eam, cui plurimum debere ſe voluit, indoles generoſi genij haud potuit mœrorem inhibere, imo ne lachrymis quidem pepercit, ſed recentis ſui caſus memor, ſolatiis humanitatis meæ rependit officioſam vicem.

Dies erat, quem à Venere nominamus. Illo die ferè sub vesperam de reliquiis herilis mensæ cibum sumpturi simul accumbimus. Gliso iampridem à fastidio veteris tristitiæ liberior, cœnam haud ita parcam cœnabat lubens, me que obtutu gemino oculis eius affixam, ac tridua in edia debilem ad cibum identidem solicitauit. Quicquid ille de me aut cerneret, aut loqueretur, videbantur amoris inuitamenta, & insanam mentem multa spe ad cupidinem adiuuabant. Quicquid ego de suis affectibus cogitassem, sui mihi videbantur oculi promittere, ac postquam amandi rabies altius in præcordijs efferbuit, aut pereundum erat, aut tandem experiundum etiam euentu dubio quorsum effrenis audaciæ primi conatus euaderent. Igitur postero die cœpi pudorem pueri solicitare, & secreti occasionem nacta adorta sum in meo lectulo meridiantem, ibi in lachrymas vberius effusa, Gliso, inquam, aut tua basia, aut mea funera liceat erogare: hos oculos, & hos quos amplexor poplites obtestor, miserere tua causa pereuntis. Arrisit serenus amatoris vultus, & primis efflagitationibus statim annuit. Quid plura? rapuit in cubile non recusantem, & repentino casu turbatam ad latus suum applicuit, longissimisque basiis periculoso gaudio deficientē animauit. O diem nunquam rediture voluptatis! nos deinceps liberè clandestinis amoribus indulsimus. Vos dum per ætatem licet, viuite, & fœliciter ductæ iuuentutis dulcia stamina ad canos perducite, vt recordatione grata exacta gaudia veluti repetentes querulæ senectutis otiosa tædia solemini.

FINIS.

LES

OEUVRES DE THEOPHILE.

SECONDE PARTIE.

A ROVEN,

Chez IEAN DE LA MARE, aux degrez du Palais.

M. DC. XXXII.

LES

OEUVRES

DE

THEOPHILE

SECONDE PARTIE.

A ROVEN,

Chez IEAN DE LA MARE, aux degrez du Palais.

M. DC. XXVII.

AV LECTEVR.

CEVX qui veulent ma perte, en font courir de si grands bruits, que i'ay besoin de me monstrer publiquement, si ie veux qu'on sçache que ie suis au monde. Ie ne produis point icy l'Impression d'vn trauail si petit & si desaduantageux à ma memoire, afin qu'on le voye : mais afin qu'il face voir que Dieu veut que ie viue, Et que le Roy souffre que ie sois à la Cour. Il semble que ie face vne imprudence de me plaindre de mon malheur, d'autant que c'est le diuulguer : I'ay assez d'adresse pour m'en taire, s'il y auoit encore quelqu'vn à le sçauoir : mais il ne se trouue plus personne à qui ie ne doiue satisfaction de ma vie, dont les mauuais & les faux bruits ont rendu les meilleures actions scandaleuses à tout le monde. Ie crains que mon silence face mon crime: car si ie ne repousse la calomnie, il semble que ma conscience ne l'ose desaduoüer. On a suborné des

Imprimeurs, pour mettre au iour en mon nom des Vers sales & profanes, qui n'ont rien de mon style, ny de mon humeur: I'ay voulu que la Iustice en sceut l'autheur pour le punir. Mais les Libraires n'en cognoissent à ce qu'ils disent, ny le nom, ny le visage, & se trouuent eux mesmes en la peine d'estre chastiez pour cét imposteur. Les Iuges les ont voulu traiter auec toute la seuerité que mon bon droict leur à demandee: mais le pouuoir que i'ay eu de me venger m'en a osté l'enuie. Et cõme ie n'ay point plaidé pour faire du mal: mais pour en éuiter, i'ay pardonné à des ignorans, qui n'ont abuzé de mon nom, que pour l'vtilité de la vente de leurs liures. Et me suis contenté d'en faire supprimer les Exemplaires, auec la deffence de les r'imprimer. Le soin que i'ay pris en cela pour ma protection, est vn tesmoignage assez euident, que ie ne suis pas cause de ma disgrace, & que ie ne la merite point. Ie voudrois bien que les Censeurs qui sont si diligens à examiner ma vie, fussent au moins capables de croire les actes publics de la Iustice qui font foy de ceste verité. Mais tout ce qui fait à ma iustification, est contre leur dessein; leur chagrin ne se prẽd qu'au mal, ils ne me cognoissent que par où ils exercent leur aigreur, & l'inclination qu'ils ont à tout reprendre faict qu'ils craignent plus l'amendement d'vn hõme, qu'il ne hayssent sa desbauche. Ceste prõptitude de rechercher les mauuaises actions d'autruy, & ceste nonchalance à *recognoïstre les bonnes, est vne fausse preud'homie, & vne superstitiō malicieuse qui tient plus de l'hypocrisie que du vray zele. On souffre toutes sortes de desordres & de blasphemes, en la personne de qui que ce soit: mais on fait gloire de diffamer l'innocēce en la mienne. Ces calomniateurs qui sont des gēs presque incogneus, & de la lie du monde ont voulu persuader leur imposture à des saints personnages de qui ie veux éuiter la haine, & pour l'estime que ie fais de leur vertu, & pour le respect que ie dois à leur credit, & i'espere que l'enuie trauaillera inutilement à seduire la charité de ces Prelats qui cognoissent trop bien le visage de l'erreur, & sçauent que toutes les médisances sont suspectes de fausseté: il est vray que des plus grands & des mieux sensez de la Cour, pource qu'ils sçauent ma vie, en ont parlé fauorablement. Ie les nommerois en les remerciant: Mais dans le des-honneur qu'on me procure, ie ne veux pas leur reprocher qu'ils me cognoissent, il n'y a pas iusqu'à des Bourgeoises, que ie sçay viure encore dans la penitence de leurs adulteres, qui ne fassent vne deuotion de maudire mon nom, & de persecuter ma vie. L'esprit malin qui souffle la calomnie à mes enuieux les porte contre moy, au soupçon de quelques crimes ou le sens cōmun ne peut consentir. Ie parlerois plus clairement pour ma deffence: Mais la reuerēce publique, & ma propre discretion me cōmādent d'estouffer ces iniures, & de cacher à* la curiosité des esprits foibles, la confusion de quelques accusateurs, de peur que ce ne fust vne instruction pour le crime à tout le mõde. Le mal qu'on fait à blasmer vn peché incogneu, c'est qu'on l'enseigne. Et les ames qui sont aisees à se desbaucher trouuent là des occasions à se peruertir, il me suffit de me sauuer de leur malice, & de leur faire entendre que si les efforts de leur animosité leur succedent iusqu'à ma ruine, il me restera tousiours vne consolation du remors qui leur en est inéuitable: car ie sçay bien que le dessein de leur persecution n'est pas tant de me sacrifier à la pieté qu'à leur ambition: le peu d'estime qu'on fait de mes escrits, & les médisances contre vne reputation de si peu d'importance, sont des outrages qui ne me nuisent guere, & qui ne m'affligẽt pas aussi beaucoup. Mais cette enuie enragée qui ne me laisse point de fondement pour ma fortune, ny de seureté pour ma vie me pique veritablemẽt, & me met aux termes d'esclatter contre mes ennemis: s'ils me font voir ma perte manifeste; ie me soucieray fort peu du peril qui la pourroit aduancer. Il y a desia long-temps que ma paresse, & ma timidité laissent impunemẽt courir sur moy leur iniustice, ils ont pris à tasche de pousser mes infortunes iusqu'au bout, & me font voir presque à la veille de me bannir moymesme pour trouuer vne liberté à mon ressentiment, ie ne demande plus de la vie qu'autant de temps pour me plaindre, qu'ils en ont passé à m'iniurier: ie ne suis point vn faiseur de libelles, & n'offençay iamais personne du moindre trait de plume, & ie croy que selon les hommes, i'ay la conscience droitte, & l'esprit traitable : si bien que ie suis à deuiner encore ce qui m'a peu susciter vne si violente, & si longue haine, il est vray que la coustume du siecle est contraire à mon naturel. Ie voy que dans la conuersation des plus sages, les discours ordinaires sont choses feintes & estudiées, ma façon de viure est toute differente. Ceste mignardise de complimens communs, & ces reuerences inutiles qui font auiourd'huy la plus grande partie du discours des hommes, ce sont des superfluitez ou ie ne m'amuse point, & combien qu'elles soient receuës, & comme necessaires, pource qu'elles repugnent entierement à mon humeur, ie ne suis pas capable de m'y assuiettir. En vn mot, ma societé n'est bonne qu'à ceux qui ont la hardiesse de viure sans artifice. Le fonds de mon ame à des amorces assez puissantes pour ceux qui osent viure librement auecques moy, & qui se peut aduanturer de me cognoistre, ne se sçauroit deffendre de m'aymer : i'ay sans doute trop de liberté à reprendre les fautes d'autruy, peu de gens ont ce malheur. Mais ie ne trouue que moy qui se sente obligé des censures des autres : ce n'est pas tant de la docilité de mon esprit & de la facilité de mes mœurs, que par vne coustume d'estre repris : car les moindres ou de condition, ou de merite ont ceste permission *ſans me faſcher, ceſte patience de ſouffrir tant de reprimandes, me donne bien l'importunité d'en receuoir ſouuent d'iniuſtes : mais i'en tire auſsi l'auantage de recognoiſtre beaucoup de choſes qu'on blaſme bien à propos. Ce petit ramas de mes dernieres fantaiſies que ie preſente auiourd'huy, moins pour l'ambition d'accroiſtre mon honneur, que par la neceſsité de le ſauuer, eſt vne matiere aſſez ample aux Critiques : mais puis que ce n'eſt pas vn crime que de faire des mauuais vers. Ie ſuis deſia tout conſolé de la bonté des miens. Si Dieu me faiſoit iamais la grace de traiter des matieres Sainctes, comme mon employ ſeroit plus digne, mon trauail ſeroit plus ſoigneux, & quoy qui me puiſſe auiourd'huy reüſsir de fauorable pour mon ouurage ſi peu eſtudié, ie ne m'en flatteray pas beaucoup, car ie ſçay bien qu'vn iour ie me repentiray de ce loiſir que ie deuois donner à quelque choſe de meilleur, & d'vne raiſon plus meure, conſiderant les folies de ma ieuneſſe ; Ie ſeray bien-ayſe d'auoir mal trauaillé en vn ouurage ſuperflu, & de m'eſtre mal acquitté d'vne occupation nuiſible.*

THEOPHILE.

FRAGMENTS D'VNNE HISTOIRE COMIQVE.

PREMIERE IOVRNEE.

CHAPITRE PREMIER.

L'ELEGANCE ordinaire de nos Escriuains est à plus pres selon ses termes.

L'AVRORE toute d'or & d'azur, brodée de perles & de rubis, paroissoit aux portes de l'Orient les Estoilles esblouyes d'vne plus viue clarté, laissoient effacer leur blancheur, & deuenoient peu à peu de la couleur du Ciel, les bestes de la queste reuenoient aux abois, & les hommes à leur trauail, le silence faisoit place au bruit, & les tenebres à la lumiere.

Et tout le reste que la vanité des faiseurs de Liures, fait esclatter à la faueur de l'ignorance publique.

Il faut que le discours soit ferme, que le sens y soit naturel & facile, le langage expres, & signifiant, les affeteries ne sont que mollesse, & qu'artifice qui ne se trouue iamais sans effort, & sans confusion. Ces larcins qu'on appelle imitation des Autheurs anciens, se doiuent dire des ornemens qui ne sont point à nostre mode. Il faut escrire à la moderne, Demosthene & Virgile, n'ont point escrit en nostre temps, & nous ne sçaurions escrire en leur siecle: leurs liures quand il les firent estoient nouueaux, & nous en faisons tous les iours de vieux. L'inuocation des Muses à l'exemple de ces Payens est profane pour nous & ridicule. RONSARD pour la vigueur de l'esprit, & la viue imagination, à mille choses comparables à la magnificence des anciens Grecs & Latins, & à mieux reüssi à leur ressembler, qu'alors qu'il les a voulu traduire, & qu'il a pris plaisir à les contrefaire, comme en ce Cytheream, Patarean, par qui le trepied Tymbrean. Il semble qu'il se vueille rendre incogneu pour paroistre docte, & qu'il affecte vne fausse reputation de nouueau, & hardy Escriuain. Dans ces termes estrangers, il n'est point intelligible pour François: Ces extrauagances ne font que desgouster les sçauans, & estourdir les foibles. On appelle ceste façon d'vsurper des termes obscurs & impropres, les vns barbarie, & rudesse d'esprit, les autres Pedanterie & suffisance. Pour moy ie croy que c'est vn respect & vne passion que Ronsard auoit pour ces anciens à trouuer excellent tout ce qui venoit d'eux, & chercher de la gloire à les imiter par tout. Ie sçay qu'vn Prelat homme de bien est imitable à tout le monde. Il faut estre chaste, comme luy charitable, & sçauant qui peut, mais vn courtisan pour imiter sa vertu, n'a que faire de prendre, ny le viure, ny les habillemens à sa sorte. Il faut comme Homere faire bien vne description, mais non point par ses termes, ny par ses Epithetes. Il faut escrire comme il a escrit, mais non pas ce qu'il a escrit. C'est vne deuotion loüable, & digne d'vne belle ame, que d'inuoquer au commencement d'vne œuure des puissances souueraines : mais les Chrestiens n'ont que faire d'Apollon ny des Muses ; & nos vers d'auiourd'huy, qui ne se chantent point sur la Lire, ne se doiuent point nommer Liriques, non plus que les autres heroïques, puis que nous ne sommes plus au temps des Heros, & toutes ces singeries ne sont ny du plaisir, ny du profit d'vn bon entendement. Il est vray que le desgoust de ces superfluitez nous a fait naistre vn autre vice, car les esprits foibles que l'amorce du pillage auoit iettez dans le mestier des Poëtes, de la discretion qu'ils ont euë d'éuiter les extrémes redictes, desia rebattuës par tant de siecles, se sont trouuez dans vne grande sterilité, & n'estans pas d'eux mesmes assez vigoureux, ou assez adroits pour se seruir des obiects qui se presentent à l'imagination, ont creu qu'il n'y auoit plus rien dans la Poësie que matiere de Prose, & se sont persuadez que les figures n'en estoient point, & qu'vne metaphore estoit vne extrauagance : mais comme i'auois dit, il estoit iour. Or ces digressions me plaisent, ie me laisse aller à ma fantaisie, & quelque pensée qui se presente, ie n'en destourne point la plume : Ie fais icy vne conuersation diuerse & interrompuë, & non pas des leçons exactes, ny des oraisons auec ordre : ie ne suis ny assez docte, ny assez ambitieux pour l'entreprendre. Mon Liure ne prentend point d'obliger le Lecteur, car son dessein n'est pas de le lire pour m'obliger, & puis qu'il luy est permis de me blasmer, qu'il me soit permis de luy deplaire.

CHAPITRE II.

CE iour là, comme le Ciel fut serain, mon esprit se trouua guay, la disposition de l'air se communique à mon humeur, quelque discours qui s'oppose à ceste necessité, le temperament du corps force les mouuemens de l'ame. Quand il pleut, ie suis assoupy & presque chagrin, lors qu'il fait beau ie trouue toute sorte d'obiects plus agreables: Les arbres, les bastimens, les riuieres, les elements paroissent plus beaux dans la serenité, que dans l'orage, ie cognoy qu'au changement du Climat mes inclinations s'alterent, si c'est vn defaut il est de la nature, & non pas de mon naturel. Ayant passé l'heure ordinaire de mon sommeil, ie me leuay, & m'approchant du lict de Sidias, comme ie tirois son rideau il s'esueilla en sursaut, *Per Deum atque hominum fidem*, me dit il, laissez moy dormir, i'ay passé la moitié de la nuict apres cét *intrigo de modalibus*, & ce forgeron que vous oyez là bas a continué cette sonnerie depuis deux heures apres minuict, Clitiphon n'a sceu reposer non plus que moy il ne faict que sortir de vostre chambre, & s'est fort estonné de vous voir dormir si profondement: Aussi tost que ie fus habillé: ie passay dans la chambre de Clitiphon, qui d'abord s'escria vers moy. Est il possible que vous ayez dormy si à repos dans vne affliction si recente, vous ne fustes bãny que d'hier, & vous voila desia guery de ceste peine, c'est auoir les sentimens bien farouches ou bien hebetez. Ce qui ne me touche, luy di-ie, ny le corps, ny l'ame, ne me donne point de douleur, ie me porte Dieu mercy assez bien de l'vn & de l'autre, si les bannissemens faisoient effort à quelqu'vn des sens tu me verrois atteint de tous les desplaisirs dont la nature, & la raison sont capables : ie ne resiste point par Philosophie aux atteintes du malheur, car c'est accroistre son iniure, & tout le combat que le discours fait contre la tristesse, la rengrege sans doute & la prolonge : si ie m'apperceuois que i'eusse du mal tu me verrois bien tost souspirer : mais ie ne sçaurois prendre l'apparence pour l'effect, ny la menace pour le coup. Ceste disgrace n'est que paroles qui ne sont que vent. On m'a chassé de la Cour ou ie n'auois que faire, si on me presse encore à sortir de France, quelque part de l'Europe ou ie vueille aller, mon nom m'y a fait des cognoissances. Ie me sçais facilement accommoder à toute diuersité de viures & d'habillemens, les Climats & les hommes me sont indifferents : i'ay l'esprit & le corps à la fatigue. Mais tousiours serez vous estranger & receu dans la societé des autres auec moins de familiarité & d'honneur : Celuy di-ie qui prise moins la faueur des hommes & l'aduantage de la fortune que sa propre vertu, se trouue peu empesché de ces incommoditez ordinaires. Si est ce, disoit Clitiphon, que ce sera vn exil, & vn honneste homme ne doit pas estre indifferent à l'infamie, si i'ay merité la mienne, luy di-ie, ie serois iniuste de m'en plaindre, & si ie n'en suis pas coulpable, ie suis assez sage pour la mespriser. Ne croy point que la ioye qui me reste en cét accident, soit d'aucun estourdissement, ie cognois bien que ie suis sorty de Paris, que le Roy le veut, que mes ennemis en sont aises, que ie perds la presence de mes amis, & qu'en suite leur affection ne me durera guere, car ils sont hommes & courtisans; à cela voicy mon remede. Ie ne tascheray point de reuenir à la Cour, mais à m'en passer: & au lieu de rentrer dans la grace du Roy, ie penseray à m'oster de sa memoire. Ie m'efforceray d'oublier mes amis, car s'ils sont fideles, ils me le pardonneront, & s'ils ne m'aiment guere, i'auray le plaisir d'auoir preuenu leur infidelité, & seray bien-aise, d'autant que ie les ayme, de me rendre coulpable pour les sauuer de ce blasme. Il me semble que c'est faire des amitiez de bonne sorte: il faut auoir de la passion non seulement pour les hommes de vertu, pour les belles femmes, mais aussi pour toute sorte de belles choses. I'aime vn beau iour, des fontaines claires, l'aspect des montagnes, l'estenduë d'vne grande plaine, de belles forests, l'Ocean, ses vagues, son calme, ses riuages: I'ayme encore tout ce qui touche plus particulierement les sens, la Musique, les fleurs, les beaux habits, la chasse, les beaux cheuaux, les bonnes odeurs, la bonne chere: mais à tout cela mon desir ne s'attache que pour se plaire, & non point pour se trauailler, lors que l'vn ou l'autre de ces diuertissemens occupent entierement vne ame, cela passe d'affection en fureur & brutalité, la passion la plus forte que ie puisse auoir ne m'engage iamais au poinct de ne la pouuoir quitter dans vn iour. Si i'ayme, c'est autant que ie suis aymé, & comme la Nature, ny la Fortune ne m'ont pas donné beaucoup de parties à plaire, ceste passion ne m'a iamais gueres continué ny son plaisir ny sa peine. Ie me tiens plus asprement à l'estude & à la bonne chere qu'à tout le reste. Les Liures m'ont lassé quelques fois: mais ils ne m'ont iamais estourdy, & le vin m'a souuent resiouy, mais iamais enyuré. La desbauche des femmes & du vin faillit à m'empieter au sortir des escholes: car mon esprit vn peu precipité auoit franchi la subiection des precepteurs, lors que mes mœurs auoient encore besoin de discipline. Mes compagnons auoient plus d'aage que moy: mais non pas tant de liberté. Ce fut vn pas bien dangereux à mon ame que ceste premiere licence qu'elle trouua apres les contraintes de l'estude. Là ie m'allois plonger dans le vice qui s'ouuroit assez fauorablement à mes ieunes fantaisies: mais les empeschemens de ma fortune destournerent mon inclination, & les trauerses de ma vie ne donnerent pas le loisir à la volupté de me perdre. Depuis insensiblement mes desirs les plus libertins se sont attiedis auecques le sang, & leur violence s'esuanoüissant tous les iours auecques l'aage, me promet d'oresnauant vne tranquilité bien asseurée. Ie n'ayme plus tant ny les festins, ny les balets, & me porte aux voluptez les plus secrettes, auec beaucoup de mediocrité. Tout à coup Sydias à qui le moindre bruit interrompoit le sommeil nous chanta tout haut ce Vers de Virgile:

Nec Veneris, nec tu Vini capiaris amore.

Il croit, dit Clitiphon, auoit tres bien rencontré: C'est le plus orgueilleux Pedan qui soit en son mestier nous allasmes à luy & le trouuasmes encore dans son lict: *Nunquid* (nous dit-il) *excepistis quem in transuersum parietem vobis vibraui versum, potuitne opportuniùs laudari*, fort bien, luy dit Clitiphon: mais habillez-vous donc & nous allons vn peu promener dans ce iardin attendant à desieuner, Sydias respondit qu'il s'habilleroit, & desieuneroit quand nous voudrions: mais qu'il ne se promeneroit point, & que *non poterat satis laudari Turcarum mos, penes quos ambulationes huiusmodi sine consilio pro ridiculis habebantur*, & en suite de cela il nous eut estourdis de son Latin: mais nous sortismes de là Clitiphon & moy pour aller voir ce iardin que l'hoste entretenoit assez curieusement.

CHAPITRE III.

D'Abord Clitiphon faillit à pasmer de l'odeur des Roses que nous trouuasmes en abondance dés l'entrée du iardin, & se portant la main au visage le nez bouché, & les yeux clos, il fit cinq ou six pas fort viste pour s'oster d'aupres du rosier, ie croyois que c'estoit vne feinte, ou quelque fantasie delicate d'vn esprit foible, iusqu'à ce que l'ayant veu passe & presque defaillant, ie cogneus que c'estoit vne tasche en son naturel, comme il se trouue en des choses semblables, quelques ames ombrageuses en beaucoup d'obiects, il y en a qui sont malades à voir des cerises, d'autres pour regarder du vin. Ie n'ay Dieu mercy aucune de ces mignardises en mon appetit, comme aussi ie me trouue tousiours auec antipathie & horreur aux serpens, aux rats, aux vers, & à toute sorte de saleté & de pourriture. Ie ne repasserois point par-là, dit Clitiphon; deussay-ie sauter ces pallissades, suis-ie pas mal heureux d'vne si sotte debilité de cerueau, il n'y a point de poison pour moy comme celuy-là, i'ayme bien les œillets, les violettes, ie souffre toutes sorte de parfums, mais si i'approche des roses: tous mes sentimens me quittent à coup, cette fleur, luy di-ie, c'est l'haleine de vostre mauuais Ange qui vous ensorcele, & vous donne des conuulsions d'vn Demoniaque, les yeux vous ont tourné, vous auez grincé les dents & ouuert les léures, auec des grimasses toutes pareilles à celles de la fille Obsedee que ie vis dernierement. Ie n'ay point d'autre diable que ceste odeur-là, dit Clitiphon, mais si vous m'aimez faites moy le conte de cette aduanture. car on dit qu'elle fut plaisante, ie ne m'en suis pas bien osé resiouyr de peur qu'elle ne fut fausse, & puis que vous auez la reputation d'estre exactement veritable iusques aux moindres choses, apprenez moy comment tout s'est passé, afin que ie m'ose asseurer de le bien sçauoir. Voicy, luy di-ie tout ce qui en est. Le bruit de cest accident alarmoit desia tout le pays, & les plus incredules se laissoient vaincre au rapport d'vne infinité de gens de bien, qui croyoient auoir veu veritablement des effects par dessus les forces de la nature en la personne de ceste fille-là. Ie me trouuay par occasion dans la ville, ou desia long-temps au parauant elle faisoit son ieu, & comme on me tient d'vn naturel à ne croire pas facilement les impossibilitez, deux de mes amys pour conuaincre les doutes que i'auois là dessus, me presserent de l'aller voir auec promesse de se desabuser si au sortir de là, ie ne me trouuois de leur opinion. Elle estoit logée assez pres des murailles de la ville, dans vne meschante maison où vn Prestre la venoit exorcizer reglement deux fois la sepmaine. Vne femme fort vieille & deux petits enfans estoient inseparablement aupres d'elle, ce qui me donna la premiere coniecture de la tromperie : car d'abord que ie vis dans sa chambre que le sexe & l'aage le plus foible & le plus timide, viuoyent en seureté aupres de ce diable, ie iugeay qu'il n'estoit pas des plus mauuais. Apres auoir heurté assez fort, vn vieillard qui nous ouurit la porte, nous dit que la patiente auoit besoin d'vn peu de repos, à cause d'vn trauail extraordinaire que luy auoit fait le mauuais esprit vn peu auparauant, mais que reuenant à deux heures de là nous pourrions contenter nos curiositez. Ie cogneus qu'il demandoit ce terme pour luy donner loisir de preparer ses contenances surnaturelles, & sans m'arrester à son aduertissement, ie montay promptement dans la chambre où estoit la fille auec sa compagnie de la vieille & des petits enfans : la regardant fixement à la veuë, ie la trouuay surprise, & remarquay facilement qu'elle contraignoit son visage & commençoit à estudier sa posture. A ceste feinte vn peu grossiere, ie ne me sceus tenir

de rire,

de rire, ce que la vieille trouua tres-mauuais, & me dit que Dieu pourroit punir ma mocquerie par le mesme chastiment de ce pauure corps, ie luy dis que ie riois d'autre chose, & que nous n'estions point des gens incapables de persuasion pour tout ce où nous trouuions quelque apparence, mais que nous demandions quelque tesmoignage visible qui peust faire foy d'vne chose si incroyable. Cependant la Demoniaque commence à s'agiter le corps, à s'effaroucher la veuë, & nous dire presque hors d'haleine qu'elle sentoit là des incredules, & que cela luy alloit bien faire du mal : Insensiblement, la voila dans le transport, elle iette à terre vne quenoüille qu'elle tenoit, & passant d'où nous estions dans vne autre chambre, elle se iette à terre, contrefait des grimasses de pendu, des cris de chat, des conuulsions d'Epileptique, se traine sur le ventre, se roule sous des licts, saute à des fenestres, & se veut precipiter sans l'empeschement des petits enfans deuant qui elle s'arrestoit court, en grommelant quelques mots de Latin mal prononcé, ie luy parlay Latin le plus distinctement qu'il m'estoit possible, mais ie ne vis iamais aucune apparence que elle l'entendit, ie luy dis du Grec, de l'Anglois, de l'Espagnol, & de l'Italien, mais à tout cela ce diable ne trouua iamais à respondre vn son articulé, pour du Gascon elle ne manqua point d'iniures à me repartir : car elle estoit du pays, & le Prestre venu, son Latin trouua de l'intelligence auecques luy, elle entendoit ses interrogations, & luy ses respõces, en vn mot, selon les termes de leur dialogue, elle renforçoit ou relaſchoit ſes poſtures, auec effroy de pluſieurs des aſſiſtans, dont ie ne pouuois me tenir de me mocquer, proteſtant que ce diable eſtoit ignorant pour les langues, & qu'il n'auoit point voyagé, & combien qu'à chaque fois la Demoniaque eut des boutades à me ſauter aux yeux, ie ne laiſſay pas d'attendre la fin de ſon accez, ſçachant bien qu'à moins de ſe transformer en quelque choſe de plus fort & de plus farouche qu'vne fille, quelque diable que ce fuſt, ne pouuoit me nuire que mal aiséměr. Cette reſolution bien aisée que ie teſmoignay en vn accident que tout le monde croyoit ſi dangereux, fut cauſe que l'abus ne demeura pas long temps caché: car les iuſtes ſoupçons que donna cet euenement, permirent à la curioſité de pluſieurs d'examiner ce myſtere de plus pres, & comme les eſprits ſe deliuroient peu à peu de ceſte ſuperſtitieuſe credulité, les deffiances croiſſoyent de plus en plus, iuſqu'à ce que le temps leur produiſit vn teſmoignage qui oſta tout a fait l'incertitude: car apres auoir eſté traittée par vn bon Medecin, il ſe trouua que ſon mal n'eſtoit qu'vn peu de melancholie, & beaucoup de feinte. Finiſſant ainſi ce conte, i'entroüis du bruit qui ſe faiſoit au logis, & me tournant vers la porte où nous auions paſsé, voicy venir Sydias tout en deſordre, ſãs colet & ſans chappeau, vn peu ſanglant au viſage, nous conjurant par tous les deuoirs de la ſocieté humaine, de luy ayder à tirer raiſon d'vn affrõt qui luy venoit d'eſtre fait auec la plus grande iniuſtice du monde, que tous les anciens bien entendus eſtoient pour luy, & la pluspart des Modernes, & qu'est-ce, dit Clitiphon. Cet ignorant, dit-il, n'a iamais sçeu les voix de Porphire : *o quam dura res est cum insipientes rem habere*. Mais qu'elle est donc vostre querelle, il m'a voulu soustenir que *odor in pomo non erat accidens*, & que vous importe il, luy di-ie, que ce soit accident ou substance, autant dit Sydias, qu'il m'importe d'estre sçauant ou ignorant, d'estre homme ou beste, nous risimes de sa consequence bien qu'elle fut des ordinaires de son discours, & le ramenasmes au logis pour accorder leur different.

CHAPITRE IV.

L'Hoste & ses domestiques estoient empeschez à retenir l'autre, qui estoit en vne cholere furieuse, de ce que Sidias luy auoit donné vn dementy, c'estoit vn ieune homme nouuellement sorty des escholes, qui s'en alloit porter les armes en Holande, fort chatoüilleux sur le poinct d'honneur, & qui ne vouloit resolumẽt receuoir aucune cõdition que du duel, il estoit pour dire le vray offencé: car le Pedan luy auoit sanglé le visage d'vne ceinture qu'il portoit ordinairement, & les meurtrisseures que les boucles luy auoient faites paroissoient bien fort, si bien que nous eusmes beaucoup de peine à le faire consentir de remettre son affaire entre nos mains, & d'auoir esgard qu'il auoit affaire à vn homme de lettres, auec qui tous les aduantages qu'il se pouuoit promettre, ne luy sçauroient donner que peu de reputation, & que nous le porterions à luy demander pardon du dementy, Sydias nia que ce fust vn dementy, & qu'il sçauoit mieux le respect qu'il deuoit à Pallas pour traicter si outrageusemẽt son nourrisson, qu'il n'auoit dit autre chose sinon qu'il estoit faux, que *odor in pomo* fust autre chose qu'accident, & qu'il estoit resolu de mourir sur ceste opinion, il fallut mettre dans les conditions de l'accord que le soldat aduoüeroit ceste verité, ce qu'il fit tres-facilement, disant qu'il ne croyoit pas que son honneur dependist de la frenesie d'vn Philosophe, ceste façon de parler faillit à rebroüiller tout: car le Pedan se piqua de nouueau par cette iniure, & reprit tout haut que les Philosophes n'estoient point frenetiques, *frenesis enim*, dit-il, *est alienatio quædam mentis & furor animi ratione destituti*, & que *Philosophorum studium in excolenda potissimum ratione versabatur*, la dessus nous leurs imposasme silence, & ordonnasmes que Sidias s'excuseroit du dementir, & que l'autre tiendroit *odor in pomo* pour accident, cela conclu nous les fismes embrasser & boire ensemble. On nous auoit apresté à desieuner en vne salle basse, où il y auoit desia des Allemans & des Italiens qui mangeoient à diuers escots, les Allemans estoient à la main droite, & les Italiens à la gauche, & nostre table estoit au milieu. Attendant qu'on nous apportast à desieuner, nous acheuions Clitiphon & moy de rapaiser la fougue de nostre nouueau soldat, qui ne se pouuoit pas bien satisfaire sur certains restes du procedé, & meditoit encore vne maniere d'esclarcissement, Sydias qui n'y pensoit plus pour tout, s'approche de la table de ces Allemans, & comme il estoit fort estourdy, & tousiours curieux sans dessein, ayant consideré leurs visages & leurs habillemens, il leur fait vn petit sousris, & les saluant de la teste sans oster son chappeau : *Quantum*, dit-il, *ex vultu & ex amictu licet conijcere, ego vos exoticos puto*, Ces Messieurs du Septentrion qui d'vne grauité froide & nonchalante, rebutent d'abord les plus eschauffez, ne daignerent pas seulement respondre le moindre signe à la demande du Pedan, qui n'imputant ce silence qu'à la stupidité de la nation, continuë à leur dire, *Nuper ni fallor appulistis ad nostrum littus, adhuc enim vobis vestes sunt indigenæ*, à ceste seconde attaque ils se regardent leurs habits les vns les autres, & se parlans en leur langue ils ietterent quelques regards de trauers sur nostre Pedan, qui cogneut bien que ce n'estoit pas-là sa conuersation, & se destournant à la main gauche vn peu refroidy de ce premier rebut, comme il estoit à cõtempler ces Italiens, à peine eut-il loisir d'ouurir la bouche pour les saluër que ces Messieurs se leuẽt, & d'vne ciuilité extraordinaire auec des reuerẽces profondes, le coniurerent de prendre part à leur petit repas. *Deus bone* (s'escria Sidias) *quam varia sunt hominũ ingenia, tot capita, tot census, tot populi, tot mores, tot ciuitates, tot iura, Noi altri*, luy dirẽt ils, *Reuerendissimo signore non parliamo Latino, basta a noi di sapper il vulgare, ma vos signoria pille vn seggio & fara colatione con i suoi seruitori*, Sydias à qui la cognoissance du Latin & du François donnoient assez d'intelligence pour l'Italien, Messieurs, leur dit-il, vous estes bien plus honnestes gens que ces gros Messieurs-là, mais vous ne faites pas si bonne chere, comment pouuez-vous manger des salades si bon matin ? *Herbæ enim nisi post rorem frigidores sunt & planè sub meridiem apponandæ*, & faut que le Soleil ait passé par dessus, nous le faisons, dirent ils pour nous remettre l'appetit: car nous fismes hier desbauche, & la teste nous en fait encore vn peu de mal, *optimè*, dit Sydias, *Contraria contrarijs curãtur & cum dicto*, il s'en reuient à nous qui estiōs desia en train de desieuner, Clitiphon se fait donner vn verre à moitié plein, & porte à Sydias la santé de son Antagoniste. *Ex animo*, dit-il, ie vous feray raison, & tout sur le champ se fait donner le plus grād verre, & le beut plein iusques aux bords : les Allemans voyans ceste action si frāche, se repentirent de la mauuaise opinion qu'ils auoient euë de son esprit, & auec des regards plus familiers luy vouloient faire entendre qu'ils eussent esté bien aises de faire cognoissance auecques luy, mesme l'vn d'eux le verre à la main, les yeux tousiours fichez sur Sydias pour prendre occasion d'estre veu de luy, & toussant pour se faire apperceuoir, comme Sydias se fut vn peu destourné, il se leue & boit à ses bonnes graces, le Pedan qui n'estoit pas irreconciliable, le receut de bon cœur, & par là s'introduisant en leur societé nous vouloit persuader Clitiphon & moy de ioindre nostre escot au leur; Car pour luy c'estoit vn fort beuueur : Mais Clitiphon qui a le cerueau delicat au possible, n'en sçauroit porter vne pinte sans estre incommodé, non plus que ce ieune Escolier. I'estois entre les deux, & ne suis pas des plus foibles à la desbauche. Mais ie n'ayme que celle où ie ne suis pas cõtraint. Tous ces Messieurs du Pays bas ont tant de regles & de ceremonies à s'ennyurer que la discipline m'en rebute autant que l'excez, ie me laisse facilement aller à mon appetit : mais les semonces d'autruy ne me persuadẽt guere, & le mal est qu'estant vne fois engagé à la table, le vin pipe insensiblement, & les alterations du corps vous mettent l'esprit hors de gamme, si bien que les resolutions qu'on faisoit de se retenir de boire, s'oublient en beuuant, & chacun se picque d'abbatre son compagnon. Ces desbordemens font vn grãd changement & vn grand tumulte en nostre disposition: mais ils ne sont pal si dangereux à la santé qu'on les croit, à les continuer on y succombe: mais à si laisser quelquefois surprendre on s'en trouue mieux. Les meilleurs Medecins tiennent que s'ennyurer vne fois le mois destourne d'autres maladies. Il est vray que s'en est vne & plus à fuir à cause qu'elle est honteuse, & que la raison y patit. Ceux qui cherchent leur santé par ceste voye, sont comme ceux qui recourent à la Magie pour auoir leur Maistresse. Nous laissasmes donc le Pedan embarqué auec les Allemans, & nous en allasmes pour voir sur le port vn nauire qui estoit fraischement arriué des Topinanbours, où ie voulois m'enquerir des nouuelles d'vn de mes amis qui deuoit arriuer enuiron ce temps là.

CHAPITRE V.

COmme nous allions vers la porte du quay, nous rencontrasmes au destour d'vne petite ruë le Sainct Sacrement que le Prestre apportoit à vn malade, nous fusmes assez surpris à ceste ceremonie : car nous estions Huguenots, & Clitiphon & moy : mais luy sur tout auec vne opiniastreté inuincible, ce qu'il tesmoigna tres-mal à propos en cette rencontre : car tout le monde se mettant à genoux en l'honneur de ce sacré Mystere, ie me rangeay contre vne maison nud teste, & vn peu encliné par vne reuerence que ie croyois deuoir à la coustume receuë, & à la religion du Prince (Dieu ne m'auoit pas fait encore la grace de me receuoir au giron de son Eglise) Clitiphon voulut insolemment passer par la ruë où tout le monde estoit prosterné, sans s'humilier d'aucune apparence de salut, vn homme du peuple, comme souuent ces gens-là par vn aueuglement de zele, se laissent plus esmouuoir à la cholere qu'à la pieté, saute à la teste de Clitiphon, luy iette son chappeau par terre, & en suitte se prend à crier au Caluiniste, toute la ruë se souleue, & sans la faueur d'vn vieil homme de robbe longue, qui se trouua là inopinément, on l'eust sans doute lapidé, ce bon homme fit semblant de se saisir de la personne de Clitiphon pour le mettre en prison, & en respondit sur sa vie, pour appaiser les plus seditieux, qui commencerent à le trainer vers la maison de ville, où estoient les prisons de cette ville-là. Clitiphon parmy tout ce danger auoit de la peine à se repentir de sa faute : mais le bon homme qui s'estoit beaucoup hazardé pour luy rendre ce bon office, se monstra si sage qu'il ne parut aucunement touché de l'obstination brutale où Clitiphon perseueroit tousiours, seulement il le pria deux ou trois fois de se contraindre vn peu deuant ce peuple, pour n'estre pas occasion de nous faire tous assommer. Car nous estions enuironnez desia de plus de deux cens personnes, qui ne nous quitterent point iusqu'à ce que ce bon vieillard l'eut cōduit chez le Magistrat, & s'estant obligé de poursuiure la punition d'vn crime si scandaleux, il laissa tous ces mutins dãs la ruë, & se referma auec nous chez le Magistrat ; qui pour l'amour de nostre Introducteur nous receut fauorablement. Ayant ouy le subiet de nostre visite, il nous ordonna de passer trois ou quatre heures dans son logis, attendant qu'il eust loisir de r'appaiser l'esmotiō populaire. Prenant pour cét effect sa robbe Magistrale, il sort auec le vieil bon homme pour trauailler à nostre paix, & nous met dans vne chambre où sa femme & vne sienne sœur tres-belle fille vindrent pour nous entretenir, en attendant le retour du Maistre du logis. Ceste femme offrit à Clitiphon des habits à changer, car les siens estoient en desordre, nous la remerciasmes de ceste courtoisie, & prismes vn Lacquais, pour aller querir vn deshabiller pour Clitiphon à l'Hostellerie, elle se desroba vn peu de nous pour dire tout bellement à son Lacquais qu'il aduertist à nostre logis que nous n'y disnetions pas, nous fismes semblant de ne le pas ouyr, voyant bien que nous ne pouuions pas nous en deffendre, puis que nous auions long-temps à nous cacher là dedans. Ceste importunité nous estoit inéuitable car toute la ceremonie & les honnestetez qu'on fait à refuser vne chose necessaire, tiennent quelque chose d'vne hypocrisie qui dement la ciuilité, & qui efface tout le compliment. Apres qu'elle nous eut fait asseoir dans des sieges tresbeaux, car tout éclattoit là dedãs & sentoit son bien, elle prit plaisir à m'ouyr racõter nostre aduanture, & ne se pouuoit tenir de me sousrire de la punition de Clitiphon, qui ne s'attendoit guere à nos discours : car il tournoit ses yeux de fois à autre sur ceste fille, qui auoit veritablement dequoy amuser la veuë d'vn hõneste homme: mais il y auoit parmy les attraits de son visage vne froideur de modestie & de chasteté si bien peinte, que elle obligeoit à aimer beaucoup, mais à ne guere esperer, i'y auois pris garde à la dérobée aussi bien que mon compagnon, & i'ay ce bon-heur que dés le premier pas que mon esprit veut faire vers quelque passion, vne petite estincelle de iugement s'ingere à me donner conseil, & me destourne ordinairement d'vn dessein où ie voy de la difficulté à poursuiure vn plaisir, & de l'incertitude à l'atteindre. La Maistresse du logis apres nous auoir mis en discours auecques sa sœur, s'en alla pour disposer ses gens à nous faire chere, comme on nous la fit tres-bonne. Aussi tost qu'elle fut sortie, Clitiphon se tourna vers l'autre, Et se mettant la dessus à cageoler, ils se piquent tous deux de rencontres,

& du bien dire ordinaire de ceux qui fôt l'amour, à quoy ie n'ay ſçeu iamais encore accommoder la rudeſſe de mon eſprit. Ce qui interrompit ceſte premiere conuerſation fut le retour du Lacquais qui amenoit le valet de châbre de Clitiphon auec ſon deshabiller, & nous dit qu'vn honneſte hõme de ceſte Hoſtellerie nommé Mõſieur Sydias auoit beu tout deuant luy à noſtre ſanté, & luy auoit donné vn billet pour nous apporter, que ie prins, & voulois diferer à le lire deuât ceſte Damoiſelle, ſçachant bien que i'y trouuerois des impertinences à ſon ordinaire, Clitiphon me l'arracha des mains, & pour prendre occaſion de faire quelque commencement d'vne confidence auec elle, le luy preſenta pour le voir, ce qu'elle m'ayant remis, ie me vis obligé de le lire, il eſtoit moitié Latin moitié François, comme tous ſes diſcours, & voicy ce que c'eſtoit. *A quo me vobis ſocij chariſsimi, miſera mea ſors eripuit ingreſſus ſum perículoſiſsimum mare, atque ideo quæſo vos,* Meſſieurs mes bons amis, de prier Dieu qui luy plaiſe auoir pitié de mon ame: car ie vois bien que nous ſommes tous perdus, *Iam mihi cernuntur trepidis delubra moueri ſedibus, atque adeo vnà Euruſque, Notuſque ruunt, & iam exonerata nauis, & quicquid veſtiũ & merciũ fuit in mare proiectũ vix nudos nos ferè ſuſtinet.* Il me va ſouuenir que nous l'auiõs laiſsé en train de boire, & demãde au laquais en quelle poſture il l'auoit trouué qui ſe retenant par reſpect de nous le dire, nous fit aſſez cognoiſtre, que ce Pedan eſtoit en deſordre, Clitiphon le preſſe de nous dire en quel eſtat il l'auoit laiſſé, le garçon nous dit ingenuëment, qu'ils estoient quatre ou cinq qui croyoient aller faire naufrage, comme s'ils eussent esté dans vn Nauire bien en peril, ils iettoient les meubles de la maison par les fenestres, croyant que c'estoit de la marchãdise du vaisseau qu'il falloit ietter dans la mer, & que parmy ceste espouuante, ils ne laissoient pas de boire par interualles, de se coucher, de pisser deuant tout le monde, & de vomir les vns sur les autres, à quoy la Damoiselle tournant la teste nous obligea de l'entretenir d'autres choses. Clitiphon alloit reprẽdre sa pointe quand voicy le Magistrat reuenu de la ville, auec de bõnes nouuelles pour nous, il nous dit qu'il auoit assoupy ce tumulte, mais que pour la liberté de sortir nous ne pouuions l'auoir qu'apres disner, que luy mesme nous vouloit ramener à nostre logis. Clitiphon cõmença lors à se repentir de sa faute, pour la peine que de si honnestes gens auoient prise à la reparer, ce Magistrat estoit vn peu ceremonieux : car il passoit desia midy, & le disner commençoit à deuenir froid, qu'ils estoient encore à l'entrée de la chambre où l'on auoit seruy, disputant la porte, & comme nous estions venus sur le sueil, ils se retirent tout à coup, & se considerans l'vn l'autre, Allons donc, Monsieur, Monsieur ie n'ay garde, ce sera apres vous, Iesus Monsieur que dites vous? i'aymerois mieux mourir, Monsieur ie ne sçaurois pas vous repartir, mais ie sçaurois bien me tenir icy tout auiourd'huy, Monsieur ie ne sçay pas beaucoup de ciuilité, mais ie ne l'ignore pas iusqu'à ce poinct-là, Monsieur en vn mot ie veux estre obey ceans, le Charbonnier fut Maistre dans ſon logis, i'eſtois vn peu à part baiſſant la veuë de honte, & hauſſant les eſpaules en me mocquant, & en ſouffrant beaucoup de leur honneſtetez fort à contre temps, à la fin voyant que cela tiroit de longue, & que les viandes ſe gaſtoient, ie fis ſigne à Clitiphon qu'il ſe laiſſaſt vaincre, il deffera cela à mon impatience, & paſſant le premier ne ſe peut empeſcher de dire encore, Monſieur, i'ayme mieux eſtre ſot qu'importun, puis qu'il vous plaiſt que ie faille, ie merite que vous me le pardonniez, ie paſſay auſſi à la faueur de ſes complimens, & d'abord que ie fus dans la chambre, ie quittay mon manteau, & me fis donner à lauer aupres du buffet pour éuiter la ceremonie, & par là les obliger à n'en point faire, ce qui me reüſſit, Clitiphon laua auec les femmes, ceſte Maiſtreſſe luy donnoit touſiours dans la veuë, & comme nous fuſmes à table, il ne ſe pouuoit tenir de la regarder auec vne paſſion ſi apparente, qu'il eſtoit aisé à tout le monde de s'en apperceuoir, & que la fille & luy en rougirẽt deux ou trois fois: pour moy ie ne m'amuſois qu'à manger de bon appetit, & diſois à noſtre hoſte en paſſant, quelque mot de ſa bonne chere : car tout y eſtoit delicat, & fort biẽ apreſté. Lors qu'en des repas on a la liberté de parler de la chere que l'õ fait, on ſe traicte ce me ſemble auec plus de plaiſir, & les tables des grãds Seigneurs ſont odieuſes, en ce qu'on paſſe preſque le repas ſans dire mot, leurs ordinaires qui pourroient paſſer pour feſtins ſi on auoit la licence de les gouſter, ſont touſiours affamez pour moy, à cauſe de la ceremonie: car i'y trouue de ſi grãdes cõtraintes, & tant de degouſts qu'au sortir de la table, il me semble que ie viés de disner dans ces Chasteaux enchantez, où les viãdes ne sont qu'illusion, par où la foiblesse de la veuë trompe les dents & l'estomach. Autrefois la bonne chere à esté le plaisir des honnestes gens; Homere introduit presque tous ses Heros grands mangeurs & grãds beuueurs, & la raison y est naturelle; Car vne composition robuste comme elle dissipe beaucoup d'esprits, elle à besoin de beaucoup d'alimens pour la reparer, pour moy si peu d'apetit que ma santé me donne, ie l'employe assez sensiblement, & suis bien aise qu'on ne me presse point au repas. Ce Magistrat me fit ceste complaisance, car comme Clitiphon s'amuse à resuer sur le visage de ceste nouuelle maistresse, l'hoste & moy parmy les deuis & les ragousts, Nous fusmes à table iusqu'à trois heures apres midy. De là, il nous fallut retirer à nostre logis: ce que nous fismes vn peu plustost sans doute que nostre Amoureux n'eust voulu.

CHAPITRE VI.

I'Estois en vne grande impatience de sçauoir à quoy en estoit la cõference de nos beuueurs, & aussi tost que ie fus dans l'Hostellerie, i'entray dãs la salle où nous auions desieuné, pour voir s'ils estoient encore à la desbauche. Mais ie les trouuay l'vn endormy le nez sur son assiette, l'autre renuersé sur le banc, Sydias couché tout plat sur les carreaux, la moitié des escuelles à terre, presque vn muid de vin ou vomy ou renuersé, vne musique de ronflemens, vne odeur de Tobac, des chandelles allumées comme deuãt des morts, bref tout m'apparoissoit d'vn visage si estranger, que si ie ne me fusse retiré de là, ie m'allois imaginer de n'estre plus en France, tant cela tenoit des caramesses du Pays-bas: i'allois pour faire tire Clitiphon de ce spectacle, car d'abord que nous fusmes de retour de chez le Magistrat, il s'estoit enfermé dans vne chambre, ou ie vins à heurter assez fort, auant que il voulust respondre, à la fin me recognoissant à la voix, il m'ouurit la porte, & plia comme i'entrois vn papier, qu'il mit à la desrobée dãs sa pochette: mais non pas si finement que ie n'y prinsse garde, sans luy faire pourtãt cognoistre que ie l'auois apperceu: car ie suis hõme de peu de curiosité, & laisse tousiours mes amis dans leur secret, d'autant que ie ne crois pas qu'aucune amitié puisse iamais adiuster vne cõfidence au poinct de n'auoir quelque chose de reserué, les gens de bien qui viennẽt à s'aimer parfaitement, ne se doiuent rien cacher de ce qui leur importe, & dont le secret peut donner de la ialousie à son amy: mais il ne laisse pas de se trouuer bien souuent des choses particulieres, que le respect & la consideration de l'amitié ne veut pas que l'on communique, ie ne m'offenceray iamais que mon amy dans ses affaires domestiques, ne me face point son confident, il peut ouurir & fermer toute sorte de lettres deuant moy, sans que ie l'espie seulement d'vn regard: mais s'il auoit vn dessein ou de mariage, ou de voyage, sans me le faire sçauoir, ie ne croirois plus estre en ses bonnes graces, & luy rendrois la pareille de ses deffiances. L'affaire de Clitiphon n'estoit point de cét importance là, ie me doutois bien à plus prés que ce pouuoit estre, voyant dans son visage qu'il estoit en peine de sa feinte, soit qu'il se sentist rougir, ou qu'il eust apperceu que ie l'auois découuert, si bien qu'il ne me le fit pas long: car apres m'auoir dit la premiere fois qu'il estoit là à faire vn calcul de quelques petites despêces pour venir à certains comptes qu'il alla controuuer, il vit que ie fis semblant de croire trop facilement pour en croire rien du tout, & me disposant à luy donner le loisir de faire ses suputations, i'allois sortir lors qu'il me pria d'arrester pour me dire au vray ce qui l'amusoit là, à condition que ie ne m'en mocquerois point, ce que luy ayant promis, il tire de sa pochette quelques moitiez de vers & de prose, d'où il vouloit rassembler vn present pour ceste Maistresse. Est-il bien vray, luy di-ie, que vous soyez pris? seriez-vous si fol que d'estre Amoureux? ie ne le suis pas, dit-il, au poinct qu'il paroist peut-estre à ma contenance: mais à la verité ceste fantaisie me passe fort agreablement dans l'esprit, & ceste resuerie commence à me desrober le goust des obiects que ie trouuois au parauant les plus aymables: ie ne sçaurois me souuenir d'elle qu'auec vn peu d'émotion, & pour si peu de temps que ie l'ay veuë, i'ay toute ceste idée si bien imprimée dãs le cœur, qu'il n'y a point de traict si caché dans son visage, ou de mouuemens si diuers en ses regards, qui ne soient presens à mon imagination, ceste taille, ceste parole, ce rire, ceste façon de cheminer

cheminer, ie le voyois mieux que ie ne faisois tantost : car mes yeux l'ont mis bien fidellement dans mon ame, & mon ame la remet incessamment deuant mes yeux. Ceux qui se sont imaginez d'auoir parlé à des diuinitez corporelles, songeoient sans doute à leur Maistresse ; car on ne voit en absence rien si clairement que cela. A ce petit discours qu'il me poussa precipitement, & qu'il monstroit bien partir du profond du cœur, il me sembla voir vn homme qui commence à s'estendre, & baille du premier accez de sa fiebure, & iugeay bien qu'à la fin il faudroit que ceste maladie print son cours, ie ne laissay pas de luy representer que c'estoit là le commencement d'vn dessein qui engage les hommes aux affaires les plus importantes de la vie, & qu'on se deuoit donner le loisir d'examiner vn peu ceste entreprinse, tout ce qui nous surprent pour nous engager, ne se porte que bien rarement à nostre aduantage. Ceste aduanture luy dy-je si inopinée, n'est peut-estre pas de vostre bon genie, voyez que desia vous commencez à vous en trouuer mal ; la melancholie vous saisit, les souspirs vous eschappent, vous ne mangez plus qu'auec dégoust, vous n'auez plus vn sommeil qu'interrompu, ny des songes qu'auec des vapeurs mal digerées, qui ne vous representent que precipices, & que visions d'espouuentemens : Ne laissez pas gaigner le mal plus auant, coupez luy la racine tandis qu'elle est encore foible, aussi bien possible trauaillerez-vous à ceste recherche inutilement ? Ce sera peut-estre quelque esprit capricieux, sur qui vous ne pourrez poser aucun fondement de vostre pourſuite ; ou quelque humeur deffiante que vous ne pourrez iamais aſſeurer de la verité de voſtre affe-ction, ou quelque naturel delicat & ſuperbe, à qui ny la vertu, ny la paſſion ne ſçauroit iamais rendre agreable, & qui ne ſe trouuant honoré que de ſoy meſme, ſe deſoblige de l'amitié & du reſpect qu'on luy veut rendre. Peut eſtre comme à ſa mine elle eſt aſſez froide, & ſemble auoir du iugement, elle ſouf-frira bien que vous la ſeruiez, & ne ſe faiſant au fonds que rire de voſtre mal, vous laiſſera vieillir ſans recompenſe. Mon amy vous courez danger de tous ces inconueniens là. Au reſte ie ne ſuis pas ſi peu complaiſant à la paſſion de mes amis, que ſi i'auois la liberté de demeurer en ceſte Ville, ie ne fuſſe bien aiſe de vous y tenir compagnie : car ie voy que cecy s'en va rompre voſtre voyage, & que vous n'eſtes pas preſt à partir d'icy demain. Là commençant à me reſpondre par vn ſerment, il me proteſte qu'il ſeroit à Tours auſsi toſt que moy, & que dans trois iours il prendroit la poſte pour me rateindre, qu'il me ſupplioit de luy donner ce temps là, & de pardonner ceſte neceſſité à la foibleſſe de ſon eſprit, qui s'eſtoit veritablement laiſſé pren-dre, & ne ſe ſentoit pas capable de ſe deliurer ſi promptement. Cependant puis que vous me don-nez vne ſorte de congé en ceſte deſbauche, ou plu-ſtoſt comme vne approbation à ce diuertiſſement de mon ame, acheuez ie vous ſupplie l'obligation que ie vous ay de m'approuuer en ma freneſie, & pour la faire mieux reüſsir, puis que les vers ne vous couſtent rien, & que tout le monde, & moy parti-culierement les eſtiment tant, donnez moy vn

Quatrain de vostre façon qui luy touche quelque chose de mon affection, & de sa beauté : Et comment, di-ie, voudriez vous emprunter les habits d'vn autre pour vous parer deuant vostre Maistresse, & vous farder le visage pour luy plaire? Cela est encore plus estrange d'auoir des imaginations empruntées pour luy discourir, & sçachez, ie vous prie que les pensées d'vn autre ne se rapportent iamais si bien à nos sentimens, & qu'il faut estre Amoureux pour les sçauoir dire. Pour exprimer vostre fantaisie, il faudroit que vostre Maistresse me parust aussi belle qu'elle vous semble : Les plus excellens traicts de la Poësie sont à bien peindre vne naïfueté : Vous ferez mieux cela auec vn souspir que ie ne sçaurois auec tout l'artifice. Le plus nonchalamment que vous luy pourrez escrire, & auec plus de desordre, luy persuadera mieux que vous auez l'esprit diuerty, & que l'amour ne vous laisse pas la liberté du discours, si bien qu'autant de fautes que vous ferez, seront autant de marques de vostre pasſion, & des subiects de vous faire aimer. Voila, ce me dit-il, le plus honneste refus que ie pouuois esperer de vous, donnez moy pour le moins ce ramas de vos dernieres Poësies, qu'on n'a point encores veuës, afin que i'en tire si ie puis quelque chose à mon subiect, ce que ie fis facilement, & commençay à prendre resolution de luy laisser faire l'amour, & de partir le lendemain auecques Sydias.

AV ROY, SVR SON RETOVR DV LANGVEDOC.

IEune & victorieux Monarque,
Dont les exploicts si glorieux,
Ont donné de l'enuie aux Dieux
Et de la frayeur à la Parque:
Qu'attendez-vous plus des Destins?
C'est assez puny de mutins,
C'est assez desmoli de villes,
Nous sçauons bien que desormais
La fureur des guerres ciuiles
Ne nous sçauroit oster la paix.

Laissez-là ces terres estranges
Où vous faictes tant de deserts,
Boisset prepare des concerts,
Et moy des vers à vos loüanges:
Paris ne fut iamais si beau,
Les sources de Fontaine bleau,
Rompant leurs petits flots de verre
Contre les murs de leurs rampars

Ne murmurent que de la guerre
Qui les priue de vos regards.
Dans les allegresses publiques,
Mesme en celebrant vos vertus
Nos visages sont abatus,
Et nos ames melancholiques,
Vos exploicts qu'on nous faict ouyr
Ne peuuent sans nous resiouyr,
Vous donner de la renommée,
Et ne peuuent sans nous fascher
Exposer au sort de l'armée
Vn Roy que nous auons si cher.
Dans ce sanglant mestier des armes
Ou vos bras sont trop exercez,
D'autant de sang que vous versez,
Le peuple verse icy des larmes,
Le Demon ennemy du iour,
Noyant les Astres de la Cour
Dans l'horreur de ses fleuues sombres,
Partage vostre estat aux morts,
Et bastit l'Empire des ombres
De la ruine de nos corps.
Si les fureurs estoient hardies
A ce poinct que leur cruauté
Attaquast vostre Maiesté,
De leurs funestes maladies,
Quelle si secourable main
Peut fournir le secours humain,

Ou quelle aßistance diuine,
Vous pourroit si soudain guerir,
Que la peur de nostre ruine
Ne nous eust plustost fait mourir.
Reuenez au sein de la France,
C'est où les Astres les plus doux
Encore pour l'amour de vous
Adouciront leur influence,
Tous les plus gracieux climats,
Qui sans gresles & sans frimats,
Peuuent accomplir leur année,
Dans leur plus fauorable iour,
N'ont rien d'esgal à la iournée
De vostre bien heureux retour.
Vostre Demon tenant la guerre
Reduitte à sa deuotion,
Laisse gronder l'Ambition
Des plus vaillans Roys de la terre,
On n'en void point du temps passé,
De qui le renom effacé
Ne vous rende vn muet hommage,
Et le marbre deuant vos Lys,
Est honteux de seruir d'Image
A leurs exploicts enseuelis.

ELEGIE.

SOuuerain qui regis l'influence des vers,
Außi bien que tu fais mouuoir tout l'vniuers,
Ame de nos esprits qui dans nostre naissance,
Inspiras vn rayon de ta diuine essence,
Pourquoy ne m'as tu fait les sentimens meilleurs?
Pourquoy tes beaux tresors sont-ils coulez ailleurs?
Ie voy de toutes parts des escriuains sans nombre,
Dont la grandeur à mis mon petit nom à l'ombre.
Ie n'ay qu'vn pauure fond d'vn mediocre esprit,
Ou ie vay cultiuer ce que le Ciel m'apprit,
Des tristes sons rimeurs, d'vn style qui se traine,
Espuisent tous les iours ma languissante veine,
Si i'auois la vigueur de ces fameux Latins,
Ou l'esprit de celuy qui força les Destins.
Qui vit à ses chansons les Parques desarmées,
Et de tous les damnez les tortures charmées,
Quand pour l'amour de luy le Prince des Enfers,
Laissa viure Euridice, & la tira des fers,
Ou si c'est trop d'auoir ces merueilleux genies,
Qu'à nostre siecle infame à bon droit tu dénies.
Ie me contenterois d'esgaler en mon art
La douceur de Malherbe ou l'ardeur de Ronsart,
Et mille autres encore, à qui ie fais hommage,
Et de qui ie ne suis que l'ombre & que l'image.

Ie donnerois ma plume à ces ſoins violans,
A peindre ces ſanglots & ces deſirs bruſlants
Que depuis peu de iours quelque demon allume
Dans mon ſang où l'amour ſe plaiſt & me conſume.
Si mes vers retenoient encore la ferueur
Qui les fit autrefois naiſtre pour la Faueur,
Et tant d'écrits perdus que pour chanter leur flãme
Mille de mes amis m'ont arraché de l'ame,
O Cloris qui te ſçais ſi bien faire adorer !
Qui l'Ame par les yeux m'as peu ſi bien tirer,
Beauté que deſormais ie nommeray mon Ange,
Ie le conſacrerois ſans doute à ta loüange,
I'ay ſi peur que ma Muſe ait perdu ſes appas
A flater vainement ceux que ie n'aime pas,
Que ma plus belle ardeur aujourd'huy ſe retire,
M'eſtant ſi neceſſaire à ce nouueau martire,
Et qu'au meilleur beſoin mes eſprits finiſſans,
Ne me fourniſſent plus que des vers languiſſans.
Mon eſprit eſpuiſé dans des trauaux funeſtes
N'aura pour ton ſubiect rien gardé que des reſtes.
Cloris ie le confeſſe & qu'en ce beau deſſein,
Mon ardeur s'amortit en mon timide ſein,
Mais le feu de l'amour qui s'eſt rendu le maiſtre,
De tous mes ſentimens la peut faire renaiſtre,
Et ſa douce fureur par vn traict de tes yeux,
Peut rendre à mon eſprit ce qu'il auoit de mieux.
Ainſi ſur cet eſpoir dont ta beauté me flatte,
Ta beauté dont le feu par tous moyens eſclate:
Encore mon eſprit oſe ſe faire fort

De sauuer ton merite & mon nom de la mort.
Ie conçois vn Poëme en l'ardeur qui me pique,
De ce vaste dessein qu'on appelle heroique.
Ie sçay que les François n'ont pas encor apris,
De pousser dans ce champ leurs delicats esprits,
Ie me veux engager à ce penible ouurage,
Car tu m'en fourniras la force & le courage,
Si ie suis le premier à ce diuin effort,
Ce n'est à mon aduis que le plaisir du sort,
Qui voulant que premier ceste œuure i'escriuisse,
Voulut que le premier ceste beauté ie visse,
Et que dans tes appas ie prinsse vne chaleur,
Où les sœurs d'Appollon n'ont rien donné du leur,
Où rien que ton obiet ma paßion n'allume,
Où ie n'ay que ta main pour conduire ma plume,
O Dieux pourray-ie bien sans vous fascher vn peu!
Suiure les mouuemens de mon aueugle feu?
Desia comme l'amour m'engage à la furie,
Ie croy que l'adorer n'est pas idolatrie:
Deussay-ie despiter vostre diuin courroux,
Tout ce que i'en veux dire est au dessus de vous,
S'il vous plaist que le monde vniquemẽt vous ayme
Si vous voulez purger la terre du blaspheme,
Faire que les mortels rendent la liberté
De leurs desirs peruers à vostre volonté.
Sans les espouuanter de l'esclat du tonnerre,
Changez vous en Cloris, & venez sur la terre,
Alors de vostre Amour ils seront tous rauis,
Alors absolument vous en serez seruis,

Il est vray que tout cede à l'amoureuse peine,
Que Paris & sa ville ont bruslé pour Heleine,
Et les antiquitez font voir aux curieux,
Que l'Aube mist Titon dans le siege des Dieux,
Et de tant de beautez qui furent les Maistresses,
De l'aisné de Saturne on en fait des Deesses,
Qui n'ont esté pourtant non plus que leur Amant,
Que le triste butin d'un mortel monument,
Mais d'autant que l'Amour est le bien de la vie,
Qui seul ne peut iamais esteindre son envie,
Qui tousiours dans la peine espere le plaisir,
Qui dans la resistance augmente le desir,
Et que les sentimens de ceste douce flame,
Suiuent iusqu'à la fin les derniers traits de l'ame.
On a creu de l'Amour qu'il estoit immortel,
Et qu'aussi son subiect ne peut estre que tel,
Ainsi ces Dieux Payens furent ce que nous sommes
Ainsi les vrais Amans seront plus que les hommes,
Pour moy qui n'ay souffert que d'un iour seulement,
Ie n'oze m'asseurer de passer pour Amant,
Ie ne sçay si l'Amour me croit de son Empire,
Depuis si peu de temps qu'il voit que ie souspire,
Il faut bien que ce soit un obiect violent,
Pour me donner si tost vn desir si bruslant,
Ou que mon Ame soit d'une matiere aisee,
Et d'une humeur bien prompte à se voir embrasee.
Ce feu brusle si viste à force qu'il me plaist,
Qu'à peine ay-ie loisir de regarder qu'il est,
Les Dieux qui peuuent tout auec les destinees

S'aident de mille maux & de beaucoup d'années,
Et faut que des Soleils l'vn l'autre se suiuans,
A force d'esclairer esteignent les viuans,
Qu'vn siecle, ce flambeau passe sur nostre vie,
Et Cloris d'vn traict d'œil me l'a desia rauie.
Mes sens enueloppez dans vn profond sommeil,
Ne sçauent plus que c'est des clartez du Soleil,
Mes premiers sentimens sont dans la sepulture,
Ton Amour, ô Cloris, a changé ma nature,
L'esclat des Diamans, ny du plus beau metal,
Bacchus tout Dieu qu'il est, riant dans le crystal,
Auprix de tes regards n'ont point trouué la voye,
Qui conduit dans mon ame vne parfaite ioye,
Si le sort me donnoit la qualité de Roy,
Si les plus chers plaisirs s'adressoient tous à moy,
Si i'estois Empereur de la terre & de l'onde,
Si de ma propre main i'auois basty le monde,
Et comme le Soleil de mes regards produict,
Tout ce que l'Vniuers a de fleur & de fruict,
Si cela m'arriuoit ie n'aurois pas tant d'aise,
Ny tant de vanité que si Cloris me baise,
Mais i'entens d'vn baiser où le cœur puisse aller,
Auec les mouuements des yeux & du parler,
Que son ame sans peine auec moy s'entretienne,
Et que sa volonté seconde vn peu la mienne.
Amans qui vous piquez vers vn obiect forcé,
Qui ne sçauez que c'est d'vn baiser bien pressé,
Qui ne trouuez l'Amour que dans la tyrannie,
Et n'aymez les faueurs qu'en tãt qu'on vous les nie,

Que vous estes heureux en vos lasches desirs,
Puis que mesme vos maux font naistre vos plaisirs.
Pour moy chere Cloris, ie n'en suis pas de mesme,
Ie ne sçaurois aimer si ie ne voy qu'on m'aime,
Et si peu qu'on refuse à ma saincte amitié,
Ie sens que mon ardeur decroist de la moitié,
I'entens que le salaire égale mon seruice,
Ie pense qu'autrement la constance est vn vice,
Qu'Amour hait ces esprits qui luy sont trop deuots:
Et que la patience est la vertu des sots,
Ce que ie dis Cloris auec plus d'asseurance,
D'autant que ie te voy flatter mon esperance,
Et que pour nous tenir dans cét heureux lien,
Ie voy desia d'accord ton esprit & le mien,
Aymons nous ie te prie, & lors que mon visage,
Te voudra rebuter ou mon poil ou mon aage,
Regarde en mon esprit ou i'ay mis ton tableau,
Lors tu verras en moy quelque chose de beau,
Tu te verras logée en vn petit Empire,
Où l'esprit de l'Amour auecques moy souspire,
Il se tient glorieux de receuoir ta Loy,
Et semble qu'il poursuit mesme dessein que moy,
Si ie vay dans tes yeux il y va prendre place,
Ie ne voy là dedans que ses traicts & ma face,
Ie doute s'il y fait ou mon bien ou mon mal,
Et ne sçay plus s'il est mon maistre ou mon riual:
Ie cognois bien l'Amour, ie sçay qu'il est perfide,
Et si pour le chasser ie suis vn peu timide,
Ie luy feray tousiours vn traictement humain,

Puis que ie l'ay receu d'vne si bonne main.
Puis que c'est toy Cloris, apres l'auoir fait naistre,
Qui l'as mis dans mon ame, ou ton œil est le maistre,
Ou tu vis absoluë en tes commandemens,
Ou ton vouloir preside à tous mes sentimens,
C'est par toy que ces vers d'vne vaine animée,
S'en vont à ma faueur flatter la renommée,
Mais ie diray par tout que tes seules beautez,
Ont esté le Demon qui me les a dictez,
Et tant que tes regards luiront à ma pensee,
Sans ouurir vne veine aucunement forcée,
Ma Muse se promet de meriter vn iour,
Que ses vers soient nõmez les fruicts de ton amour,
Autant que ton humeur ayme la Poësie,
Ie te prie, ô Cloris, ayde ma frenesie:
Et puis que ie m'engage à ce diuin proiect,
Ne te lasse iamais de me seruir dobiect, (dre
Auiourd'huy donne moy tes beaux cheueux à pein-
Tu verras vne plume au Pactole se teindre,
Et d'vne lettre d'or grauer selon mes veux,
Mon ame entrelassée auecques tes cheueux.
Ie ne veux point laisser ma passion oysiue,
Ma veine est pour Cloris & sans fonds & sãs riue
Demain ie descriray ses yeux & ce beau front,
Pour elle mon genie est abondant & prompt,
Et pour voir que ma veine en ce subiet tarisse,
Il faudra voir plustost que sa beauté perisse,
Que mes yeux dans ses yeux ne treuuẽt plus d'amour
C'est à dire, il faut voir perir l'Astre du iour.

Car ie ne pense point que ses attraicts succombent,
Sous l'iniure des ans, tant que les cieux ne tombent,
Ils se r'enforceront au lieu de deffaillir,
Comme l'or s'embellit à force de vieillir.
Et comme le soleil à qui le vieil vsage,
N'a point osté l'ardeur, ny changé le visage,
Toutesfois il n'importe à mon contentement,
Que mon soleil esclaire ou meure promptement:
Puis que desia ma vie à demy consommée,
Ne se peut asseurer d'estre long-temps aymée,
Que ie dois defaillir à ce diuin flambeau,
Et perdre auecques moy sa memoire au tombeau,
Mais tandis que le Ciel me souffrira de viure,
Et que le traict d'Amour me daignera poursuiure,
Ie me veux consommer dans ce plaisir charmant,
Et me resous de viure & mourir en aymant,
Ie sçay bien que Cloris ne me veut pas contraindre,
Au soin perpetuel de seruir & de craindre,
Qu'elle a des mouuemens subiets à la pitié,
Et qu'au moins sa raison songe à mon amitié.
Cloris si ie venois aueuglé de tes charmes,
Le cœur tout en souspirs, & les yeux tous en lar-(mes,
Demander instamment vn Amoureux plaisir,
Ie croy que ton Amour m'en laisseroit choisir:
Maintenant que le ciel despoüille les nuages,
Que le front du printemps menasse les orages,
Que les champs comme toy paroissoient embellis,
De quantité d'œillets, de rozes & de lis:
Que tout est sur la terre, & qu'vne humeur fecõde,

Qu'attire le Soleil, fait raieunir le monde,
Comme si i'auois part à la faueur des cieux,
Qui redonne l'enfance à ces bocages vieux.
Et que ce renouueau qui rend tout agreable,
Me rendist à tes yeux plus ieune & plus aymable,
Ie te veux coniurer auec des vœux discrets,
De passer auec moy quelques moments secrets,
Nous irons dans des bois sous des fueillages sombres
Ou iamais le Soleil n'a sceu forcer les ombres,
Personne làdedans n'entendra nos amours,
Car ie veux que les vents respectent nos discours,
Et que châque ruisseau plus vistement s'enfuye,
De deuant tes regards, de peur qu'il ne t'ennuye,
Maintenant que le Roy s'esloigne de Paris,
Suiuy de tant de gens au carnage nourris,
Qui dans ces chauds climats vont requerir les restes
Du danger des combats & de celuy des pestes,
Il faut que ie le suiue, & Dieu sans me punir,
Cloris ne te sçauroit empescher d'y venir,
Si tu fais ce voyage, & mon amour te prie
D'y ramener tes yeux, car c'est là ma patrie,
C'est ou les rais du iour daignerent deualer,
Pour faire viure vn cœur que tu deuois brusler,
Là tu verras vn fonds ou le Paysan moissonne,
Mes petits reuenus sur les bords de Garonne,
Le fleuue de Garonne ou de petits ruisseaux,
Au trauers de mes prez vont apporter leurs eaux,
Ou des saules espais leurs rameaux verds abaissent,

Pleins d'ombre & de frescheur sur mes troupeaux
qui paissent,
Cloris si tu venois dans ce petit logis,
Combien qu'à te l'offrir de si loin ie rougis,
Si ceste occasion permet que tu l'approches,
Tu le verras assis entre vn fleuue & des roches,
Ou sans doute il falloit que l'amour habitast,
Auant que pour le Ciel la terre il ne quittast,
Dans ce petit espace vne assez bonne terre,
Si ie la puis sauuer du butin de la guerre,
Nous fournira des fruicts aussi delicieux,
Qui sçauroient contenter ou ton goust ou tes yeux,
Mais afin que mon bien d'aucun fard ne se voile,
Mes plats y sont d'estain, & mes rideaux de toile,
Vn petit pauillon dont le vieux bastiment
Fut massoné de brique & de mauuais cimẽt, (tres,
Monstre assez qu'il n'est pas orgueilleux de nos til-
Ses chãbres n'ont plãcher, toict, ny portes, ny vitres,
Par où les vents d'yuer s'introduisans vn peu,
Ne puissent venir voir si nous auons du feu.
Ie ne veux point mentir, & quand le sort auare,
Qui me traicte si mal m'eust esté plus barbare,
Et qu'il m'eust fait sortir d'vn sang moins recogneu,
Ie te confesserois d'où ie serois venu,
Que i'ay bien plus de peine à descouurir ma face
Deuant tes yeux si beaux qu'à te monstrer ma race.
Dans l'estat où ie suis i'ay bien plus de raison
De te faire agreer mes yeux que ma maison,

Ie iure les rayons dont ta beauté mesclaire,
Que le but de mon ame est le soin de te plaire,
Et que i'ayme si fort ta veuë & tes propos,
Qu'à ton suiect la nuict est pour moy sans repos,
Et sans faire l'Amour à la façon commune,
Sans accuser pour toy le Ciel ny la fortune,
Sans me plaindre si fort i'ay ce coup plus profond,
Que les autres mortels, i'ayme mieux qu'ils ne font,
Et si ton cœur n'en tire vne preuue assez bonne,
De ces vers insensez que mon amour te donne,
Pour m'en iustifier à tes yeux adorez,
Ie respandray le sang d'où ie les ay tirez,
Si ton humeur estoit de me le voir respandre,
Et qu'autrement ton cœur ne me voulust entendre.

ELEGIE.

C*LORIS lors que ie songe en te voyant si belle,*
Que ta vie est subiette à la loy naturelle,
Et qu'à la fin les traicts d'vn visage si beau,
Auec tout leur esclat iront dans le tombeau,
Sans espoir que la mort nous laisse en la pensée,
Aucun ressentiment de l'amitié passee,
Ie suis tout rebuté de l'aise & du soucy,
Que nous fait le destin qui nous gouuerne icy,
Et tombant tout à coup dans la melancholie,

Ie commence à blasmer vn peu nostre folie,
Et fay veu de bon cœur de m'arracher vn iour,
La chere reuerie ou m'occupe l'amour.
Aussi bien faudra il qu'vne vielleſſe infame,
Nous gele dans le ſang les mouuemens de l'ame,
Et que l'aage en ſuiuant ſes reuolutions,
Nous oſte la lumiere auec les paßions,
Ainſi ie me reſous de ſonger à ma vie,
Tandis que la raiſon m'en fait venir l'enuie,
Ie veux prendre vn obiect ou mon libre deſir
Diſcerne la douleur d'auecques le plaiſir,
Ou mes ſens tous entiers ſans fraude & ſans contrainte,
Ne s'embarraſſent plus n'y d'eſpoir ny de crainte,
Et de ſa vaine erreur mon cœur deſabuſant,
Ie gouſteray le bien que ie verray preſent,
Ie prendray les douceurs à quoy ie ſuis ſenſible,
Le plus abondamment qu'il me ſera poßible,
Dieu nous à tant donné de diuertiſſemens,
Nos ſens trouuent en eux tant de rauiſſemens,
Que c'eſt vne fureur de chercher qu'en nous meſme,
Quelqu'vn que nous aimions, & quelqu'vn qui nous aime.
Le cœur le mieux donné tient touſiours à demy,
Chacun s'aime vn peu mieux touſiours que ſon amy,
On les ſuit rarement dedans la ſepulture,
Le droict de l'amitié cede aux Loix de nature;
Pour moy ſi ie voyois en l'humeur ou ie ſuis,
Ton ame s'enuoler aux eternelles nuicts,

Quoy que puisse enuers moy l'vsage de tes charmes,
Ie m'en consolerois auec vn peu de larmes.
N'attends pas que l'Amour aueugle aille suiuant,
Dans l'horreur de la nuict, des ombres & du vent.
Ceux qui iurent d'auoir l'ame encore assez forte,
Pour viure dans les yeux d'vne Maistresse morte,
N'ont pas pris le loisir de voir tous les efforts,
Que faict la mort hydeuse à consumer vn corps,
Quand les sens peruertis sortent de leur vsage,
Qu'vne laideur visible efface le visage,
Que l'esprit deffaillant, & les membres perclus,
En se disant adieu ne se cognoissent plus,
Que dedans vn moment apres la vie esteinte,
La face sur son cuir n'est pas seulement peinte,
Et que l'infirmité de la puante chair,
Nous fait ouurir la terre afin de la cacher.
Il faut estre animé d'vne fureur bien viue,
Ayant consideré comme la mort arriue,
Et comme tout l'obiect de nostre amour perit,
Si par vn tel remede vne ame ne guerit,
Cloris tu vois qu'vn iour il faudra qu'il aduienne,
Que le destin rauisse & ta vie & la mienne,
Mais sans te voir le corps ny l'esprit dépery,
Le Ciel en soit loüé, Cloris ie suis guery.
Mon ame en me dictant les vers que ie t'enuoye,
Me vient de plus en plus ressusciter la ioye,
Ie sens que mon esprit reprend la liberté,
Que mes yeux desuoilez cognoissent la clarté,
Que l'obiect d'vn beau iour, d'vn pré, d'vne fōtaine,

De voir comme Garonne en l'Ocean se traine,
De prendre dans mon isle en ses longs promenoirs,
La paisible fraischeur de ses ombrages noirs:
Me plaist mieux auiourd'huy que le charme inutile,
Des attraicts dont Amour te fait voir si fertile.
Languir incessamment apres vne beauté,
Et ne se rebuter d'aucune cruauté,
Gaigner au prix du sang vne foible esperance
D'vn plaisir passager qui n'est qu'en apparence,
Se rendre l'esprit mol, le courage abatu,
Ne mettre en aucun prix l'honneur ny la vertu,
Pour conseruer son mal, mettre tout en vsage,
Se peindre incessamment & l'ame & le visage,
Cela tient d'vn esprit ou le Ciel n'a point mis
Ce que son influence inspire à ses amis,
Pour moy que la raison esclaire en quelque sorte,
Ie ne sçaurois porter vne fureur si forte,
Et desia tu peux voir au train de cét escrit,
Comme la guarison auance en mon esprit:
Car insensiblement ma Muse vn peu legere
A passé dessus toy sa plume passagere,
Et destournant mon cœur de son premier obiect,
Dés le commencement i'ay changé de suiect,
Emporté du plaisir de voir ma veine aisée,
Seurement aborder ma flame rappaisée,
Et ioüer à son gré sur les propos d'aimer,
Sans auoir auiourd'huy pour but que de rimer,
Et sans te demander que ton bel œil esclaire,
Ces vers ou ie n'ay pris aucun soin de te plaire,

STANCES.

MAintenant que Cloris a iuré de me plaire,
Et de m'aimer mieux que deuant,
Ie despite le sort, & crains moins sa colere,
Que le Soleil ne craint le vent.
Cloris renouuellant ma chaisne presque vsee,
Et renforçant mes doux liens,
M'a rendu plus heureux que l'amy de Thesee,
Quant Pluton relascha les siens.
Desia ma liberté faisoit trembler mon ame,
Mon salut me faisoit perir,
Ie mourois du regret d'auoir tué ma flame,
Combien qu'elle me fist mourir.
Sortant de ma prison ie me trouuois sauuage,
I'estois tout esblouy du iour,
De tous mes sentimens i'auois perdu l'vsage,
En perdant celuy de l'amour.
Ainsi l'oyseau de cage alors qu'ils se deliure,
Pour se remettre dans les bois,
Trouue qu'il à perdu l'vsage de son viure,
De ses aisles & de sa voix.
Dieux ou cét aduanture auoit porté ma vie!
Ie fremissois de son orgueil,
Cependant ie sentois que ie mourois d'enuie,
De l'adorer iusqu'au cercueil.

Cloris trauaillez bien a desnoüer ma chaisne,
Mon ioug est tresbien asseuré,
Vous seriez fort long-temps pour me mettre en la peine,
Dont vous m'auez si tost tiré.
Ie ne suis pas si fol que d'escouter encore
Les censures de ma raison,
Et combien que mon mal eust besoin d'Ellebore
Ie prendrois plustost du poison.

SONNET.

On n'auoit point posé les fondemens de Rome,
On n'auoit point parlé du siege d'Ilion,
La terre n'auoit point receu Deucalion,
Ny Babel diuisé le langage de l'homme.
Les sœurs de Phaëton ne pleuroient point la gõme,
Les Geans n'auoient point monté sur Pelion,
Et celuy qui causa nostre rebellion,
N'auoit pas mis la dent sur la premiere pomme.
Cypre n'auoit point veu ses riues escumer
De ce germe diuin qui tomba dans la mer,
Quand la mere d'amour voulust sortir de l'onde.
Bref, nous ne sçauons point de siecles assez vieux,
Depuis qu'on a cogneu l'origine du monde,
De qui l'antiquité ne le cede à vos yeux.

SONNET.

Ministre du repos, sommeil pere des songes,
Pourquoy t'a t'on nommé l'image de la mort,
Que ces faiseurs de vers t'ont iadis fait de tort,
De le persuader auecques leurs mensonges.

Faut-il pas confesser qu'en l'aise ou tu nous plonges,
Nos esprits sont rauis par vn si doux transport,
Qu'au lieu de racourcir à la fureur du sort,
Les plaisirs de nos iours, sommeil tu les allonges.

Dans ce petit moment, ô songes rauissans
Qu'Amour vous a permis d'entretenir mes sens,
I'ay tenu dans mon lict Elise toute nuë.

Sommeil, ceux qui t'ont faict l'image du trespas,
Quãd ils ont peint la mort ils ne l'ont point cogneuë,
Car vrayment son pourtraict ne luy ressemble pas.

SONNET.

AV moins ay-ie songé que ie vous ay baisée
Et bien que tout l'amour ne s'en soit pas allé,
Ce feu qui dans mes sens a doucement coulé,
Rend en quelque façon ma flamme rappaisee.

Apres ce doux effort mon ame reposee
Peut rire du plaisir qu'elle vous a volé
Et de tant de refus à demy consolé,
Ie trouue desormais ma guerison aisee.

Mes sens desia remis commencent à dormir,
Le sommeil qui deux nuicts m'auoit laissé gemir,
En fin dedans mes yeux vous fait quitter la place:

Et quoy qu'il soit si froid au iugement de tous,
Il a rompu pour moy son naturel de glace,
Et s'est monstré plus chaud & plus humain que
vous.

SONNET.

D'VN sommeil plus tranquille à mes Amours resuant,
I'esueille auant le iour mes yeux & ma pensee,
Et ceste longue nuict si durement passée,
Ie me trouue estonné dequoy ie suis viuant.

Demy desesperé ie iure en me leuant,
D'arracher cét obiet à mon ame insensée,
Et soudain de ces vœux ma raison offensee,
Se desdit & me laisse aussi fol que deuant.

Ie sçay bien que la mort suit de pres ma folie,
Mais ie voy tant d'appas en ma melancholie,
Que mon esprit ne peut souffrir sa guerison:

Chacun à son plaisir doit gouuerner son ame,
Mithridate autrefois à vescu de poison,
Les Lestrigons de sang, & moy ie vis de flame.

SONNET.

CHere Isis tes beautez ont troublé la nature,
Tes yeux ont mis l'Amour dans son aueugle-
ment,
Et les Dieux occupez apres toy seulement,
Laissent l'estat du monde errer à l'auanture.

Voyans dans le Soleil tes regards en peinture,
Ils en sentent leur cœur touché si viuement,
Que s'ils n'estoient cloüez si fort au firmament,
Ils descendroient bien tost pour voir leur creature.

Croy moy qu'en cette humeur ils ont peu de soucy,
Ou du bien ou du mal que nous faisons icy,
Et tandis que le Ciel endure que tu m'aimes:

Tu peux bien dans mon lict impunément coucher,
Isis que craindrois-tu, puis que les Dieux eux-mes-
mes,
S'estimeroient heureux de te faire pecher.

SONNET.

SAcrez murs du Soleil où i'adoray Philis,
Doux seiour où mon ame estoit iadis charmée,
Qui n'est plus auiourd'huy sous nos toicts demolis,
Que le sanglant butin d'vne orgueilleuse armée.

Ornemens de l'Autel qui n'estes que fumée,
Grand Temple ruyné, mysteres abolis,
Effroyables obiects d'vne ville allumée,
Palais, hommes, cheuaux, ensemble enseuelis.

Fossez larges & creux tous comblez de murailles,
Spectacles de frayeur, de cris, de funerailles,
Fleuue par ou le sang ne cesse de courir:

Charniers ou les Corbeaux & les Loups vont repaistre,
Clerac, pour vne fois que vous m'auez faict naistre,
Helas! combien de fois me faites vous mourir.

POVR VNE AMANTE IRRITTEE.

SONNET.

CEux qui tirent le cœur par les traits du visage,
Remarquent dans le tien des signes de valeur,
Mais comme la vaillance est tousiours vn presage,
Qui promet de la gloire auecque du malheur.

I'espere que la mort auecques sa pasleur,
Couurira tes beautez de sa funeste image,
Et que ton ieune sang tout remply de chaleur,
Viendrá faire à ton dam preuue de ton courage.

Vn iour que tu voudras combattre au premier rãg
Ie te verray couuert de poussiere & de sang,
Et le cœur trauersé d'vne mortelle playe:

Tourner ces traistres yeux deuers ton monument,
Lors pour te faire voir que ma vengeãce est vraye,
Ie n'en ietteray pas vn souspir seulement.

POVR VNE AMANTE CAPTIVE.

TYranique respect, triste & fascheux deuoir,
Qui tiens si rudement mes volontez cõtraintes,
Dois-ie mourir icy sans que ie puisse auoir
Autre soulagement que celuy de mes plaintes?
Souffriray-ie ô Thirsis: mon cœur gelé de craintes,
Dans le desir bruslant que i'ay de te reuoir,
Loix que ma passion deuoit auoir enfraintes,
Garderez-vous tousiours ce rigoureux pouuoir?
Ie crois que le Tiran qui d'eternelles flames
Donne le chastiment ordonné pour les ames,
Quand ie serois esclaue au fonds de ses Enfers,
S'il sçauoit le suiet de mon impatience,
Sentiroit me voyant blesser sa conscience,
S'il ne me permettoit de sortir de mes fers.

ELEGIE.

DAns ce climat barbare, ou le destin me rãge,
Me rendant mon pays cõme vn pays estrãge
Desloges ie ne sçay quel estourdissement
Assoupit les aigreurs de mon bannissement,

Ie n'ay point souspiré depuis l'heure funeste,
Que ie receus ce traict de la fureur Celeste,
Ton ame en fut touchée, & gemit sous l'effort
Que me fit la rigueur de mon iniuste sort,
Mon Maistre en eut aussi de bien viues atteintes,
Et vos ressentimens n'attendoient pas mes plaintes.
Moy voyant mon desastre auec vostre amitié,
I'eus vn peu de douleur & beaucoup de pitié,
Ie sentis mon mal-heur, mais le soucy visible
De vostre affection me fut bien plus sensible,
Mon cœur pressé du mal, comme en deux se fendit,
Et sur luy tout mon fiel alors se respandit,
Mon courage esblouy laissa tomber les armes,
Et mon œil fut honteux de n'auoir point de larmes,
Mais depuis le moment que ie te dis adieu,
Soudain que mes regards eurent changé de lieu,
Mon esprit rasseuré reuint à sa coustume,
Et soudain que mon cœur perdit son amertume,
Ie vis tous mes soucis en l'air s'euanoüir,
Et trouuay dans moy mesme en quoy me resiouyr.
L'obiect de ce chagrin m'eschappa comme vn songe,
Et ce vray desplaisir me parut vn mensonge.
Comme dans nos cerueaux l'image d'vn penser,
Quelquefois se dissipe & ne fait que passer,
L'imagination ne le sçait plus refeindre,
Et la memoire aussi ne le peut pas atteindre,
L'ombre de cét ennuy s'esuanouyt si bien,
Que ie m'en trouue quitte, & n'y cognois plus rien.
Desloges, rien de tel iamais ne t'importune,

Iamais rien de pareil n'arriue à ta fortune,
Iamais tel accident n'esprouue ta raison,
Iamais vn tel oiseau ne volle en ta maison:
Ie sçay bien que ton ame & sage & courageuse,
T'a fait voir la mer calme & la mer orageuse,
Et que ton frond esgal au changement des flots,
Vit mille fois changer le front des matelots,
Quand ces desseins hardis te firent prendre enuie,
D'aller de là la ligne abandonner ta vie,
Ie sçay dans quel danger la fortune t'a mis,
Et combien ta valeur à choqué d'ennemis.
Que tu ris du malheur dont les mortels souspirent,
Et des traits les plus forts que les destins nous tirent,
Mais tousiours vaut-il mieux viure paisiblement,
D'autant que le repos vaut mieux que le tourment,
L'effort de la raison, & ce combat farouche,
Contre nos sentimens quand la douleur nous touche,
Importune la vie, & son fascheux secours,
Nuit plus que si le mal prenoit son iuste cours.
Qui retient vn souspir, s'attriste d'auantage,
Vn torrent qu'on estouffe estourdit le courage,
Et si iamais l'obiet de quelque desplaisir,
De ses tristes appas t'estoit venu saisir,
Plains toy, ne force rien, fay que ton ame esclate,
Et sçache qu'en pleurant vne douleur se flate,
Mais ces remedes là ne te sont pas besoin,
Les matieres de pleurs te touchent de trop loin,
L'Astre qu'on veid reluire au poinct de ta naissãce
D'vne meilleure forme a basty ton essence,

Le Ciel te voit tousiours le visage serain,
Comme si le Destin t'eust fait l'ame d'airain,
Toute sorte de maux, ton esprit les deffie,
Sans besoin du secours de la Philosophie.
Mais moy qui vois mon astre en si mauuais sentier,
Qui ne goustay iamais vn seul plaisir entier,
Qui sens que tout me choque, & qui ne vois personne
M'assister aux assauts que fortune me donne,
Suis-ie pas bien-heureux qu'au fort de mõ malheur,
Ie n'aye ressenty tant soit peu de douleur.
Bien que ie sois banny peu s'en faut du Royaume,
Qu'icy ie ne voy plus, ny dez, ny ieu de paulme.
Ie ne vois rien que champs, que riuieres, que prez,
Où le plus doux rozier me peust comme cyprez,
Ou ie n'ay plus l'aspect de la place Royale,
Ou ie ne puis aller boire frais en ta salle,
Ou mon maistre n'est pas, ou ne vient point la Cour,
Ou ie ne sçaurois voir ny toy, ny Liancour,
Ie ne sçay comme quoy ma sauuage nature
Peut sans estonnement souffrir ceste auanture,
Mon œil n'a point regret au lieu que i'ay laissé,
Mon ame ne plaint point le temps qu'elle a passé.
Au lieu de tant de pompe ou la Cour vous amuse,
Icy ie n'entretiens que Bacchus & la Muse,
Qui tous deux liberaux auec leurs doux presens
A leur deuotion tiennent mes ieunes ans,
Innocent que ie suis plein de repos dans l'ame,
Qui tiens indifferent qu'on me loüe ou me blasme:
Qui fais ce qui me plaist, qui vis comme ie veux,

Qui plain-

Qui plaindrois au destin le moindre de mes vœux;
Qui ris de la Fortune, & couché dans la boüe,
Me mocque des captifs qu'elle attache à sa roüe,
Icy comme à la Cour i'ay le sort tout pareil,
Et voy couler mes iours sous vn mesme Soleil,
Que si nostre Siluandre à l'esprit prophetique,
Si les euenemens suiuent sa prognostique,
Et que cét an finy, quelqu'vn ait le credit,
De faire reüßir le bien qu'il m'a predit,
On verra que Paris n'a point changé de place,
Et que mes sentimens n'ont point changé de face,
Or comme dans la Cour i'estois peu Courtisan,
Sçache que dans les champs ie ne suis point Paysan,
Et que mes paßions aucunement ne cedent,
A la contagion des lieux qui me possedent,
Mon sens en toutes parts suiuant vn mesme cours,
Tu me verras tout tel que tu m'as veu tousiours
Que si mon long exil doit borner ma demeure,
Quelque part ou ce soit, si faut-il que ie meure,
Et quoy que face Ilax & les plus fauoris,
Le Ciel n'est pas plus loin d'icy que de Paris.

ODE.

PErside ie me sens heureux
De ma nouuelle seruitude,
Vous n'auez point d'ingratitude
Qui rebute vn cœur amoureux

Il est bien vray que ie me fasche,
Du fard où vostre teint se cache,
Nature à mis tout son credit,
A vous faire entierement belle,
L'Art qui pense mieux faire qu'elle,
Me déplaist & vous enlaidit.

L'esclat, la force, & la peinture,
De tant & de si belles fleurs,
Que l'Aurore auecques ses pleurs,
Tire du sein de la Nature,
Sans fard & sans déguisement,
Nous donne bien plus aisément,
Le plaisir d'vne odeur nayfue,
Leur obiect nous contente mieux,
Et se monstre deuant nos yeux,
Auec vne couleur plus viue.

Les oyseaux qui sont si bien teints,
Ne couurent point d'vne autre image
Le lustre d'vn si beau plumage,
Dont la nature les a peints,
Et leur celeste melodie,
Plus aimable qu'en Arcadie,
N'estoient les flageolets des Dieux,
Prend elle mesme ses mesures,
Choisit les tons, fait les cesures,
Mieux que l'Art le plus curieux.

L'eau de sa naturelle source,
Trouue assez de canaux ouuerts,
Pour trainer par les plis diuers,

La facilité de sa course,
Ses riuages sont verdissans,
Où des arbrisseaux fleurisans
Ont tousiours la racine fresche,
L'herbe y croist iusqu'à leur grauier,
Mais vne herbe que le bouuier
N'apporta iamais à sa creche.
Ces petits cailloux bigarez
En des diuersitez si belles,
Où trouueroient-ils des modelles,
Qui les fissent mieux figurez?
La nature est inimitable,
Et dans sa beauté veritable,
Elle esclatte si viuement,
Que l'Art gaste tous ses ouurages,
Et luy fait plustost mille outrages,
Qu'il ne luy donne vn ornement.
L'Art ennemy de la franchise,
Ne veut point estre recogneu,
Mais l'Amour qui ne va que nu,
Ne souffre point qu'on se déguise:
Les Nymphes au sortir des eaux,
D'vn peu de ionc & de roseaux,
Se font la coiffure & la robbe,
Et les yeux du Satyre ont droict,
De regretter encor l'endroict,
Que le vestement leur desrobbe.
Si vous sçauiez que peut l'effort

De vostre beauté naturelle,
Et combien de vainqueurs pour elle
Implorent l'aide de la mort,
Vous casseriez ces pots de terre,
De bois, de coquille, de verre,
Ou vous renfermez vos onguens,
La nuict vous quitteriez le masque,
Et perdriez ceste humeur fantasque
De dormir auecques vos gans.
Lors que vous serez hors d'vsage,
Et que l'iniure de vos ans
Appellera les Courtisans,
A l'Amour d'vn plus beau visage,
Quand vos appas seront ostez,
Que les rides de tous costez
Auront coupé ce front d'albastre,
Taschez lors d'excroquer l'Amour,
Et si vous pouuez chasque iour,
Faictes vous de cire ou de plastre.
Si le Ciel me faict viure assez,
Pour voir la fin de vostre gloire,
Et me punir de la memoire
De nos contentemens passez,
Ie croy que ie seray bien aise,
Ne trouuant plus rien qui me plaise,
Au visage que vous aurez,
De reuoir l'Amour & les Graces,
d'en aller baiser les traces,

Et

Sur le fard dont vous vserez.
Mais auiourd'huy belle Perside,
Vos ieunes yeux seront tesmoins,
Qu'il faut vn siecle pour le moins,
Pour vous amener vne ride,
L'Aurore qui dedans mes vers,
Voit apprendre à tout l'vniuers,
Que vostre beauté la surmonte,
Arrachant de ses beaux habits,
Et les perles & les rubis,
Elle pleure & rougit de honte.
Elle n'est point rouge au matin,
D'autant que Titon l'a baisée,
Et ne verse point sa rosee,
Pour la mariolaine & le tin,
La rougeur qui paroist en elle,
C'est de voir Perside trop belle,
Et l'humidité de ses pleurs,
Quoy que chante la Poësie,
Ce sont des pleurs de ialousie,
Et des marques de ses douleurs:

ELEGIE.

DEpuis ce triste iour qu'vn adieu malheureux,
M'osta le cher obiect de mes yeux amoureux,
Mon ame de mes sens fut toute des-vnie,
Et priué que ie fus de vostre compagnie,

Ie me trouuay si seul auecques tant d'effroy,
Que ie me crus moy mesme estre esloigné de moy,
La clarté du Soleil ne m'estoit point visible,
La douceur de la nuict ne m'estoit point sensible,
Ie sentois du poison en mes plus doux repas,
Et des gouffres par tout où se portoient mes pas.
Depuis rien que la mort n'accompagna ma vie,
Tant me cousta l'honneur de vous auoir suiuie,
O Dieu qui disposez de nos contentemens,
Les donnez vous tousiours auecques des tourmen
Ne se peut-il iamais qu'vn bon succez arriue,
A l'estat des mortels qu'vn mauuais ne le suiue,
Meslez vous de l'horreur au sort plus gracieux,
De celuy des humains que vous aimez le mieux?
Icy vostre puissance est en vain appellee,
Comme vn corps à son ombre, vn costau sa valee
Ainsi que le Soleil est suiuy de la nuict,
Tousiours le plus grand bien à du mal qui le suit,
Lors que le beau Paris accompagnoit Heleine,
Son ame de plaisir voit la fortune pleine,
Mais le sort, ce bonheur cruellement vengea,
Car comme auec le temps la fortune changea,
De sa prosperité nasquit vne misere,
Qui fit brusler sa ville, & m'assacrer son pere,
Bien que dans ce carnage on vist tant de malhe
Qu'on versast dans le feu tant de sang & de ple
Ie iure par l'esclat de vostre beau visage,
Que pour l'amour de vous ie souffre dauantage,
Car si long-temps absent des graces de vos yeux,

Il me semble qu'on m'a chassé d'aupres des Dieux,
Et que ie suis tombé par vn coup de tonnerre,
Du plus haut lieu du Ciel, au plus bas de la terre,
Depuis tous mes plaisirs dorment dans le cercueil,
Aussi vrayment depuis ie suis vestu de dueil,
Ie suis chagrin par tout où le plaisir abonde,
Ie n'ay plus nul soucy que de desplaire au monde,
Comme sans me flatter ie vous proteste icy,
Que le monde ne fait que me desplaire aussi.
Au milieu de Paris ie me suis fait Hermite,
Dedans vn seul obiect mon esprit se limite,
Quelque part où mes yeux me pensent diuertir,
Ie traine vne prison d'où ie ne puis sortir,
I'ay le feu dans les os, & l'ame deschiree,
De ceste flesche d'or que vous m'auez tiree,
Quelque tentation qui se presente à moy,
Son appas ne me sert qu'à renforcer ma foy.
L'ordinaire secours que la raison apporte,
Pour rendre à tout le moins ma passion moins forte,
L'irrite d'auantage, & me fait mieux souffrir
Vn tourment qui m'oblige en me faisant mourir.
Contre vn dessein prudent s'obstine mon courage,
Ainsi que le rocher s'endurcit à l'orage.
I'aime ma frenesie, & ne sçaurois aimer
Aucun de mes amis qui la voudroient blasmer,
Aussi ne crois-ie point que la raison consente,
De m'approcher tandis que vous serez absente,
I'entens que ma pensee esprouue incessamment,
Tout ce que peut l'ennuy sur vn fidelle Amant,

I'entens que le Soleil auecques moy s'ennuye,
Que l'air soit couuert d'ombre, & la terre de pluye,
Que parmy le sommeil, de tristes visions,
Enuelopent mon ame en leurs illusions,
Que tous mes sentimens soient meslez d'vne rage,
Qu'au lict ie m'imagine estre dans vn naufrage,
Tomber d'vn precipice, & voir mille serpens,
Dans vn cachot obscur autour de moy rampans,
Aussi bien loin de vous vne vie inhumaine,
Sans doute me sera plus aimable & plus saine,
Car ie ne puis songer seulement au plaisir,
Qu'vne mort ne me vienne incontinent saisir.
Mais quand le Ciel lassé du tourment qu'il me liure,
Sous vn meilleur aspect m'ordonnera de viure,
Et qu'en leur changement les Astres inconstans
Me pourront amener vn fauorable temps,
Mon ame à vostre obiet se trouuera changee,
Et de tous ces malheurs incontinent vengee.
Quand mes esprits seroient dans vn mortel sommeil,
Vos regards me rendront la clarté du soleil,
Dessus moy vostre voix peut agir de la sorte,
Que le Zephire agit sur la campagne morte,
Voyez comment Philis renaist à son abord,
Desia l'Hyuer contr'elle à finy son effort.
Desormais nous voyons espanoüir les roses,
La vigueur du Printemps reuerdit toutes choses,
Le Ciel en est plus gay, les iours en sont plus beaux,
L'Aurore en s'habillant escoute les oyseaux,
Les animaux des champs qu'aucun soucy n'outrage,

Sentent renouueller & leur sang & leur aage,
Et suiuans leur nature & l'appetit des sens,
Cultiuent sans remords des plaisirs innocens.
Moy seul dans la saison ou chacun se contente,
Accablé des douleurs d'vne cruelle attente,
Languy sans reconfort, & tout seul dans l'Hyuer,
Ne voy point de printemps qui me puisse arriuer.
Seul ie vois les forests encore desolées,
Les parterres deserts, les riuieres gelées,
Et comme ensorcelé ne puis gouster le fruict,
Qu'à la faueur de tous ceste saison produit,
Mais lors que le Soleil adoré de mon ame,
Du feu de ses rayons reschauffera ma flame,
Mon Printemps reuiendra, mais mille fois plus beau,
Que n'en donne aux mortels le celeste flambeau,
Si iamais le destin permet que ie la voye,
Plus que tous les mortels, tout seul i'auray de ioye,
O Dieux ! pour deffier l'horreur du monument,
Ie ne demande rien que cela seulement.

ELEGIE.

CRuelle à quel propos prolonges tu ma peine?
Qui t'a solicitée à renoüer ma chaisne?
Quel Demon ennemy de mes contentemens
Me vient remettre encore en tes enchantemens?
Mon mal alloit finir, & desia ma pensée,

Ne gardoit plus de toy qu'vne image effacée,
Ma fieure n'auoit plus que ce frisson leger,
Qui du dernier accez acheue le danger:
Encore vn iour ou deux de ton ingratitude,
Et i'allois pour iamais sortir de seruitude,
Ce n'estoit plus l'Amour qui guidoit mon desir,
Il m'auoit acheué sa peine & son plaisir,
Ie songeois aux douceurs que ce Printemps presente,
Mes yeux trouuoient desia la campagne plaisante,
Nous auions fait dessein mon cher Damon & moy,
D'estre absents quelques iours de Paris, & de toy,
Pour faire esuanouyr les restes de la flame,
Qui si subitement ont rallumé mon ame,
Tout du premier obiect ses charmes inhumains
Ont reblessé mon cœur & rattaché mes mains,
Il n'a fallu qu'vn mot de ceste voix traistresse,
Que voir encore vn coup les yeux de ma Maistresse.
Au moins s'il se pouuoit qu'vn desir mutuel
Nous eust lié tous deux d'vn ioug perpetuel,
Que iamais son caprice, & iamais ma cholere,
N'alterast en nos cœurs le soucy de nous plaire,
Iamais de nos plaisirs n'interrompist le cours,
Ie serois bien-heureux de l'adorer tousiours,
Lors qu'à l'extremité ma passion pressée:
Se voit dans ton accueil tant soit peu caressée,
Et que ta complaisance ou d'aise ou de pitié,
Ne laisse pas long-temps languir mon amitié,
Ie sens dans mes esprits se respandre vne ioye,
Qui passe tous les biens que la Fortune enuoye,

Si Dieu me faisoit Roy ie serois moins content,
L'Empire du Soleil ne me plairoit pas tant,
Au sortir des plaisirs que ta beauté me donne,
Ie foulerois aux pieds l'esclat d'vne couronne,
Et dans les vanitez ou tu me viens rauir,
Ie tiendrois glorieux vn Roy de me seruir,
Sans toy pour m'enrichir Nature est infertile,
Et pour me resiouyr Paris mesme inutile,
Toy seule és le Tresor & l'obiect precieux,
Ou veillent sans repos mon esprit & mes yeux,
Et selon que ton œil me rebute ou me flatte,
Dans le mien ou la ioye ou la fureur esclatte.
Quand mes desirs pressez du feu qui les poursuit,
Cherchent dans tes faueurs vne amoureuse nuict,
Si peu que ton humeur refuse à mon enuie,
Tu fais pis mille fois que m'arracher la vie,
Souuiens toy ie te prie à quel poinct de douleur
Me fit venir l'excez de mon dernier malheur,
Combien que mon respect auecques des contraintes,
Se voulut efforcer de retenir mes plaintes,
Tu sçais dans quels tourmens i'attendis le Soleil,
Et par quels accidens ie rompis ton sommeil,
Panché dessus les bords d'vn gouffre ineuitable;
Tu me vis supporter vn mal insupportable,
Vn mal ou mon destin te faisoit consentir,
Quoy qu'il t'en preparast vn peu de repentir,
Dans le ressentiment de ce cruel outrage,
Ma raison par despit esueilla mon courage,
Ie fis lors vn dessein de separer de moy

Ceste part de mon cœur qui vit auecques toy
De ne songer iamais à retrouuer la trace,
Par ou desia souuent i'auois cherché ta grace,
Damon estoit tousiours aupres de mon esprit,
Pour l'assister au cas, que son mal le reprit,
Ie rappellois desia, le ieu, la bonne chere,
Ma douleur tous les iours deuenoit plus legere,
Ie dormis la moitié de la seconde nuict,
L'absence trauailloit auec beaucoup de fruict,
Desia d'autres beautez auec assez de charmes,
Diuertissoient ma peine & tarissoient mes larmes,
Leur naturel facile à mon affection,
Auoit mis ton esclaue à leur deuotion,
Et comme vne amitié par vne autre s'efface,
Chez moy d'autres obiects auoient gaigné ta place,
Lors que ta repentance ou plustost ton orgueil
Irrité que mes maux estoient dans le cercueil,
Me ramena tes yeux qui chez moy retrouuerent,
La mesme intelligence alors qu'ils arriuerent,
Tes regards n'eurent pas examiné les miens,
Que ie me retrouuay dans mes premiers liens,
Ma raison se dédit, mes sens à ton entrée,
Sentent qu'vn nouueau mal les blesse & les recrée,
Et du mesme moment qu'ils ont cogneu leurs fers,
Ils n'ont peu s'empescher qu'ils ne s'y soient offerts.
Caliste s'il est vray que ton cœur soit sensible,
Au feu qui me consume, & qui t'est bien visible,
S'il est vray que tes yeux lors qu'ils me vont blesser,
Ont de la confidence auecques ton penser,

Que ma possession te donne vn peu de gloire,
Que iamais mon obiect ait flatté ta memoire,
Ainsi que tes regards, ta voix, & ton beau teint
Ont leur pourtraict fidelle en mon cœur bien empreint.
Considere souuent, quel plaisir, quelle peine,
Me fait comme tu veux ton Amour ou ta haine,
Pardonne à ma fureur vne importunité,
Qu'elle ne te fait point auec impunité:
Car ie veux que le Ciel m'accable du tonnerre,
Si tousiours ma raison ne luy fait point la guerre,
Et ie croy que le temps m'assistera si bien,
Qu'en fin i'accorderay ton desir & le mien.

ELEGIE.

A Monsieur de Pesé.

VNique confident de ma nouuelle flame,
Toy seul que i'ay laissé lire au fond de mon âme,
Toy chez qui mon secret demeure sans danger,
Qui sçais comme tu dois me plaindre & me venger,
Escoute ie te prie vne plainte forcée,
Qu'vn vif ressentiment arrache à ma pensée,
Celle à qui i'ay donné mon ame à gouuerner,
Fait le pis qu'elle peut, afin de la damner,
Tous les iours son orgueil contre sa conscience,
Par de nouueaux affronts combat ma patience:

Ie ne puis plus porter la pesanteur des fers,
Que i'ay depuis deux ans honteusement souffers,
Helas! quand ma raison remet en ma memoire,
Ce que tu me disois au riuage du Loire,
Lors qu'auec tant d'honneur & de bon traitement,
Tu voulois diuertir mon mécontentement.
Ie me veux repentir d'auoir esté rebelle
A ton opinion, quoy quelle fust cruelle,
Quoy que ce fust m'oster la lumiere du iour,
Tu m'aurois fait plaisir de me guerir d'Amour,
Si tu sçauois combien cela me fait de peine,
Combien ceste fureur déguise vne ame saine,
Combien ceste molesse enchante la vertu,
Sous quel effort l'esprit y demeure abatu,
Et comment l'honneur mesme y compatit encore,
Tu maudirois pour moy la beauté que i'adore,
Mais auec qui bien tost ie t'oserois iurer,
Viure indifferemment au lieu de l'adorer,
Ie sens que ma raison fremit de mes supplices,
Que mon affection se rend à ses malices,
Elle est insupportable en sa legereté,
Elle a trop peu de soin, & trop de liberté,
Elle voit dans mon ame, & sans m'ouurir la sienne,
Elle veut posseder absolument la mienne,
Tu sçais comment l'Amour peut forcer quelquefois,
A trahir le deuoir & transgresser les loix,
Et que sans le secret de deux esprits fidelles,
Toutes les passions sont vn peu criminelles,
Qu'il est bien dangereux de viure en confident

Auec qui ſans deſſein nous perd en ſe perdant,
Caliſte ſourde au bruit d'vne mauuaiſe eſtime,
Cherche des vanitez à publier vn crime,
M'a quelquefois prié de luy donner des vers,
Où tout le monde viſt tous nos deſirs ouuers,
De luy faire vne image où cette humeur laſciue,
Apres nos derniers iours paruſt encore viue,
Vrayement ie ſuis heureux qu'elle m'ait contenté,
Par toutes les faueurs que donne vne beauté,
Se ſouuenir m'en donne vne ſi chere ioye,
Que mes yeux ſont ialoux que perſonne la voye,
Meſme à toy qui me vois & dedans & dehors,
Ie ne te l'ay point dit ſans vn peu de remords,
Mais puis qu'elle eſt d'vne ame à ne pouuoir riẽ taire,
Enuers toy ma prudence eſtoit peu neceſſaire,
Puis que tout eſt public en cét eſprit leger,
Mon ſecret ne ſeruoit qu'à te deſobliger,
Ma patiente humeur flattoit ſon imprudence,
Et ma diſcretion trompoit ta confidence,
Cher Damon ie t'adiure au nom de l'amitié,
Qui nous a partagé les cœurs par la moitié,
Pardonne à mon erreur ; en fin ie te confeſſe,
Que ie t'ay moins aymé iadis que ma maiſtreſſe,
Auiourd'huy que mon cœur panche à ſa gueriſon,
Comparant ta franchiſe auec ſa trahiſon,
Ses imperfections auecques ton merite,
Ie crains qu'en m'excuſant mon peché ne t'irrite,
Depuis que mes regards ont deſcouuert le iour

Que ie me suis osté le bandeau de l'Amour,
Ie commence à tout voir d'vn different visage,
Ie ramene mes sens à leur premier vsage,
Ie cognois de ton cœur, qu'il vaut mille fois mieux
Que l'esclat de son teint ny les traits de ses yeux,
Damon, i'ay veu depuis d'vne claire apparence, (ce
Qu'ẽ toy seul i'ay plus d'aise, & d'heur & d'asseurã-
Que ie n'en puis trouuer dans ces liens honteux,
Où le mal est certain & le plaisir douteux,
En la plus belle ardeur ou ie puis voir Caliste,
Mon ame y sent tousiours quelque chose de triste!
Tousiours quelque soupçon rebute mon desir,
Et m'empesche d'y prendre vn absolu plaisir,
Dans ces molles fureurs qui m'alloyent rẽdre infame,
Certains enchantemens enuelopoient mon ame,
Tous mes sens esgarez prenoient vn autre cours,
Desia ie n'auois rien de libre en mes discours,
Ces plaisirs qu'aime tant nostre commun genie
S'estoient laissé surprendre à ceste Tyrannie,
Ie ne goustois plus rien qui ne me fust amer,
Tant l'esprit par le corps s'estoit laissé charmer,
Tu m'as veu quelque fois toute la nuict entiere,
Resuer profondement sans aucune matiere,
N'as-tu point remarqué diminuer mes sens,
N'ay-ie point fait depuis des vers plus languissans,
Croy que i'ay bien souffert, & que ceste aduanture,
Auoit si puissamment estourdy ma nature,
Qu'encore vn mois ou deux à force d'endurer,

Mes

Mes pauures sens vsez ne pouuoient plus durer,
Si son dernier mespris ne m'eust donné ma grace,
Ie m'en allois mourir comme mourut le Tasse
Puis que i'en suis sauué (car ces vers sont tesmoins
Que ie ne l'aime plus puis que ie l'aime moins
D'vn sommet releué lors que le pied nous glisse
On tresbuche tousiours du faiste au precipice)
Puis que i'en suis dehors, ie te laisse à choisir,
L'obiect que tu voudras prescrire à mon desir,
Et si tu veux complaire à ma derniere enuie,
Cher Damon prens le soin de gouuerner ma vie.

ELEGIE.

NE me fais point aimer auecques tant de peine,
Dedans ma paßion garde moy l'ame saine,
Tiens le plaisir des vers dans la fureur d'Amour,
Si i'ay souffert la nuict console moy le iour,
Quand tu m'auras bleßé permets que ie souspire,
Et quand i'ay souspiré permets moy de l'escrire,
Ce beau feu si subtil qui pour nous faire aimer,
Vient dedans nostre sang afin de l'animer,
S'il est trop violent & s'il à trop de flame,
Il affoiblit le corps, il esblouyt nostre ame:
Mais lors qu'à petits traits le cœur en est espris,
Il nous en rend meilleurs les corps & les esprits,
Ainsi qui n'est saisi de cette rage extréme,
Qui prend la liberté de sçauoir ce qu'il aime,

Qui s'en fait obliger, & ne se laisse pas
Abuser sottement à de legers appas,
Auec peu de trauail il à bien tost sa proye,
Et de peu de souspirs il achepte sa ioye,
Ainsi dans le tourment, il trouue le bon heur,
Et dans la seruitude, il fait venir l'honneur,
Parfois sa paßion se tient vn peu cachée,
Pour auoir le plaisir de se voir recherchée,
Et s'il veut consentir de se voir mal traicté,
Ce n'est que pour le bien d'estre apres regretté,
Moy qui toute la nuict offusqué de tes charmes,
Les pauots du sommeil ay distillez en larmes,
Et qui m'imaginant d'ouyr tes doux propos,
N'ay sceu prendre en dormant tant soit peu de repos.
Ie meriterois bien que toute la iournée,
On flatast la douleur que la nuict m'a donnée,
Et que Cloris vint faire auec vn doux baiser,
De ses afflictions mon ame reposer,
On dit que le Soleil sortant du sein de l'onde,
Pour rendre l'exercice & la lumiere au monde,
Dißipe à son resueil cette confuse erreur,
De songes de la nuict qui nous faisoient horreur.
Mais quand nous guerissons à l'aspect de sa flame,
Ces petites frayeurs ne percent point dans l'ame,
Ce n'est qu'vn peu de bile & de froide vapeur,
Qui peint legerement des visions de peur,
Car vne pasion bien auant imprimée,
Ne s'esuanouyt pas ainsi qu'vne fumée,
Et ceux qui comme moy sont trauaillez d'Amour,

Gardent leur resuerie & la nuict & le iour,
Cloris est le Soleil don la clarté puissante,
Console à son regard mon ame languissante,
Escarte mes ennuys, dissipe à son abord
Le chagrin de la vie & la peur de la mort,
Mais depuis peu de iours sa flamme est si tardiue,
Pour estre comme elle est si perçante & si viue,
Que l'ingratte me laisse à petit feu mourir,
Faute d'vn seul regard qui me pourroit guerir.
Donne moy la raison d'vne amitié si lente,
Cloris aurois tu peur que mon ame insolente?
Offrist à ta beauté qu'vn vœu respectueux,
Mes desirs sont ardans, mais ils sont vertueux,
Et ce plaisir lascif où le brutal aspire,
N'est pas le mouuement du feu que ie souspire,
I'ayme à te regarder, & d'estre tout vn iour,
Mourant aupres de toy, sans te parler d'Amour:
Si ce n'est que mes yeux au desceu de mon ame,
Facent estinceler quelque rayon de flame,
Et que mon cœur surpris de trop de passion,
Lasche quelque souspir sans mon intention,
Mon pauure esprit captif, craint si fort ta cholere,
Qu'il n'ose hazarder mesme de te complaire,
I'ayme mieux me fascher de n'auoir point osé,
Que mourir dans l'affront de me voir refusé,
Car nier quelque chose à mon desir fidelle,
Ce seroit me donner vne douleur mortelle,
Et de regret contraint de me desesperer,
Ie perdrois le plaisir que i'ay de t'adorer,

Il vaut mieux viure encor en ceste incertitude,
Et quoy que le destin garde à ma seruitude,
Cependant cét Amour me tient les sens ouuerts,
A la facilité de composer des vers,
I'en tire le plaisir de paindre en mon ouurage
Tous les traicts de mon ame & de ton beau visage,
Et leurs lineamens pourtraits dans mes escrits
M'entretiennent tousiours les yeux & les esprits,
Puis que le Ciel t'a mis dedans la fantasie,
Le bon-heur de gouster vn peu ma poësie,
Tu verras mon genie à tes yeux complaisant,
T'en faire tous les iours quelque nouueau present,
Ma paßion destine vne œuure à ta loüange,
Qui te doit plaire mieux que les thresors du Gange,
Et lors que mon trauail te fait songer à moy,
Ie m'estime außi riche & plus heureux qu'vn Roy.
Ce qu'on tient de fortune est vne fausse pompe,
Où nostre infirmité se captiue & se trompe,
Vn iugement bien sain y sent peu de plaisir,
Et n'y sousmet iamais son glorieux desir,
Ces metaux qu'vn auare auidement enserre,
Comme indignes du iour sont cachez sous la terre,
Si les thresors estoient comme on dit precieux,
Cloris, les diamans nous tomberoient de Cieux,
La perle descendroit auecques la rosee,
Elle ne seroit point aux ondes exposee,
La mer qui la vomit la tiendroit cherement,
La mer dont l'ambre mesme est cõme vn excrement,
Le Soleil qui fait l'or en auroit des couronnes,

Ainsi ie ne veux point, Cloris que tu me donnes,
Et tu sçais bien aussi que ie ne pense pas,
Que des riches presens soyent pour toy des appas,
Car vn de mes souspirs que ie te fais entendre,
Vne goutte de pleurs que tu me vois respandre,
Peuuent plus sur ton ame, & te font plus aymer,
Que si ie te donnois & la terre & la mer.
Ie te proteste aussi de n'estre point auare,
De tout ce que la mer & la terre ont de rare,
Et qu'vn de tes regards me vaut mille fois mieux
Que le gouuernement de l'Empire des Cieux.

ELEGIE.

I'Ay faict ce que i'ay peu pour m'arracher de l'ame
L'importune fureur de ma naissante flame,
I'ay leu toute la nuit, i'ay ioüé tout le iour,
I'ay fait ce que i'ay peu pour me guerir d'amour,
I'ay leu deux ou trois fois tous les secrets d'Ouide,
Et d'vn cruel dessein à mes amours perfide,
Goustant tous les plaisirs que peut donner Paris,
I'ay tasché d'estouffer l'amitié de Cloris,
I'ay veu cent fois le Bal, cent fois la Comedie,
I'ay des Luths les plus doux gousté la melodie,
Mais malgré ma raison encore Dieu mercy,
Ces diuertissemens ne m'ont point reüssi.
L'image de Cloris tous mes desseins dissipe,
Et si peu qu'autre part mon ame s'esmancipe,

Vn sacré souuenir de ses beaux yeux absens,
A leur premier obiect faict reuenir mes sens,
Lors que plus vn desir de liberté me presse,
Amour ce confident rusé de ma Maistresse,
Luy qui n'a point de foy me fait ressouuenir,
Que i'ay donné la mienne & qu'il la faut tenir,
Il me fait vn serment qu'il à mis mon Idée
Dans le cœur de Madame & qu'elle l'a gardée,
Me fait imaginer, mais bien douteusement,
Qu'elle aura souspiré de mon esloignement,
Et que bien tost si l'Art peut suiure la Nature,
Sa beauté me doit faire vn don de sa peinture,
Cela me perce l'ame auec vn traict si cher,
Qu'il me fait receuoir le feu sans me fascher,
Cela remet mon cœur sur ses premieres traces,
Me fait reuoir Cloris auecques tant de graces,
Me rengage si bien que ie me sens heureux,
Quoy qu'auec tant de mal, d'estre encore Amoureux,
Ie sçay bien qu'elle m'aime, & cét Amour fidelle,
Demande auec raison que ie despende d'elle,
Et si nostre destin par de si fermes loix
Prescrit aux plus heureux de mourir vne fois,
Qu'vn autre ambitieux se consume à la guerre,
Et meure dans le soin de conquerir la terre,
Pour moy quand il faudra prendre congé du iour,
Puis que Cloris le veut, ie veux mourir d'Amour.
Qu'on ne me parle point de son humeur legere,
Ie veux que ses deffauts me la rendent plus chere
Ce que fait la raison pour empecher d'aymer,

Ne peut que mes desirs d'auantage allumer,
Quoy que dans le trauail mon esprit diminuë,
Que ma vie en deuienne vne mort continuë,
Que mon sens estourdy relasche sa vigueur,
Et desia sur mon front imprime sa langueur,
(Cependant que Cloris est la viue peinture,
Du plus riche en bon poinct que peut dõner Nature):
Que son cœur nonchalant ou peut-estre inhumain,
A mon dernier malheur doiue prester la main,
Que souuent d'vn baiser elle me soit auare,
C'est tout vn, il me plaist qu'elle me soit barbare,
Ie veux pour mon plaisir aymer sa cruauté,
En faueur de ses yeux ie hay ma liberté,
Ie hay mon iugement, & veux qu'on me reproche,
Que i'ayme sans suiet vn naturel de roche,
Ie me console assez puis que ie voy les Dieux,
Endurer comme moy l'Empire de ses yeux,
Que le soleil ialoux de la voir luire au monde,
Pasle ou rouge tousiours se va cacher sous l'onde,
Ie ne sçaurois penser que la fierté des ans,
Que ce vieillard cruel qui mange ses enfans,
Voyant tant de beautez puisse auoir le courage
Tout impiteux qu'il est, de leur faire vn outrage,
Et quoy qu'vn siecle entier la conduise au trespas,
Pour moy tousiours ses yeux auront assez d'appas,
Mon inclination est assez pure & forte,
Contre le changement que la vieillesse apporte,
Quand le Ciel par despit renuerseroit le cours,
Et l'ordre naturel qu'il à prescrit au iours,

Et que demain pour voir si mes desirs perfides,
Se pourroient dementir, il luy donnast des rides,
Ma flame dans mon sang en ses plus chauds boüillons,
Adoreroit son front tout coupé de sillons,
N'y son taint sans esclat, ny ses yeux sans lumiere,
Ne pourroient rien chãger de mon humeur premiere,
Que son ame & son corps soiẽt tous couuers d'horreur,
Ie veux suiure par tout mon amoureuse erreur.
Toy quelque changement dont la fortune essaye,
De voir en m'affligeant si ta constance est vraye,
Cloris rends la pareille à ma ferme amitié,
Et ne me manque point de foy ny de pitié,
Ie sçay bien qu'aisement tu te pourrois desdire,
Sans qu'il arriue en moy quelque chose de pire,
Pource que mes defauts sont des occasions,
Pour destourner de moy tes inclinations,
Mais pour diminuer ceste amitié sacree,
Et pour rompre la foy que tu m'as tant iurée,
Mes imperfections sont vn foible subiet,
Car ton amour n'a point ma vertu pour obiect,
On dit que les meschans qui d'vne aueugle rage
Pressent ceux qui iamais ne leur ont fait d'outrage,
Suiuans vn naturel malin qui les espoint,
Persecutans plus fort, & ne pardonnans point,
Ne demordent iamais de leur fausse vengeance,
Quãd leur courroux n'a point pour obiect vne offẽce.
Ainsi ton amitié qui n'a pour fondement,
Que de suiure enuers moy sa bonté seulement,
Qui ne sçauroit trouuer par ou ie suis capable,

De la moindre faueur, ny d'où ie suis aymable,
Ne peut trouuer aussi par ou se destourner,
Ne peut trouuer ainsi dequoy m'abandonner,
Et sur ceste esperance ou mon amour se fonde,
Ie croy viure & mourir le plus heureux du monde.

SVR LE BALET DV ROY.

Pour Monsieur le Duc de Montmorency.

CElle pour qui ie veux mourir,
Me fait vn mal si fauorable;
Que si l'on me venoit guerir,
On me rendroit bien miserable.
Vn Roy pour des tourmens si doux
Quitteroit toutes ses delices,
Et me voyant seroit ialoux,
De mes fers & de mes supplices.
Aussi pour mieux fauoriser
Le diuin secret de ma flame,
Mon front s'est voulu déguiser,
De peur de descouurir mon ame.
C'est ainsi que le Roy des Dieux,
Picqué de quelque beau visage,
Prenoit en deualant des Cieux,
Tousiours vn masque à son visage.

Et desguisant sa maiesté
Pour complaire à sa frenesie,
Il auoit pour chaque beauté
Vne forme à sa fantaisie.
Pour moy si mes vœux auoient lieu,
On verroit ma figure humaine,
Bien tost se changer en vn Dieu,
Non pas pour moins souffrir de peine.
Mais plustost pour sçauoir ainsi
Conseruer le mal qui me presse,
Et pour estre plus digne aussi,
De l'amitié d'vne Deesse.
Pleust au Ciel qu'vn iour seulement,
Iuppiter m'eust donné sa face,
Et qu'il voulust pour vn moment,
Me laisser regner en sa place.
I'ordonnerois que les Autels,
Que par tout l'vniuers on dresse,
Pour les Dieux ou pour les mortels,
Ne seroient que pour ma maistresse.
Le temps serf de ses volontez,
Comme moy luy rendant hommage,
Laisseroit viure ses beautez,
Sans leur faire iamais outrage.
Ie commanderois aux zephirs,
De produire vne fleur nouuelle,
Toute de flame & de souspirs,
Où ie serois peint auec elle.
Quelque si cher contentement,

Dont Iupiter nous face enuie,
La terre seroit l'element,
Où nous voudrions passer la vie.
Paris seroit nostre seiour,
Et dans ceste ioye infinie,
Rien que moy, la paix, & l'Amour,
Ne seroit en sa compagnie.

LE DEGVISE'.

POVR MONSIEVR LE PREMIER.

DAns la fecilité des graces de vos yeux,
Dont l'esclat m'est si cher, alors qu'il me consomme,
Pouuant passer pour vn des Dieux,
Ce que ie suis n'est plus que le semblant d'vn homme.
Depuis que ie vous vis, les clartez du Soleil,
Ne furent plus pour moy qu'vne lumiere peinte,
La faueur du plus doux sommeil,
Depuis que ie vous sers, n'est pour moy qu'vne feinte.
Dans l'estroite prison où demeure vn amant,
Et dont ie ne croy pas qu'aucun sort me deliure,
Viure tousiours dans le tourment,
Ce n'est que proprement faire semblant de viure.

Mes yeux lors que la nuict aueugle l'vniuers
Semblent estre endormis, & ne voir plus de flame,
Et toutesfois ils sont ouuerts,
Mais c'est vers le Soleil qui luit dedans mon ame.

Lors qu'Alcmene eut blessé des traits de son amour
Ce Dieu dont les larcins ont esté si celebres:
Nature déguisa le iour,
Et couurit tout le Ciel d'vn manteau de tenebres.

Si pour vn beau dessein il faut se déguiser,
Si le secret d'amour a besoin qu'on le couure:
On ne me sçauroit accuser,
D'estre auiourd'huy le seul qui dissimule au Louure.

THISBE' POVR LE pourtraict de Pyrame.

AV PEINTRE.

FAY moy de grace vne peinture,
Si tu fis iamais rien de beau,
Toy qui des traicts de ton pinceau
Surpasses l'Art & la Nature,
Mais sans prendre plus de loisir,
Que mon impatient desir,
Ne peut accorder à mon ame,
Au moins apporte moy demain,
Le portraict de l'œil de Pyrame,
Ou celuy de sa belle main,

N'eusse-tu tracé que l'ombrage,
De son front ou de ses cheueux,
Ne fais point tant languir mes vœux,
En l'attente de ton ouurage,
Apporte moy des auiourd'huy,
Quelque petit semblant de luy,
Peintre n'as-tu rien fait encore?
Tu recherches trop de façon,
Il ne faut que paindre l'Aurore,
Sous l'habit d'vn ieune garçon.

Cognois-tu les lis & les roses,
En sçay-tu faire les pourtraicts
En vn mot sçay tu tous les traicts,
De toutes les plus belles choses?
As-tu veu ces tableaux hardis,
Qui sur les Autels de iadis
Ont porté le pinceau d'Appelle?
Sçache que tu m'offenceras
De ne prendre au plus beau modelle,
Vn portraict que tu luy feras.

Suy tous les plus fameux exemples,
Des Peintres morts ou des viuans,
Voy tout ce que les plus sçauans
Ont fait pour embellir nos temples,
Voy le teint, les yeux & les mains
Dont l'artifice des humains,
A voulu figurer les Anges,
Leur plus superbe monument,
Doit quitter toutes ses loüanges,

A l'Image de mon Amant.

Si tu voulois peindre Hyacinthe,
Pour le faire voir au Soleil,
Ou d'vn plus superbe appareil,
Vaincre le Tasse en son Aminthe,
Tu peindrois Pyrame, ou l'Amour,
Ou ce premier esclat du iour,
Lors que sans ride & sans nuage,
Dans le Ciel comme en vn tableau,
Il fait liure son beau visage,
Tout freschement tiré de l'eau.

Sois ie te prie vn peu barbare,
Pour bien faire, ouure moy le sein,
Tu dois là prendre le dessein,
D'vne occupation si rare,
Pleust au Ciel qu'il te fust permis,
De le voir comme Amour l'a mis,
Au plus profond de mes pensees,
Car c'est ou ses perfections,
Paroissent viuement tracées,
Aussi bien que mes passions.

Mais pardonne à ma ialousie,
S'il se peut sans t'iniurier,
Laisse toy derechef prier,
De le peindre à ma fantaisie,
Ne demande point à le voir,
Car pour bien faire ton deuoir,
Et ne me faire point d'iniure,
Tu le peindras comme les Dieux,

De qui tu fais bien la figure,
Sans qu'ils soient presens à tes yeux.

ELEGIE.

PRoche de la saison ou les plus viues fleurs,
Laissēt esuanouyr leur Ame & leurs couleurs,
Vn Amant desolé, melancholique, sombre,
Ialoux de son chemin, de ses pas, de son ombre,
Baisoit aux bords de Loire en flattant son ennuy,
L'Image de Caliste errante auecques luy,
Resuant aupres du fleuue il disoit à son onde,
Si tu vas dans la Mer qui va par tout le monde,
Fay la resouuenir d'apprendre à l'vniuers,
Qu'il n'a rien de si beau que l'obiect de mes vers.
Ces fleurs dont le Printēps fait voir tes riues peintes,
Au matin sont en vie & le soir sont esteintes,
Mais quelque changement qui te puisse arriuer,
Caliste & ses beautez n'auront iamais d'hyuer.
Ces humides baisers dont tes riues moüillées,
Seront pour quelques iours encore chatoüillées,
Arresteront en fin leur Amoureuse erreur,
Et s'approchant de toy se geleront d'horreur,
Alors que tous les flots sont transformez en marbres,
Lors que les Aquilons vont deschirer les arbres,
Et que l'eau n'ayant plus humidité ny pois,
Fait pendre le cristal, des roches & des bois,
Que l'onde applanissant ses orgueilleuses bosses,

Souffre sans murmurer le fardeau des carrosses,
Que la neige durcie à paué les marets,
Confondu les chemins auecques les guerets,
Que l'hyuer renfroigné d'vn orgueilleux Empire,
Empesche les Amours de Flore & de Zephire,
Qu'Endimion vaincu du froid & du sommeil,
Ne peut tenir parole à la sœur du Soleil,
Qui cependant tousiours va visiter sa place,
Sur le haut d'vn rocher tout herissé de glace,
Moy qui d'vn sort plus humble ou bien plus glorieux
Sur les beautez du Ciel n'ay point ietté mes yeux,
Qui n'ay iamais cherché cette bonne fortune
Qu'Endimion trouuoit aux beautez de la Lune,
Durant ceste saison ou leur ardant desir
Ne troune à son dessein ny place ny loisir,
Ie verray ma Caliste apres ce long voyage,
Qui plus que cent Hyuers m'a fait souffrir d'orage,
Qui m'a plus ruiné, que de faire abysmer
Vn vaisseau chargé d'or que i'aurois sur la Mer,
Quel outrage plus grand auroit-il peu me faire,
Que me cacher vn mois le seul iour qui m'esclaire,
Dieu hastez donc l'Hyuer, & luy soyez tesmoins,
Que le printemps, l'Automne, & l'Esté valēt moins,
Qu'il despoüille les bois, & de sa froide haleine,
Perde tout ce que donne & le mont & la plaine,
Ce mois qui maintenant retient cette beauté,
A bien plus d'iniustice & plus de cruauté,
Car l'Hyuer au plus fort de sa plus dure guerre
Nous oste seulement ce que nous rend la terre,

N'emporte

N'emporte que des fruicts, n'estouffe que des fleurs;
Et sur nostre destin n'estend point ses malheurs,
Ou la dure saison qui m'oste ma Maistresse,
Toutes ses cruautez à ma ruine adresse,
Mon front est plus terny que des lys effacez,
Mon sang est plus gelé que des ruisseaux glacez;
Bloys est l'enfer pour moy, la Loire est le Cocite,
Ie ne suis plus viuant si ie ne ressuscite,
Vous qui faignez d'aimer auecques tant de foy,
Trompeurs vous estes bien moins amoureux que moy,
Courtisans qui par tout ne seruez que de nombre,
Qui n'aymez que le vent, qui ne suiuez que l'ombre,
Qui traisnez sans plaisir vos iours mal asseurez,
Pendans chez la fortune à des liens dorez,
Vous sçauez mal que c'est des veritables peines,
Que donne vn feu subtil qui fait brusler les veines;
Esclaues insensez des pompes de la Cour,
Vous sçauez mal que c'est d'vn veritable Amour.
Infidelle Alidor tu fains d'aymer Syluie,
Mais tu perds son obiect, & ne perds point la vie;
Tu chasses tout le iour, tu dors toute la nuict,
Et tu dis que par tout son Image te suit,
Qu'elle est profondement empreinte en ta pensée;
Et que ton ame en est mortellement blessée,
O toy qui ma Caliste auiourd'huy me rauis,
Qui vois ce que ie sens, qui sçais comme ie vis,
Malicieux destin qui me separe d'elle,
Tu respondras pour moy si ie luy suis fidelle,
Si depuis son depart i'eus vn mauuais dessein,

Si ie n'ay tousiours eu des serpens dans le sein.
Tout ce que fait Damon pour diuertir ma peine
Toute sa bonne chere est importune & vaine,
Je suis honteux de voir qu'il faille ingratement,
Faire mauuaise mine à son bon traictement.
Que ie ne puisse en rien desguiser ma tristesse,
Quoy qu'à me diuertir son amitié me presse,
Aussi tost que ie puis me desrober de luy,
Que ie trouue vn endroit commode à mon ennuy,
Afin de digerer plustost mon amertume,
Ie la fais par mes vers distiler à ma plume,
Parfois lors que ie pense escrire mon tourment,
Ie passe tout le iour à resuer seulement,
Et dessus mon papier laissant errer mon ame,
Ie peins cent fois mon nom & celuy de Madame,
De penser en penser confusément tiré,
Suiuant le mouuement de mon sens esgaré,
Si i'arreste mes yeux sur nos noms que ie trace,
Quelque goutte de pleurs m'eschappe, & les efface,
Et sans que mon trauail puisse changer d'obiect,
Mille fois sans dessein ie change de proiect,
Toute ceste beauté dans mes sens ramassée.
Tantost ses doux regards presente à ma pensée,
Quelquefois son beau teint, & m'offre quelquefois
Les œillets de sa léure, & l'accent de sa voix,
Tantost son bel esprit d'vne superbe Image,
Tout seul de mes escrits veut receuoir l'hommage,
Confus ie me retire, & songe qu'il vaut mieux,
Consoler autrement, & mon Ame & mes yeux,

Ie m'en vay dans les châps, pour voir s'il est possible,
Qu'vn bien-heureux hazard me la rendist visible,
Ie m'en vay sur les bords de ces publiques eaux,
Dont le dos nuict & iour est chargé de batteaux,
Et tout ce que ie vois descendre sur la riue,
Me fait imaginer que ma Caliste arriue,
Bref, contre tout espoir mon œil n'est iamais las,
De trauailler en vain à chercher du soulas,
Quoy que le temps prescrit à ceste longue absence,
Pour tout ce que ie fais d'vn seul point ne s'auance,
Ie veux persuader à mon ardant Amour,
Qu'il voit à tous momens l'heure de son retour,
Ainsi dit Mœlibée, & pasle, & las, & triste,
Acheua sa iournée en adorant Caliste.

ODE.

CLORIS pour ce petit moment,
D'vn volupté frenetique,
Croys-tu que mon esprit se picque,
De t'aimer eternellement?
Lors que mes ardeurs sont passées
La raison change mes pensées,
Et perdant l'amoureuse erreur,
Ie me trouue dans des tristesses,
Qui sont que tes delicatesses,
Commencent à me faire horreur.

A voir tant fuir ta beauté,
Ie me lasse de la poursuiure,
Et me suis resolu de viure,
Auec vn peu de liberté:
Il ne me faut qu'vne disgrace,
Qu'encore vn traict de ceste audace,
Qui t'a fait tant manquer de foy,
Apres tiens moy pour vn infame,
Si iamais mes yeux ny mon ame,
Songent à s'approcher de toy.

Ie me trouue prest à te voir,
Auec beaucoup d'indifference,
Et te faire vne reuerence,
Moins d'amitié que de deuoir,
Toutes les complaisances feintes,
Ou tes affections mal peintes,
Ont trompé mes sens hebetez,
Je les tiens pour foibles feintises,
Et n'appelle plus que sottises,
Ce que ie nommois cruautez,

Ie ne veux point te descrier,
Apres t'auoir loüé moy-mesme,
Ce seroit tascher d'vn plaspheme
L'Autel ou l'on m'a veu prier,
T'ayant prodigué des loüanges,
Que ie ne deuois qu'à des Anges,

Ie ne te les veux point rauir,
Ie les donne à ta tyrannie,
Pour d'éguiser l'ignominie
Que i'ay souffert à te seruir.

Ie ne veux point mal à propos,
Mes vers ny ton honneur destruire,
Mon dessein n'est pas de te nuire,
Ie ne songe qu'à mon repos:
Encor auras-tu ceste gloire,
Que si la voix de la memoire
Parle à quelqu'vn de mes douleurs,
On dira que ma seruitude
Respecta ton ingratitude,
Iusqu'au dernier de mes malheurs.

I'ay souffert autant que i'ay peu,
Ie n'ay plus de nerfs pour tes gesnes,
Ny goutte de sang dans mes veines,
Qui ne se brusle à petit feu:
Ie me sens honteux de mes larmes,
Amour n'a desia plus de charmes,
Ie suis pressé de toutes parts,
Et bien tost, quoy que tu trauailles,
Ie m'arracheray des entrailles,
Tout le venin de tes regards.

Sçachant bien que ie meurs d'amour,

Que ie brusle d'impatience,
As-tu si peu de conscience,
Que de m'abandonner vn iour,
Apres ton ingratte paresse,
Si tu n'as que ceste carresse,
Fatale à ma credulité,
Puisse tu perir d'vn tonnerre,
Ou que le centre de la terre,
Cache ton infidelité.

Non ie ne sçaurois plus souffrir,
Ceste liberté de ta vie.
Tout me blasme, & tout me conuie,
De me plaindre & de me guerir,
Aussi bien ta beauté se passe,
Mon amitié change de face,
L'ardeur de mes premiers plaisirs
Perd beaucoup de sa violence,
Ma raison & ta nonchalance,
Ont presque amorty mes desirs.

Ie sçay bien que la vanité,
Qui te fait plaire en mes supplices,
Cherche encore dans tes malices
Dequoy trahyr ma liberté,
Encores tes regards perfides,
Preparent à mes sens timides,
L'effort de leur esclat pipeur,

Et malgré le plus noir outrage,
S'imaginent que mon courage,
Deuant eux n'est qu'vne vapeur.

Mais ie fay le plus grand serment,
Que peut faire vne ame boüillante,
De la fureur la plus sanglante,
Qui peut tourmenter vn Amant,
Ie iure l'air, la terre & l'onde,
Ie iure tous les Dieux du monde,
Que ny force ny trahison,
Ny m'outrager ny me complaire,
N'empescheront point ma cholere,
De me donner ma guerison.

Mon tourment ne t'esmeut en rien,
Ta fierté rit de ma mollesse,
Ie ne croy point qu'vne Deesse,
Eust vn orgueil comme le tien,
S'en est fait, ie sens que mon ame
Souspire sa derniere flame,
Tous ces regards sont superflus,
Ie ne voy rien, rien ne me touche,
Ie suis sans oreille & sans bouche,
Laisse moy ne me parle plus.

PYRAME
ET
THISBE.
TRAGEDIE.

LES ACTEVRS.

THISBE'.

PYRAME.

BERSIANE.

NARBAL.

LIDIAS.

LE ROY.

SYLLAR.

DISARQVE.

DEVXIS.

LA MERE DE THISBE',
ET SA CONFIDENTE.

LE MESSAGER.

ACTE PREMIER.

THISBE', BERSIANE,
NARBAL, LIDIAS,
LE ROY, SYLLAR.

SCENE I.

THISBE', BERSIANE.

DV bruit & des fascheux aiourd'huy separée,
Ma seule fantaisie auec moy retirée,
Ie puis ouurir mon ame à la clarté des Cieux,
Auec la liberté de la voix & des yeux,
Il m'est icy permis de te nommer Pyrame,

Il m'est icy permis de t'appeller mon ame,
Mon ame, qu'ay-ie dit? c'est fort mal discourir,
Car l'ame nous fait viure & tu me fais mourir.
Il est vray que la mort que ton amour me liure,
Est aussi seulement ce que i'appelle viure,
Nos esprits sans l'Amour assoupis & pesans,
Comme dans vn sommeil passent nos ieune ans,
Auparauant qu'aimer on ne sçait point l'vsage
Du mouuement des sens ny des traicts du visage,
Sans ceste passion les plus lourds animaux,
Cognoistroient mieux que nous & les biens & les maux.
Nostre destin seroit comme celuy des arbres,
Et les beautez en nous seroient comme des marbres,
En qui l'ouurier grauant l'image des humains,
Ne sçauroit faire agir ny les yeux, ny les mains.
Vn bel œil dont l'esclat ne luit qu'à l'aduanture,
C'est comme le Soleil que cachoit la nature,
Auparauant qu'il fust entré dans ses maisons,
Et qu'il peust discerner la beauté des saisons.
Moy ie croy seulement depuis l'heure premiere
Que l'Amour me toucha, d'auoir veu la lumiere,
Et que mon cœur ne vint à respirer le iour,
Que dés l'heure qu'il vint à souspirer d'Amour,
Et combien que le Ciel face couler ma vie,
Dans ceste passion auec vn peu d'enuie,
Que mille empeschemens combattent mes desirs,
Et qu'vn triste succez menasse nos plaisirs,
Que les discords mutins d'vne haine ancienne,

Diuise la maison de Pyrame & la mienne,
Qu'hõmes, Ciel, temps & lieux, nuisent à mon dessein
Ie ne sçaurois pourtant me l'arracher du sein,
Et quand ie le pourrois ie serois bien marrie,
Que d'vn si cher tourment mon ame fust guerie,
Vne telle santé me donneroit la mort,
Le penser seulement m'en fasche & me fait tort.

Bersiane.

Comment, vous estre ainsi de nous tous esloignée,
Osez vous bien aller sans estre accompagnée?
Tout le monde au logis est en peine de vous,
Et sur tout vostre mere en est en grand courroux.

Thisbé.

Pourquoy cela? ma vie est-elle si suspecte?

Bersiane.

Non! mais tousiours les vieux veulent qu'on les respecte,
Vous deuiez pour le moins vn de nous aduertir,
Faire quelque semblant que vous alliez sortir.

Thisbé.

Sçais-tu pas bien que i'ayme à resuer, à me taire,
Et que mon naturel est vn peu solitaire,
Que ie cherche souuent à m'oster hors du bruit?
Alors pour dire vray ie hay bien qui me suit,
Quelquefois mon chagrin trouueroit importune,
La conuersation de la bonne Fortune,
La visite d'vn Dieu me desobligeroit,
Vn rayon du Soleil par fois me fascheroit,

Bersiane.

La cheute d'vne fueille, vn zephir, vn atosme?

Thisbé.

Ie te laisse à iuger que feroit vn fantosme,
Et de quelle façon ie me verrois punir,
Qu'vn esprit des Enfers me vint entretenir.

Bersiane.

A ce compte ie suis desia parmy ce nombre.

Thisbé.

Iamais rien de viuant ne sembla mieux vne ombre.

Bersiane.

D'où viennent ces desdains?

Thisbé.

Vieux spectre d'ossemens,
Vrayement ie cherche bien tes diuertissemens.

Bersiane.

Ie cognois bien que c'est de moy qu'elle murmure,
Ie suis donc cét obiect d'Infernale figure.

Thisbé.

Ie ne dis pas cela, mais tu peux bien penser,

Bersiane.

Que de mon entretien on se pouuoit passer.

Thisbé.

Iustement,

Bersiane.

ie cognois ou ie suis peu sensee,

Thisbé.

Qu'autre chose que toy me tient dans la pensee,

Bersiane.

Ce n'est pas sans suiet Thisbé, que nos soupçons
Vous ont fait tous les iours ouyr tant de leçons,
Vostre mere à raison d'auoir l'œil & l'oreille
Dessus vos actions.

Thisbé.

n'importe qu'elle y veille,
Ie n'ay rien fait iamais à craindre des tesmoins,
Mon innocente humeur se mocque de vos soins,
I'en suis esmeuë autant que du bruit d'vne feuille,
Car ie vis sans reproche,

Bersiane.

hé! le bon Dieu le vueille.

Thisbé.

Adieu, cherche quelqu'vn à qui te faire ouyr.

Bersiane.

On à beau tel secret dans les os enfouyr,
L'Amour, l'ambition, l'orgueil, & la cholere,
Sont tousiours sur nos fronts d'vne apparence claire,
I'espere en peu de iours que nous viendrons à bout
De ceste confidence, & que nous sçaurons tout.

SCENE II.

NARBAL. LIDIAS.

MAlgré moy persister en ce funeste Amour,
Apres les droits du ciel l'ingrat me doit le iour,
Toy qui si laschement flattes sa fantaisie,

Tu veux que ma raison cede à ta frenesie,
Et me rememorant ce qu'autrefois ie fis,
Tu me veux conseiller la perte de mon fils.
Il est vray qu'autrefois i'ay senty cette flame,
Lors qu'vn sang plus subtil faisoit agir mon ame,
Esclaue que ie suis des naturelles loix,
Comme vn autre en mon temps de ce feu ie bruslois,
Mais tousiours mes desseins estoient auec licence,
Et mes iustes desirs pleins d'heur & d'innocence.

Lidias.

Vous en auez depuis perdu le souuenir,
Mais si les mesmes ans pouuoient vous reuenir,
Et qu'en vostre faueur la Loy de la Nature,
Vous effaçant l'horreur que fait le sepulture,
A vos membres cassez leur force rapportat,
Et remit vos esprits en leur premier estat,
Ie croy que vos rigueurs changeroient bien de termes
Et que vos sentimens ne seroient plus si fermes,
Ce pauure fils à qui vous voulez tant de mal,
Vous verroit transformé de censeur en riual.
On ne sçauroit dompter la passion humaine,
Contre Amour la raison est importune & vaine,
Tousiours l'obiet aimable à droict de nous charmer,
Lors qu'on est estat de le pouuoir aimer,
L'ame se voit bien tost d'vne beauté forcée,
Par le rapport des yeux auecque la pensée.

Narbal.

Ton esprit tient encor vn peu de la saison,
Qui ne voit point meurir les fruicts de la raison,
Moy qui

Moy qui suis bien guery de ceste humeur volage,
Ayant desia passé tous les degrez de l'aage,
Ie cognois mieux que toy sa vie & le deuoir,
Et bien tost mieux que toy ie luy feray sçauoir,
Aymer sans mon congé & s'obstiner encore,
D'vn Amour qui le pert & qui me deshonore,
D'vn ennemy mortel la fille rechercher,
Ie t'ayme mieux le cœur hors du sein arracher,
Tu demordras mutin ie te feray cognoistre
Le respect que tu dois à ceux qui t'ont fait naistre,
Et que tu ne dois point suiure ta passion,
Ny faire des desseins sans ma permission.

Lidias.

Quand on s'engage au sort d'vne pareille affaire,
Vne permission n'est iamais necessaire,
On n'y sçauroit pouruoir quand c'est vn accident,
A cela le plus fin est le plus imprudent,
On ne demande point congé d'vne aduanture,
S'il en faut demander c'est donc à la nature,
Qui conduit nostre vie, & s'adresser aux Dieux,
Qui tiennent en leurs mains nos esprits & nos yeux,

Narbal.

Ne sçait-il pas qu'il est obligé de me plaire,
Que cét Amour furtif irrite ma cholere,
Qu'il va dans ce proiect mes iours diminuant,
Et fait vn parricide en le continuant,
Les Dieux trouuét-ils bon puis qu'ils sont equitables,
Qu'on face des forfaicts?

Lidias.

[illegible] s'ils ſont ineuitables,
Les Dieux ne veulent point en retirer nos pas,
Meſmes puis qu'en Amour le crime à des appas,
Que la rigueur des loix l'entretient & l'augmente,
Les Amans trouuent grace aupres de Radamante,
Mais vne noire humeur qui meut des aſſaſins,
Vne nature laſche encline à des larcins,
C'eſt ce qui fait horreur au Ciel & à la terre,
Et ſurquoy iuſtement doit tomber le tonnerre,
Ou la neceßité d'vn amoureux deſir,
Qui de l'ame & du corps n'aſpire qu'au plaiſir,
Merite qu'on l'aßiſte, & vouloir ſa ruine,
Tien vn peu d'vne humeur enuieuſe & chagrine.

Narbal.

Tes diſcours ne ſont point aſſez perſuaſifs,
Ce mal ne prend qu'aux cœurs, mols, delicats, oyſifs,
Ou iamais le bon ſens n'a choiſi ſa demeure,
Où iamais la vertu ne trouue vne bonne heure,
Suffit. Quand la raiſon le contraire voudroit,
L'Empire paternel conſeruera ſon droit,
Mon pouuoir abſolu rompra cette entrepriſe,
Et mon authorité luy fera laſcher priſe.

Lidias.

Vous voulez qu'Ixion lié dans les Enfers,
S'arrache de ſa roüe, & qu'il briſe ſes fers,
Qu'vn homme deſia mort ſa gueriſon reçoiue,
Que Siſiphe repoſe, & que Tantale boiue,
Tous nos efforts ne ſont que d'vn pouuoir humain,
Qui tend à l'impoſsible il ſe trauaille en vain.

SCENE III.

LE ROY, SYLLAR.

C'Est trop faire de vœux, c'est trop verser de larmes,
Il faut auoir recours à de meilleures armes,
Ceste ingratte farouche auecques ses mépris,
A donné trop long-temps la gehenne à mes esprits,
La qualité de Roy, l'esclat de ma fortune,
Au lieu de l'attirer la choque & l'importune,
Elle ayme mieux ignoble & honteuse qu'elle est
Vn simple Citoyen,

Syllar.

son semblable luy plaist.

Le Roy.

Ie le rendray pourtant si le Soleil m'esclaire,
Seulement auiourd'huy peu capable de plaire.

Syllar.

A quel si bon moyen pouuez vous recourir
Pour le rendre odieux,

Le Roy.

ie le feray mourir,
Toute autre inuention est douteuse & grossiere,
Lors qu'elle le verra sanglant sur la poussiere,
Que les yeux en mourant les regards à l'enuers,

Hideux sans mouuement demeureront ouuerts,
Il faut que l'amitié soit bien dans la pensée,
Si par vn tel obiect elle n'en est chassée.
Ie sçay bien que Thisbé sans des viues douleurs,
Ne verra point sa mort, ny sans beaucoup de pleurs,
Mais auecques le temps iusqu'à la moindre trace,
La plus forte douleur se dissipe & s'efface,
Ayant veu que l'obiect de son premier Amour,
N'ayme plus, ne sent rien, n'a plus de part au iour,
Elle encore viuante & encore sensible,
A mon affection sera plus accessible.

Syllar.

L'aymez-vous iusqu'au poinct de violer la Loy?

Le Roy.

Tu sçais que la Iustice est au dessous du Roy,
La raison deffaillant la violence est bonne,
A qui sçait bien vser des droicts d'vne couronne,

Syllar.

Mais tousiours vous sçauez que l'equité vaut mieux

Le Roy.

Les grãds Roys doiuent viure à l'exemple des dieux.

Syllar.

Aussi vous ont-ils faits leurs Lieutenans en terre.

Le Roy.

Leur cholere à son gré fait tomber le tonnerre,
Et quoy qu'ils soient portez ce semble à nous cherir,
Pour monstrer leur puissance il nous font tous mourir,
Et moy ie tiens du Ciel ma meilleure partie,
Mon ame auec les Dieux à de la sympatie,

I'ayme que tout me craigne, & croy que le trespas
Tousiours est iuste à ceux qui ne me plaisent pas,
Pyrame est en ce rang, sa mort est legitime,
Car desplaire à son Roy, c'est auoir faict vn crime,
Il n'est pas innocent, ceux que la loy du sort
Rend mal voulus du Prince, ils sont dignes de mort,
Mon Amour l'a conclu. Ce Tyran implacable
En donne auecques moy l'arrest irreuocable,
Il sera ma victime, & ie iure deuant
Qu'aucun ait ietté l'œil sur le Soleil leuant,
D'eussay-ie par ma main executer ma haine,
Son trespas resolu me tirera de peine,
Icy me fera voir cét acte officieux,
Celuy de tous les miens qui m'aimera le mieux,
Icy dois-ie tirer vne preuue asseurée,
De la fidelité qu'on m'a cent fois iurée.

Syllar.

Le temps & la raison pourroient-ils point oster
Ces violens desirs.

Le Roy.

rien que les augmenter,
Le temps & la raison feront du feu la glace,
Et m'osteront plustost le cœur hors de sa place.

Syllar.

Puis que c'est vn dessain qu'on ne peut diuertir,
A quel prix que ce soit il en faut donc sortir,
Sire, me voicy l'ame & la main toute preste,
A quoy que vos desseins ayent d'estiné ma teste.

Le Roy.

Comment tu me preuiens, ha! veritablement,
Ie voy bien que tu veux m'obliger doublement,
Vn plaisir est plus grand qui vient sans qu'on y pense,
Qui souffre qu'on demande à prix sa recompense,
Mesme quand le besoin de nos desirs pressez,
A qui ne fait le sourd, se fait entendre assez.

Syllar.

Ie m'en vay de ce pas vacquer à l'entreprise,

Le Roy.

O qu'en ton amitié le Ciel me fauorise.

Syllar.

Dans deux heures d'icy nous y mettrons la main.

Le Roy.

Il est vray qu'il vaut mieux aujourd'huy que demain
Ie ne te parle point encore du salaire.

Syllar.

Sire tout mon espoir est l'honneur de vous plaire.

Le Roy.

Ie sçay que tout seruice est digne de loyer.

Syllar.

Il sçait bien comme il faut les hommes employer,
Vne telle action dessus le gain se fonde,
C'est le plus liberal de tous les Roys du monde,
Il en est mieux seruy. L'argent à des ressorts,
Qui font aller par tout nos esprits & nos corps.

ACTE DEVXIESME.

THISBE', PYRAME, DISARQVE.

SCENE I.

PYRAME, DISARQVE.

IE sçay bien cher amy que ton sage dessein,
Est de m'oster la flame & la mort hors du sein,
De r'amener à soy ma pauure ame esgarée,
Qui s'est depuis deux ans d'auec moy separée,
Mais sçache que mon ame abhorre ta raison,
Que ie prens tes conseils pour vne trahison,
Et d'abord que tu viens à me parler d'esteindre,
Ce feu dont nuict & iour ie ne fais que me plaindre,
Malgré le sentiment que i'ay de mon erreur,
Et de ton amitié, ta voix me faict horreur,
Ie te hay si tu n'es ennemy de mon aise,
Il faut que ton esprit à mon humeur se plaise.

Que tu perdes le soin de censurer mes pleurs,
Que ton affection consente à mes mal-heurs,
Et que ton iugement mette son industrie
A conseruer mon mal,

Disarque.

mon Dieu quelle furie,

Pyrame.

Autrement ie te tiens barbare & sans pitié.

Disarque.

Que vous cognoissez mal les fruits de l'amitié.

Pyrame.

Ie veux que mon amy sans feinte & sans reserue,
Dedans ma paßion me complaise & me serue.

Disarque.

Et quoy si vostre amy vous auoit veu courir
Dans vn danger mortel?

Pyrame.

qu'il me laissast mourir,
Le plus sanglant despit que la fortune liure
A des desesperez, c'est les forcer de viure.

Disarque.

Il est vray qu'vn desir vne fois emporté,
Vers vn funeste Amour à plus de fermeté,
On retracte plustost le dessein legitime,
D'vne bonne action que le proiect d'vn crime,
Le mal à plus d'appas, & ce qui plus nous nuit,
Auecques plus d'adresse & de vigueur nous suit,
Vous courez obstiné ce semble à vostre perte,
Quelque difficulté qui vous y soit offerte,

Vos parens obligez d'vn naturel deuoir,
Vous opposent icy leur absolu pouuoir.

Pyrame.

C'est par où mon desir dauantage se picque,
I'ayme bien à forcer vne loy tyrannique,
Amour n'a point de maistre, & vos empeschemens
Ne me sont desormais que des allechemens.
C'est vne occasion de me monstrer fidelle,
C'est prouuer à Thisbé que i'ose tout pour elle,
N'as-tu point quelquesfois pris garde à sa beauté,
Toy qui par dessus tous ayme la nouueauté,
Toy qui depuis les bords d'où le Soleil se leue,
Iusqu'aux flots reculez ou la clarté s'acheue,
Des obiects les plus beaux as fait iuge tes yeux,
En as-tu recogneu qui puissent plaire mieux?

Disarque.

Il est certain qu'elle à quelque chose de rare.

Pyrame.

Dis qu'elle a quelque chose à tenter vn barbare,
Celuy que ses regards ne peuuent pas toucher,
Il à des duretez de souche & de rocher.

Disarque.

Voila bien des discours de la melancholie.

Pyrame.

Ie croy que ta raison vaut moins que ma folie
Et que tu viens à tort me plaindre & m'accuser
D'vne erreur où les Dieux se voudroient abuser,
Ne m'en parle iamais, ta resistance est vaine,
Et si tu n'as iuré de t'acquerir ma haine,

Si tu n'as resolu de rompre auecques moy,
Dedans ma paßion ne me fais plus la loy,
Tu voudrois que i'aymasse à la façon commune,
Et qu'vn lasche dessein de faire ma fortune,
M'amenast dans le but de tes intentions.

Disarque.

Ie voudrois gouuerner vn peu vos passions,
Et vous sauuer l'esprit du danger & du blasme.

Pyrame.

Est-ce à toy ie te prie à gouuerner mon ame,
Ce cœur fut-il par toy là dedans enfermé?
Laisse faire à Nature, elle me l'a formé,
C'est d'elle dont Thisbé se vit aussi formée,
Pour enflammer ce cœur, & pour en estre aymée,
N'ayans tous deux qu'vn but de peine & de plaisir,
Semblables de l'humeur de l'aage & du desir,
Et si i'osois flatter encore mon visage,
On nous pourroit tous deux cognoistre en vne Image,
C'est le premier appas dont mon cœur souspira,
C'est le premier espoir dont Amour m'attira,
Cher espoir dont mon ame heureusement se flatte,
Car son œil fauorable à mes regards esclatte,
Me comble de faueur, bref ie suis asseuré,
D'vn Amour mutuel elle me l'a iuré,
Mes leures dans ses mains en ont cueilly le gage,
Et pour le confirmer d'vn plus pressant langage,
Ses pensers me l'ont dit, ses yeux en sont tesmoins:
Car dans tous nos discours la voix parle le moins.
Nous disons d'vn traict d'œil à nos ames bleßées

Bien plus qu'vn liure entier n'exprime de pensees.
Et des souspirs de feu, d'elle à moy repassans,
Mieux que nul confident s'expliquent à nos sens.
Nous n'auons point besoin que d'autres s'introduisent
A traicter nos Amours, les arbitres nous nuisent,
Le meilleur confident ne sert iamais si bien,
Que dans nostre interest il ne mesle le sien,
Selon sa fantaisie il aduance ou recule,
L'aueugle mouuement d'vn pauure esprit qui brusle,
Pour moy ie ne sçaurois souffrir vn Gouuerneur,
I'ayme mieux reüssir auec moins de bon-heur,
Les soins de la prudence ont trop d'inquietude,
Mon ame n'a d'obiect sinon ma seruitude,
Ou ie trouue mon bien, mieux qu'en ma liberté,
Et que i'ayme sans doute autant que la clarté.

Disarque.

Puis que c'est vne peste à vos os attachée,
Vne flesche mortelle en vostre cœur fichée,
C'est en vain que l'on prend le soin de vous guerir.

Pyrame.

Guerir, on ne le peut sans me faire mourir.

Disarque.

Au moins prenez bien garde en ceste amour furtiue,
Qu'vn funeste succez à vos desseins n'arriue,
Vous estes espiez & de loin & de pres,
Par des yeux vigilans qu'on y commet expres.

Pyrame.

Toute leur diligence est assez inutile,
L'ame des Amoureux n'est pas si peu subtile,

Nous sçauons bien choisir & le temps & le lieu,
Ou mesme ne sçauroit nous descouurir vn Dieu,
Ne t'en mets point en peine, & seulement endure,
Si tu me veux aimer, que ma fureur me dure.
Adieu laisse moy seul m'entretenir icy,
Voila la nuict qui vient, le Ciel est obscurcy,
Ma maistresse m'attend, à fin de me complaire
L'autre Soleil s'en va quand cettuy cy m'esclaire.
Priuez de tous moyens de nous parler ailleurs,
Et ne pouuant venir à des accez meilleurs,
Vne petite fente en ceste pierre ouuerte,
Par nous deux seulement encore descouuerte,
Nous fait secrettement aller & reuenir,
Les propos dont Amour nous laisse entretenir,
Car c'est le lieu par ou nos passions discrettes,
Donnent vn peu de iour à nos flâmes secrettes,
Icy cruels parens malgré vos dures loix,
Nous faisons vn passage à nos timides voix,
Icy nos cœurs ouuerts malgré vos tyrannies,
Se font entrebaiser nos volontez vnies,
Conseillers inhumains peres sans amitié,
Voyez comme ce marbre est fendu de pitié,
Et qu'à nostre douleur le sein de ses murailles,
Pour receler nos feux s'entrouure les entrailles,
Que l'air se prostituë à nos contentemens,
L'air le plus rigoureux de tous les Elemens,
Le pere des frimats, la source des orages,
A plus d'humanité que vos brutaux courages,
Mais i'entends quelque bruit, c'est elle sans faillir.

Ie sens tous mes esprits d'aise me defaillir,
Elle ne ment iamais, & feroit conscience,
De charger son Amant de trop de patience,
Ie voy comme elle approche & marche à pas contez
Soupçonneuse eslançant ses yeux de tous costez.

SCENE II.

THISBÉ, PYRAME.

THISBÉ.

ES-tu là mon soucy?

Pyrame.

qui vous a retenuë,
Auiourd'huy pour le moins vous estes preuenuë,
Vous arriuez plus tard que ie ne fis hier.

Thisbé.

Il est vray que i'ay tort ie ne le puis nier,
Mais quand ie t'auray dit ce qui m'a deu contraindre,
Ie croy que tu seras obligé de me plaindre,
Ie te feray pitié, car ie ne pense pas,
Que le mal qu'on m'a fait soit moins que le trespas.

Pyrame.

Comment, vous a-on fait quelque iniure, mon ame?
Quelqu'vn en son absence a-il blessé Pyrame?
Vn Dieu ne le pourroit auec impunité,

Thisbé.

Ceste offence n'estoit que l'importunité,

D'vne vieille hideuse & sotte creature,
Qui m'a tout auiourd'huy mis l'ame à la torture,
Qui m'a fait tant de loix, m'a tant donné d'aduis,
Et tant reiteré d'inutilles deuis,
Qu'on tariroit plustost l'humidité de l'onde,
Que ceste humeur chagrine en caquets si feconde.

Pyrame.

Dites moy ie vous prie encore en quoy tendoit
Le discours où plus fort la vielle s'estendoit?

Thisbé.

De rendre vne parfaite & pleine obeissance
A ceux à qui ie doy le bien de ma naissance,
De ne me dispenser de prendre aucun plaisir,
Que leur commandement ne me le vint choisir,
Sur tout de bien deffendre, & l'esprit, & l'oreille,
Des pointes dont amour vn ieune sang resueille,
Que les ieunes esprits n'ont rien de dangereux,
Au prix que d'escouter vn conseil amoureux:
Que mesme au plus heureux cet appas est funeste,
Que c'est vn precipice, vn poison, vne peste.

Pyrame.

Elle vous à donc fait l'amour bien odieux.

Thisbé.

Elle me l'a despeint comme il est dans ses yeux.

Pyrame.

Estranges changemens ou tombe la Nature,
Vn pauure corps vsé qui n'est que pourriture,
Vne vieille à qui l'aage à seiché les humeurs,
A qui les sens gastez ont peruerty les mœurs,

Vn sang gros & pesant, tousiours froit comme glace,
Si ce n'est qu'vne fieure eschauffe vn peu sa masse,
Vn tronc de nerfs & d'os d'artifice mouuant,
Qu'on ne sçauroit nommer qu'vn fantosme viuant,
Persecute tousiours d'vne ialouse enuie,
Les passe-temps heureux de nostre ieune vie,
Ces vieillards dont l'esprit & le corps abbatu,
Erigent l'impuissance en tiltre de vertu,
Eux mesmes qui le cours de la nature suiuent,
Qui selon l'appetit de leur vieillesse viuent,
Pretendent contre nous forcer l'ordre du temps,
Et que nous soyons vieux en l'aage de vingt ans,
Nos mœurs par leur exemple imprudẽment censurẽt,
Alleguant ce qu'ils sont, & non pas ce qu'ils furent,
Au moins ma chere vie en ce sot entretien,
Ie croy que cet esprit n'a rien peu sur le tien.

Thisbé.

Ces discours m'ont passé plus loin qu'vne nuee.

Pyrame.

Ta bonne volonté n'est pas diminuée?

Thisbé.

Elle à creu d'auantage, on n'a fait que ietter,
Du souffre dans la flamme afin de l'irriter,
Ie suis d'vn naturel à qui la resistance,
R'enforce le desir l'espoir & la constance,
Ie croy qu'on me verroit mourir autant de fois,
Qu'on me force d'ouyr ces importunes voix,
Sinon que mon Amour de plus en plus persiste,
Et brusle d'auantage alors qu'on luy resiste.

Et ie n'ay rien de cher comme vne occasion,
De tout ce qui sçauroit nourrir ma passion,
Puis qu'au diuin obiect dont ie suis amoureuse,
Le sort veut que ie sois parfaitement heureuse,
Que tu merites bien l'inuiolable foy,
Que iusques au tombeau ie garderay pour toy.

Pyrame.

Et moy si le tombeau laissoit encor aux ames
Quelque petit rayon de leurs deffuntes flames,
Ie n'aurois autre feu que toy dans les enfers,
Et dedans leurs prisons ie n'aurois que tes fers,
Mais parmy nos discours nous ne prenons pas garde,
Que ce doux entretien dont Amour nous retarde,
S'il n'est bien mesnagé nous manquera bien tost.

Thisbé.

Helas! ne pourrons nous iamais dire qu'vn mot,
Les oyseaux dans les bois ont toute la iournée,
A chanter la fureur qu'Amour leur a donnée:
Les eaux & les zephirs quand ils se font l'Amour
Leur rire & leurs souspirs font durer nuict & iour.

Pyrame.

Il se faut retirer de crainte qu'il n'arriue
Que de ce peu de bien encor on ne nous priue.

Thisbé.

Dans vne heure au plus tard ie reuiens donc icy.

Pyrame.

Et moy ie seray mort si ie n'y viens aussi.

ACTE

ACTE TROISIESME.

DEVXIS, SYLLAR, PYRAME, LE ROY.

SCENE I.

DEVXIS, SYLLAR, PYRAME.

SYllar ie suis troublé d'vn funeste presage,
Vn glaçon de frayeur m'estraint tout le courage,
Pensant à tel dessein ie me remets aux yeux,
Les iustes iugemens des hommes & des Dieux.

Syllar.

Quoy, tu manques de cœur.

Deuxis.

ie sens de la contrainte,
En ce que i'entreprens, & non pas de la crainte.

Syllar.

Ie cognois ton courage, & c'est la cause aussi

Qui fait que ie t'employe en ceste affaire icy,

Deuxis.

Il est beau de tenter vne mort legitime,
Pour quelque grãd exploict & qui se fait sans crime,
On appelle courage vn esprit genereux,
Qui n'est point inhumain comme il n'est point peu-
reux,
Qui meurt sur vne bréche, & dont les funerailles,
Se font chez l'ennemy sous vn bris de murailles,
Le trespas est loüable ou ignominieux,
Selon que le suiet est lasche ou glorieux,
Mais pense à quelle fin nous auons pris l'espee,
A quel exploit sera nostre main occupee,
Quoy, sans estre offencez nous nous voulons venger,
Quand on n'a point de haine on n'en sçauroit forger.

Syllar.

Nostre commißion donne toute licence,

Deuxis.

On ne peut sans remords se prendre à l'innocence,
Il ne nous à rien fait nous le voulons tuer.

Syllar.

La volonté du Roy se doit effectuer.

Deuxis.

Si quelque excez leger contentoit sa cholere,
Ie croy que iustement on luy pourroit complaire,
Mais en vn fait semblable en vne trahison,
Chacun le peut desdire auec trop de raison.

Syllar.

En dedisant son Roy, quelque iuste apparence
Que puisse prendre vn peuple il commet vne offence
Comme les Dieux au Ciel, sur la terre les Roys,
Establissent aussi des souueraines Loix,
Ils partagent esgaux ce que le monde enserre,
Les Dieux sont Roys du Ciel, les Roys Dieux de la terre,
Iupiter d'vn clin d'œil fait les Astres mouuoir,
Et nos Princes sur nous ont le mesme pouuoir,
A la grandeur des Dieux leur grandeur se figure,
Comme au vouloir des Dieux leur vouloir se mesure.

Deuxis.

Il leur faut obeir, si leur commandement
Imite ceux des Dieux qui font tout iustement.

Syllar.

Enquerir leur secret tient trop du temeraire,
C'est aux Roys à le dire, & à nous à le faire,
S'il à mal commandé, l'homicide commis,
Tombera sur sa teste, & nous sera remis,
Le deuoir ignorant rend vne ame innocente.

Deuxis.

Mais cognoissant le mal, il faut quelle y consente,
Vn deuoir ignorant, & quoy ne vois tu pas,
Qu'on brasse à l'innocent vn perfide trespas.
Que l'Enfer vn pareil n'en sçauroit faire naistre.

Syllar.

Sçaches qu'vn seruiteur doit obeyr au Maistre,
Considerant de pres & l'honneur & le droit,

Tout le monde ſans doute icy nous reprendroit:
Mais nous ſommes forcez le Prince le fait faire,
Il luy faut obeyr, c'eſt vn point neceſſaire.

Deuxis.

Et pourquoy neceſſaire, il vaut mieux encourir,
Sa diſgrace eternelle.

Syllar.

Il vaut donc mieux mourir.

Deuxis.

I'aymerois mieux la mort qu'vne honteuſe vie,
De remords criminels inceſſamment ſuiuie,
Quand le chien des Enfers auecques ſes abbois,
Vient troubler les viuans, ils ſont morts mille fois,
Mais mourant pour l'hõneur, on court par les briſées,
D'vn bien-heureux repos dans les champs Eliſées,
Les eſprits depeſtrez des vicieux diſcords,
Qu'ils ont auec nos ſens, ioyeux quittent nos corps.

Syllar.

Quelque ſi doux accueil que Mercure prepare,
Crois qu'vn homme ſe trouble alors qu'il ſe ſepare,
Que les corps treſpaſſez d'vne pierre couuerts
Changent les os en poudre, & la charongne en vers,
Que les eſprits errans par les riues funebres,
D'vn Cocite incogneu, ne ſont plus que tenebres,
Qu'on ſoit bien dans ce regne où Pluton tient ſa Cour,
C'eſt vn compte, il n'eſt rien de ſi beau que le iour,
Le moindre chien viuant vaut mieux que cent cohortes,
De Tygres, de Lyons, ou de Pantheres mortes,

Bien que pauure suiet ie prefere mon sort
A celuy-là d'vn Prince ou d'vn Monarque mort,
Croy moy, suy mon conseil, ne donnons point nos testes,
Pour preseruer autruy, ne soyons pas si bestes.

Deuxis.

Mourrions nous pour cela?

Syllar.

croy-tu viure vn moment.
Apres t'estre mocqué de son commandement?

Deuxis.

Mais le Roy craint-il point la iustice plus haute,
En nous faisant mourir il descouure sa faute,
Nos testes ne sçauroient venir sur l'eschaffaut,
Sans y faire monster son criminel deffaut.

Syllar.

Pour nous exterminer quand ils en ont enuie,
Les Roys ont cent moyens pour nous oster la vie,
Nos iours sont dans leurs mains, il les peuuent finir,
Ils peuuent le plus iuste innocemment punir,
Quelque tort que ce soit quand vn Roy nous accuse,
Sa grande authorité ne manque point d'excuse,
Contre le prince aux droicts, il ne se faut fier,
Le pretexte plus faux le peut iustifier.
Outre qu'au Souuerain la perte de deux hommes,
Ne se doit reprocher de deux tels que nous sommes,
Plusieurs qui ne sont point ainsi Religieux,
Et qu'vn si grand secret rendroit trop glorieux,

Ces mouuemens du Roy ne craindront pas de suiure,
Apres cela crois-tu qu'il nous souffrist de viure?
Nous ne sçaurions fuir de son bras irrité,
L'iniure d'vn supplice à demy merité.

Deuxis.

Il faut donc se bannir & bien loin d'vn Empire,
A tous les gens de bien, le moins seur & le pire.

Syllar.

Voyageant l'vniuers de l'vn à l'autre bout,
Nous ne sçaurions fuir, les Roys courent par tout,
Ils ont de longues mains qui par tout ce bas monde,
Sans se mouuoir d'vn lieu touchent la terre & l'ōde.

Deuxis.

Tu dis vray, ta raison me rend ores confus.

Syllar.

Coulpables vers le Roy, de ce coüard refus,
C'est fait de nous, aussi faisant ce qu'il commande,
Sans doute apres cela nostre fortune est grande,
Ces Royales faueurs nos esprits saouleront,
Et dans nos cabinets des flots d'or couleront.

Deuxis.

L'or ce metal sorcier, corrompt tout par ses charmes,
Deuant luy prosterné, l'honneur met bas les armes,
Il n'est si fort rempart de iustice ou de foy,
Qu'il ne brise, il ne craint ny pieté, ny Loy,
L'or peut tout, mesme alors que son appas s'adresse,
A des hommes vaillans que la misere presse,
Comme moy malheureux que l'horreur de la faim,

Contraint à desirer ce detestable gain,
Monstre de pauureté, ta dent est plus funeste,
Que le feu plus cuisant & la plus forte peste,
Le meurtrier que la peur bourrelle incessamment,
Au prix de tes forçats est puny doucement,
Dans les plus grãds remords des faits les plus infames
Sçauoir qu'on a du bien console fort les ames,
L'argent purge le crime, & nous guerit de tout.

Syllar.

A la fin tout va bien, ie voy qu'il se resoult.

Deuxis.

Le sort en est ietté, mon ame est exposée,
A ce qu'il te plaira, ie voy l'affaire aisée.

Syllar.

Il ne faut seulement que le guetter icy.

Deuxis.

Le voyla ce me semble,

Syllar.

il me le semble aussi.

Deuxis.

Donnons en mesme temps,

Pyrame.

on ne me peut surprendre,
Assaßins vous sçaurez si ie me sçay deffendre,
Bien que seul contre deux, ie vous feray sentir,
Qu'on ne se prend à moy qu'auec du repentir.

Deuxis.

O Dieu ie suis bleßé.

Pyrame.

si ta main n'est meilleure,
Ce lasche & traistre sang tu vomiras sur l'heure,
Ton sort comme le sien pend au bout de ce fer.

Syllar.

Fuyons, ie croys que c'est vn fantosme d'Enfer.

Deuxis.

O Dieux ! que ie fais bien icy l'experience,
Qu'il ne faut rien tenter contre sa conscience.

Pyrame.

Conscience voleur, ie croy que le remords,
Ne te presse qu'entant que tu vas voir les morts,
Que tu sens la frayeur d'vne peine eternelle,
Recueillir en mourant ton ame criminelle.

Deuxis.

Ha ! si vous me laissiez vn peu la liberté,
De vous parler auant que perdre la clarté.

Pyrame.

Que me sçaurois tu dire.

Deuxis.

vne chose sans doute
Qui vous pourroit seruir.

Pyrame.

il faut que ie l'escoute.
Qu'est-ce?

Deuxis.

ce qu'on pourroit à peine deuiner,
Le Roy nous a contraints de vous assassiner.

Pyrame.

O Ciel ! que m'as-tu dit, mais faut-il croire vn traistre.

Deuxis.

Ie vous dis ce qui est.

Pyrame.

mais ce qui ne peut estre,
Dieux, tout mon sang se trouble, il est vray que le Roy.
Ayme à ce qu'on m'a dit, en mesme lieu que moy,
Helas ! ie suis perdu, mon mal est sans remede,
Cõtre mon Roy, quel Dieu puis-ie trouuer qui m'aide.

Deuxis.

Voyez de vous conduire en cela sagement,
Maintenant ie trespasse auec allegement.

Pyrame.

L'enfer te soit propice, & sa nuict mal-heureuse,
Pour vn si bon remors te soit moins rigoureuse,
Au reste il faut fuir c'est le meilleur conseil,
Sans faire plus icy, ny repos, ny sommeil,
Quand le courroux des Roys faict esclater leurs ames,
C'est pis dix mille fois que torrens & que flames,
Il faut s'oster de là, mais de necessité,
Thisbé, vous m'en auez souuent solicité,
Vous m'auez dit cent fois que vous seriez heureuse,
De suiure loin d'icy ma fortune amoureuse,
Que vous craignez ce Prince, & que de son amour,

Quelque malheur au nostre arriueroit vn iour,
Il y faudra pouruoir, & si l'humeur hardie,
De ce courage ardent ne s'est pas refroidie,
Nous nous affranchirons de ses cruelles loix,
Et nous n'aurons que nous, de parens, ny de Roys.

SCENE II.

PYRAME, MESSAGER.
SYLLAR, LE ROY.

A Cét affront, le sang au visage me monte,
Que ma condition souffre auiourd'huy de hõte,
Sçachant que de ma part tu luy voulois parler.

Messager.

En vain cent fois le iour vous m'y feriez aller,

Le Roy.

Que Thisbé n'a point fait semblant de te cognoistre?

Messager.

Sire, tout aussi-tost qu'elle m'a veu paroistre,
Destournant ses regards surprise à l'impourueu
Ainsi qu'elle auroit fait d'vn serpẽt qu'elle eust veu,
Elle s'est engagée en vne compagnie,
A faire des discours d'vne suitte infinie,
Iusqu'à tant qu'elle a peu se desrober de moy.

Le Roy.

Traicter si rudement la passion d'vn Roy,
Faut il que nous ayõs, fils des Dieux que nous sommes,

Le sentiment semblable aux vulgaire des hommes?
Ingratte si faut-il que ie te mette vn iour,
Dans le chois d'esprouuer ma haine ou mon Amour,
Tu sçauras que ie regne, & que la tyrannie,
Me peut bien accorder ce que l'Amour me nie,
Ce beau fils dépesché, si ton cœur ne demord,
Tu te pourras bien voir sa compagne à la mort,
Mais! voicy de retour mon fidelle ministre,
Ie lis dessus son front quelque rapport sinistre,
Il craint de m'aborder, parle & leue les yeux?

Syllar.

L'affaire va tres-mal,

Le Roy.

ie n'attendois pas mieux.

Syllar.

Mon compagnon est mort, & moy couuert de playes,
Vous viens faire rapport de ces nouuelles vrayes,
Nous auions à peu pres l'ouurage executé,
Que le peuple en fureur dessus nous s'est ietté,
Et d'armes & de cris vne croissante suite,
A peine m'a donné le loisir de la fuite.

Le Roy.

C'est trop, ie voy qu'Amour se mocque de mes vœux,
Que le Ciel par dessein deffend ce que ie veux,
Ie suis au desespoir, mon ame est trop gehennée,
I'ay gardé dans le sein la mort tout vne année,
Mes malheurs vont sans fin l'vn l'autre se suiuans,
La saison de l'Hyuer n'a iamais tant de vents,

Iamais tant de frimats, ny de froid, ny de gresle,
Qu'il ne face en trois mois quelque beau iour pour elle,
Iamais vieillard caduc ne s'est si mal porté
Qu'il n'ait eu dans l'année vne heure de santé,
Eolle quelquefois tient tous les vents en bride
Et fait voir aux Nochers le front des eaux sans ride,
Et l'astre le plus fier & plus malin des Cieux,
Iamais de mon destin n'a destourné ses yeux,
Ce traistre me donna le sceptre & le courage,
Pour me donner les maux auecques plus d'outrage,
Mais ie me plains en vain, le Ciel n'a point de tort,
Tout homme de courage est maistre de son sort,
Il range la Fortune à son obeissance,
Son deuoir ne cognoist de Loy que sa puissance,
Mesme quand c'est vn Roy qui n'a d'autre deuoir,
Que de iouyr des droicts d'vn souuerain pouuoir,
Non, non, mon iugement n'est plus sur la balance,
Syllar, tous mes conseils vont à la violence,
Retente vne autrefois encore mon dessein,
Va dans son lict luy mettre vn poignard dans le sein,
Dis que c'est de ma part, fay toy donner main forte,
Pour forcer la maison, dis que c'est moy, n'importe,
Controuue quelque crime afin de l'accuser,
En mon nom tu pourras tout dire & tout oser.

Syllar.

Que la fureur des Roys est vne chose estrange,
Ils veulent que le Ciel à leur humeur se range,
Que tout leur face ioug, en ce cruel desir
S'il se seruoit d'vn autre il me feroit plaisir.

ACTE QVATRIESME.

PYRAME, THISBE', LA MERE DE THYSBE', SA CONFIDENTE.

SCENE I.

PYRAME, THISBE'.

TV vois en quel danger nostre fortune est mise,
Que mesme la clarté ne nous est pas permise,
En fin ne veux-tu point forcer ceste prison,
Icy l'impatience est iointe à la raison,
Le tyran qui desia fait esclatter sa rage,
Afin de l'assouuir mettra tout en vsage,
Et possible deuant que le flambeau du iour,
Nous fasse voir demain ses coursiers de retour,
Nous sçaurions ce que peut vne fureur vnie,
Auec l'hautorité d'vne force impunie.

Thisbé.

Le conseil en est pris sans attendre à demain,

Il faut resolument s'affranchir de sa main,
Ie seray bien heureuse ayant de la Fortune,
Et disgrace & faueur, auecque toy commune,
Lors que ie n'auray plus d'espions à flatter,
Que ie n'auray parens ny mere à redouter,
Et qu'Amour ennuyé de se monstrer barbare
Ne nous donnera plus de mur qui nous separe,
Que sans empeschemens nos yeux pourront passer,
Par tout où sont venus la voix & le penser,
Lors d'vn parfait plaisir entre tes bras comblée,
Mon ame du Tiran ne sera pas troublée,
Lors ie n'auray personne à respecter que toy.

Pyrame.

Lors tu n'auras personne à commander que moy,
Dessus mes volontez, la tienne souueraine,
Te donnera tousiours la qualité de Reyne,
Thisbé ie iure icy la grace de tes yeux,
Serment qui m'est plus cher que de iurer les Dieux,
Que ton affection auiourd'huy me transporte,
Ie ne la croyois pas estre du tout si forte,
Ie doutois que l'on peust aimer si constamment,
Et que tant d'amitié fust pour moy seulement,
Que des obiects plus beaux.

Thisbé.

n'acheue point Pyrame
Vn si mauuais soupçon, tu blesserois mon ame,
Autre obiect que le tien, c'est me desobliger
Mon cœur, & quel plaisir prens-tu de m'affliger.

Pyrame.

Ne crois point que cela trouble ma fantaisie,
Mais laisse à tant d'amour vn peu de ialousie,
Non pas pour les mortels, car i'ose m'asseurer,
Que tu n'aime que moy.

Thisbé.

tu le peux bien iurer.

Pyrame.

Mais ie me sens ialoux de tout ce qui te touche,
De l'air qui si souuent entre & sort par ta bouche,
Ie croy qu'à ton subiet le Soleil fait le iour,
Auecques des flambeaux, & d'enuie, & d'Amour,
Les fleurs que sous tes pas tous les chemins produisent
Dans l'honneur qu'elles ont de te plaire me nuisent,
Si ie pouuois complaire à mon ialoux dessein,
I'empescherois tes yeux de regarder ton sein,
Ton ombre suit ton corps de trop près ce me semble,
Car nous deux seulement deuons aller ensemble,
Bref, vn si rare obiect m'est si doux & si cher,
Que ta main seulement me nuit de te toucher.

Thisbé.

Hors de l'empeschement qui nous separe icy,
Tu sçauras que tes veux sont mes desirs aussi,
Que ton mal est celuy dont ie me sens pressée,
Mais la course du iour s'en va desia passée,
La Lune se confond auecque la clarté,
Il est temps de pouruoir à nostre liberté,
Il faut que nostre fuite à la nuict se hazarde,
Car auec trop de soin tout le iour on me garde.

Pyrame.

C'est tres-bien aduisé quand d'vn sommeil profond,
La premiere douceur dans nos veines se fond,
Qu'en ce pesant fardeau tout taciturne & sombre,
On n'oit que le silence, on ne voit rien que l'ombre,
Il se faut desrober chacun de sa maison,
Où plustost se sauuer chacun de la prison.

Thisbé.

Mais au sortir d'icy pour nous voir en peu d'heure,
Qu'elle assignation trouuerons nous plus seure.

Pyrame.

En attendant le iour, vn lieu propre & bien pres,
Il semble que l'amour me le descouure expres,
Le tombeau de Ninus.

Thisbé.

il est vrayement bien proche,

Pyrame.

Là coule vn clair ruisseau tout au pied d'vne roche,
Qui de ses viues eaux entretenant les fleurs,
Maintient à la prairie, & l'ame & les couleurs:
Vn arbre tout auprès, fertile en Meures blanches,
Nous offre le couuert de ses espaisses branches,
Sçaurions nous rencontrer vn lieu plus à souhait.

Thisbé.

Il est le mieux du monde, allons cela vaut fait.

SCENE

SCENE II.

LA MERE, ET SA CONFIDENTE.

ENcores de frayeur tous mes cheueux se dressent,
Ses farouches regards encor à moy s'adressent,
Hà ! sommeil malheureux en ce songe trompeur,
Que tu m'as fait, ô Dieux ! que tu m'as fait de peur,
De ceste vision l'image triste & noire,
Auecques trop d'horreur s'attache à ma memoire,
I'ay resué tout le iour dans l'apprehension,
De ma mauuaise nuict,

La Confidente.

ce n'est qu'illusion.

La Mere.

Combien en voyons nous à qui la voix des songes,
A dit des veritez,

La Confidente.

comme aussi des mensonges.

La Mere.

Ceste frayeur me tient pourtant dans les esprits,
Trop auant pour auoir son presage à mespris,
Iamais vne si triste & si pasle figure,
Ne se presente à nous sans vn mauuais augure,
Vne pareille nuict ne me vient pas souuent.

La Confidente.

A qui suit la raison, le songe n'est que vent,

Il est bon ou mauuais, feint, ou bien veritable,
Selon l'erreur douteux de nostre esprit muable.

La Mere.

Si tu sçauois comment ce songe est apparu,
Comment cent fois la mort par mes os à couru,
De quelque fermeté que ta raison se vante,
Possible prendrois-tu ta part de l'espouuante.

La Confidente.

S'il ne vous est fascheux de me le faire ouyr.

La Mere.

Si cette ombre en parlant pouuoit s'esuanouyr,
Et que sa forme errante encore dans ma couche,
Peust sortir de mon ame en sortant de ma bouche,
Tu me verrois tres-prompte à te faire sçauoir,
Ce que mes yeux fermez m'ont clairement fait voir

La Confidente.

„ Deschargeant sa douleur dedans l'ame fidelle,
„ De quelqu'vn que l'on aime on la sent moins cruelle,
Le plus foible secours que l'on nous puisse offrir,
Nous fait le mal au moins plus doucement souffrir,
S'il en faut souspirer, qu'auec vous ie souspire.

La Mere.

Ta curiosité me presse de le dire,
L'heure ou nos corps chargez de grossieres vapeurs,
Suscitent en nos sens des mouuemens trompeurs,
Estoit de sia passée, & mon cerueau tranquile,
S'abbreuuoit des pauots que le sommeil distille,
Sur le poinct que la nuict est proche de finir,

Et le Char de l'Aurore est encore à venir.

La Confidente.

Enuiron ce temps-là, l'opinion vulgaire,
Tient que les songes ont la vision plus claire.

La Mere.

Plusieurs euenemens me sont desia tesmoins,
Que leur incertitude alors trompe le moins.

La Confidente.

Nous preserue le Ciel que celuy-cy persiste,
A nous prognostiquer son obscurité triste.

La Mere.

Sçache que iamais songe en son obscurité,
N'a fait voir tant d'horreur, ny tant de verité.

La Confidente.

Vrayement à vous ouyr i'en suis desia touchée.

La Mere.

Le voicy. Dieux! mon ame en est effarouchée,
I'ay veu tout au trauers du bandeau du sommeil,
Au milieu d'vn desert l'Eclypse du Soleil,
C'est le premier obiect de la funeste image,
Qui marque à mon destin vn asseuré dommage,
En cette nuict espaisse où partout l'Vniuers,
Les obiects demeuroient esgallement couuerts,
I'ay senty sous mes pieds ouurir vn peu la terre,
Et de là sourdement bruire aussi le tonnerre,
Vn grand vol de corbeaux sur moy s'est assemblé,
La Lune est deualée, & le Ciel à tremblé,
L'air s'est couuert d'orage, & dans ceste tempeste,

Quelques gouttes de sang m'ont tombé sur la teste,
Vn Lyon l'œil ardant, & le crain herißé,
Dessus son large col hideusement preßé,
Rugissant sans me voir aupres de la cauerne,
A fait autour de moy deux ou trois fois vn cerne,
Certains cris soubs terrains rompus par des sanglots,
Comme vn mugissement de riuage & de flots,
Au trauers le silence, & l'horreur des tenebres,
M'ont transpercé le cœur de leurs accens funebres.

La Confidante.

O Dieux ! tant seulement à vous ouyr parler,
Ie sens que tout d'horreur mon cœur se va geler.

La Mere.

De là tombant à coup, dans des frayeurs plus viues,
Il m'a semblé d'errer aux infernalles riues,
Ou d'vne nuict plus noire encore m'aueuglant,
I'ay rencontré d'abord vn corps pasle & sanglant
Qui me representoit d'vn obiect lamentable,
De ma fille Thisbé, le pourtraict veritable,
Ce corps auoit le sein de trois grands coups ouuert,
Qui teignoit le linceul dont il estoit couuert,
Außi tost que ses yeux ont cogneu mon visage,
Quoy qu'ils ne fussent plus que d'ombre & de nuage,
M'eslançoient des regards auec vn tel effort,
Qu'ils me sẽbloient des traicts que decochast la mort.
Puis m'approchant me dit d'vne voix aigre & forte
Que cherche-tu tigresse, & bien me voyla morte,
Tu viens donc inhumaine en ces bords malheureux,
Pour encor espier nos esprits amoureux,

Et me prenant la main tire hors de ma place,
Pour me monſtrer Pyrame eſtendu ſur la glace,
Qui par le meſme endroit d'autant de coups bleßé,
Monſtroit qu'vn meſme eſprit l'auoit auſsi pouſsé,
Voy dit-elle barbare en ce piteux ſpectacle,
Dequoy nous à ſeruy ton enuieux obſtacle,
Qui te meut de venir troubler noſtre amitié,
Icy noſtre deſtin abhorre ta pitié,
L'Enfer plus doux que toy laiſſe viure nos flames,
Va ne reuiens iamais importuner nos ames,
Là ſon bras ma pouſſée, alors tout en ſurſaut
Ie me ſuis eſueillée auec vn cry fort haut,
N'eſt ce pas la dequoy me donner de l'ombrage?

La Confidente.

Mais bien dequoy troubler le plus hardy courage.

La Mere.

Vrayement ie me repens d'auoir tenté ſi fort
Vne ſi bonne fille, & cognois que i'ay tort,
Ie veux d'oreſnauant d'vne bride moins forte
Retenir les deſirs ou ſon aage la porte.

La Confidente.

Madame il eſt bien vray, qu'vn peu moins rudement
Vous la gouuernerez bien plus commodément,
Comme elle eſt de bon ſang elle à l'humeur altiere,
La force en vn bon cœur fait moins que la priere,
En cét aage à peu pres il me ſouuient qu'vn iour,
Mon Pere me voulut deſtourner d'vn Amour,
Qu'il iugeoit peu ſortable, & moy bien à ma ſorte,

La deffence rendit ma paßion si forte,
Que dedans peu de iours il veit bien qu'il falloit,
A la fin s'accorder à ce qu'Amour vouloit,
Ny le respect d'autruy, ny nostre ame elle-mesme,
Ne se peut empescher de suiure ce qu'elle ayme.

La Mere.

Asseure toy d'auoir desormais le plaisir,
De me voir indulgente à son ieune desir.

SCENE III.

THISBE' SEVLE.

DEesse de la nuict, Lune mere de l'ombre,
Me voyant arriuer sous ce fueillage sombre,
Tiens toy dans ton silence, & ne t'offence pas,
De l'Amour effronté qui guide icy mes pas,
Ne me regarde point pour enuier mon aise,
C'est assez qu'icy bas Endimion te baise,
Et sans me quereller d'aucun ialoux soupçon,
Demeure toute seule auecques ton garçon,
Et croy qu'en ce dessein que mon Amour hazarde,
Ie n'ay d'intention pour rien qui te regarde,
Celuy qui maintenant me fait icy venir,
N'a que trop dans ses yeux dequoy m'entretenir.
Et toy Sacré ruisseau dont le plaisant riuage,
Semble plus accostable en ce qu'il est sauuage,
Redouble à ma faueur le doux bruit de ton cours,

Tant que tous les Siluains en puissent estre sourds,
Et que la vaine Escho de ton bruit assourdie,
Mes amoureux propos à ces bois ne redie,
Mais non, va doucement de peur de resueiller
Les Nimphes de tes eaux, laisse les sommeiller,
L'onde ne leur met pas tant de froideur dans l'ame,
Qu'elle ne s'embrasast en regardant Pirame,
Mais quoy? ce paresseux est encor à venir,
Ie ne sçay quel subiet le peut tant retenir,
Il a bien de l'Amour, mais il n'est pas possible,
Qu'il le ressente au point, ou ie me voy sensible,
Ie ne le dis qu'à vous, ruisseaux, antres, forests,
A qui mesme Diane à commis ses secrets,
A ma faueur, Escho commande à ceste roche,
De lui toucher vn mot d'vn amoureux reproche,
Mais n'oy-ie pas de loin ce semble vn peu de bruit,
I'entreuoy la clarté comme d'vn œil qui luit,
Helas! qu'ay-ie apperceu, Dieux l'effroyable beste,
Vn Lion affamé qui cherche icy sa queste,
Fui Thisbé les horreurs d'vn si mauuais destin,
Dieux! que Pirame au moins n'en soit pas le butin.

ACTE CINQVIESME.

SCENE I.

PYRAME, SEVL.

EN fin ie suis sorty, leur prudence importune,
N'a plus a gouuerner, ny moy, ny ma fortune,
Mon ame ne suit plus que le flambeau d'Amour,
Dans mon aueuglement ie trouue assez de iour,
Belle nuict qui me tends tes ombrageuses toiles
Ha! vrayement le Soleil vaut moins que tes estoilles,
Douce & paisible nuict tu me vaust desormais
Mieux que le plus beau iour ne me valut iamais,
Ie voy que tous mes sens se vont combler de ioye,
Sans qu'icy nul des Dieux ny des mortels me voye.
Mais me voicy desia proche de ce tombeau
I'apperçoy le Meurier, i'entends le bruit de l'eau,
Voicy le lieu qu'Amour destinoit à Diane,
Icy ne vint iamais rien que moy de prophane,
Solitude, silence, obscurité, sommeil,
N'auez-vous point icy veu luire mon Soleil?

Ombres, ou cachez-vous les yeux de ma maistresse?
L'impatient desir de le sçauoir me presse:
Tant de difficultez m'ont tenu prisonnier,
Que ie mourois de peur d'estre icy le dernier,
Mais à ce que ie voy, ie m'y rends à bonne heure,
Puis qu'encore en son lict, mon Aurore demeure,
Attendant qu'elle arriue icy bien apropos,
Le reste de la nuict m'offre son doux repos,
Mais pourrois-ie dormir en mon inquietude,
Quelque sommeil qui regne en ceste solitude,
Depuis que ie la sers, Amour m'a bien instruit,
A passer sans dormir les heures de la nuict,
Le murmure de l'eau, les fleurs de la prairie,
Cependant flatteront vn peu ma resuerie,
O fleurs si vos esprits iamais se transformans,
Despoüillerent les corps des malheureux Amans,
S'il en est parmy vous, qui se souuienne encore,
D'auoir souffert ailleurs qu'en l'Empire de Flore,
Doux obiects de pitié ne soyez point ialoux,
Si la faueur d'Amour m'a traicté mieux que vous,
Et si du temps passé le souuenir vous touche,
Prestez-nous sans regret vostre amoureuse couche,
Mais desia la rosee à vos tapis moüillez,
Que dis-ie, c'est du sang qui vous les a soüillez?
D'où peut venir ce sang, la trouppe sanguinaire,
Des Ours, & des Lions, vient icy d'ordinaire:
Vne frayeur me va dans l'ame repassant,
Ie songe aux cris affreux d'vn Hibou menaçant,

Qui m'a tousiours suiuy, ces ombrages nocturnes,
Augmentent ma terreur & ces lieux taciturnes.
Dieux! qu'est-ce que ie voy, i'en suis trop esclarcy,
Sans doute vn grand Lyon à passé par icy,
I'en recognois la trace, & voy sur la poussiere
Tout le sang que versoit sa gueulle carnasciere:
O Ciel! en quelle horreur en fin suis ie tombé,
Detestable i'arriue aux traces de Thisbé,
Ces traces que ie voy son pied les à formées,
Et celles du Lyon pesle mesle imprimées,
Parmy cela du sang abondamment espars,
Ha! ie ne voy qu'horreur, que morts de toutes parts,
Il n'en faut plus douter mon œil me dit ma perte,
Iustes Dieux se peut-il que vous l'ayez soufferte?
Mais vous n'ẽ sçauiez riẽ, vous estes de faux Dieux.
C'est moy qui l'ay conduite en ces coulpables lieux,
Moy traistre qui sçauois qu'aupres de ceste source,
Les Ours, & les Lyons font leur sanglante course,
Que la commodité de ce frais abbreuoir,
Et de ce lieu desert, tousiours les y fait voir,
Infame criminel & desloyal Pirame,
Qu'as-tu fait de Thisbé, qu'as-tu fait de ton ame,
Comment me suis-ie ainsi de moy-mesme priué?
Elle m'a preuenu, le iour est arriué,
Voy-ie pas que l'Aurore en sa pointe premiere,
Espanche au Ciel ouuert sa confuse lumiere,
Soleil voudrois-tu luire apres cét accident?
Cherche pour te cacher vn plus noir occident,

Toutesfois monstre toy, tu le pourras sans honte,
Il n'est plus de Soleil çà bas qui te surmonte,
Thibé n'est plus au monde, ô bel arbre, ô rocher,
O fleurs en quel endroit me la faut-il chercher?
Beau cristal innocent dont le miroir exprime,
Sur mon front paslissant l'image de mon crime,
Toy qui dessus tes bords la voyois deschirer,
N'en as-tu quelque membre au moins sceu retirer?
Traistre tu n'as servi qu'à raffreschir la gueulle,
Du Lion luy laissant ma Thisbé toute seule,
Mais pourquoy les cailloux veux-ie icy quereller,
C'est à mon imprudence à qui ie dois parler,
C'est à mes cruautez à qui ie dois la peine,
De la mort la moins iuste, & la plus inhumaine,
C'est moi de qui les bras l'a devoient secourir
Et qui ne l'ont pas fait, c'est moi qui dois mourir,
Sortez à ma faueur de vos demeures creuses
Pour deschirer ce corps, venez trouppes affreuses,
Mon iuste desespoir vous presse, il vous attend,
Sans defense vn butin ce pauure corps vous tend,
Cruels ne cherchez point que dans les Bergeries,
Quelque innocent Aigneau, s'immole à vos furies,
Destournez desormais le cours à vos larcins,
Mangez les criminels, tuez les assassins,
En toy Lion, mon ame à fait ses funerailles,
Qui digeres desia mon cœur dans tes entrailles,
Reuiens & me fais voir au moins mon ennemi,
Encores tu ne m'as deuoré qu'à demi,

Acheue ton repas, tu seras moins funeste,
Si tu m'es plus cruel, acheue donc ce reste,
Oste moy le moyen de te iamais punir,
Mais ma douleur te parle en vain de reuenir,
Depuis que ce beau sang passe en ta nourriture,
Tes sens ont despoüillé leur cruelle nature,
Ie croy que ton humeur change de qualité,
Et qu'elle à plus d'amour que de brutalité,
Depuis que sa belle ame est icy respanduë,
L'horreur de ces forests est à iamais perduë,
Les Tygres, les Lyons, les Pantheres, les Ours,
Ne produiront icy que de petits Amours,
Et ie croy que Venus verra bien tost escloses,
De ce sang amoureux mille moissons de roses,
Mon sang dessus le sien par icy coulera,
Mon ame auec la sienne icy se meslera,
Qu'il me tarde desia que mon ombre n'arriue,
Reioindre son esprit sur la mortelle riue:
Au moins si ie trouuois d'vn chef-d'œuure si beau,
Quelque saincte relique à mettre en vn tombeau,
Ie ferois dans mon sein vne large ouuerture,
Et sa chair dans la mienne auroit sa sepulture,
Toy son viuant cercueil, reuiens me deuorer,
Cruel Lyon reuiens, ie te veux adorer:
S'il faut que ma Deesse en ton sang se confonde,
Ie te tiens pour l'Autel le plus sacré du monde,
O Dieux ! si ie ne voy rien d'elle à mon trespas,
Au moins ie baiseray la trace de ses pas,

Et ma léure en suiuant ceste sanglante route,
Cent fois rebaisera son beau sang goutte à goutte,
Ah! beau sang precieux qui tout froid & tout mort
Faites dedans mon ame encor vn tel effort,
Vous auez donc quitté vos delicates veines,
Pour acheuer en fin vos tourments, & mes peines,
Puis que le sort me dit que vous l'auez voulu,
Il ne m'y verra pas moins que vous resolu,
Mais que trouuai-ie icy? cette sanglante toille,
A la pauure deffuncte auoit serui de voile,
O trop cruel tesmoin de mon dernier malheur,
Tesmoin de mon forfait sois-le de ma douleur,
Mais quoy dedans l'obiect d'vn sort si desplorable,
Sanglant & déchiré tu m'es encor aimable,
Le faut-il adorer, il le faut ie le veux,
Il à touché iadis l'or de ses blonds cheueux,
Ce voile à nos amours prestant son chaste vsage,
Deffendoit au Soleil de baiser son visage,
Il fut en ma faueur soigneux de son beau teint,
Sois-tu doresnauant reueré comme Sainct,
Et qu'en faueur du sang qui peint nostre infortune
La nuict te daigne mettre auec sa robbe brune;
Mais ie croy que mon cœur se flatte en sa langueur,
Il est temps que ma vie acheue sa rigeur,
Au dessein de mourir dois-ie chercher qui m'aide,
Rien que ma main ne s'offre à ce dernier remede,
Terre si tu voulois t'ouurir dessous mes pas,
Tu me ferois plaisir: mais tu ne le fais pas,

Il semble que ton flanc d'auantage se serre,
Dieux ! si vous me vouliez enuoyer le tonnerre
Ie vous serois tenu, mais ô propos honteux,
Mon trespas à m'ouyr est encore douteux,
Mon desespoir encor en moy se delibere,
Mais l'estourdissement non la peur le differe:
Voici dequoy venger les iniures du sort,
C'est icy mon Tonnerre, & mon goufre, & ma mort:
En despit des parens, du Ciel, de la Nature,
Mon supplice sera la fin de ma torture,
Les hommes courageux meurent quand il leur plaist,
Aime ce cœur Thisbé, tout massacré qu'il est,
Encor vn coup Thisbé par la derniere playe,
Regarde la dedans si ma douleur est vraye.

SCENE II.

THISBE' SEVLE.

A Peine ay-ie repris mon esprit & ma voix,
Ceste peur m'a faict perdre vn voile que i'auois,
Et m'a fait demeurer assez long-temps cachée,
Possible mon amant m'aura depuis cherchée,
Il doit estre arriué s'il n'a perdu le soin,
De me venir trouuer, car le iour n'est pas loin,
Ie n'entends plus que l'eau que verse la fontaine,
Le silence profond me rend assez certaine
Que ie puis approcher la tombe, ou ce pendant

Mon Pyrame languit sans doute en m'attendant,
La beste qui cherchoit l'eau de ceste vallée,
Ayant esteint sa soif, ores s'en est allée,
Autrement i'entendrois qu'elle feroit du bruict,
Et ses yeux brilleroient au trauers de la nuict,
O nuict ie me remets en fin sous ton ombrage,
Pour auoir tant d'amour, i'ay bien peu de courage:
Mais ou mon œil s'abuse en vn obiet trompeur,
Voicy dequoy rentrer en ma premiere peur,
Vne subite horreur me prend à l'impourueuë,
Et si l'obscurité peut asseurer ma veuë,
Vn augure incertain, mes soupçons ne dément,
Certains pas dans les miens meslez confusément,
Ceste place par tout sanglante & si foulée,
Monstre qu'icy la beste à sa fureur saoulée,
Dieux! ie voy par la terre vn corps qui semble mort,
Mais pourquoy m'effrayer, c'est Pyrame qui dort,
Pour diuertir l'ennuy de son attente oisiue,
Il repose au doux bruit de ceste source viue,
Ce sera maintenant à luy de m'accuser
Mais ce lieu dur & froid, mal propre à reposer,
Que desia la rosee à rendu tout humide,
M'oblige à l'esueiller, Dieux! que ie suis timide,
I'ay son contentement & son repos si cher,
Que ma voix seulement à peur de le fascher,
Il dort si doucement qu'on ne sçauroit à peine,
Discerner parmy l'air le bruit de son haleine, (main,
Mais d'où vient qu'immobile , & froid dessous ma
Il semble mort , Pyrame ô Dieux! i'appelle en vain,

Il ne respire plus, ce beau corps est de glace,
Helas! ie voy la mort peinte dessus sa face,
D'vne eternelle nuict son bel œil est couuert,
Ie voy d'vn large coup son estomac ouuert,
Hé! ne meurs pas si tost, ouure vn peu la paupiere,
Respire encore vn coup ie mourray la premiere,
Ne t'en vas point sans moy, ne me fais point ce tort,
Tu ne me respons rien, mon cœur tu n'es pas mort,
Les Dieux ne meurent point la nature est trop sage,
Pour laisser ruiner son plus aimable ouurage,
Mais, ô foible discours, ô faux soulagement,
La perte que ie fais m'oste le iugement;
Pyrame ne vit plus, ha! ce souspir l'emporte,
Comment? il ne vit plus & ie ne suis pas morte?
Pyrame, s'il te reste encor vn peu de iour,
Si ton esprit me garde encore vn peu d'Amour,
Et si le vieux Charon touché de ma misere,
Retarde tant soit peu sa barque à ma priere,
Attends moy ie te prie, & qu'vn mesme trespas,
Acheue nos destins, ie m'en vay de ce pas,
Mais tu ne m'attends point, & si peu que ie viue
En ce dernier deuoir mon sort veut que ie suiue:
Coulpable que ie suis de ceste iniuste mort,
Malheureux criminel de la fureur du sort,
Quoy? ie respire encore & regardant Pyrame
Trespassé deuant moy ie n'ay point perdu l'ame:
Ie voy que ce Rocher s'est esclatté de dueil,
Pour respandre des pleurs pour m'ouurir vn cercueil,

Ce ruisseau

Ce ruiſſeau fuit d'horreur qu'il à de mon iniure,
Il en eſt ſans repos, ſes riues ſans verdure,
Meſme au lieu de donner de la roſee aux fleurs,
L'aurore à ce matin n'a verſé que des pleurs,
Et cet arbre touché d'vn deſeſpoir viſible,
A bien trouué du ſang dans ſon tronc inſenſible,
Son fruict en à changé, la Lune en à bleſmy,
Et la terre à ſué du ſang qu'elle à vomy,
Bel arbre puis qu'au monde apres moy tu demeures,
Pour mieux faire paroiſtre au Ciel tes rouges meures,
Et luy monſtrer le tort qu'il à fait à mes yeux,
Fay comme moy de grace, arrache tes cheueux,
Ouure toy l'eſtomah & fay couler à force,
Cette ſanglante humeur par toute ton eſcorce,
Mais que me ſert ton dueil? rameaux, prez verdiſ-
ſans,
Qu'à ſoulager mon mal vous eſtes impuiſſans,
Quand bien vous en mourriez on voit la deſtinee,
Ramener voſtre vie en ramenant l'annee,
Vne fois tous les ans nous vous voyons mourir,
Vne fois tous les ans nous vous voyons fleurir,
Mais mon Pirame eſt mort ſans eſpoir qu'il retourne,
De ces paſles manoirs ou ſon eſprit ſeiourne,
Depuis que le Soleil nous voit naiſtre & finir
Le premier des defuncts eſt encor à venir,
Et quand les Dieux demain me le feroient reuiure,
Ie me ſuis reſoluë auiourd'huy de le ſuiure,
I'ay trop d'impatience & puis que le deſtin,

Ii

De nos corps amoureux fait son cruel butin,
Auant que le plaisir que meritoient nos flammes,
Dans leurs embrassemens ait peu mesler nos ames,
Nous le ioindrons là bas & par nos saincts accords,
Ne ferons qu'vn esprit de l'ombre de deux corps,
Et puis qu'à mon subiet sa belle ame sommeille
Mon esprit innocent luy rendra la pareille,
Toutesfois ie ne puis sans mourir doublement,
Pyrame s'est tué d'vn soupçon seulement,
Son amitié fidelle vn peu trop violente,
D'autant qu'à ce deuoir il me voyoit trop lente,
Pour auoir soupçonné que ie ne l'aimois pas,
Il ne s'est peu guerir de moins que du trespas.
Que donc ton bras sur moy dauantage demeure
O mort, & s'il se peut que plus que luy ie meure,
Que ie sente à la fois, poison, flammes, & fers,
Sus, qui me vient ouurir la porte des Enfers,
Ha! voicy le poignard qui du sang de son Maistre,
S'est souillé laschement, il en rougit le traistre,
Execrable bourreau si tu te veux lauer
Du crime commencé, tu n'as qu'à l'acheuer,
Enfonce la dedans, rend toy plus rude & pousse,
Des feux auec ta lame, helas! elle est trop douce,
Ie ne pouuois mourir d'vn coup plus gracieux,
Ny pour vn autre obiect hayr celuy des Cieux.

Fin de la seconde Partie.

LES

OEUVRES

DE

THEOPHILE.

TROISIESME PARTIE.

A ROUEN,

Chez IEAN DE LA MARE, aux
degrez du Palais.

M. DC. XXXII.

REQVESTE AV ROY.

AV milieu de mes libertez
Dans vn plein repos de ma vie,
Ou mes plus molles voluptez
Sembloient auoir passé l'enuie,
D'vn traict de foudre inopiné
Que ietta le Ciel mutiné
Dessus le comble de ma ioye,
Mes desseins se virent trahis,
Et moy d'vn mesme coup la proye
De tous ceux que i'auois hays.

Le visage des Courtisans
Se peignit en ceste aduanture,
Des couleurs dont les mesdisans,
Voulurent peindre ma nature:
Du premier traict dont le malheur,
Separa mon destin du leur,
Mes amis changerent de face,
Ils furent tous muets & sourds,
Et ie ne vis en ma disgrace,

Rien que moy-mesme à mon secours.
Quelques foibles soliciteurs,
Faisoient encor vn peu de mine,
D'arrester mes persecuteurs,
Sur le penchant de ma ruine:
Mais en vn peril si pressant,
Leur secours fut si languissant,
Et ma guarison si tardiue,
Que la raison me resolut
A voir si quelque estrange riue,
M'offriroit vn port de Salut.
Ie fus long-temps à desseigner,
Où i'irois habiter la terre,
Et sur le poinct de m'esloigner,
Mille peurs me faisoient la guerre:
Car le Soleil qui châque iour,
Faict si viste vn si large tour,
Ne visite point de contrée,
Ou ces chefs de dissentions,
Ne donnent aisément l'entrée,
A quelqu'vn de leurs espions.
Apres cinq ou six mois d'erreurs,
Incertain en quel lieu du monde,
Ie pourroy rassoir les terreurs,
De ma misere vagabonde,
Vne incroyable trahison
Me fit rencontrer ma prison,
Ou i'auois cherché mon Azile,

Mon protecteur fut mon ſergent,
O grand Dieu qu'il eſt difficile,
De courre auecques de l'argent.
Le billet d'vn Religieux,
Reſpecté comme des patentes,
Fit eſpier en tant de lieux
Le porteur des muſes errantes,
Qu'à la fin deux meſchans Preuoſts,
Fort grands voleurs, & tres-deuots,
Prians Dieu comme des Apoſtres,
Mirent la main ſur mon collet,
Et tous diſans leurs Patenoſtres,
Pillerent iuſqu'à mon valet.
A l'eſclat du premier appas
Esblouys vn peu de la proye,
Ils doutoient ſi ie n'eſtois pas,
Vn faiſeur de fauſſe monnoye:
Ils m'interrogeoient ſur le prix,
Des quadruples qu'on m'auoit pris,
Qui n'eſtoient pas du coin de France,
Lors il me print vn tremblement,
De crainte que leur ignorance
Me iugeaſt Preuoſtablement.
Ils ne pouuoient s'imaginer
Sans ſoupçon de beaucoup de crimes,
Qu'on trouuaſt tant à butiner
Sur vn ſimple faiſeur de rimes:
Et quoy que l'or fut bon & beau

Aussi bien au iour qu'au flambeau,
Ils croyoient me voyant sans peine,
Quelque fonds qu'on me desrobat,
Que c'estoient des fueilles de chesne
Auec la marque du Sabat.
Ils disoient entr'eux sourdement
Que ie parlois auec la Lune,
Et que le Diable asseurément
Estoit autheur de ma fortune,
Que pour faire seruice à Dieu
Il falloit bien choisir vn lieu
Où l'obiect de leur tyrannie
Me fist sans cesse discourir
Du trespas plein d'ignominie,
Qui me deuoit faire perir.
Sans cordon, iartieres, ny gans,
Au milieu de dix hallebardes,
Ie flattois des gueux arrogans
Qu'on m'auoit ordonné pour gardes,
Et nonobstant chargé de fers,
On m'enfonce dans les Enfers
D'vne profonde & noire caue
Ou l'on n'a qu'vn peu d'air puant,
Des vapeurs de la froide baue
D'vn vieux mur humide & gluant.
Dedans ce commun lieu de pleurs,
Où ie me vis si miserable,
Les assassins & les voleurs

Auoient vn trou plus fauorable:
Tout le monde disoit de moy
Que ie n'auois ny Foy ny Loy,
Qu'on ne cognoissoit point de vice
Ou mon ame ne s'adonnat,
Et quelque traict que i'escriuisse
C'estoit pis qu'vn assassinat.

Qu'vn sainct homme de grand esprit
Enfant du bien heureux Ignace,
Disoit en chese & par escrit,
Que i'estois mort par constumace,
Que ie ne m'estois absenté
Que de peur d'estre executé
Aussi bien que mon effigie,
Que ie n'estois qu'vn suborneur,
Et que i'enseignois la Magie
Dedans les Cabarets d'honneur.

Qu'on auoit bandé les ressorts
De la noire & forte Machine,
Dont le souple & le vaste corps
Estend ses bras iusqu'à la Chine,
Qu'en France & parmy l'Estranger,
Ils auoient dequoy se vanger,
Et dequoy forger vne foudre
Dont le coup me seroit fatal,
En deust-il couster plus de poudre
Qu'il n'en perdirent à Vvital.

Que par le sentiment Chrestien

D'vne charité volontaire,
Infinité de gens de bien
Auoient entrepris mon affaire,
Qu'on estoit si fort irrité
Qu'en despit de la verité,
Que Iesus Christ à tant aymée,
Pour les interests du Clergé
On me vouloit voir en fumée
Soudain que ie serois iugé.

Et le gaillard Pere Guerin,
Qui tous les iours faict à la Chaise,
Plus de leçons à Tabarin
Qu'à tous les Clercs d'vn Dioceze:
Ce vieux Bateleur desguisé,
Comme s'il eust bien disposé
Et ciel, & terre à ma ruine,
Preschoit qu'à peu de iours de là,
La Iustice humaine & Diuine,
M'immolleroit à Loyolla.

On employe de par le Roy
De la force & de l'artifice,
Comme si Lucifer pour moy
Eust entrepris sur la Iustice.
A Paris soudain que i'y fus,
I'entendois par des bruits confus,
Que tout estoit prest pour me cuire,
Et ie doutois auec raison,
Si ce peuple m'alloit conduire,

A la Greue ou dans la prison.
Icy donc comme en vn tombeau,
Troublé du peril ou ie resue,
Sans compagnie & sans flambeau,
Tousiours dans le discours de Greue,
A l'ombre d'vn petit faux iour,
Qui perce vn peu l'obscure tour
Ou les borreaux vont à la queste;
Grand Roy l'honneur de l'Vniuers,
Ie vous presente la Requeste,
De ce pauure faiseur de vers.
Ie demande premierement,
Qu'on supprime ce grand volume,
Qui braue trop insolemment
La captiuité de ma plume:
Et que Monsieur le Cardinal,
Apres m'auoir fait tant de mal
Pour l'amour de Dieu se retienne:
Il va contre la Charité,
Et choque vne Vertu Chrestienne
Quand il choque ma liberté.
Qu'on remonstre aux Religieux
A qui mon nom semble vn blaspheme,
Que leur zele est iniurieux,
De vouloir m'oster le Baptesme:
Que les crimes qu'ils ont preschez,
Incogneus aux plus desbauchez,
Sont controuuez pour me destruire,

Et sement vn subtil appas,
Par où l'ame se peut instruire,
Au vice qu'elle ne sçait pas.
Que si ma plume auoit commis
Tout le mal qu'il vous font entendre,
La fureur de mes ennemis
M'auroit desia reduit en cendre,
Que leurs escrits & leurs abois,
Qui desia depuis tant de mois,
Font la guerre à mon innocence,
M'auroient fait faire mon procez,
Si dans ma plus grande licence,
Ie n'auois esuité l'excez.
Que c'est vn procedé nouueau,
Dont Ignace estoit incapable,
De foüiller l'Air, la Terre, & l'Eau,
Pour rendre vn innocent coulpable,
Qu'autrefois on a pardonné
Ce Carnaual desordonné
De quelques-vns de nos Poëtes,
Qui se trouuerent conuaincus,
D'auoir sacrifié des bestes
Deuant l'idole de Bachus.
Qu'à mon exemple nos Rimeurs,
Ne prendront point ce priuilege,
Et que mes escrits & mes mœurs
Ont en horreur le sacrilege,
Que mon Confesseur soit tesmoin,

Si ie ne rends pas tout le soin,
Qu'vn bon Chrestien doit à l'Eglise,
Et qu'on ne voit en aucun lieu,
Qu'vn vers de ma façon se lise,
Qui soit au deshonneur de Dieu.
Que l'honneur, la pitié, le droict,
Sont violez en ma poursuite,
Et que certain Pere voudroit
N'auoir point empesché ma fuite,
Mais la honte d'auoir manqué
Ce qu'il a si fort attaqué,
Demande qu'on m'aneantisse:
De peur que me rendant au Roy,
Les marques de son iniustice,
Ne suruiuent auecques moy.
Iuste Roy protecteur des loix,
Vous sur qui l'equité se fonde,
Qui seul emportez sur les Roys
Ce tiltre le plus grand du monde,
Voyez auec combien de tort,
Vostre Iustice sent l'effort,
Du tourment qui me desespere,
En France on n'a iamais souffert,
Ceste procedure estrangere,
Qui vous offence & qui me perd.
Si i'estois du plus vil mestier
Qui s'exerce parmy les ruës,
Si i'estois fils de sauetier,

Ou de vendeuse de moruës,
On craindroit qu'vn peuple irrité
Pour punir la temerité
De celuy qui me persecute
Ne fist auec sedition
Ce que sa fureur execute,
En son aueugle esmotion.

Apres ce iugement mortel,
Où l'on a veu ma renommée
Et mon portraict sur leur Autel,
N'estre plus qu'vn peu de fumée:
Falloit-il chercher de nouueau,
Les matieres de mon tombeau,
Falloit-il permettre à l'enuie
D'employer ses iniustes soins
Pour faire icy languir ma vie,
En l'attente des faux tesmoins?

Mais quelques peuples si lointains,
Dont la nouuelle intelligence
Puisse accompagner les desseins,
De leur cruelle diligence,
Que des Lutins, des Loups-garoux,
Obeissant à leur courroux,
Viennent icy pour me confondre,
Dieu qui leur serrera la voix,
Pour mon salut fera respondre
La saincte authorité des Loix.

Qui peut auoir assez de front,

Quels fols ont assez de licence,
Pour ne se taire auec affront,
A l'abord de mon innocence,
Et quoy que la canaille ait dit,
Pour l'argent ou pour le credit
Dont on leur a ietté l'amorce,
Dans les mouuemens de leurs yeux,
On verra qu'ils parlent par force
Deuant des Iuges & des Dieux.

O grand maistre de l'vniuers
Puissant Autheur de la nature,
Qui voyez dans ces cœurs peruers
L'appareil de leur imposture:
Et vous saincte Mere de Dieu,
A qui les noirs creux de ce lieu,
Sont aussi clairs que les estoilles,
Voyez l'horreur ou l'on m'a mis,
Et me desueloppez des toiles,
Dont m'ont enceint mes ennemis.

Sire, iettez vn peu vos yeux,
Sur le precipice ou ie tombe,
Saincte Image du Roy des Cieux
Rompez les maux ou ie succombe:
Si vous ne m'arrachez des mains
De quelques morgueurs inhumains,
A qui mes maux donnent à viure,
L'Hyuer me donnera secours,
En me tuant, il me deliure

De mille trespas tous les iours.
Qu'il plaise à vostre Maiesté
De se remettre en la memoire
Que par fois mes vers ont esté
Les Messagers de vostre gloire,
Comme pour accomplir mes veux;
Encor auiourd'huy ie ne veux
R'auoir ma liberté premiere,
Que pour la mettre en ce deuoir,
Et ne demande la lumiere
Que pour l'honneur de vous reuoir.
Dans ces lieux voüez au malheur;
Le Soleil contre sa nature
A moins de iour & de chaleur
Que l'on n'en faict à sa peinture,
On n'y voit le Ciel que bien peu,
On n'y voit ny terre, ny feu;
On meurt de l'air qu'on y respire;
Tous les obiects y sont glacez:
Si bien que c'est icy l'Empire
Où les viuans sont trespassez.
Comme Alcide força la mort
Lors qu'il luy fit lascher Thésée,
Vous ferez auec moins d'effort
Chose plus grande & plus aisée:
Signez mon eslargissement,
Ainsi de trois doigts seulement,
Vous abatrez vingt deux portes,

Et rom-

Et romprez les barres de fer
De trois grilles qui sont plus fortes
Que toutes celles de l'enfer.

REMONSTRANCE A Monsieur de Vertamond.

DEsormais que le renouueau
Fond la glace, & desseiche l'eau,
Qui rendoit les prez inutiles,
Et qu'en l'obiect de leurs plaisirs,
Les places des plus grandes villes,
Sont des prisons à nos desirs.

Que l'oyseau de qui les glaçons
Auoient enfermé les chansons,
Dans sa poictrine refroidie,
Trouue la clef de son gosier
Et promeine sa melodie
Sur le Myrthe & sur le Rosier.

Que l'Abeille apres la rigueur,
Qui tient ses aisles en langueur,
Au fond de ses petites cruches,
S'en va continuer le miel,
Et quittant la prison des ruches,
N'a son vol borné que du Ciel.

Que les Zephires s'espanchans
Parmy les entrailles des champs,
Laschent ce que le froid enserre:
Que l'Aurore auecques ses pleurs
Ouure les cachots de la terre
Pour en faire sortir des fleurs.

Que le temps se rend si benin,
Mesme aux serpens pleins de venin,
Dont nostre sang est la pasture,
Qu'en faueur de ceste saison
Et par Arrest de la Nature,
Ils les fait sortir de prison.

L'an a fait plus de la moitié,
Que tous les iours vostre pitié,
Me doit faire changer de place?
Ne me tenez plus en suspens,
Et me faites au moins la grace
Que le Ciel fait à des serpans.

PLAINTE A VN AMY pendant son abscence.

TIrcis tu cognois bien dans le mal qui me presse,
Qu'vn peu d'ingratitude est iointe à ta paresse,
Tout contre mon brasier ie te voy sommeiller,
Et sa flame & son bruit te deuroit esueiller.
Tu sçais bien qu'il est vray, que mon procez s'acheue,
Qu'on va bien tost brusler mon pourtraict à la Greue,
Que desia mes amis ont trauaillé sans fruict
A preuenir l'horreur de cét infame bruit.
Que le Roy me delaisse, & qu'en ceste aduanture,
Vne iuste douleur doit forcer ma nature,
Que le plus resolu ne peut sans souspirer
Entendre les ennuys ou tu me vois durer.
Sçache aussi que mon ame est presque toute vsee;
Que Cloton tien mes iours au bout de sa fusee,
Qu'il faut que mon esprit se rende à mes malheurs,
Et que mon iugement me conseille mes pleurs.
Si mon mauuais Destin à finy la durée,
De la saincte amitié que tu m'auois iurée,
Comme en suiuant le cours du naturel humain,

Tu me vois tresbucher ſans me donner la main.
Pour le moins fay ſemblant d'auoir vn peu de peine,
Voyant le precipice où le Deſtin me traiſne,
Afin qu'vn bruit faſcheux ne vienne à me blaſmer
D'auoir ſi mal cogneu qui ie deuois aimer.
Damon qui nuict & iour pour euiter ce blaſme,
S'obſtine à trauailler & du corps & de l'ame,
M'aſſeure pour le moins, en ſon petit ſecours
Que ſa fidelité me durera touſiours.
Il ne tient pas à luy que l'iniuſte licence
De mes perſecuteurs, ne cede à l'innocence:
Il fait tout ce qu'il peut pour eſcarter de moy
Les perils qui me font examiner ta foy.
Sans eux ie n'aurois veu iamais ton ame ouuerte,
Touſiours ta laſcheté m'auoit eſté couuerte,
L'excez de mon malheur n'eſt cruel qu'en ce poinct
Qui me dit malgré moy, que tu ne m'aimes point.
Si le moindre rayon de la vertu t'eſclaire,
Souuiens-toy qu'on t'a veu dans le ſoin de me plaire,
Et qu'auant la diſgrace où tu me vois ſoubmis,
Tu faiſois vanité d'eſtre de mes amis.
Regarde que ton cœur ſe laſche & m'abandonne
Dés le premier eſſay que mon malheur te donne,
Et tu ſçais que mon ſort n'eſt auiourd'huy battu
Que par des trahiſons qu'on faict à ma vertu.
Toy meſmes qui me vois au fond de ma penſee,
Qui ſçais comme ma vie eſt cy-deuant paſſée,
Et que dans le ſecret d'vn veritable Amour,

Mon esprit innocent s'est peint cent fois le iour.
Tu sçay que d'aucun tort ton cœur ne me soupçonne,
Que ie n'ay ny trompé, ny fait tort à personne,
Que depuis m'estre instruit à la Romaine Loy
Mon ame dignement à senty de la Foy.
Et que l'vnique espoir de mon salut se fonde,
En la Croix de celuy qui racheta le monde,
Mon cœur se porte là d'vn mouuement tout droit,
Et croit asseurément ce que l'Eglise croit.
Bien que des imposteurs dont l'aueugle croyance
S'oppose absolument aux libertez de France,
Facent courir des bruits que mon sens libertin
Confond l'autheur du monde auecques le Destin.
Et leur impertinence à faict croire à des femmes,
Que i'estois vn prescheur à suborner les Ames,
On dit pis de ma vie, on parle plus de moy,
Que si i'auois traicté d'exterminer la Loy.
On faict voir en mon nom des odieuses rithmes,
Pour perdre vn innocent, & professer des crimes,
Ils ont faict sous mes pas des lacs de toutes parts,
Ont eu des espions à guetter mes regards.
Ont destourné de moy ceux dont les bons genies
Tenoient auec mes veux leurs volontez vnies,
Ils ont auec Satan contre moy pactisé,
A force de mesdire ils m'ont débaptisé.
Sans autre fondement qu'vne enuieuse rage,
Contre des passetemps ou m'aporté mon aage,
Vn plaisir naturel, où mes esprits enclins,

Ne laissant point de place à des desirs malins.

Vn diuertissement qu'on doit permettre à l'homme,
Et que sa Sainctété ne punit pas à Rome,
Car la necessité que la Police suit,
Permettant ce peché ne fait pas peu de fruict.

Ce n'est pas vne tache à son diuin Empire,
Car tousiours de deux maux faut esuiter le pire,
Encor ay-ie vn deffaut contre qui leur abboy
Esclatte hautement : c'est Tircis que ie boy.

Ils pensent que le vin soit le feu qui m'inspire
Ceste facilité, dont tu me vois escrire:
Et qu'on ne me sçauroit ouyr parler Latin
Si ce n'est que ie sois à la Pomme de Pin.

Ils croyent que le vin m'ayant gasté l'haleine
M'a plus fait de bourgeons qu'on n'en peint à Silene,
Ie croy que ma desbauche , en ses plus grands efforts,
Ne m'empescha iamais ny l'esprit ny le corps.

Mes plus sobres repas meritent des censures,
Par tout ma liberté ne sent que des morsures:
Il est vray que mon sort est en cecy mauuais,
C'est que beaucoup de gens sçauent ce que ie fais.

Quelques lieux si cachez , ou mon peché se niche,
Aussi tost mon peché au carrefour s'affiche:
Par tout ou l'on me voit ie suis tousiours à nu,
Tout le crime que i'ay, c'est d'estre trop cognu.

Que malgré ma bonté ceste gloire legere
D'auoir vn peu de bruit ma causé de misere,
Que mon sort estoit doux s'il eust coulé mes ans,

Où les bords de Garonne ont les flots si plaisans.
Tenant mes iours cachez dans ce lieu solitaire,
Nul que moy ne m'eust faict, ny parler ny me taire,
A ma commodité i'aurois eu le sommeil,
A mon gré i'aurois pris & l'ombre & le Soleil.
Dans ces valons obscurs, ou la mere Nature
A pourueu nos troupeaux d'eternelle pasture,
I'aurois eu le plaisir de boire à petits traicts,
D'*vn vin clair, petillant, & delicat & frais,*
Qu'vn terroir assés maigre, & tout coupé de roches
Produit heureusement sur les montagnes proches,
Là mes freres & moy pouuions ioyeusement,
Sans Seigneur, ny vassal, viure assez doucement.
Là tous ces medisans, à qui ie suis en proye,
N'eussent point enuié, ny censuré ma ioye,
I'aurois suiuy par tout l'obiect de mes desirs,
I'*aurois peu consacrer ma plume à mes plaisirs.*
Là d'vne passion, ny ferme, ny legere,
I'aurois donné ma flame aux yeux d'vne bergere,
Dont le cœur innocent, eust contenté mes vœux,
D'vn brasselet de chanure, auecques ses cheueux:
I'aurois dans ce plaisir si bien flatté sa vie,
Que l'orgueil de Calliste en eust creué d'enuie,
I'aurois peint la douceur de nos embrasemens,
Par tous les lieux tesmoins de nos embrassemens.
Et comme ce climast est le plus beau du monde,
Ma veine en eust esté mille fois plus feconde:
L'aisle d'vn papillon, m'eust plus fourni de vers,

Qu'auiourd'huy ne feroit le bruit de l'Vniuers.
Et s'il faut malgré moy que mon esprit se picque
De l'orgueilleux dessein d'vn poëme heroyque,
Il faut bien que ie cherche vn plus libre seiour
Que celuy de Paris, ou celuy de la Cour.
Si ma condition peut deuenir meilleure,
Que le Roy me permette vne retraicte seure,
Que ie puisse trouuer en France vn petit coin,
Où mes persecuteurs me trouuent assez loin.
Dans le doux souuenir d'estre sorti de peine
De quelles gayetez ie nourriray ma vaine:
Lors tu seras honteux qu'en mon aduersité
Ie t'aye tant de fois en vain solicité.
D'auoir abandonné le train d'vne fortune
Qu'il te falloit auoir auecques moy commune,
Recherche en tes desirs, ores si refroidis
Si tu m'es auiourd'huy, ce que tu fus iadis.
Ie t'eusse faict iadis passer les Pyrennées,
I'eusse attaché tes iours auecques mes années,
Et conduit tes desseins au cours de mon Destin
Des bords de l'Occident, iusqu'au flot du matin.
Et ie n'ay rien commis mesme dans mon courage,
Qui te puisse obliger à me tourner visage,
Depuis ie n'ay rien faict, & i'en iure les Dieux,
Que t'aimer, ô Tyrcis, tout les iours vn peu mieux.
Helas! si mon malheur auoit vn peu de crime,
Ma raison trouueroit ta froideur legitime,
Ie me conseillerois, de ne trouuer dequoy

Ie ne peusse en mon mal, me venger que de moy.
Vn reste d'amitié faict qu'auiourd'huy i'enrage
De sentir que celuy que ie cheris m'outrage:
Tu vois bien que le sort, sans yeux ny iugement
Tourne tes volontez auec son changement.
Depuis mon accident tu m'as trouué funeste,
Tu crois que mon abord te doit donner la peste,
Tu m'accuse par tout ou tu me vois blasmer,
Et me hays autant que tu me dois aimer.
Au moins asseure toy, quoy que le temps y face
Qu'vn si perfide orgueil n'aura iamais de grace:
Ie vois bien que mes maux acheueront leurs cours,
Qu'vn Soleil plus heureux, acheuera mes iours.
Que ma bonne fortune escrasera l'enuie,
Malgré les cruautez qui font gemir ma vie:
Au bout du desespoir paroistra mon bon-heur,
Toute ceste infamie accroistra mon honneur.
Ce n'est plus aux enfans d'vne commune race
Quelque si grand pouuoir, dont le corps me menace
Quelque trespas honteux, dont le cruel dessein
S'agitte contre moy dans leur perfide sein.
Et comme malgré moy tu t'es rendu perfide,
Comme malgré l'honneur tu t'es rendu timide
Parmy tous mes trauaux, sçache que malgré toy,
Ie garderay tousiours mon courage & ma foy.
Et l'obstination de la malice noire
Auec ma patience augmentera ma gloire.

....

LA PENITENCE.

AVjourd'huy que les Courtisans,
Les Bourgeois & les Artisans,
Et les peuples de la campagne,
Pour noyer les soins du trespas,
Passent les excez d'Allemagne
En leurs voluptueux repas.

Que le ieu, la dance, & l'amour,
Occupent la nuict & le iour,
Des enfans de la douce vie,
Que le cœur le moins desbauché
Contente la plus molle enuie
Que luy fournisse le peché.

Que les plus modestes desirs,
Ne respirent que les plaisirs,
Que les luths par toute la terre
Ont fait taire les pistolets,
Et cacher les Dieux de la guerre
Dans les machines des Balets.

Mon ieu ma dance & mon festin
Se font auec Sainct Augustin,
Dont l'aimable & saincte lecture
Est icy mon contrepoison,
En la miserable aduanture,

Des longs ennuis de ma prison.
Celuy qui d'vn pieux deuoir,
Employa l'absolu pouuoir
A borner icy mon estude:
L'enuoya pour m'entretenir
Dans ceste estroite solitude,
Dont il voulut me retenir.
Parmi le celeste entretien
D'vn si beau liure, & si Chrestien,
Ie me mesle à la voix des Anges,
Et transporté de cét honneur,
Mon esprit donne des loüanges
A qui m'a causé ce bon-heur.
Ie voy dans ces diuins escrits
Que l'orgueil des plus grands esprits
Ne sert au sien que de Trophée,
Et que la sotte antiquité,
Souspire & languit estouffee
Sous le ioug de la verité.
Tous ces demons du temps passé
Dont il a viuement tracé
Les larcins & les adulteres,
Sont moins que fantosmes de nuit,
Deuant les glorieux mysteres
Du grand Soleil qui nous reluit.
Tous ces grands Temples si vantez,
Dont tant de siecles enchantez
Ont suiui les fameux Oracles,

N'ont plus de renom ny de lieu,
Et desormais tous les miracles
Se font en la Cité de Dieu.
Grande lumiere de la foy,
Qui me donnes si bien dequoy
Me consoler dans ces tenebres,
Mon desespoir le plus mordant,
Et mes soucis les plus funebres
Se calment en te regardant.
Ie ne te puis lire si peu,
Qu'aussi-tost vn celeste feu
Ne me perce au profond de l'ame,
Et que mes sens faits plus Chrestiens
Ne gardent beaucoup de la flame
Que me font esclatter les tiens.
Ie maudis mes iours desbauchez,
Et dans l'horreur de mes pechez,
Benissant mille fois l'outrage
Qui m'en donne le repentir:
Ie trouue encor en mon courage
Quelque espoir de me garantir.
Cét espoir prend à son secours
Le souuenir de tant de iours,
Dont la ieune & grande licence,
Eust besoin de confessions,
Qui chercherent de l'innocence
Pour tes premieres actions.
Grand Sainct pardonne à ce captif,

Qui d'vn emprunt lasche & furtif,
Porte icy ton diuin exemple,
Pressé d'vn accident mortel,
I'entre tout sanglant dans le temple,
Et me sers du droict de l'Autel.
Alors que mes yeux indiscrets
Ont trop percé dans tes secrets,
IESVS m'a mis dans la pensée,
Qu'il se fit ouurir le costé,
Et que sa veine fut percée,
Pour lauer nostre iniquité.
Esprit heureux, puis qu'auiourd'huy,
Tu contemples auecques luy,
Les felicitez eternelles,
Et que tu me vois empesché
Des affections criminelles,
De l'obiet mortel du peché,
Iette vn peu l'œil sur ma prison,
Et portant de ton Oraison
La foiblesse de ma priere:
Gagne pour moy son amitié,
Et me rends la digne matiere
Des mouuemens de sa pitié.
Ie confesse que iustement
Vn si rude & si long tourment
Voit tarder sa misericorde:
Mais ni ma plume ni ma voix
N'ont iamais rien fait que n'accorde,

La douceur des humaines Loix.
Et puis que Dieu m'a tant aymé,
Que d'auoir icy renfermé
Les pauures Muses estonnees,
Sous les aisles du Parlement:
Les méchans perdront leurs iournées
A me creuser le monument.
Augustin ouure icy tes yeux,
Ie proteste deuant les Cieux,
La main dans les fueillets du liure
Où tu m'as attaché les sens,
Qu'il faut pour m'empescher de viure
Faire mourir les innocens.

REQVESTE A NOS Seigneurs de Parlement.

CEluy qui briseroit les portes
Du cachot noir, des trouppes mortes,
Voyant les maux que i'ay soufferts,
Diroit que ma prison est pire,
Icy les ames ont des fers,
Icy le plus constant souspire,
Dieux souffrez-vous que les enfers
Soient au milieu de vostre Empire?
Et qu'vne ame innocente en vn corps languissant,

Ne trouue point de crise aux douleurs qu'elle sent.
L'œil du monde qui par ses flames,
Nourrit autant de corps & d'ames
Qu'en peut porter chasque element,
Ne sçauroit viure demie heure
Où m'a logé le Parlement:
Et faut que ce bel astre meure
Lors qu'il arriue seulement,
Au premier pas de ma demeure,
Chers Lieutenans des Dieux qui gouuernez mon sort
Croyez-vous que ie viue où le Soleil est mort?
Ie sçay bien que mes insolences,
Ont si fort chargé les balances,
Qu'elles penchent à la rigueur,
Et que ma pauure ame abatuë
D'vne longue & iuste langueur
Hors d'apparence s'esuertuë
De sauuer vn peu de vigueur,
Dans le desespoir qui la tuë:
Mais vous estes des dieux, & n'auez point de mains
Pour la premiere faute ou tombent les humains.
Si mon offence estoit vn crime,
La calamité qui m'opprime
Dans les horreurs de ma prison,
Ne pourroit sans effronterie
Vous demander sa guerison,
Mon insolente flatterie
Feroit lors vne trahison,

A la pitié dont ie vous prie:
Et ce reste d'espoir qui m'accompagne icy,
Se rendroit criminel de vous crier mercy.
Pressé d'vn si honteux outrage,
Ie cherche au fond de mon courage,
Mes secrets les moins paroissans,
Ie songe à toutes les delices
Où se sont emportez mes sens,
Ie m'adresse à tous mes complices,
Mais ils se trouuent innocens,
Et s'irritent de mes supplices,
O Ciel ! ô bonnes mœurs, que puis-ie auoir commis,
Pour rendre à mon bon droit tant de Dieux ennemis?
Mais c'est en vain que ie me fie
A la raison qui iustifie
Ma pensée & mes actions,
Bien que mon bon droit soit palpable
Ce sont peut-estre illusions,
Le Parlement n'est pas capable
Des legeres impreßions
Qui font vn innocent coulpable ;
Quelque tort apparent qui me puisse assaillir,
Mes Iuges sont des Dieux, ils ne sçauroient faillir.
N'ay-ie point merité la flame,
De n'auoir sceu ployer mon ame,
A loüer vos diuins esprits?
Il est temps que le Ciel s'irrite,
Et qu'il punisse le mespris

D'vn flat-

D'vn flatteur de Cour hypocrite
Qui vous à volé tant d'escrits,
Qui sont deus à vostre merite;
Courtisans qui m'auez tant desrobé de iours,
Est-ce vous dont i'espere aujourd'huy du secours?
Race lasche & desnaturée,
Autrefois si mal figurée,
Par mes vers mal recompensez,
Si ma vengeance est assouuie,
Vous serez si bien effacez,
Que vous ne ferez plus d'enuie
Aux honnestes gens offencez,
Des loüanges de vostre vie;
Et que les vertueux douteront desormais,
Quel vaut mieux d'vn Marquis, ou d'vn Clerc du (Palais.
Et s'il faut que mes funerailles,
Se facent entre les murailles,
Dont mes regards sont limitez,
Dans ces pierres moins impassibles
Que vos courages hebetez,
I'escriray des vers si lisibles
Que vos honteuses laschetez,
Y seront à iamais visibles:
Et que les criminels de ce hideux manoir,
N'y verront point d'obiet plus infame & plus noir.
Mais si iamais le Ciel m'accorde
Qu'vn rayon de misericorde
Passe au trauers de ceste tour,

Et qu'en fin mes Iuges ployables,
Ou par iustice ou par amour
M'ostent de ces lieux effroyables,
Ie vous feray paroistre au iour
Dans des pourtraicts si venerables,
Que vostre foible esclat se trouuera si faux
Que vos fils rougiront de vos sales defaux.
Mes Iuges, mes Dieux tutelaires,
S'il est iuste que vos choleres
Me laissent desormais viuant:
Si le traict de la calomnie
Me perce encor assez auant,
Si ma Muse est assez punie
Permettez que d'ores en auant
Elle soit sans ignominie,
Afin que vostre honneur puisse trouuer des vers,
Dignes de les porter aux yeux de l'Vniuers.

REQVESTE A MONSIEVR le premier President.

PRiué de la clarté des Cieux,
Sous l'enclos d'vne voûte sombre,
Où les limites de mes yeux
Sont dans l'espace de mon ombre,
Deuoré d'vn ardent desir,

Qui souspire apres le plaisir,
Et la liberté de ma vie:
Ie m'irrite contre le sort,
Et ne veux plus mal à l'enuie
Que d'auoir differé ma mort.

Pleust au Ciel qu'il me fut permis
Sans violer les droicts de l'ame
De me rendre à mes ennemis,
Et moy-mesme allumer ma flame,
Que bien-tost i'aurois euité
La honteuse captiuité
Dont la force du temps me lie,
Auiourd'huy mes sens bien heureux,
Verroient ma peine enseuelie,
Dans vn sepulchre genereux.

Mais ce grand Dieu qui fit nos loix
Lors qu'il regla nos destinées
Ne laissa point à nostre choix
La mesure de nos annees,
Quand nos astres ont fait leur cours,
Et que la trame de nos iours
N'a plus aucun filet à suiure,
L'homme alors pour changer de lieu,
Et pour continuer de viure
Ne doit mourir qu'auecques Dieu.

Aussi me puis-ie bien vanter
Que dans l'horreur d'vne aduanture
Assez capable de tenter

La foiblesse de la nature.
Le Ciel amy des innocens
Fit voir à mes timides sens
Sa diuinité si propice,
Qu'encore i'ay tousiours esté
Sur le bord de mon precipice
D'vn visage assez arresté.
Il est vray qu'au poinct d'endurer,
Les affronts de la calomnie,
Qu'on faict si longuement durer,
Ma constance se voit finie :
Dans ce sanglant ressouuenir,
Celuy qui veut me retenir
Il a les passions trop lentes,
Et n'a iamais esté battu
Des prosperitez insolentes
Qui s'attaquent à la vertu.
Mais, ô l'erreur de mes esprits,
Dans ce siecle infame ou nous sommes,
Tout ce deshonneur n'est qu'vn prix
Pour passer le commun des hommes;
Combien de fauoris de Dieu
Dans vn plus miserable lieu,
Ont senty de pires malices,
Et dans leurs innocentes mains
Qui n'auoient que les Cieux complices
Receu des fers plus inhumains.
D'ailleurs l'espine est sous la fleur,

Le iour ſort d'vne couche noire,
Et que ſçay-ie ſi mon malheur,
N'eſt point la ſource de ma gloire?
Vn iour mes ennuis effacez
Dans mon ſouuenir retracez
Seront eux-meſme leur ſalaire,
Toutes les choſes ont leur tour,
Dieu veut ſouuent que la cholere
Soit la marque de ſon amour.

Qui me pourra perſuader
Que la Cour ſoit touſiours charmee,
D'où la peut encore aborder
Le venin de la renommée?
Si VERDVN ouure vn peu ſes yeux
Quel eſprit aſſez captieux
Pourra mordre à ſa conſcience?
De quel vent peut-on eſcumer
Dans ce grand gouffre de ſcience
Pour n'y pas bien toſt abyſmer?

Grande lumiere de nos iours
Dont les proiects ſont des miracles,
Et de qui les communs diſcours
Ont plus de poids que les Oracles,
Saincte guide de tant de Dieux
Qui ſur les modelles des Cieux,
Donnez des reigles à la terre,
Dieux ſans excez, & ſans defaut,
Vous auez çà bas vn tonnerre,

Comme en a ce grand Dieu là haut.

Le Ciel par de si beaux crayons
Marque le fil de vos harangues,
Qu'on y voit les mesmes rayons
Du grand thresor de tant de langues
Qu'il versa par le sainct Esprit,
Aux disciples de Iesus Christ:
Paris est ialoux que Thoulouse,
Aye eu deuant luy tant d'honneur,
L'europe est auiourd'huy ialouse
Que la France ayt tout ce bon-heur.

Quand ie pense profondement
A vos vertus si recognuës,
Mon espoir prend vn fondement
Qui l'esleue au dessus des nuës,
Ie laisse reposer mes soins,
Les alarmes des faux tesmoins
Ne me donnent plus tant de crainte,
Et mon esprit tout transporté
Au milieu de tant de contrainte
Gouste a demy sa liberté.

C'est de vous sur tous que i'attends
A voir retrancher la licence,
Qui fait habiter trop long-temps
La crainte auecques l'innocence:
Et quand tout l'enfer respandroit
Ses tenebres sur mon bon droit
Ie sçay que vostre esprit esclatte,

Dans la plus noire obscurité,
Et que tout l'appas qui vous flatte
C'est la voix de la verité.
Mais, ô l'honneur du Parlement,
Tout ce que i'escry vous offence
Puis qu'escrire icy seulement
C'est violer vostre deffence,
Mon foible esprit s'est desbauché
A l'obiect d'vn si doux peché,
Et croit sa faute legitime,
Car la vertu doit aduoüer
Qu'elle mesme est pis que le crime,
Si c'est crime que vous loüer.

PRIERES AVX POETES DE CE TEMPS.

VOVS à qui des fresches vallées
Pour moy si durement gelées,
Ouurent leurs fontaines de vers:
Vous qui pouuez mettre en peinture,
Le grand obiect de l'vniuers,
Et tous les traicts de la nature.
Beaux esprits si chers à la gloire,
Et sans qui l'œil de la memoire
Ne sçauroit rien trouuer de beau
Escoutez la voix d'vn Poëte,

Que les alarmes du tombeau
Rendent à châque fois muette.

Vous sçauez qu'vne iniuste race,
Maintenant fait de ma disgrace
Le ioüet d'vn zele trompeur,
Et que leurs perfides menees,
Dont les plus resolus ont peur
Tiennent mes Muses enchaisnées.

S'il arriue que mon naufrage,
Soit la fin de ce grand orage
Dont ie voy mes iours menassez,
Ie vous coniure, ô trouppe saincte!
Par tout l'honneur des trespassez,
De vouloir acheuer ma plainte.

Gardez bien que la calomnie,
Ne laisse de l'ignominie
Aux tourmens qu'elle m'a iurez,
Et que le brasier qu'elle allume,
Si mes os en sont deuorez,
Ne brusle pas aussi ma plume.

Contre tous ces esprits de verre
Autrefois i'auois vn tonnerre,
Mais le temps flatte leur courroux,
Tout me quitte, la Muse est prise,
Et le bruit de tant de verroux
Me choque la voix, & la brise.

Que si ceste race ennemie,
Me laisse apres tant d'infamie,

Dans les termes de me venger,
N'attendez point que ie me venge,
Au lieu du soin de l'outrager,
I'auray soin de vostre loüange.
Car s'il faut que mes forces lutent
Contre ceux qui me persecutent,
De quelle terre des humains,
Ne sont leurs ligues emparees,
Il faudroit contr'eux plus de mains
Que n'en auroient cent Briarees.
Ma pauure ame toute abatuë
Dans ce long ennuy qui me tuë,
N'a plus de desirs violens,
Mon courage & mon asseurance
Me font de vigóureux eslans
Du costé de mon esperance.
Icy pour desnoüer la chaisne
Qui me tient tout prest à la gesne,
Mon esprit n'applique ses soins
Et ne reserue sa puissance
Qu'à rembarrer les faux tesmoins,
Qui combattront mon innocence.
Desia depuis six mois ie songe
De quel si dangereux mensonge,
Ils m'auront tendu le lien,
Et de quel si souple artifice,
Leur esprit plus fort que le mien,
Me conuaincra de malefice.

On voit assez que mes parties,
Bien soigneusement aduerties
De mes plus criminels secrets,
N'ont recours qu'à la tromperie,
Et que mes Iuges sont discrets
De ne point suiure leur furie.

Mais ainsi qu'à fouler leur haine,
Les Iuges ont des pieds de laine,
Ie voy que ces esprits humains,
Laissent long temps gronder l'enuie,
Sans mettre leurs pesantes mains
Dessus mon innocente vie.

Et cependant ma patience
A qui leur bonne conscience,
Promet vn iour ma liberté,
S'exerce à chercher vne rime
Qui persuade à leur bonté
Qu'on me pardonnera sans crime.

Ma Muse foible & sans haleine
Ouurant sa malheureuse veine,
A recours à vostre pitié:
Ne mordez point sur mon ouurage,
Car icy vostre inimitié,
Desmentiroit vostre courage.

Ie ne fus iamais si superbe
Que d'oster aux vers de Malherbe,
Le François qu'il nous ont appris,
Et sans malice & sans enuie

I'ay tousiours leu dans ces escrits,
L'immortalité de sa vie.
Pleust au Ciel que sa renommée,
Fust aussi cherement aymée
De mon Prince qu'elle est de moy :
Son destin loin de la commune,
Seroit tousiours auec le Roy,
Dedans le char de la fortune.
Vne autre veine violente,
Tousiours chaude & tousiours sanglante,
De combats de guerre & d'Amour,
A tant d'esclat sur le theatre,
Qu'en d'espit des freslons de Cour,
Elle a fait mes sens idolatres.
Hardy, dont le plus grand volume,
N'a iamais sceu tarir la plume,
Pousse vn torrent de tant de vers,
Qu'on diroit que l'eau d'Hypocrene
Ne tient tous ses vaisseaux ouuers
Qu'alors qu'il y remplit sa veine.
Porcheres, auec tant de flamme,
Pousse les mouuemens de l'ame
Vers la route des immortels,
Qu'il laisse par tout des matieres,
Ou ses vers trouuent des Autels
Et les autres des cimetieres.
Encore n'ay-ie point l'audace
De fouler leur premiere trace

Boisrobet, en peut amener,
Apres ses pas toute vne presse,
Qui mieux que moy peuuent donner
Des loüanges à sa Princesse.
Saint Amant sçait polir la rime
Auec vne si douce lime,
Que son luth n'est pas plus mignard,
Ny Gombaut dans vne elegie,
Ny l'epigrame de Menard,
Qui semble auoir de la magie.
Et vous mille ou plus que i'adore,
Que mon dessein veut ioindre encore,
A ces genies vigoureux,
De qui ie tache icy la gloire,
Pource que le sort malheureux
Les a fait choir à ma memoire.
Voyant mes Muses estourdies
Des frayeurs & des maladies
Qui me prennent à tous momens,
Faites leur vn peu de caresse,
Et leur rendez les complimens
De celuy qui vous les adresse.

Lettre à son Frere.

Mon frere mon dernier appuy,
Toy seul dont le secours me dure,
Et qui seul trouues aiourd'huy,

Mon aduersité longue & dure:
Amy ferme, ardent, genereux,
Que mon sort le plus malheureux,
Pique d'auantage à le suiure,
Acheue de me secourir,
Il faudra qu'on me laisse viure,
Apres m'auoir fait tant mourir.

Quand les dangers ou Dieu m'a mis
Verront mon esperance morte,
Quand mes Iuges & mes amis,
T'auront tous refusé la porte,
Quand tu seras las de prier,
Quand tu seras las de crier,
Ayant bien balancé ma teste
Entre mon salut & ma mort,
Il faut en fin que la tempeste,
M'ouure le Sepulchre ou le port.

Mais l'heure, qui la peut sçauoir!
Nos malheurs ont certaines courses,
Et des flots dont on ne peut voir
Ny les limites ny les sources,
Dieu seul cognoist ce changement,
Car l'esprit ny le iugement,
Dont nous à pourueus la Nature,
Quoy que l'on vueille presumer,
N'entend non plus nostre aduanture,
Que le secret flux de la mer.

Ie sçay bien que tous les viuans,
Eussent-ils iuré ma ruine,
N'aideront point mes poursuiuans,
Malgré la volonté diuine,
Tous leurs efforts sans son adueu
Ne sçauroient m'oster vn cheueu,
Si le Ciel ne les authorise
Ils nous menacent seulement,
Eux ny nous de leur entreprise,
Ne sçauons pas l'euenement.

Cependant ie suis abatu,
Mon courage se laisse mordre,
Et d'heure en heure ma vertu
Laisse tous mes sens en desordre,
La raison auec ses discours,
Au lieu de me donner secours,
Est importune à ma foiblesse
Et les pointes de la douleur,
Mesme alors que rien ne me blesse,
Me changent & voix & couleur.

Mon sens noircy d'vn long effroy
Ne se plaist qu'en ce qui l'attriste,
Et le seul desespoir chez moy
Ne trouue rien qui luy resiste,
La nuict mon somme interrompu,
Tiré d'vn sang tout corrompu,

Me met tant de frayeurs dans l'ame,
Que ie n'ose bouger mes bras,
De peur de trouuer de la flame
Et des serpens parmy mes dras.

Au matin mon premier obiect,
C'est la cholere insatiable,
Et le long & cruel proiect
Dont m'attaquent les fils du diable,
Et peut-estre ces noirs Lutins
Que la haine de mes destins
A trouué si prompts à me nuire,
Vaincus par des demons meilleurs,
Perdent le soin de me destruire
Et soufflent leur tempeste ailleurs.

Peut-estre comme les voleurs,
Sont quelquesfois lassez de crimes,
Les ministres de mes malheurs
Sont las de dechiffrer mes rimes:
Quelque reste d'humanité
Voyant l'iniuste impunité
Dont on flatte la calomnie:
Peut-estre leur bat dans le sein,
Et s'oppose à leur felonnie
Dans vn si barbare dessein.

Mais quand il faudroit que le Ciel
Meslast sa foudre à leur bruine,

Et qu'ils auroient autant de fiel
Qu'il leur en faut pour ma ruine,
Attendant ce fatal succez,
Pourquoy tant de fiéureux accez
Me feront-ils paslir la face,
Et si souuent hors de propos
Auecques des sueurs de glace,
Me troubleront-ils le repos?

Quoy que l'implacable courroux
D'vne si puissante partie,
Face gronder trente verroux
Contre l'espoir de ma sortie,
Et que ton ardante amitié
Par tous les soins de la pitié
Que te peut fournir la Nature,
Te rende en vain si diligent,
Et ne donne qu'à l'aduanture,
Tes pas, tes cris, & ton argent.

I'espere toutesfois au Ciel,
Il fit que ce trouppeau farouche,
Tout prest à deuorer Daniel,
Ne trouua ny griffe ny bouche:
C'est le méme qui fit iadis,
Décendre vn air de Paradis,
Dans l'air bruslant de la fournaize
Où les Saincts parmy les chaleurs,

Ne sen-

Ne sentirent non plus la braize,
Que s'ils eußent foulé des fleurs.

Mon Dieu, mon Souuerain recours,
Peut s'opposer à mes miseres,
Car ses bras ne sont pas plus cours
Qu'ils estoient au temps de nos peres:
Pour estre si prest à mourir,
Dieu ne me peut pas moins guerir,
C'est des afflictions extrémes
Qu'il tire à la prosperité
Comme les fortunes suprémes,
Souuent le trouuent irrité.

Tel de qui l'orgueilleux destin
Braue la misere & l'enuie
N'a peut estre plus qu'vn matin,
Ny de volupté, ny de vie,
La Fortune qui n'a point d'yeux,
Deuant tous les flambeaux des Cieux
Nous peut porter dans vne fosse,
Elle va haut, mais que sçait-on,
S'il faict plus seur dans son carroße,
Que dans celuy de Phaëton.

Le plus braue de tous les Rois
Dreßant vn appareil de guerre,
Qui deuoit imposer des loix
A tous les peuples de la terre,

Entre les bras de ses subiects,
Asseuré de tous les obiects
Comme de ses meilleures gardes,
Se veit frappé mortellement,
D'vn coup à qui cent hallebardes
Prenoient garde inutilement.

En quelle plage des mortels
Ne peut le vent creuer la terre,
En quel Palais, & quels Autels
Ne se peut glisser vn tonnerre?
Quels vaisseaux & quels matelots
Sont tousiours asseurez des flots,
Quelquefois des villes entieres,
Par vn horrible changement
Ont rencontré leurs cimetieres
En la place du fondement.

Le sort qui va tousiours de nuict,
Ennyuré d'orgueil & de ioye,
Quoy qu'il soit sagement conduit
Garde mal-aisement sa voye,
Hà que les souuerains Decrets,
Ont tousiours demeuré secrets
A la subtilité des hommes!
Dieu seul cognoist l'estat humain
Il sçait ce qu'auiourd'huy nous sommes,
Et ce que nous serons demain.

Or selon l'ordinaire cours

Qu'il fait obseruer à Nature,
L'Astre qui preside à mes iours
S'en va changer mon aduanture,
Mes yeux sont espuisez de pleurs
Mes esprits vsez de malheurs,
Viuent d'vn sang gelé de craintes,
La nuict trouue en fin la clarté
Et l'excez de tant de contraintes,
Me presage ma liberté.

Quelque lac qui me soit tendu
Par de si subtils aduersaires,
Encore n'ay-ie point perdu
L'esperance de voir Boussercs:
Encore vn coup le Dieu du iour,
Tout deuant moy fera sa Cour,
Aux riues de nostre heritage,
Et ie verray ses cheueux blons
Du mesme or qui luit sur le Tage
Dorer l'argent de nos sablons.

Ie verray ces bois verdissans
Ou nos Isles & l'herbe fresche
Seruent aux troupeaux mugissans
Et de promenoir & de creche:
L'Aurore y trouue à son retour
L'herbe qu'ils ont mangé le iour,
Ie verray l'eau qui les abreuue,

Et i'oirray plaindre les grauiers,
Et repartir l'eſcho du fleuue
Aux iniures des mariniers.

Le peſcheur en ſe morfondant
Paſſe la nuiƈt dans ce riuage,
Qu'il croit eſtre plus abondant
Que les bords de la mer ſauuage,
Il vend ſi peu ce qu'il a pris
Qu'vn teſton eſt ſouuent le prix,
Dont il laiſſe vuider ſa naſſe
Et la quantité du poiſſon
Deſchire par fois la tiraſſe
Et n'en paye pas la façon.

S'il plaiſt à la bonté des Cieux
Encore vne fois à ma vie,
Ie paiſtray ma dent & mes yeux
Du rouge eſclat de la Pauie,
Encore ce brignon muſcat
Dont le pourpre eſt plus delicat,
Que le teint vni de Caliſte,
Me fera d'vn œil meſnager
Eſtudier deſſus la piſte,
Qui me l'eſt venu rauager.

Ie cueilliray ces Abricots,
Les fraiſes à couleur de flames,
Dont nos Bergers font des eſcots,

Qui seroient icy bons aux Dames,
Et ces figues & ces melons,
Dont la bouche des aquilons
N'a iamais sceu baiser l'escorce,
Et ces iaunes muscats si chers,
Que iamais la gresle ne force,
Dans l'asile de nos rochers.

Ie verray sur nos grenadiers
Leur rouges pommes entr'ouuertes,
Ou le Ciel comme à ses Lauriers
Garde tousiours des fueilles vertes:
Ie verray ce touffu iasmin
Qui fait ombre à tout le chemin
D'vne assez spacieuse allée,
Et la parfume d'vne fleur
Qui conserue dans la gelée
Son odorat & sa couleur.

Ie reuerray fleurir nos prez,
Ie leur verray couper les herbes,
Ie verray quelque temps apres
Le paysan couché sur les gerbes,
Et comme ce climat diuin,
Nous est tres-liberal de vin,
Apres auoir remply la grange,
Ie verray du matin au soir,
Comme les flots de la vendange
Escumeront dans le pressoir.

Là d'vn esprit laborieux
L'infatigable Bellegarde
De la voix, des mains, & des yeux,
A tout le reuenu prend garde,
Il cognoist d'vn exacte soin
Ce que les prez rendent de foin,
Ce que nos troupeaux ont de laine,
Et sçait mieux que les vieux paysans
Ce que la montagne & la plaine
Nous peuuent donner tous les ans.

Nous cueillirons tout à moitié,
Comme nous auons faict encore,
Ignorants de l'inimitié,
Dont vne race se deuore:
Et freres, & sœurs, & neueux,
De mesme soin, de mesmes vœux,
Flattant vne si douce terre,
Nous y trouuerons trop dequoy,
Y deust l'orage de la guerre,
Ramener le Canon du Roy.

Si ie passois dans ce loisir
Encore autant que i'ay de vie,
Le comble d'vn si cher plaisir,
Borneroit toute mon enuie:
Il faut qu'vn iour ma liberté
Se lasche en ceste volupté,
Ie n'ay plus de regret au Louure,

Ayant vescu dans ces douceurs,
Que la mesme terre me couure
Qui couure mes predecesseurs.

Ce sont les droicts que mon pays
A meritez de ma naissance,
Et mon sort les auroit trahis
Si la mort m'arriuoit en France:
Non, non, quelque cruel complot,
Qui de la Garonne & du Lot,
Vueille esloigner ma sepulture
Ie ne dois point en autre lieu
Rendre mon corps à la Nature,
Ny resigner mon ame à Dieu.

L'esperance ne confond point
Mes maux ont trop de vehemence,
Mes trauaux sont au dernier point,
Il faut que mon repos commence,
Quelle vengeance n'a point pris
Le plus fier de tous ces esprits
Qui s'irritent de ma constance,
Il m'ont veu laschement soubmis,
Contrefaire vne repentance
De ce que ie n'ay point commis.

Hà! que les cris d'vn innocent,
Quelques longs maux qui les exercent
Trouuent mal aisément l'accent,

Dont ces ames de fer se percent,
Leur rage dure vn an sur moy
Sans trouuer ny raison ny loy,
Qui l'appaise ou qu'il luy resiste,
Le plus iuste & le plus chrestien
Croit que sa charité m'assiste
Si sa haine ne me fait rien.

L'énorme suitte de malheurs,
Dois-ie donc aux races meurtrieres,
Tant de fieures & tant de pleurs,
Tant de respects, tant de prieres,
Pour passer mes nuicts sans sommeil?
Sans feu, sans air, & sans Soleil,
Et pour mordre icy les murailles,
N'ay-ie encore souffert qu'en vain,
Me dois-ie arracher les entrailles,
Pour souler leur derniere faim?

Derechef mon dernier appuy,
Toy seul dont le secours me dure,
Et qui seul trouues aujourd'huy
Mon aduersité longue & dure,
Rare frere, amy genereux,
Que mon sort le plus mal-heureux,
Picque d'auantage à le suiure,
Acheue de me secourir,
Il faudra qu'on me laisse viure
Apres m'auoir fait tant mourir.

A CHIRON MEDECIN.

STANCES.

TOY qui fais vn breuuage d'eau
Mille fois meilleur & plus beau
Que celuy du beau Ganimede,
Et qui luy donnes tant d'appas,
Que sa liqueur est vn remede
Contre l'atteinte du trespas.

Penses-tu que malgré l'ennuy
Que me peut donner auiourd'huy
L'horreur d'vne prison si noire,
Ie ne te garde encore vn lieu
Au mesme endroit de ma memoire
Ou se doit mettre vn demy Dieu.

Bouffy d'vn air tout infecté,
De tant d'ordures humecté
Et du froid qui me fait la guerre,
Tout chagrin & tout abbatu,
Mieux qu'en autre lieu de la terre
Il me souuient de ta vertu.

Chiron au moins si ie pouuois
Te faire ouyr les tristes voix
Dont t'inuoquent mes maladies,
Tu me pourrois donner dequoy
Forcer mes Muses estourdies
A parler dignement de toy.

De tant de vases precieux
Où l'art le plus exquis des Cieux
A caché sa meilleure force:
Si i'auois seulement gousté
A leur moindre petite amorce
I'aurois trop d'aise & de santé.
Si deuant que de me coucher
Mes souspirs se pouuoient boucher
D'vn long traict de ceste Hydromelle
Ou tout chagrin s'esuanouyt,
L'enfant dont auorta Semelle
Ne me mettroit iamais au lict.
Au lieu des continus ennuis
Qui me font passer tant de nuicts
Auec des visions horribles
Mes yeux verroient en sommeillant
Mille voluptez inuisibles
Que la main cherche en s'esueillant.
Au lieu d'estre dans les enfers,
De songer des feux & des fers,
Qui me font le repos si triste,
Ie songerois d'estre à Paris,
Dans le cabinet ou Caliste
Eust le Triomphe de Cloris.
A l'esclat de ses deux flambeaux,
Les noires caues des tombeaux,
D'où ie vois sortir les furies,
Se peindroient de viues couleurs,
Et feroient à mes resueries,

De beaux prez tapissez de fleurs.
Ah ! que ie perds de ne pouuoir
Quelquefois t'ouyr & te voir,
Dans mes noires melancolies,
Qui ne me laissent presque rien
De tant d'agreables folies
Qu'on aymoit en mon entretien.
Que les Dieux sont mes ennemis
De ce qu'ils ne m'ont pas permis,
De t'appeller en ma destresse,
Docte Chiron apres le Roy,
Et les faueurs de ma maistresse,
Mon cœur n'a de regret qu'à toy.

REMERCIEMENT A CORIDON.

Filles du souuerain des Dieux,
Belles Princesses toutes nuës,
Qui foulez ce mont glorieux,
Dont la vertu touche les nuës:
Cheres germaines du Soleil,
Deuant qui la sœur du sommeil,
Void toutes ses fureurs captiues,
Descendez de ce double mont,
Et ne vous monstrez point retiues,
Quand le merite vous semond.

Derechef pour l'amour de moy
Sainctes filles de la memoire,
Si vous auez congé du Roy
D'interrompre vn peu son hictoire,
Suiuez ce petit traict de feu,
Dont vostre frere perce vn peu
L'obscurité de ma demeure.
Deesses il vous faut haster,
Le Soleil n'a que demie-heure
Tous les iours à me visiter.

Mais quel esclat dans ce manoir
Chasse l'obscurité de l'ombre,
D'où vient qu'en ce cachot si noir
On ne trouue plus rien de sombre?
Inuisibles diuinitez
Qui par mes importunitez
Estes si promptement venuës,
Dieux! que ie me diray content
De vous auoir entretenuës
Malgré ceux qui m'en veulent tant.

Dites moy (car c'est le subiet,
Pour qui ma paßion vous presse)
Quel doit estre auiourd'huy l'obiet,
De vostre immortelle caresse?
Faites que vos diuins regards,
Le cherchent en toutes les parts,
Ou mes amitiez sont allées:
Hà! qu'il paroist visiblement,
Muses vous estes appellées

Pour Coridon tant seulement.

Est-ce vous le seul des viuans,
Qui n'auez point perdu courage
Pour la fureur de tant de vents
Qui conspirent à mon naufrage?
Vous seul capable d'amitié,
Qu'vne si longue inimitié,
Contre moy si fort obstinée,
N'a iamais encor abatu,
Et qui suiuez ma destinée,
Iusqu'aux abois de ma vertu.

Et tant de lasches Courtisans
Dont i'ay si bien flaté la vie,
Contre moy sont les partisans,
Où les esclaues de l'enuie:
Auiourd'huy ces esprits abiects
Ployent à tous les faux obiects
Que leur offre la calomnie,
Et n'osent d'vn mot seulement,
S'opposer à la tyrannie,
Qui me creuse le monument.

Ce ne sont que mignards de lict,
Ce sont des courages de terre,
Que la moindre vague amolit,
Et qui n'ont qu'vn esclat de verre:
Ce n'est que mollesse & que fard,
Leur sens, leur voix, & leur regard,
Ont tousiours diuerse visee,
Et pour le mal & pour le bien,

Ils ont vne ame diuisée
Qui ne peut s'assurer de rien.
Ces cœurs ou l'ennemy de Dieu
A logé tant de perfidie,
Qu'on ny sçauroit trouuer de lieu
Pour vne affection hardie,
Ils n'ont iamais d'amy si cher
Que sa mort les puiße empescher
De quelque visite ordinaire,
Ou depuis le matin au soir
Bien souuent ils n'ont rien à faire,
Que se regarder & s'aßeoir.
Mais que peut-on contre le sort,
Laissons là ces vilaines ames,
Leur lascheté n'a point de tort,
Ils nasquirent pour estre infames:
La fortune aux yeux aueuglez,
Aux mouuemens tous desreglez,
Les a conceus à l'aduenture,
Et sous vn Astre transporté
Qui cheminoit contre nature,
Quand il leur versa la clarté.
Vous estes né tout au rebours
De leurs influences malines,
L'Astre dont vous suiuez le cours
Suit les routes les plus diuines:
Il est vray que vous meritez
Au delà des prosperitez
Dont il vous à laißé l'vsage,

Si le deſtin donnoit vn rang,
Selon l'eſprit & le courage,
Vous ſeriez né Prince du ſang.
O Ciel que me faut-il choiſir
Pour loüer mon Dieu tutelaire,
Que feray-ie en l'ardent deſir,
Que mon eſprit à de vous plaire?
Ie diray par tout mon bon-heur,
Ie paindray ſi bien voſtre honneur,
Que la mer qui voit les deux Poles,
Dont ſe meſure l'Vniuers,
Gardera ſur ſes ondes moles,
Le caractere de mes vers.

LA MAISON DE SYLVIE.

ODE I.

Pour laiſſer auant que mourir,
Les traicts viuans d'vne peinture,
Qui ne puiſſe iamais perir,
Qu'en la perte de la nature,
Ie paſſe des crayons dorez
Sur les lieux les plus reuerez,
Où la vertu ſe refugie:
Et dont le port me fut ouuert,
Pour mettre ma teſte à couuert
Quand on bruſla mon effigie.

Tout le monde dit qu'Appollon,
Fauorise qui le reclame,
Et qu'auec l'eau de son valon
Le sçauoir peut couler dans l'ame:
Mais i'estouffe ce vieil abus,
Et bannis desormais Phœbus
De la bouche de nos Poëtes,
Tous ses Temples sont demolis
Et ces demons enseuelis
Dans des sepultures muettes.

Sathan ne nous fait plus broncher;
Dans de si dangereuses toiles,
Le Dieu que nous allons chercher
Loge plus haut que les estoilles,
Nulle diuinité que luy,
Ne me peut donner auiourd'huy,
Ceste flame ou ceste fumée,
Dont nos entendemens espris
S'efforcent à gaigner le prix,
Qui merite la renommée.

Apres luy ie m'en vais loüer
Vne Image de Dieu si belle
Que le Ciel me doit aduoüer,
Du trauail que i'ay fait pour elle:
Car apres les sacrez Autels,
Qui deuant leurs feux immortels
Font aussi prosterner les Anges,
Nous pouuons sans impieté,
Flatter vne chaste beauté,

Du doux

Du doux encens de nos loüanges.
Ainsi sous de modestes vœux,
Mes vers promettent à Siluie,
Ce bruit charmeur que les neueux,
Nomment vne seconde vie:
Que si mes escrits mesprisez,
Ne peuuent voir authorisez
Les tesmoignages de sa gloire,
Ces eaux, ces rochers & ces bois
Prendront des ames & des voix
Pour en conseruer la memoire.
Si quelques arbres renommez
D'vne adoration profane,
Ont esté iadis animez
Des sombres regards de Diane,
Si les ruisseaux en murmurant
Alloient autrefois discourant
Au gré d'vn Faune & d'vne Fée,
Et si la masse d'vn rocher
Se laissoit quelquefois toucher
Aux chansons que disoit Orphée.
Quelle dureté peut auoir
L'obiet que ma Princesse touche,
Qu'elle ne puisse le pouruoir,
Tout aussi tost d'ame & de bouche,
Dans des bastimens orgueilleux
Dans ces promenoirs merueilleux
Quelle solidité de marbres

Ne pourront penetrer ses yeux,
Quelles fontaines & quels arbres
Ne les estimeront des dieux.

Les plus durs chesnes entrouuers,
Bien plustost de gré que de force,
Peindront pour elle de mes vers
Et leur fueilles & leur escorce,
Et quand ils les auront grauez
Sur leurs fronts les plus releuez,
Ie sçay que les plus fiers orages
Ne leur oseront pas toucher,
Et pourront plustost arracher
Leurs racines & leurs ombrages.

Ie sçay que ces miroirs flottans
Ou l'obiect change tant de place,
Pour elle deuenus constans,
Auront vne fidelle glace,
Et sous vn ornement si beau,
La surface mesme de l'eau,
Nonobstant sa delicatesse
Gardera seurement encrez
Et mes caracteres sacrez,
Et les attraicts de la Princesse.

Mais sa gloire n'a pas besoin
Que mon seul ouurage en responde,
Le Ciel a desia pris le soin
De la peindre par tout le monde,
Ses yeux sont peints dans le Soleil,
L'Aurore dans son teint vermeil,

Voit ses autres beautez tracées,
Et rien n'esteindra ses vertus
Que les Cieux ne soient abatus
Et les estoilles effacées.

ODE II.

VN soir que les flots mariniers
Apprestoient leur molle littiere,
Aux quatres rouges limonniers
Qui sont au ioug de la lumiere,
Ie panchois mes yeux sur le bort
D'vn lict ou la Naiade dort
Et regardant pescher Syluie,
Ie voyois battre les poissons
A qui plustost perdroit la vie
En l'honneur de ses hameçons.
D'vne main defendant le bruit,
Et de l'autre iettant la line,
Elle faict qu'abordant la nuict
Le iour plus bellement decline,
Le Soleil craignoit d'esclairer,
Et craignoit de se retirer,
Les estoilles n'osoient paroistre,
Les flots n'osoient s'entrepousser,
Le Zephire n'osoit passer,
L'herbe se retenoit de croistre.
Ses yeux iettoient vn feu dans l'eau,
Ce feu choque l'eau sans la craindre,

Et l'eau trouue ce feu si beau
Qu'elle ne l'oseroit estéindre,
Ces eslemens si furieux
Pour le respect de ses beaux yeux
Interrompirent leur querelle
Et de crainte de la fascher
Se virent contraints de cacher
Leur inimitié naturelle.

Les Tritons en la regardant
Au trauers leurs vitres liquides,
D'abord à cét obiect ardant
Sentent qu'il ne sont plus humides:
Et d'vn estonnement soudain,
Chacun d'eux dans vn corps de dain,
Cache sa forme despoüillee,
S'estonne de se voir cornu,
Et comment le poil est venu
Dessus son escaille moüillée.

Souspirant du cruel affront
Qui de Dieux les a fait des bestes,
Et sous les cornes de leur front
A courbé leur honteuses testes,
Ils ont abandonné les eaux,
Et dans la riue où les rameaux
Leur ont fait vn logis si sombre,
Promenant leurs yeux esbahis,
N'osent plus fier que leur ombre
A l'estang qui les a trahis.

On dit que la sœur du Soleil

Eust ce pouuoir sur la Nature,
Lors que d'vn changement pareil
Acteon quitta sa figure,
Ce que fit sa diuine main,
Pour punir dans vn corps humain,
La curiosité profane,
S'est fait icy contre les dieux,
Qui n'auoient approché leurs yeux,
Que des yeux de nostre diane.

Ces dains que la honte & la peur
Chasse des murs & des allees,
Maudissent le destin trompeur,
Des froideurs qui leur a volées,
Leur cœur priué d'humidité
Ne peut qu'auec timidité,
Voir le Ciel ny fouler la terre,
Ou Syluie en ses promenoirs
Iette l'esclat de ses yeux noirs,
Qui leurs font encore la guerre.

Ils s'estiment heureux pourtant,
De prendre l'air qu'elle respire,
Leur destin n'est que trop contant
De voir le iour sous son empire,
La Princesse qui les charma
Alors qu'elle les transforma
Les fit estre blancs comme neige,
Et pour consoler leur douleur,
Ils receurent le priuilege
De porter tousiours sa couleur.

Lors qu'à petits floquons liez
La neige freschement venuë,
Sur des grands tapis desliez
Espanche l'amas de la nuë,
Lors que sur le chemin des Cieux,
Ses grains serrez & gracieux,
N'ont trouvé ny vent ny tonnerre,
Et que sur les premiers coupeaux
Loin des hommes & des trouppeaux
Ils ont peint le bois & la terre.

Quelque vigueur que nous ayons
Contre les esclats qu'elle darde
Il nous blessent & leurs rayons
Esblouyssent qui les regarde,
Tel dedans ce Parc ombrageux
Esclatte le troupeau neigeux,
Et dans ces vestemens modestes,
Ou le front de Syluie est peint,
Fait briller l'esclat de son teint,
A l'enuy des neiges celestes.

En la saison que le Soleil
Vaincu du froid & de l'orage,
Laisse tant d'heures au sommeil
Et si peu de temps à l'ouurage:
La neige voyant que ces Daims
La foulent auec des desdains
S'irrite de leurs bonds superbes,
Et pour enfermer ce troupeau
Par despit sous vn froid manteau,

Cache & transit toutes les herbes.
Mais le Parc pour ses nourrissons
Tient assez de creches couuertes,
Que la neige ny les glaçons,
Ne trouueront iamais ouuertes,
Là le plus rigoureux Hyuer,
Ne les sçauroit iamais priuer
Ny de loge ny de pasture,
Ils y trouuent tousiours du verd,
Qu'vn peu de soin met à couuert
Des outrages de la nature.
Là les Faisans & les Perdrix,
Y fournissent leur compagnies,
Mieux que les hales de Paris
Ne les sçauroient auoir fournies,
Auec elles voit-on manger
Ce que l'air le plus estranger
Nous peut faire venir de rare
Des Oyseaux venus de si loin;
Qu'on y voit imiter le soin
D'vn grand Roy qui n'est pas auare.
Les animaux les moins priuez,
Aussi bien que les moins sauuages,
Sont également captiuez
Dans ces bois & dans ces riuages,
Le maistre d'vn lieu si plaisant,
De l'Hyuer le plus mal-faisant,
Deffie toutes les malices
A l'abondance de son bien,

Les estemens ne trouuent rien
Pour luy retrancher ses delices.

ODE III.

DAns ce Parc vn valon secret
Tout voilé de ramages sombres,
Ou le Soleil est si discret
Qu'il n'y force iamais les ombres,
Pressé d'vn cours si diligent
Les flots de deux ruisseaux d'argent
Et donne vne frescheur si viue
A tous les obiects d'alentour,
Que mesme les martyrs d'Amour
Y treuuent leur douleur captiue.
Vn estang dort là tout aupres,
Ou ces fontaines violentes
Courent & font du bruit expres
Pour esueiller ses vagues lentes,
Luy d'vn maintient maiestueux
Reçoit l'abord impetueux
De ces Naiades vagabondes,
Qui dedans ce large vaisseau
Confondent leur petit ruisseau
Et ne discernent plus ses ondes.
Là Melicerte en vn gazon,
Pres de l'estang qui l'enuironne
Fait aux Cygnes vne maison

Qui luy ſert auſſi de couronne,
Si la vague qui bat ſes bords
Iamais auecques des threſors
N'arriue à ſon petit empire:
Au moins les vents & les rochers
N'y font point crier les nochers
Dont ils ont briſé le Nauire.
Là les Oyſeaux font leurs petits,
Et n'ont iamais veu leurs couuées,
Souler les ſanglans appetits
Du ſerpent qui les à trouuées,
Là n'eſtend point ſes plis mortels
Ce monſtre de qui tant d'autels
Ont iadis adoré les charmes
Et qui d'vn goſier gemiſſant
Fait tomber l'ame du paſſant
Dedans l'embuche de ſes larmes.
Zephire enchaſſe les chaleurs,
Rien que les Cygnes ny repaiſſent,
On n'y trouue rien ſous les fleurs
Que la frécheur dont elles naiſſent,
Le gazon garde quelquefois
Le bandeau, l'arc, & le carquois
De mille amours qui ſe deſpoüillent,
A l'ombrage de ces roſeaux,
Et dans l'humidité des eaux
Trempent leurs ieunes corps qui boüillent.
L'eſtang leur preſte ſa freſcheur,
La naiade leur verſe à boire,

Toute l'eau prend de leur blancheur
L'esclat d'vne couleur d'yuoire,
On voit là ces nageurs ardents,
Dans les ondes qu'ils vont fendants,
Faire la guerre aux Nereydes,
Qui deuant leur teint mieux vni,
Cachent leur visage terni
Et leur front tout coupé de rides.
Or ensemble, ores dispersez,
Ils brillent dans ce crespe sombre,
Et sous les flots qu'ils ont persez
Laissent esuanouyr leur ombre,
Par fois dans vne claire nuict,
Qui du feu de leur yeux reluit
Sans aucun ombrage de nuës,
Diane quitte son Berger
Et s'en va là dedans nager,
Auecques ses estoilles nuës.
Les ondes qui leur font l'amour,
Se refrisent sur leurs espaules,
Et font danser tout à l'entour
L'ombre des roseaux & des saules,
Le Dieu de l'eau tout furieux
Haussé pour regarder leurs yeux
Et leur poil qui flotte sur l'onde,
Du premier qu'il voit approcher
Pense voir ce ieune Cocher
Qui fit iadis brusler le monde.
Et ce pauure Amant langoureux,

Dont le feu tousiours se rallume,
Et de qui les soins amoureux
Ont fait ainsi blanchir la plume,
Ce beau Cygne à qui Phaëton,
Laissa ce lamentable ton,
Tesmoin d'vne amitié si saincte,
Sur le dos son aisle esleuant
Met ses voiles blanches au vent
Pour chercher l'obiect de sa plainte.
Ainsi pour flatter son ennuy,
Ie demande au dieu Melicerte,
Si chaque dieu n'est pas celuy,
Dont il souspire tant la perte,
Et contemplant de tous costez,
La semblance de leurs beautez,
Il sent renoueller sa flame
Errant auec des faux plaisirs,
Sur les traces des vieux desirs,
Que conserue encore son ame.
Tousiours ce furieux dessein,
Entretien ses blesseures fresches,
Et fait venir contre son sein
L'air bruslant & les ondes seiches:
Ces attraits empreints là dedans
Comme auec des flambeaux ardens,
Luy rendent la peau toute noire,
Ainsi dedans comme dehors,
Il luy tient l'esprit & le corps,
La voix, les yeux & la memoire.

ODE IIII.

CHuſte Oyſeau que ton amitié,
Fut malheureuſement ſuiuie,
Ta mort eſt digne de pitié
Comme ta foy digne d'enuie,
Que ce precipité tombeau,
Qui t'en l'aiſſa l'obiect ſi beau,
Fut cruel à tes deſtinées,
Si la mort l'euſt laiſſé vieillir,
Tes paſſions alloient faillir,
Car tout s'eſteint par les années.

Mais quoy! le ſort à des reuers,
Et certains mouuemens de haine,
Qui demeurent touſiours couuerts,
Aux yeux de la prudence humaine,
Si pour fuyr ce repentir
Ton iugement eut peu ſentir,
Le iour qui vous deuoit déioindre,
Tu n'euſſe iamais veu le iour,
Et iamais le traict de l'amour
Ne ſe fuſt meſlé de te poindre.

Pour auoir aymé ce garçon,
Encore apres la ſepulture,
Ne crains pas le mauuais ſoupçon,

Qui peut blasmer ton aduanture,
Les courages des vertueux
Peuuent d'vn vœu respectueux,
Aymer toutes beautez sans crime,
Comme donnant à tes amours,
Ce chaste & ce commun discours,
Mon cœur n'a point passé ma rime.

Certains Critiques curieux,
En trouuent les mœurs offencées,
Mais leurs soupçons iniurieux,
Sont les crimes de leurs pensees:
Le dessein de la Chasteté,
Prend vne honneste liberté,
Et franchit les sottes limites,
Que prescriuent les imposteurs,
Qui sous des robbes de Docteurs,
Ont des ames de Sodomites.

Le Ciel nous donne la beauté
Pour vne marque de sa grace,
C'est par où la diuinité,
Marque tousiours vn peu sa trace,
Tous les obiects les mieux formez
Doiuent estre les mieux aymez,
Si ce n'est qu'vne ame maline,
Esclaue d'vn corps vicieux,
Combatte les faueurs des Cieux,
Et demente son origine.

O que le desir aueuglé,
Ou l'ame du brutal aspire,

Eſt loin du mouuement reglé
Dont le cœur vertueux ſouſpire,
Que ce feu que nature à mis,
Dans le cœur de deux vrays amis,
A des rauiſſemens eſtranges,
Nature à fondé ceſt amour,
Ainſi les yeux aiment le iour,
Ainſi le Ciel aime les Anges.
Ainſi malgré ces triſtes bruits,
Et leur impoſture cruelle,
Thyrſis & moy gouſtons les fruits
D'vne amitié chaſte & fidelle,
Rien ne ſepare nos deſirs,
Ni nos ennuys, ny nos plaiſirs,
Nos influences enlaſſees
S'eſtreignent d'vn meſme lien,
Et mes ſentimens ne ſont rien
Que le miroir de ſes penſees.
Certains feux de diuinité,
Qu'on nommoit autresfois Genies,
D'vne inuiſible affinité,
Tiennent nos fortunes vnies
Quelque viſage different,
Quelque diuers ſort apparent,
Qui ſe liſe en mes aduantures,
Sa raiſon & ſon amitié
Prennent auiourd'huy la moitié,
De ma honte & de mes iniures.
Lors que d'vn ſi ſubit effroy

Les plus noirs enfans de l'enuie,
Au milieu des faueurs du Roy,
Oserent menacer ma vie,
Et que pour me voir opprimé
Le Parlement mesme animé
Des rapports de la Calomnie,
Sans pitié me veit combattu,
De la secrette tyrannie,
Des ennemis de la vertu.

Thyrsis auecques trop de foy
M'asseure comme il est vnique,
A qui l'Astre luisant sur moy,
De tous mes desseins communique,
Il n'eust pas disposé son cours,
A commencer les tristes iours,
Dont ie souffre encore l'orage;
Qu'il s'en vint sous vn froid sommeil,
De tout ce funeste appareil
A Damon faire voir l'image.

Thyrsis outré de mes douleurs,
Me redit ce songe effroyable,
Qu'vn long train de tant de malheurs
Me rend d'oresnauant croyable,
D'vn long souspir qui deuança
La premiere voix qu'il poussa
Pour predire mon aduanture:
Ie sentis mon sang se geler,
Et comme autour de moy voler,
L'ombre de ma douleur future.

ODE V.

DAmon, dit-il, i'estois au lit
Goustant ce que les nuits nous versent
Lors que le somme enseuelit,
Les soins du iour qui nous trauersent,
Au milieu d'vn profond repos,
Ou nul regard, ny nul propos,
N'abusoit de ma fantaisie,
Vne froide & noire vapeur,
Me transit l'ame d'vne peur
Qui la tient encore saisie.
Iamais qu'à lors nostre amitié
N'auoit mis mon cœur à la gesne,
Tu me fis lors plus de pitié
Que Philis ne me fait de peine,
Cét effroyable souuenir,
Me vient encore entretenir,
Et me redonne les alarmes,
Du spectacle plus ennemy,
Qui iamais d'vn œil endormy,
A peu faire couler des larmes.
Ie ne sçay si le feu d'amour,
Qui n'abandonne point mon ame,
Au defaut des rayons du iour,

M'ouurit

M'ouurit lors les yeux de sa flame,
Combien que dans ce froid sommeil,
La visible ardeur du Soleil,
Se fut du tout esuanouye,
Ie creus qu'en ceste fixion
I'auois libre la function
De ma veuë & de mon ouye.

Vn grand fantosme sousterrain,
Sortant de l'infernalle fosse,
Enroüé comme de l'airain,
Ou rouleroit vne carrosse,
D'vn abord qui me menaçoit,
Et d'vn regard qui me blessoit,
Dressant vers moy ses pas funebres;
Fier des commissions du sort,
Me dit trois fois, Damon est mort,
Puis se perdit dans les tenebres.

Sans doute que leurs veritez
Plus puissantes que les mensonges,
Touchent plus fort nos facultez,
Et nous impriment mieux les songes;
Ie retins si bien ses accens,
Et son image dans mes sens,
Demeura tellement empraînte,
Que ton corps mort entre mes bras,
Et ton sang versé dans mes dras,
Ne m'eussent pas fait plus de crainte.

Apres d'vne autre illusion

Refleschißant sur ma pensée,
Et songeant à la vision,
Qui s'estoit freschement paßée,
Ie songeois qu'encor on doutoit
En quel estat Damon estoit,
Et comme au fort de la lumiere,
Où les obiects sont esclaircis,
Ie condamnois les faux soucis,
De mon illusion premiere.

Mais dans ce doute vn Messager,
Qui portoit les couleurs des Parques,
Me vint de ce fatal danger
Rafreschir les funestes marques,
Vn Garçon habillé de dueil,
Qui sembloit sortir du cercueil,
Ouurant les rideaux de ma couche,
Me crie, on a tué Damon:
Mais d'vn accent que le Demon
N'auoit pas esté plus farouche.

Morphée à ce second assaut
Ostant ses fers à ma paupiere
Me resueilla tout en sursaut,
Et me laissa voir la lumiere:
Ie me leuay deshabillé
Plus transi, plus froid, plus moüillé
Que si i'estois sorty de l'onde:
C'estoit au poinct que l'Occident
Laisse sortir le Char ardent,

Ou roule le flambeau du monde.

Cherchant du soulas par mes yeux
Ie mets la teste à la fenestre,
Et regarde vn peu dans les Cieux
Le iour qui ne faisoit que naistre:
Et combien que ce songe là
Dans mon sang que la peur gela,
Laissast encore ses images,
Ie me rasseure & me rendors
Croyant que les vapeurs du corps
Auoient enfanté ces nuages.

Le sommeil ne m'eut pas repris,
Que songeant encore à ta vie
Tu vins rasseurer mes esprits
Qu'on ne te l'auoit point rauie,
Il est vray, Thyrsis, me dis-tu,
Qu'on en veut bien à ma vertu,
Là ie te vis dans vne esmeute,
Auancer l'espée à la main
Vers vn portail qui cheut soudain
Et qui t'accabla de sa cheute,

De là ce songe en mon cerueau,
Poursuiuant tousiours son idée,
Ie te vis suiure en vn tombeau
Par vne foulle desbordée,
Les iuges y tenoient leur rang,
L'vn d'entr'eux espancha du sang,
Qui me iallit contre la face,

Là tout mon songe s'acheua,
Et ton pauure amy se leua
Noyé d'vne sueur de glace.
Cher Thyrsis lors que mon esprit
D'vne souuenance importune,
Repense au destin qui t'apprit
Les secrets de mon infortune,
Lors que ie suis le moins troublé
Tout mon esprit est accablé
De la tempeste ineuitable,
Dont me bat le courroux diuin
Et voicy comment son deuin
A rendu ta voix veritable.
Ce songe du fatal secret,
Ou ma premiere mort fut peinte
Predisoit le cruel decret,
Dont ma liberté fut esteinte,
Ce Garçon aux vestemens noirs,
Qui sembloit sortir des manoirs,
Qui ne s'ouurent qu'à la magie,
Lors qu'il parla de mon tombeau
Predisoit l'infame flambeau
Qui consuma mon effigie.
Thyrsis encore à l'autre fois,
Que ceste vision suiuie
Par mes regards & par ma voix
T'asseura que i'estois en vie,
Se doit assez ressouuenir

Du soucy qui le fit venir
Ou i'auois commencé ma fuite,
Lors que sa voix moins que ses pleurs
Me dit ce songe de malheurs,
Dont i'attens encore la suite.
  Ce songe auec autant de foy
Luy fit voir l'espée & la porte,
Et le peuple à l'entour de moy,
Comme d'vne personne morte,
Quand mes foibles bras alarmez,
A cinquante voleurs armez
Voulurent presenter l'espée,
Ie cheus sous vn portail ouuert,
Et fus saisi dans le couuert,
Ou ma bonne foy fut trompée.
  Soudain le Sieur de Commartin
Qui porte des habits funebres,
Me fit serrer à sainct Quentin
Entre les fers & les tenebres,
Depuis tousiours tout enchaisné
Soixante Archers m'ont amené
Par les bruits de la populace
Dedans ces tenebreux manoirs
Ou ce sang & les iuges noirs
M'auoient desia marqué la place.

ODE VI.

AInsi prophetisa Thyrsis
Les malheurs que toute vne année
Par des accidens si precis,
A fait choir sur ma destinée;
La furie de mon destin
Luy parut au mesme matin
Qu'elle respandit sa bruine,
Car le decret du Parlement
Se donnoit au mesme moment,
Que Thyrcis songeoit ma ruine.
Mon innocence & ma raison
Pour eschapper à leur colere,
Appellerent de ma prison,
A l'Autel d'vn dieu tutelaire:
C'est où ie trouuay mon support,
C'est où Thyrcis courut d'abord
Predire & consoler ma peine
Nous estions lors tous deux couuers
De ces arbres pour qui mes vers
Ouurent si iustement ma veine.
Nous estions dans vn cabinet
Enceint de fontaines & d'arbres,
Son meuble est si clair & si net,
Que l'émail est moins que les marbres:
Celuy qui l'a fait si poly,

Semble auoir iadis demoly
Le grand Palais de la lumiere,
Et pillant ſon riche pourpris
De tout ce glorieux debris,
Auoir là porté la matiere.
Pour conſeruer ſon ornement
Le Soleil le laue & l'eſſuye,
Car c'eſt le Soleil ſeulement
Qui fait le beautemps & la pluye:
Flore y met tant de belles fleurs,
Que l'Aurore ne peut ſans pleurs
Voir leur eſclat qui la ſurmonte,
C'eſt à cauſe de cét affront,
Qu'elle monſtre ſi peu ſon front,
Et qu'on la voit rougir de honte.
L'odeur de ces fleurs paſſeroit,
Le muſc de Rome & de Caſtille,
Et la terre s'offenſeroit
Qu'on y bruſlaſt de la paſtille:
Le Garçon qui ſe conſuma
Dans les ondes qu'il alluma,
Voit là tous ſes appas renaiſtre,
Et rauy d'vn obiect ſi beau
Il admire que ſon tombeau,
Luy conſerue encore ſon eſtre.
La Nymphe qui luy fait la Cour
Le voit là tous les ans reuiure,
Car ſon opiniaſtre amour,

La contraint encor à le suiure,
Là le Ciel semble auoir pitié,
Des longs maux de son amitié,
Et permet parfois au zephyre,
De la mener à son amant,
Qui respire insensiblement
L'air des flames qu'elle souspire.
  Echo dedans vn si beau feu
Ialouse que le Ciel la voye,
Est inuisible & parle peu,
De respect, de honte, & de ioye;
Ainsi mes esprits transportez
Se trouuent tous desconfortez,
Quand vne beauté me regarde,
Et mon discours le moins suspect,
Trouue tousiours ou le respect,
Ou la honte qui le retarde.
  Quand ie vois partir les regards
Des superbes yeux de Caliste,
Qui sont autant de coups de dards,
Ou nulle qu'elle ne resiste,
Le tesmoin le plus asseuré,
Qui de mon esprit esgaré
Monstre la passion confuse,
C'est que ie ne sçaurois comment
Le prier d'vn mot seulement,
Que sa voix ne me le refuse.
  Ie suiurois l'importun desir,
Qui m'en parle tousiours dans l'ame,

Et prendrois icy le loisir,
De parler vn peu de ma flamme:
Mais l'entreprise du tableau,
Qui par vn cabinet si beau,
Commence à pourmener la Muse,
Me tient dans ce Parc enchanté
Ou le Printemps le plus hasté,
Tousiours cinq ou six mois s'amuse.

Quand le Ciel lassé d'endurer,
Les insolences de Borée,
L'a contraint de se retirer,
Loin de la campagne azurée.
Que les Zephires r'appellez
Des ruisseaux à demy gelez
Ont rompu les escorces dures,
Et d'vn souffle vif & serain
Du Celeste Palais d'airain,
Ont chassé toutes les ordures.

Les rayons du iour esgarez
Parmy des ombres incertaines
Esparpillent leurs feux dorez
Dessus l'azur de ces fontaines,
Son or dedans l'eau confondu
Auecques ce cristal fondu,
Mesle son teint & sa nature,
Et seme son esclat mouuant,
Comme la branche au gré du vent,
Efface & marque sa peinture.

Zephire ialoux du Soleil,

Qui paroist si beau sur les ondes,
Trauerse ainsi l'estat vermeil,
De ces allées vagabondes:
Ainsi ces amoureux Zephirs,
De leurs nerf qui sont leurs souspirs,
Renforçant leur secousses fresches,
Destournent tousiours ce flambeau,
Et pour cacher le font de l'eau,
Iettent au moins des fueilles seches.

L'eau qui fuit en les regardant
Orgueilleuse de leur querelle,
Rit, & s'eschappe cependant,
Qu'ils sont à disputer pour elle:
Et pour prix de tous leurs efforts,
Laissant les ames sur les bords,
De ceste fontaine superbe,
Dißipent toutes leurs chaleurs
A conseruer l'estat des fleurs,
Et la molle frescheur de l'herbe.

C'est ou se couche Palemon,
Qui triomphe de leur maistresse,
Et plein d'escume & de limon,
Quand il veut reçoit sa carresse:
Ainsi n'agueres deux Bergers,
Ont couru les sanglants dangers,
Que l'honneur a mis à l'espée,
Et par vn malheur mutuel
Laissent vainqueur de leur duel,
Vn vilain qui pleut à Napée.

ODE VII.

Le plus superbe ameublement,
Dont le seiour des Roys esclatte,
L'or semé prodigalement
Sur la soye & sur l'escarlatte,
N'eurent iamais rien de pareil
Aux teintures, dont le Soleil
Couure les petits flots de verre,
Quelle couleur peut plaire mieux
Que celle qui contraint les Cieux
De faire l'amour à la terre?
Ce cabinet tousiours couuert
D'vne large & haute tenture,
Prend son ameublement tous verd,
Des propres mains de la Nature:
D'elle de qui le iuste soin,
Estend ses charitez si loin,
Et dont la richesse feconde,
Paroist si claire en chasque lieu,
Que la prouidence de dieu,
L'establit pour nourrir le monde.
Tous les bleds elle les produit,
Le sep ne vient que de sa force,
Elle en fait la pampe & le fruict,

Et les racines & l'escorce,
Elle donne le mouuement,
Et le siege à chasque eslement,
Et selon que Dieu l'authorise,
Nostre destin prend de ses mains,
Et l'influence des humains,
Ou leur nuit ou les fauorise.
Elle à mis toute sa bonté,
Et son sçauoir & sa richesse,
Et les thresors de sa beauté
Sur le Duc & sur la Duchesse,
Elle à fait les heureux accords,
Qui ioignent leur ame & leur corps:
Bref, c'est elle aussi qui marie
Les zephires auec nos fleurs,
Et qui fait de tant de couleurs
Tous les ans leur tapisserie.
Auec ses naturels appas
Dont ce beau cabinet se pare,
La musique ne manque pas
D'y fournir ce qu'elle à de rare,
Ces chantres si tost esueillez,
Qui dorment tousiours habillez,
Quand l'Aurore les vient semondre,
Luy donnent vn si doux salut,
Que sainct Amant auec son luth,
Auroit peine de les confondre.
Quand la Princesse y fait seiour,
Ces Oyseaux pensent que l'Aurore

A dessein d'y tenir sa cour,
A quitté les riues du More,
Vn sainct desir de l'approcher
Les anime & les fait pancher,
Des branches qui luy font ombrage,
Et deuant ces diuinitez
Leur innocentes libertez
Ne craignent rien qui les outrage.

Leurs cœurs se laissent desrober,
Insensiblement ils s'oublient,
Et des rameaux qu'il font courber,
Quelquesfois leurs pieds se deslient,
Leur petit corps precipité,
Se fie en la legereté,
De la plume qui les retarde,
Ils planent sur leurs esleron
Et voletent aux enuirons
De Siluie qui les regarde.

Quand elle escoute leurs chansons,
Leur vaine gloire s'estudie
A reciter quelques leçons
De leur plus douce melodie,
Chacun d'eux se trouue rauy,
Ils estallent tous à l'enuy
Leur thresor caché sous la plume,
Et ces remedes si plaisans,
Qui des soucis les plus cuisans,
Destrempent toute l'amertume.

Comme les chantres quelquefois,

D'vne complaiſance ignorante,
Mignardant & l'œil & la voix
Deuant les beaux yeux d'Amarante,
Leur plaiſir & leur vanité,
Fait qu'auec importunité,
Ils nous prodiguent leurs merueilles,
Et qu'ils chantent ſi longuement,
Que leur concert le plus charmant,
Laſſe l'eſprit & les oreilles.
Ainſi l'entretien d'vn rimeur,
Enflé des arts & des ſciences,
Lors qu'il ſe trouue en bonne humeur,
Vient à bout de nos patiences,
Et ſans qu'on puiſſe rebuter,
Cét inſtinct de perſecuter,
Que leur inſpire le Genie,
Il faut à force de parler,
Que le poulmon las de ſoufler,
Face paix à la compagnie.
Ainſi ces Oyſeaux s'attachants
Au deſſein de plaire à Syluie,
Dans les longs efforts de leurs chants,
Semblent vouloir laiſſer la vie:
Leur goſier ſans ceſſe mouuant,
Eſtourdit les eaux & le vent,
Et vaincu de ſa violence,
Quoy qu'il vueille ſe retenir,
Il peut à peine reuenir
A la liberté du ſilence.

Comme ils taschent à qui mieux mieux
De faire agreer leur hommage,
Leur zele rend presque odieux
Le tulmutte de leur ramage,
Leur bruit est ce bruit de Paris
Lors qu'vne voix de tant de cris
Benit le Roy, parmy les rvës,
Qu'on le face en le benissant,
Et l'air esclatte d'vn accent
Qui semble auoir creué les nuës.

ODE VIII.

SVr tous le Roßignol outré,
Dans son ame encore alterée,
N'a iamais peu dire à son gré,
Les affronts que luy fit Terée,
Ses poulmõs sans cesse enflãmez
Sont ses vieux souspirs ranimez
Et ce peu d'esprit qui luy reste
N'est qu'vn souuenir eternel,
De maudire son criminel,
Et l'appeller tousiours inceste.

Ce petit oyseau tout panché
Ou la Princesse se presente,
Craint d'auoir le gosier bouché
Le bec clos, la langue pesante,

Et cependant qu'il peut iouyr
Du bon-heur de se faire ouyr,
Luy raconte son aduanture,
Et gazoüille soir & matin
Sur les caprices du Destin
Qui luy fit changer de Nature.

Il à de si diuers accez
Dans le long recit de sa honte,
Qu'on aura finy mon procez
Quand il aura fini son conte:
Les morts gisans sous Pelion
Toutes les cendres d'Ilion
N'ont point donné tant de matiere,
De faire des plaintes aux Cieux
Que cét Oyseau malicieux
En vomit sur son Cimetiere.

Ce plaisir reste à son malheur
Que sa voix qui daigne le suiure,
A fin de venger sa douleur
L'a fait continuer de viure,
Il ne fait pas bon irriter
Celuy qui sçait si bien chanter:
Car l'artifice de l'enuie
Ne sçauroit trouuer vn tombeau,
D'où son esprit tousiours plus beau
Ne reuienne encore à la vie.

La cendre de son monument
Malgré les traces ennemies,

Fait reuiure eternellement,
Son merite & leurs infamies,
Les vers flatteurs & mesdisans
Trouuent tousiours des partisans:
Le pinceau d'vn faiseur de rimes,
S'il est adroit aux fixions
Aux plus sinceres actions
Sçait donner la couleur des crimes.

Dieux que c'est vn contentement
Bien doux à la raison humaine,
Que d'exhaler si doucement
La douleur que nous fait la haine:
Vn brutal qu'on va poursuiuant
Dans des souspirs d'air & de vent,
Cherche vne honteuse allegeance,
Mais la douleur des bons esprits
Qui laisse des souspirs escrits
Guerit auecques la vengeance.

Auiourd'huy dans les durs soucis
Du malheur qui me bat sans cesse,
Si mes sens n'estoient adoucis
Par le respect de la Princesse:
I'escrirois auecques du fiel
Les aduersitez dont le Ciel,
Souffre que les meschans me troublent,
Et quand mes maux m'accableroient,
Mes iniures redoubleroient
Comme leurs cruautez redoublent.

Pour estre les sanglants autheurs

De tant & de si longs outrages,
Ces infames persecuteurs
Verront mourir leur vieilles rages,
Et si ma fortune à son tour
Permet que ie me venge vn iour,
N'ay-ie point vne ancre assez noire,
Et dans ma plume assez de traicts,
Pour les peindre dans ces pourtraicts
Qui font horreur à la memoire?

Mais icy mes vers glorieux
D'vn obiect plus beau que les Anges,
Laissent ce soin iniurieux
Pour s'occuper à des loüanges,
Puis que l'horreur de la prison
Nous laisse encore la raison,
Muses laissons passer l'orage
Donnons plustost nostre entretien,
A loüer qui nous fait du bien
Qu'à maudire qui nous outrage.

Et mon esprit voluptueux
Souuent pardonne par foiblesse,
Et comme font les vertueux
Ne s'aigrit que quand on le blesse,
Encore dans ces lieux d'horreur
Ie ne sçay quelle molle erreur,
Parmy tous ces obiects funebres
Me tire tousiours au plaisir,
Et mon œil qui suit mon desir,
Voit Chantilly dans ces tenebres.

Au trauers de ma noire tour
Mon ame à des rayons qui percent,
Dans ce Parc que les yeux du iour
Si difficilement trauersent,
Mes sens en ont tout le tableau,
Ie sens les fleurs au bord de l'eau,
Ie prens le frais qui les humecte,
La Princesse s'y vient asseoir,
Ie voy comme elle y va le soir
Que le iour fuit & la respecte.

Les Oyseaux n'y font plus de bruit,
Le seul Roy de leur harmonie,
Qui touche vn Luth en pleine nuict
Demeure en nostre compagnie:
Et laissant ses vieilles douleurs
Dans la lumiere & les chaleurs
Que la suite du iour emporte,
Il concerte si sagement
Qu'il semble que le iugement
Luy forme des airs de la sorte:

ODE IX.

Moy qui chante soir & matin
Dans le cabinet de l'Aurore,
Où ie voy ce riche butin
Qu'elle prend au riuage More,

L'or, les perles & les rubis,
Dont ses flames & ses habits,
Ont iadis marqué la Cigalle,
Et tout ce superbe appareil
Qu'elle desroboit au Soleil
Pour se faire aimer à Cephale.
Tous les iours la Reine des bois
Deuant mes yeux passe & repasse,
Et souuent pour ouyr ma voix
Se destourne vn peu de la chasse,
Souuent qu'elle se va baigner
Où rien ne l'ose accompagner
Que ses Dryades vagabondes,
I'ay tout seul ceste priuauté
De voir l'esclat de sa beauté
Dans l'habit de l'air & de l'onde.
Mais i'atteste l'air & les Cieux
Dont ie tiens la voix & la vie,
Que mon iugement & mes yeux
Ayment mieux mille fois Siluie,
Vn de ses regards seulement
Qui partent si nonchalamment,
Donne à mes chansons tant d'amorce,
Et de si douces vanitez,
Que les autres diuinitez
N'en iouyssent plus que de force.
Si mes airs cent fois recitez,
Comme l'ambition me presse,
Meslent tant de diuersitez

Aux chanſons que ie vous adreſſe,
C'eſt que ma voix cherche des traicts,
Pour vn chacun de vos attraicts:
Mais c'eſt en vain qu'elle ſe picque
De ſatisfaire à tous mes vœux,
Car le moindre de vos cheueux
Peut tarir toute ma muſique.
Quand ma voix qui peut tout rauir
Reüſſiroit à vous complaire,
Le ſoin que i'ay de vous ſeruir
Taſche en vain de me ſatisfaire:
Ie croy que mes airs innocens
Au lieu d'auoir flatté vos ſens
Leur ont donné de la triſteſſe,
Et que mes accens enroüez,
Au lieu de les auoir loüez,
Ont choqué leur delicateſſe.
Quand la nuict vous oſte d'icy
Et que ſes ombres couſtumieres,
Laiſſent ce cabinet noircy
De l'abſence de vos lumieres,
Auſſi-toſt i'oy que le zephir
Me demande auec vn ſouſpir
Ce que vous eſtes deuenuë:
Et l'eau me dit en murmurant,
Que ie ne ſuis qu'vn ignorant,
De vous auoir ſi peu tenuë.
O Zephires! ô cheres eaux,

Ne m'en imputez point l'iniure,
I'ay chanté tous les airs nouueaux
Que m'apprit autrefois Mercure:
Mais que ma voix d'oresnauant
N'approche ny ruisseau ny vent,
Que l'air ne porte plus mes aisles.
Si dans le Printemps aduenir
Ie n'ay dequoy l'entretenir
De dix mille chansons nouuelles.

Ainsi finit ces tons charmeurs,
L'oyseau dont le gosier mobile,
Souffle tousiours à nos humeurs
Dequoy faire mourir la bile,
Et bruslant apres son dessein
Il ramasse dedans son sein
Le doux charme des voix humaines,
La musique des instrumens
Et les paisibles roulemens
Du beau crystal de nos fontaines.

Comme en la terre & par le Ciel
Des petites mouches errantes,
Meslent pour composer leur miel
Mille matieres differentes,
Formant ses airs qui sont ces fruicts,
L'oyseau digere mille bruits
En vne seule melodie,
Et selon le temps de sa voix,
Tous les ans le Parc vne fois
Le reçoit & le congedie.

ODE X.

Rossignol c'est assez chanté,
Ce Parc est desormais trop sombre,
Ie trouue Apollon rebuté
D'escrire si long-temps à l'ombre,
Ces lieux si beaux & si diuers
Meritent chacun tous les vers
Que ie dois à tout le volume:
Mais ie sens croistre mon subiect,
Et tousiours vn plus grand obiect
Se vient presenter à ma plume.

Ie sçay qu'vn seul rayon du iour
Meriteroit toute ma peine,
Et que ces estangs d'alentour
Pourroient bien engloutir ma veine,
Vne goutte d'eau, vne fleur,
Châque fueille & châque couleur
Dont Nature a marqué ces marbres:
Merite tout vn liure à part,
Aussi bien que châque regard,
Dont Syluie a touché ces arbres.

Mais les Mirtes & les Lauriers,
De tant de beautez de sa race,
Et de tant de fameux guerriers,

Me demandent desia leur place,
Saincts Rameaux de Mars & d'Amour.
En quel si reculé seiour,
Vous plaist-il que ie vous apporte?
C'est pour vous immortels Rameaux,
Que i'abandonne ces ormeaux
Et foule aux pieds leur fueille morte.
Pour vous ie laisse aupres de moy
Vne loge aiourd'huy deserte,
Que iadis pour l'amour d'vn Roy
Ces arbres ont ainsi couuerte,
Sous ce toict loin des Courtisans
De qui les soupçons mesdisans
N'ont iamais appris à se taire,
Alcandre à mille fois gousté
Ce qu'vn Prince à de volupté
Quand il trouue vn lieu solitaire.
Ie dirois les secrets moments
Des faueurs des sainctes malices,
Dont le caprice des Amants
Forme leur plainte & leurs delices:
Mais si l'œil de Siluie vn iour
De ceste lecture d'Amour
Auoit surpris son innocence,
Ma prison me seroit trop peu,
Lors faudroit il dresser le feu
Dont on veut punir ma licence.
Suiuant le vertueux sentier
Où mon iuste dessein m'attire,

Ie laisse à gauche ce quartier
Pour le Faune & pour le Satyre,
Or quelque si pressant dessein
Qui m'enflame auiourd'huy le sein,
Quelque vanité qui m'appelle,
Ce seroit vn peché mortel,
Si ie ne visitois l'Autel,
Estant si pres de la Chapelle:

Que ces arbres sont bien ornez,
Ie suis rauy quand ie contemple
Que ces promenoirs sont bornez
Des sacrez murs d'vn petit Temple,
Icy loge le Roy des Roys,
C'est ce Dieu qui porte la Croix,
Et qui fit à ce bois funebres
Attacher ses pieds & ses mains,
Pour deliurer tous les humains
Du feu qui art dans les tenebres.

Son Esprit par tout se mouuant,
Fait tout viure & mourir au monde,
Il arreste & pousse le vent,
Et le flux & reflux de l'onde:
Il oste & donne le sommeil,
Il monstre & cache le Soleil,
Nostre force & nostre industrie
Sont de l'ouurage de ses mains,
Et c'est de luy que les humains
Tiennent race, & biens & patrie.

Il à fait le Tout du neant,

Tous les Anges luy font hommage,
Et le Nain comme le Geant
Porte ſa glorieuſe Image,
Il fait au corps de l'Vniuers
Et le ſexe & l'aage diuers:
Deuant luy c'eſt vne peinture
Que le Ciel & châque eſlement,
Il peut d'vn traict d'œil ſeulement
Effacer toute la Nature.

Tous les ſiecles luy ſont preſens,
Et ſa grandeur non meſurée
Fait des minutes & des ans,
Meſme trace & meſme durée,
Son eſprit par tout eſpandu,
Iuſqu'en nos ames décendu,
Voit naiſtre toutes nos penſees,
Meſme en dormant nos viſions
N'ont iamais eu d'illuſions
Qu'il n'ait auparauant tracées.

Icy Muſes à deux genoux,
Implorons ſa diuine grace,
D'imprimer touſiours deuant nous
Les marques d'vne heureuſe trace:
C'eſt elle qui nous doit guider,
Depuis celuy qui vint fonder
La premiere Croix dans la France,
Iuſqu'à ſa race qui promet
De la planter chez Mahomet,

Auec la pointe de ſa lance.
C'eſt ou mon eſprit enchaiſné
Gouſtera par vn long eſtude,
L'aiſe que prend mon cœur bien né,
Quand il combat l'ingratitude,
Et ſi i'ay bien loüé les eaux,
Les ombres, les fleurs, les oyſeaux,
Qui ne ſongent point à me plaire:
Liſis qui ſonge à mon ennuy
Verra ſur ſa race & ſur luy,
Ma recognoiſſance exemplaire.
Il faudroit que ce deuancier
Le plus vieux que ie veux produire,
Euſt bien enroüillé ſon acier,
Si ie ne le faiſois reluire:
Mais les liures & les diſcours
Ont ſi bien conſerué le cours,
De ceſte veritable gloire,
Que ie feray de mauuais vers,
Si ſes tiltres les plus couuerts
Ne font eſclat en la memoire.

A MONSIEVR DE L. sur la mort de son Pere.

ODE.

OSte-toy, laisse moy resuer
Ie sens vn feu se souleuer
Dont mon Ame est toute embrasée,
O beaux prés, beaux riuages verds,
O grand flambeau de l'Vniuers,
Que ie trouue ma veine aisée:
Belle Aurore, douce Rosée,
Que vous m'allez donner de vers.

Le vent s'enfuit dans les ormeaux
Et pressant les fueillus rameaux
Abat le reste de la nuë,
Iris a perdu ses couleurs
L'air n'a plus d'ombre, ny de pleurs,
La Bergere aux champs reuenuë
Moüillant sa iambe toute nuë
Foulle les herbes, & les fleurs.

Ces longues pluyes dont l'hyuer
Empeschoit Tircis d'arriuer
Ne seront plus continuées,
L'orage ne fait plus de bruit,

La clarté dißipe la nuit,
Ses noirceurs sont diminuées,
Le vent emporte les nuées
Et voila le Soleil qui luit.
Mon Dieu que le Soleil est beau!
Que les froides nuicts du tombeau,
Font d'outrages à la nature !
La mort grosse de desplaisirs
De tenebres & de souspirs,
D'os, de vers, & de pourriture,
Estouffe dans la sepulture
Et nos forces, & nos desirs.
Chez elle les Geants sont Nains,
Les Mores & les Africains,
Sont außi glacez que le Scythe:
Les Dieux y tirent l'auiron,
Cesar comme le bucheron,
Attendant que l'on ressuscite
Tous les iours aux bords du Cocyte
Se trouue au leuer de Charon.
Tircis vous y viendrez vn iour,
Alors les graces & l'Amour
Vous quitteront sur le paßage,
Et dedans ces Royaumes vains,
Efface du rang des humains
Sans mouuement & sans visage
Vous ne trouuerez plus l'vsage
N'y de vos yeux ny de vos mains.

Vostre pere est enseuely,
Et dans les noirs flots de l'oubly,
Ou la Parque la fait descendre:
Il ne sçait rien de vostre ennuy,
Et ne fut-il mort qu'auiourd'huy,
Puis qu'il n'est plus qu'os & que cendre,
Il est aussi mort qu'Alexandre
Et vous touche aussi peu que luy.
Saturne n'a plus ses maisons
Ny ses aisles, ny ses saisons,
Les Destins en ont fait vne ombre;
Ce grand Mars n'est-il pas destruit?
Ses faits ne sont qu'vn peu de bruit,
Iupiter n'est plus qu'vn feu sombre
Qui se cache parmy le nombre
Des petits flambeaux de la nuit.
Le cours des ruisselets errans,
La fiere cheute des torrents
Les riuieres, les eaux salees,
Perdront & bruit & mouuement:
Le Soleil insensiblement,
Les ayant toutes aualees,
Dedans les voûtes estoillees
Transportera leur eslement.
Le sable, le poisson, les flots,
La Nauire, les Matelots,
Tritons, & Nymphes, & Neptune,
A la fin se verront perclus:

Sur leur dos ne se fera plus
Rouler le Char de la Fortune,
Et l'influence de la Lune,
Abandonnera le reflus.
Les planettes s'arresteront,
Les eslements se mesleront
En ceste admirable Structure,
Dont le Ciel nous laisse iouyr:
Ce qu'on voit, ce qu'on peut ouyr,
Passera comme vne peinture,
L'impuissance de la Nature,
Laissera tout éuanouyr.
Celuy qui formant le Soleil,
Arracha d'vn profond sommeil,
L'air, & le feu, la terre & l'onde,
Renuersera d'vn coup de main,
La demeure du genre humain:
Et la base ou le Ciel se fonde,
Et ce grand desordre du Monde,
Peut-estre arriuera demain.

Cette piece à esté trouuée dans les papiers de l'Autheur apres sa mort.

APOLOGIE.

AV ROY.

SIRE,

Combien que mes infortunes me facent recourir à vostre pitié, mon innocence à quelque droict de soliciter vostre Iustice, mes aduersitez me laissent encore assez de jugement pour me faire taire si ie n'estois contraint de parler à vostre Maiesté, qui ne me refusera point ceste grace, puis qu'au fort de ma captiuité, ma voix a tousiours eu de l'accez enuers Dieu. C'est luy, SIRE, qui m'a visiblement arraché des abysmes où m'auoit precipité la calomnie, & sans offencer sa Iustice, ie ne puis attribuer ma deliurance à la faueur des hommes, puis qu'il a daigné m'esprouuer, il a monstré qu'il auoit soin de moy ; & ceste espreuue est vne marque de son amour, qui laisse de la gloire à mon affliction. Il a veu ma iustification dans ma conscience, &

s'estant satisfait par luy mesme de mes mouuemens interieurs, il a voulu que les hommes me iustifiassent deuant les hommes, & apres vne exacte recherche de mes actions, il a fait consentir mes Iuges à me laisser viure. S'il n'a pas osté les taches à ma reputation, ce n'est que pour exercer la clemence de V. M. qui les effacera sans doute lors qu'elle sçaura que ma disgrace me vient plustost des malices de ma fortune que des vices de ma vie. Mais d'autant que ce discours est fascheux, & pour la rudesse de mon stile, & pour la dureté du suiet, ie ne vous en diray que ce que ie ne puis taire.

Ce qui a long temps entretenu ces bruits infames dont on a deguisé ma reputation, n'est autre chose qu'vne grande facilité que mes ennemis ont trouuee à me persecuter. Le peu de nom que les lettres m'ont acquis, & le peu de rang que ma condition me donne dans la fortune, ont exposé mon esprit & mon honneur sans deffence au pouuoir insolent de ceux qui l'ont attaqué. Mon impuissance leur a continué ceste impunité, & poussé leur hardiesse si auant, que perdant le respect de l'Eglise & profanant la chaire de verité, ils en ont fait vn theatre de diffamation. On a veu mes accusateurs en leurs sermons faire des longues digressions, & quitter la predication de l'Euangile pour prescher au peuple leurs meditations frenetiques, & par des iniures d'Athee, d'impie, & d'abominable imprimer dãs l'ame de leurs Auditeurs l'aigreur, & l'animosité particuliere qu'ils auoient contre moy. Ils parlent tout haut des Athées, & il ne faut pas presumer qu'il y en ait, ce soupçon est dangereux & coulpable. L'ignorance a cela de malheureux qu'elle est presque tousiours criminelle, & que mesme les occasions de la vertu , la portent ordinairement dans le vice. C'est des-honorer la grandeur de Dieu, & mal parler de sa puissance, & de sa bonté, que d'accuser ses creatures d'auoir perdu la cognoissance de leur Createur , & soupçonner vn si excellent ouurier d'auoir gasté son trauail & desfiguré son Image. Les sentimens de la Diuinité sont si exprés dans les hommes , qu'il n'y a point d'ame si confirmee au peché, & si destinée à sa perdition , qu'elle n'aye quelque remords du mal & quelque satisfaction du bien. Les considerations de l'aduenir , & les pensees de la derniere condition de nostre vie , penetrent & les plus subtils & les plus hebetez , & ne nous laissent iamais incapables d'esperer & de craindre. Chacun pretend de se voir en fin ou bien heureux ou malheureux: personne ne se peut imaginer de demeurer neutre. Ma conscience me rend vn si ferme tesmoignage de ma foy, que toutes ces accusations ne me sçauroient pas seulement faire honte. On n'auoit garde de me trouuer estonné de telles menaces. Ie croyois tousiours estre sans peril , pource que ie ressentois que Dieu cognoissoit bien mon ame , & que vostre Maiesté ne fut iamais capable ny de foiblesse ny d'iniustice. Ceux qui taschoient à vous rendre ma vie odieuse , vous l'ont presentee sous le masque qui vous deuoit faire le plus d'horreur. Rien ne pouuoit d'abord vous former vne auersion de moy, comme la qualité d'impie , directement contraire à la pieté dont vostre Maiesté est auiourd'huy l'essence , & la perfection. Ces lasches , & noires pratiques , s'estans destruites à la clarté d'vne innocence manifeste, laissent mes accusateurs conuaincus d'vn scandale punissable des peines qu'ils me souhaitoient. Et pour faire voir à vostre Maiesté, que ceste Apologie ne deguise point leurs procedures, & ne prend aucun aduantage pour moy que de la verité, ie m'en vay mettre deuant vos yeux toute ceste aduanture auec protestation de ne rien aduancer que ce qui est escrit au Greffe ne puisse iustifier.

Ce premier arrest donné par coustumace n'enonce aucunes charges & informations faites contre moy : les ruses de mes ennemis ont surpris la religion de la Cour & supposé malicieusement des liures dont i'auois desaduoüé & la composition & l'impression, & fait cõdamner les Libraires par sentence du Preuost de Paris, mesme d'vn dessein particulier que i'auois d'en esclarcir mes accusateurs que la condition de Religieux me faisoit croire plus aueugles de zele que d'inimitié. Ie pris le soin de leur faire voir la condamnation des Imprimeurs absens & fugitifs, mais ils ont tousiours deguisé la cognoissance de mon bon droit, & par vne hypocrisie cruelle ont continué leurs solicitations iusques à ce qu'vne ignominie publique leur eust fait curee de ce fantosme qui fut bruslé en ma representation : ce qui fait esuanouyr toutes les apparences de l'infamie que ie pouuois encourir par ce Iugement, & qui a conuaincu l'absurdité de ces iniustes poursuites : c'est que le dernier arrest donné en plein Parlement & en grande assemblee de Iuges, a recogneu veritable le desadueu que i'auois fait des liures supposez comme le premier iugement fut sans aucune preuue ny d'escrits ny de tesmoins contre moy, aussi l'a ton poursuiui au temps que vostre Parlement estoit congedié, à cause de la contagion, & qu'en l'absence du plus grand nombre de Messieurs de la grand Chambre, il fallut extraordinairement emprunter des Iuges des Enquestes, pour trouuer le nombre de dix Iuges, auquel nombre le procez de coustumace fut visité & iugé en vne matinee seulement, qui est pour cela peu de temps. Ie ne me plaindray iamais de vostre Parlement, la voix publique est veritable qui nous apprend que c'est où la Iustice est renduë auec integrité, & que l'innocence n'y peut estre opprimee. Il m'a conserué la vie que l'on conspiroit de m'oster auec l'honneur, & m'a banni sans estre conuaincu que du malheur d'auoir esté hay.

Les mieux sensez & les plus Chrestiens du siecle qui sont instruits des faussetez de mes accusations accomparent mon accident aux arrests qui souuent interuiennent aux procez de sortilege, lors que vos premiers Iuges ont condamné à mort des pauures paysans idiots, le Parlement qui est l'azile de l'innocence, iustifie ces miserables, & neantmoins sur la diffamation, les bannit du lieu de leur demeure.

C'est vne necessité de la Police, contre laquelle ie ne murmure point, aussi bien ay-ie contribué quelque chose à mon malheur, pource que d'abord au lieu de luy resister ie luy ceday & le renforçay au lieu de le corrompre. Il est vray que les Iuges ne font rien par imprudence ny par colere.

Mon absence qui n'estoit que de peur, a donné des soupçons de crime, & la fuitte que ie prenois par respect de mes ennemis, a authorisé leur persecution. Tandis que mon estonnement sembloit appuyer les pretextes de leur inimitié, V. M. faisoit paroistre quelque trace des fauorables inclinations qui m'ont engagé à son seruice. Ils employoient auec licence tout l'effort & l'artifice qui pouuoit faire reüssir leur entreprise, on m'a-uoit bouché tous les passages du Royaume. Quelques Preuosts de l'intelligence, de leur cabale estoient tousiours aux enuirons du lieu de ma retraite. Leurs liures, leurs Sermons, leurs visites & leurs voyages n'auoient plus autre subiet que mon oppression. I'ay vne consolation bien glorieuse & tres sensible, d'auoir recogneu que V. M. ne donnoit aucun adueu à tous ces appareils de ma perte. Vous prestiez vostre consentement à mon salut, & la disposition que vous auiez à me plaindre plustost qu'à me punir condamnoit la procedure de mes parties, & destruisoit les aduantages qu'ils pensoient tirer de mon esloignement, vous approuuiez le soin de ceux qui me vouloient conseruer : Monsieur de Montmorency remarqua que vostre Maiesté m'aimoit autant à Chantilly qu'à Londres, & l'exemple de vostre bien-veillance me seruoit de protection inuiolable enuers tous ceux qui auoient à cœur vostre respect & la charité Chrestienne. Le Parlement imitoit vostre bonté, & par vne cognoissance particuliere de vos intentions me permettoit de fuir lentement, & donnoit assez de loisir à mes ennemis pour se desdire d'vne poursuitte qui n'a finy qu'à leur confusion. I'estois desia sur la frontiere, en la meditation de quitter ma patrie, & dans l'incertitude d'y plus reuenir, & cette contrainte d'esloigner vostre Cour tenoit mon esprit dans des troubles qui me rendoient indifferente, & la capture & l'euasion. Ce changement de pays ne m'eut pas esté fascheux, si Dieu m'eut fait naistre ailleurs qu'en France, ou sous vn autre Regne que celuy de vostre Maiesté, mais vostre Empire & vos vertus ont pour moy des amorces si puissantes, que c'est me retirer du monde que de vous abandonner : aussi m'en allois ie auecques des inquietudes & des paresses, qui tesmoignoient assez que le danger de mourir en vostre Royaume m'affligeoit moins que le regret d'en sortir. Ceste apprehension ne laissoit point de repos en mon ame. I'estois desia dans les supplices dont mon emprisonnement m'a retiré, & si la violence de mes ennemis n'eut precipité le dessein de ma ruine, i'eusse tousiours reculé à ma iustification, & on n'eut iamais descouuert mon innocence ny leur imposture. Lors que i'estois aux termes de relascher à leur fureur, & que la patience de vostre Maiesté, & des Iuges, leur donnoit & le temps, & le conseil de se moderer. Vn homme qui fait profession de Religieux, & qui a fait le dernier vœu s'aduisa de corriger vostre clemence, & n'estant hardy que de ma timidité s'aduantura de me tendre les pieges dont il se trouue encore enuelopé. Il auoit à deuotion, vn Lieutenant du Preuost de la Connestablerie nommé le Blanc, son confident particulier, celuy-là print vn tel soin de luy rendre cette complaisance & se trouua si puissant dans ceste commission qu'vne place qui peut soustenir des sieges Royaux, se trouua foible pour ma protection. Ce Religieux qui disposa si absolument de cét officier de iustice, & qui trouua le gouuerneur de vostre Citadelle si facile, c'est,

SIRE, le Pere Voisin Iesuite, qui par vne fantasie desreglee, & par vn caprice tres-scandaleux, s'est ietté dans la vengeance d'vn tort qu'il n'a point receu; & s'est forgé des subiets d'offence, pour auoir pretexte de me hayr. Ie dirois à vostre Maiesté les secrettes maladies de cét esprit, si ce n'estoit vne inciuilité criminelle que de vous en entretenir, cét homme là esgaré de son sens, & tres-ignorant du mien, a fait glisser dans des ames foibles, vne fausse opinion de mes mœurs & de ma conscience: & prostituant l'authorité de sa robbe, à l'extrauagance de sa passion. Il a fait esclat de toutes ces infames accusations, dont il fait auiourd'huy penitence. Il a penettré tous les lieux de ses cognoissances & des miennes, pour y respandre la mauuaise odeur qui auoit rendu ma reputation si odieuse. Il a suborné le zele d'vn pere estourdy qui a vomy tout vn volume, pour descharger la bile de son compagnon, c'est l'Autheur de la Doctrine Curieuse, & de quelques autres liures outrageux, à qui ma seule disgrace semble auoir donné des priuileges, & dont les crimes n'ont trouué de l'impunité, qu'en la faueur de ceste animosité publique, qui authorise tout ce qui me peut iniurier. Le rapport de l'erreur populaire à ces Genies malins, & certaine conformité des enuieux & des ignorans, m'auoit suscité vne haine si generalle, & tellement alteré les sentimens des gens de bien, que chacun auoit interest à me deshonorer, & que personne ne pouuoit estre sauué s'il ne taschoit à me perdre. Cela me mit des espions par tout, mes plus seures confidences m'estoient des embusches, & le lieu de mon azile fut celuy de ma prise. La franchise & la confiance, qui ſuiuent ordinairement les innocens, m'oſtoient les ſoins de ma ſeureté, & me tenoient touſiours à la mercy de la trahiſon. Ie ne pouuois prendre aucun ombrage du danger le plus apprent, & me trouuois fort nonchalant à l'euiter : ma conſcience m'aſſeuroit de ma probité, & voſtre Iuſtice m'aſſeuroit de mon ſalut, les crimes qu'on m'imputoit ſont de telle nature, que ſi i'en euſſe eſté capable, Dieu ne m'eut pas permis de viure ſous le regne de LOVYS LE IVSTE, & cette ardente affection, que i'ay pour voſtre ſeruice, ne ſçauroit compatir auec des inclinations peruerſes.

Ie croy que vous aimer, c'eſt eſtre homme de bien: & ie ſuis ſi aſſeuré de l'vn que ie ne puis me deffier de l'autre, ſi les teſmoignages que ie vous en ay rendus, n'ont iamais ſceu faire, ny mon deuoir, ny ma volonté : c'eſt que Dieu ne m'a pas aſſez donné de fortune pour auoir de l'employ aupres de voſtre Maieſté, ny aſſez d'eſprit pour le meriter. Ceſte baſſe & facile occupation de vers ne ſatisfait point mon ambition, & ſe trouue inutile à vos loüanges : pource que voſtre Maieſté, ayant merité tout ce que les plus grands Roys ont iamais acquis de gloire : tous ceux qui les ont loüez ont eſcrit pour vous, & apres tant de liures & tant de ſtatuës, ie croy que la plus entiere Image de leur valeur, c'eſt voſtre courage, lequel il n'eſt pas beſoin que ma plume face paroiſtre, puis que vos exploicts l'ont deſia fait voir à tout le monde. Si ceſte conſideration vous rend auiourd'huy tous les eſcriuains inutiles, ie ne dois pas eſtre le ſeul puni de ceſte impuiſſance, les autres approchent de voſtre perſonne, & ie ſuis banny de voſtre Royaume, ils ont les plaiſirs de la Cour auec des recompenſes, & ie n'ay pas ſeulement l'vſage de la vie qu'auec des peines, ie n'enuie point leur condition : mais ie me plains de la mienne. Ie ſuis l'exemple de la plus longue & plus dure calamité de noſtre ſiecle. Il n'y a point d'homme qui aye des appetits ſi delicats pour la vie, ny de ſi tendres ſentimens pour la volupté, qui n'aymaſt mieux ſe priuer de l'vn & de l'autre, par des tourmens les plus exquis, que de ſouffrir le ſale & le cruel traictement d'vne ſi longue priſon que la mienne. Si Dieu ne m'eut fait naiſtre d'vn temperament robuſte, & d'vne conſtitution bien ſaine : ie fuſſe mort mille fois de pluſieurs incommoditez, dont Dieu mercy, ie n'ay pas eſté ſeulement malade : on m'a traicté deux ans durant auec des rigueurs capables de conſommer des pierres : d'abord que ie fus prins on me tint pour condamné, ma detention fut vn ſupplice & les Preuoſts des executeurs. Ils eſtoient trois ſur chacun de mes bras, & autour de moy autant que le lieu par où ie paſſois en pouuoit contenir : on m'enleua dans la Chambre du Sieur de Meuilier pour y faire mon procez verbal, qui ne fut autre choſe que l'inuentaire de mes hardes & de mon argent, qui me fut tout ſaiſi. Apres l'interrogatoire, qui ne contenoit aucune accuſation. Monſieur de Commartin m'aſſeura que i'eſtois mort, ie luy reſpondy que le Roy eſtoit Iuſte, & moy innocent, de là il ordonne que ie fuſſe conduit à Sainct Quentin, par où il prenoit ſon chemin, afin de reioindre Monſieur le Conneſtable qu'il auoit quitté pour aſſiſter le Preuoſt à ma capture. On m'attacha de groſſes cordes par tout, & ſur vn cheual foible & boiteux, qui m'a fait courir plus de risque, que tous les tesmoins de mes confrontations. L'execution de quelque criminel bien celebre n'a iamais eu plus de foule à son spectacle que i'en eus à mon emprisonnement. Soudain que ie fus escroüé on me deuala dans vn cachot, dont le toict mesme estoit sous terre, ie couchois tout vestu & chargé de fers si rudes & si pesans, que les marques & la douleur en demeurent encor en mes iambes, les murailles y suoyent d'humidité, & moy de peur. Ie vous confesse, SIRE, que ie ne me trouuay ny assez brutal, ny assez Philosophe pour me resoudre promptement en vn accident si outrageux. Ie sentis vn grand desordre en tous les mouuemens de mon ame mon vnique recours dans cette solitude si serrée & si obscure, ce fut ma priere ardente, que i'adressay au Fils du Dieu viuant. Et les vœux que ie fis à sa Mere, *Ad Dominum cum tribulare clamaui, & exaudiuit me.* Et combien que ma deuotion sembloit alors forcée, elle estoit pourtant veritable, mes pechez qui sont infinis n'ont point retardé le cours de la misericorde Diuine, dont i'ay ressenty des effects si puissans, que depuis ces premieres espouuantes, mon ame n'a iamais esté sans esperance & sans consolation, ce qui renforçoit beaucoup mon asseurance, c'estoit vne ferme persuasion que i'auois du solide & parfaict jugement de vostre Maiesté, qui ne cognoissoit pas si peu ma vie, qu'il ne la trouuast digne d'estre examinée auant que d'estre condamnee.

Ie passois ces premiers iours de ma captiuité dans des incommoditez tres-rigoureuses, & dans de viues apprehensions de mon procez, qui m'a esté tousiours plus à craindre, pour la puissance de mes ennemis que pour mon crime : Et sans blesser l'integrité des autres corps de Iustice, ie crois que l'aduantage que vostre Maiesté m'a fait, de laisser ma cause à la Cour de Parlement de Paris a beaucoup diminué mon danger. Ces Iuges là, SIRE, ne trompent personne, & ne sçauroient estre trompez. Ils enuoyerent la Compagnie de Deffuntis à Sainct Quentin, pour de là me conduire à la Conciergerie du Palais.

I'estois bien aise d'aller rendre conte de ma vie, deuant des gens que ie sçauois estre capables de la bien mesnager : mais la rudesse de ceux qui m'amenerent troubloit vn peu mon esperance, & me faisoit craindre la passion de quelques particuliers, qui pouuoient leur auoir recommandé ceste seuerité : mes accusateurs ont des instrumens de toute nature, & condition par tout. I'estois monté encore plus mal que de l'ordonnance de Monsieur de Commartin, & attaché tout le long du voyage auec des chaisnes, sans auoir la liberté du sommeil ny du repos, & sans quitter les fers ny nuict ny iour : on ne suiuit iamais le grand chemin, & comme s'il y eust eu des desseins par tout à m'enleuer, les trouppeaux, ou les arbres vn peu esloignez leur donnoient quelques alarmes assez ridicules, que ie reserue à mes vers, plus capables de ceste peinture que la prose. Estant arriué à la Conciergerie, dont la presse du peuple m'empeschoit l'entrée, ie fus enleué dans la grosse tour, & porté tout d'abord dans le mesme cachot, où le plus execrable parricide de la memoire a esté gardé : on y renferma deux gardes, qui furent quatre mois dans le cachot, auec aussi peu de liberté que i'en auois, le chagrin & les maladies, qui sont presque ineuitables en ce lieu là leur firent à la fin donner licence de sortir: depuis on m'associa des prisonniers appellans de la mort. Apres auoir esté six mois dans vne tres-grande impatience de me faire ouyr. Monsieur le Procureur General me fit l'honneur de me venir voir, sur le bruit qu'il eut d'vne abstinence extraordinaire dont ie me macerois depuis quelques iours. Il me parla auec des ciuilitez, que ie n'eusse pas merité méme en l'estat de ma liberté, & commanda tres-expressément à ceux qui auoient charge de moy, de me gouuerner auec toute la douceur que la necessité de leur deuoir me pouuoit faire esperer. En cela il a esté tousiours tres-mal obey, car ces gens là sans se contenir mesme dans la rudesse permise aux guichetiers les moins humains, ont passé au delà de la felonnie des hômes les plus barbares. Ie ne sçaurois, auec le respect que ie dois à V.M. luy depeindre les saletez & l'horreur, ny du lieu ny des personnes, dont i'estois gardé, ie n'y auois de la clarté que d'vne petite chandelle à chaque repas, le iour y esclaire si peu, qu'on ne sçauroit discerner la voûte d'auec le plancher, ny la fenestre d'auec la porte. Ie n'y ay iamais eu de feu, aussi la vapeur du moindre charbon n'ayant là dedans par où s'exhaler m'eust esté du poison, mon lict estoit de telle disposition, que l'humidité de l'assiette & la pourriture de la paille y engendroit des vers, & autres animaux qu'il me falloit escraser à toute heure, diuers prisonniers qui ont esté auec moy, s'ils en sont sortis pour viure peuuent verifier mes plaintes, L'on me nourrissoit de la pension qu'il a pleu à vostre Maiesté de me continuer, mais mon manger & mon boire estoit tel, qu'ils sembloient auoir receu pour me faire mourir, l'argent que vous leur donniez pour me faire viure, & comme si les cruautez d'vn tel entretien n'eussent peu donner assez d'exercice à leur malice, ils s'ingerent dans mes affaires, & trompant la facilité que i'ay tousiours euë, de donner ma confidence à ceux qui la demandent. Par diuerses ruses, ils attraperent tous mes secrets, qui sont par la grace de Dieu, trouuez à ma iustification. Pour vn tesmoignage plus manifeste de la fureur extraordinaire, qui les animoit contre moy, c'est que durant tout le temps d'vne si dure captiuité, ou toutes sortes d'obiects de frayeurs & de peine, me tenoient tousiours en necessité de consolation, il ne me fut iamais permis de communiquer auec vn Religieux, ny de me faire donner vn chappelet. Il sembloit qu'on eust pris à tasche de me faire perir le corps & l'ame, c'est alors que mes accusateurs faisoient retentir les Eglises de mesdisances, dont l'Hostel de Bourgongne eust esté scandalisé.

C'est lors, SIRE, que le Pere Guerin fit vn voyage expres en Bretagne, pour suborner des tesmoins contre moy : ce que ie verifieray par des Conseillers de la Cour du Parlement de Renes, & luy mesme a eu l'audace de deposer : mais il n'a osé soustenir la confrontation; Le Pere Chaillou superieur des Minimes, qui est en reputation d'auoir bon sens & bonne conscience representa à ses Confreres les affronts que ce detracteur faisoit ordinairement à leur Conuent, si bien qu'on se resolut de le faire sortir de Paris, ou ses imprudences ce faisoient auec trop d'esclat. Ie serois bien-heureux, si les Compagnons du Pere Garasse m'auoient donné subiect d'vn ressentiment pareil. Le Pere Margestant superieur des Iesuittes de Paris, apres m'auoir dit plusieurs iniures dans son College, s'en alla solliciter Monsieur le Lieutenant Ciuil, pour faire donner main leuee aux Imprimeurs, de ce ramas de bouffonneries & d'impietez de Garassus, que i'auois fait saisir. Le Pere Voisin a esté chez plusieurs de mes Iuges à leur demander ma mort pour la deffence de la Vierge & des Saincts, dont il leur recommandoit la cause: Et voila, SIRE, tout le fondement de ces crieries impudentes dont ils ont si long-temps agité mon innocence, & tout ce que ce long trauail de persecution à peu produire contre moy.

La Cour ayant deputé Messieurs de Pinon & de Vertamond, pour instruire mon procez, on me fit sortir du cachot où i'auois esté six mois sans voir la clarté, & on m'amena deuant eux dans la salle de Sainct Louys où le grand air m'esblouyt d'abord, & faillit à me faire pasmer, apres auoir leué la main, & dit mon nom, mon pays, mon aage, & ma profession, on me demanda si j'estois Catholique Romain, & si ie l'auois tousiours esté. Ie respondis qu'il y auoit peu de temps que i'estois Catholique, & qu'auparauant i'auois tousiours fait profession de la Religion pretenduë reformée: Que ie m'estois instruit en la Foy Romaine par les Conference du Pere Athanase, du Pere Arnoux, & du Pere Seguirand, entre les mains de qui i'auois fait mon abiuration: Monsieur de Pinon me remonstra que i'auois mal fait mon profit des instructions de ces bons Peres, & que i'estois teuu pour vn homme qui ne croyoit autre

Dieu que la Nature. Ie repliquay que i'estois tenu pour tres homme de bien par tout ceux qui me cognoissoient, & que mes accusateurs parloient sans preuue ny apparence, & qu'ils estoient calomniateurs & imposteurs. Monsieur de Vertamond contribuant peut estre vn aduis à ma iustification, repartit qu'il n'y auoit point d'apparence que ie fusse vn Athee, puis que pour faire voir au public que i'auois des sentimens de la Diuinité tels qu'vn Chrestien les doit auoir.

I'auois fait vn liure de l'Immortalité de l'Ame qui rendoit raison de ma creance. Cela estoit dangereux pour vn estourdi ou pour vn meschant : mais moy qui auois l'esprit tendu à ma iustification, & qui pour ne m'esgarer n'auois autre chemin à suiure que celuy de la verité, ie respondis que ie n'auois point composé ce Liure là, que c'estoit vn ouurage de Platon, que ie l'auois traduit sans m'esloigner du sens de l'Autheur, & que ce n'estoit point par où ie rendois raison de ma foy, que pour monstrer que i'estois Chrestien, i'allois à la Messe, ie communiois ie me confessois. On m'allegua quelques passages de ce traicté, dont ie me suis entierement iustifié.

Sainct Augustin, qui ne parle iamais de Platon sans admiration, m'a fourny dequoy faire approuuer la peine que i'ay prise en ceste traduction. Apres l'examen de ceste version ou paraphrase sur l'immortalité de l'ame, on ne me trouua conuaincu: ie ne dis pas, SIRE, d'vne impieté, mais non pas seulement de la moindre irreuerence contre l'Eglise : Mesme il y a plusieurs endroicts que i'ay en quelque façon desguisez pour les tourner à l'aduantage de nostre creance.

Les lis

l'aduantage de nostre creance.

Les Libraires ont imprimé en suite de ce traicté quantité de mes vers, auec les igornances que i'y ay laissees, & auec les crimes que mes ennemis y ont adiousté : I'ay esclarcy la Cour de tout ce qui estoit de ma composition, & rendu toutes mes pensées manifestement innocentes.

On m'apporta d'autres faits sur la prose d'vn second Tome imprimé en mon nom : mais ie fis voir clairement l'impertinence des Accusateurs, qui par des subtilitez scholastiques auoient embroüillé le sens de mes escrits, & d'vne malice aueugle, pensant profiter de mon peu de memoire produisoient des periodes imparfaites en des choses, ou le mesconte d'vne syllable, peut d'vne pensee innocente faire vn crime.

Messieurs mes Commissaires estoient bien aises que i'euitasse les surprises & se monstrerent tousiours aussi prompts à me iustifier qu'à me cõuaicre. Apres que ie me fus purgé de tout ce qu'on pouuoit reprendre ou soupçonner contre moy, dans ces deux Tomes qui portent mon nom, on me presenta vn liure intitulé, *Le Parnasse des Vers Satyriques*, dont i'estois accusé auoir compilé les rapsodies, & les auoir mises en vente : I'apportay pour ma deffence la sentence du Preuost de Paris, obtenuë contre les Imprimeurs, & suppliay la Cour de considerer que i'estois le premier de ma profession, qui par vne affection aux bonnes mœurs, & pour oster le scandale public, auois fait supprimer de telles œuures. Ayant annullé toutes les charges que ces liures me pouuoient mettre sus. Ie croyois auoir finy les interrogatoires qui furent de trois iournees, & m'attendois à iouyr du priuilege d'vn peu d'eslargissement qu'on ne me pouuoit refuser, selon les formalitez du Palais : mais l'hypocrisie effrontee de ceux qui solicitoient ma mort, auoient rendu mon affaire de telle importance, & fait estimer ma deliurance si dangereuse, qu'il fallut donner aleine aux calomniateurs, & leur accorder la licence de redresser les embusches que i'auois euitees, iusques là. On me remit dans le cachot pour quatre mois, durant lesquels les Guichetiers me continuerent leurs inhumanitez auec tant d'excez, qu'on eust iugé qu'ils craignoient plus mes ennemis, qu'ils ne respectoient leurs Maistres. A la seconde attaque, qui fut de quatre iournees en nouueaux interrogatoires, on me representa plusieurs manuscrits, & de mes amis & de moy, où il ne se trouua Dieu mercy, non plus de crime qu'aux accusations precedentes. Le Pere Garassus auoit malicieusementer alteré quelques vers en mon Elegie à Thyrsis, dont ie me suis iustifié par mon manuscrit, qui s'est trouué tout contraire à l'imprimé de ce faussaire. Tout ce que i'ay composé & aduoüé est encore dans le Greffe : Si i'estois assez heureux pour le faire confronter à la supposition de Garassus, luy qui fait tant du subtil, & qui prophane si impudemment la dignité de sa profession, se trouueroit conuaincu d'vne fausseté punissable du feu, aussi bien que son Compagnon, qui se trouue coulpable d'auoir suborné des tesmoins, & dont la conuiction est à la cognoissance de la Cour. Permettez moy, SIRE, de vous descouurir ceste imposture, & prenez la peine d'ouyr les friuoles & calomnieuses depositions des principaux qui m'ont esté confrontez. Le premier ce nomme Anisé Aduocat, qui se fit luy mesme tãt de reproches, & se coupa si souuent, que Monsieur de Vertamond ne se peust tenir de rire de ses absurditez, cét hõme là qui me fut cõfronté auec la grauité de la robbe & du bõnet quarré, tesmoignoit m'auoir ouy dire que quãd ie couchois sur la dure cela me mettoit en humeur. Ces impertinences me fõt rougir, & supplie tres-humblemẽt V.M. de pardonner à la necessité qui m'oblige à les dire par leurs termes, & non par les miens: il adioustoit encore que certain Pauie, à qui ie n'ay iamais parlé, l'auoit entretenu de quelques discours prophanes qu'il supposoit venir de moy, le sens en estoit, que ie disputois si l'ame estoit dãs le sang. C'est vn discours de Philosophie dont ie ne suis point capable, il ne m'importe qu'elle soit dans le sang ou ailleurs, pourueu qu'au sortir du corps ie sois asseuré qu'elle ne pert point son estre. Le second tesmoin est vn hõme vagabond, & sans autre appuy que du pere Voisin, qui l'a entretenu aux escoles depuis 12. ans, il se nomme Sajor, son pere le desherita pour d'estranges rebelliõs qui luy auoit faites dés l'aage de 16 à 17. ans, & couroit risque de passer sa vie dãs de grãdes necessitez, s'il ne se fust rendu agreable au P. Voisin, qui se ioignit à luy d'vne affectiõ fort particuliere, quoy que ce garçon fut alors d'vne reputation tres-hõteuse, depuis le commerce qu'il eust auec ce Religieux, il n'amẽda point sa vie: car ces desbordemens qu'il cõtinoit au scãdale du College, luy firent interdire la cõuersation de quelques Escoliers de la Fleche, qu'il auoit tasché de corrompre. La cõtrainte de luy donner des reproches, m'a fait dire quelques-vnes de ses infamies qui l'ont fait pleurer à la cõfrontation: & d'autãt que les larmes ne se peuuent pas escrire, le Greffier qui est homme de bien tesmoignera ceste verité. Sçachãt bien que sa trahison luy seroit inutile si ie venois à la descouurir ; pource que ie sçauois bien ses crimes, il chãgea son nom & son pays, ce qui merite punition exemplaire. Nonobstant ce disguisement, le regardãt fixement aux yeux, il me reuint quelque image d'vne personne, que des accidens tres-notables auoient rendu signalé; l'ayant recogneu, ie dis modestemẽt quelques secrets de sa vie, assez capables d'affoiblir sa depositiõ. Il ne nia point qu'il n'eust esté en ses ieunes ans disciple du P. Voisin: aduoüa que depuis leur premiere cognoissance, ils s'estoient entretenus d'vne amitié tres-estroite, & d'vne confidence qu'ils n'ont iamais interrompuë, qu'ils auoient communiqué ensemble les accusations cõtre moy, & que le P. Voisin l'auoit induit à deposer. Il y auoit pour le moins 15. ans que ie n'auois veu Sajot : il depose que depuis trois ans, il m'auoit ouy dire des vers sales & prophanes, dont à la verité il ne se souuiẽt point; il m'accuse notammẽt auoir dit, que ie ne croyois autre chose que Iesus Christ crucifié: & infere de là que ie tiens les ceremonies de l'Eglise peu necessaires; ie le pressay de me nommer le lieu où il pretendoit m'auoir veu, en presence de qui, en quel iour, & à quelle heure i'auois parlé à luy; il respond qu'il n'en sçait rien, & cõfesse tousiours que le P. Voisin luy à dit, qu'il estoit obligé de deposer contre moy. Il se trouue, SIRE, que cét homme là est aux gages du P. Voisin, qu'il est neueu d'vne Dame Mercie, qui contribuë aussi à la nourriture de Sajot, ceste femme est confidente du P. Voisin, & du Preuost le Blanc : car aussi tost que ie fus prins, le Blanc s'en conioüyt par lettre auec le Pere Voisin, & addressa son pacquet à la Dame Mercie, qui communique ordinairement auec ce Religieux, la lettre m'est tombee entre les mains ; il y auoit entre autres termes de respect, pour ce Pere qu'il m'auoit si soigneusement veillé, qu'en fin il m'auoit attrapé, selon le commandement qu'il en auoit receu de sa reuerence. Il me fut encore confronté vn sourd, nommé Bonnet, Aduocat à Bourges, qui deposoit m'auoir ouy dire en la presence du Pere Philippes, Capucin, qu'il y auoit des gens qui se repentiroient de m'auoir tiré de la desbauche : Le Pere Philippes à rendu des tesmoignages tous contraires à cette imposture.

Tous les autres tesmoins horsmis vn que ie diray apres, ne m'accusẽt point de m'auoir iamais veu faire, ny ouy dire quelque chose de reprehensible : Ils ne cognoissent pas mesme ma personne, & n'ont autre instruction que les liures & les Sermons de mes accusateurs. Icy ie ne me puis taire de l'integrité de Monsieur le Procureur General, qui ayant pris le soin d'en examiner quelques-vns, mesmes des Libraires, qui cõfessẽt auoir prins part en l'impression du Parnasse Satyrique : il a si bien fondé ceste verité, que tous les tesmoins qu'il a produits n'ont parlé qu'à ma descharge.

Celuy qui reste se resoult de me faire vn pur assassinat : car sans accompagner sa deposition d'aucune circonstance, ny couurir d'aucun pretexte les calomnies qu'il m'improperoit, il fit vne coppie de tout ce qui est de plus execrable dans le Parnasse : & sans m'accuser toutesfois d'auoir rien contribué à la cõposition. Il me soustint en Iustice, qu'il auoit aprins par cœur ces vers infames à me les ouyr dire plusieurs fois, & en diuerses compagnies où il auoit eu ma frequentation, depuis dix ou douze ans qu'il disoit me cognoistre. Ie n'eus point d'autre reproche, à luy faire, sinon que ie ne le cognoissois point du tout, & priay Mõsieur de Vertamõd de luy faire dire le lieu & les personnes qui pouuoient faire foy de sa deposition, il ne sceust dire, ny ruë, ny maison où il m'eust veu, ny ne se peust ressouuenir d'vn seul homme parmy tant de conuersations. Là ie priay la Cour de considerer, que cét hõme incapable de se ressouuenir des maisons & des personnes qui sont obiects, fort apprehẽsibles à la memoire, n'estoit pas croyable de se ressouuenir d'vn vers, qui n'est qu'vn sõ, & ie le voulus obliger d'en reciter quelqu'vn mais le tesmoin se trouua muet. Ie m'apperceus encore que dans les premiers interrogatoires, on m'auoit representé vne ligne de prose pour vn vers, ce qui me dõna des ombrages d'vn faux tesmoin. Ie trouuay dãs ceste deposition ce vers là qui estoit failli, tout de mesme dans l'impression du Parnasse Satyrique : si bien qu'il appert clairement qu'il a retenu ceste faute des Imprimeurs & non pas de moy, pource que les moins versez dãs la Poësie ne sçauroiẽt faillir en la mesure des syllabes, la condition de la personne rẽdoit aussi son tesmoignage tres suspect : car vn hõme de sa sorte ne se trouue pas ordinairement à ouyr des vers, c'est vn Boucher de la ruë Saint Martin nõmé Guibert. Voila, SIRE, la somme de toutes les charges qui ont si long tẽps entretenu les esperãces orgueilleuses de quelques hypocrites, qui ne sçauẽt monstrer leur deuotion que par la cruauté, & qui croyent que hors de leur cabale il n'y a point de salut. Ils murmurẽt encores apres mõ Arrest, & ne se peuuẽt satisfaire de la iustice de Dieu, & de celle du Parlemẽt, pource qu'ils n'õt pas du tout accompli leur haine. Ils cherchent tous les iours des pretextes nouueaux à ralumer leur persecution, font courir en mon nom des vers mal faits & malicieux, qui des-honorent la reputatiõ de mes mœurs & de mõ esprit: ils ne disẽt pas que ie vay tous les iours à la Messe, que i'ay fait mõ bon iour deux fois depuis la sortie de ma prison. Ils me iettent tous les iours des amorces à m'attirer à la desbauche, pour blasmer ce qu'ils desirẽt & se plaindre de ce qu'il leur plaist. Ils firent par d'estranges ruses glisser dans mon cachot certains mouchars, qui espioient selon la portée de leur esprit tous les mouuemens du mien, & lors qu'ils y descouuroiẽt quelque despit, contre les longues iniures de ma captiuité, ils se mettoient à detester leur calamité, iurer cõtre Dieu, & l'accuser d'iniustice, pour m'obliger à blasphemer à leur exẽple. Me representoient l'indifference, où ils disoient que V. M. laissoit vn si grand personnage que moy. Leurs solicitations à me faire pecher cõtre Dieu & contre V. M. ont esté aussi inutiles que leurs tesmoins. Ie n'ay point de desir plus ardent, ny d'ambition plus legitime que de me maintenir au deuoir d'vn bon Chrestien, & d'vn vray François. Ceste resolution a des racines si profondes en mon ame, qu'on ne les verra iamais bransler pour toutes les secousses de ces mauuais demõs, ennemis de la Religion & de l'Estat. Ie serois bien reprouué & bien ingrat, si ie ne cognoissois en ma deliurance vne marque de la misericorde Diuine, & de la iustice de V. M. Lors que i'estois enseueli dans ces tenebres & ces infectiõs de cachot, parmy les soins continuels d'vn procez qui m'attaquoit à l'hõneur & à la vie; parmy tant de suiets de desesperer vne ame foible, il n'y auoit point de paroles qui s'offrissent plus fauorablement à exprimer ma pensée que celles du Roy Dauid, qui est à mon iugement la regle & l'ame de la deuotion: la lecture cõtinuelle de ses Pseaumes, m'animoit auec tãt de force

& de plaisir, que cét exercice me tenoit aussi bien lieu de diuertissement que de priere. Iamais toutes les delicatesses des poësies prophanes ne m'ont touché si tendrement ny si viuement que les fermes & eloquentes Meditations de ce Prophete, i'en ay la plus part dans la memoire & toutes dans le cœur. I'espere qu'à l'aduenir les conceptions de mon ame & le train de ma vie retiendront quelques traces d'vne si saincte & si necessaire pieté. Ma premiere occupation, s'il plaist à V. M. d'agreer que ie viue, & que i'escriue, se donnera à corriger tout ce que les Theologiens les plus exacts trouueront de licentieux dans ces liures qu'on a imprimez si souuent en mon nom, & auec tant de desordre.

C'est par où ie dois iustifier tous ceux qui se sont engagez dans mon malheur, & qui dãs vn si grand peril de mon hõneur ont osé me cõtinuer les tesmoignages de leur amitié. Ie feray ceste satisfaction au public, dõt l'applaudissement & l'amour se monstre auiourd'huy visiblemẽt pour moy, & ie meriterois sa haine si ie luy refusois vn deuoir que sa curiosité & son affection me demandent si iustement. Ie laisseray cependãt mes ennemis sans replique, & ne tascheray point par ma vẽgeãce, ny d'épescher, ny d'irriter l'humeur ou le plaisir qu'ils ont à mesdire de moy. Si leur fureur leur à fait faire des iniustices, ie ne veux point faillir à leur exemple. I'ay l'esprit froid à la mesdisance, ie n'ayme point les affrõts, c'est pourquoy ie n'en fais point: s'ils ont fait des mauuais liures, qu'ils les defassẽt eux-mesmes. Leurs folies m'apprẽnent d'estre sage. Et pour les asseurer que ie ne prendray iamais la peine de leur en faire, ie leur promets de ne iamais commencer à les reprendre, qu'apres que i'auray assez loüé V. Maiesté.

De V. MAIESTE'

Le tres-humble, tres obeissant sujet & seruiteur Theophile.

THEOPHILVS IN CARCERE.

VEtus est & procera ædificii moles à primis Parisiensibus (nisi me fefellit æditui fides) in nascẽtis vrbis propugnaculum extructa, tam densa & murorũ & portarum tuta, vt ipsius (credo) fulminis impetum illæsus carceris aditus valeat eludere : in ea ego tum totos sex menses nocte vnica, vt in Lestrigonum cœlo mihi videor exegisse , adeo hic temporis spatia nullo discrimine diuiduntur, Solis radii perpetua velut eclipsi laborantes altera tantum hora circa meridiem tentant fallere cæcitatem loci , & per remotissimi foraminis sinuosa concaua tenuissimos effundunt luminis tractus , quauis lucernula pallidiores , reliquis horis minutissima candela tanquam fuscum & fuliginosum Vulcanum velut in cornu conclusum gerit, & in tantam tenebrarum vastitatem . tam exiguam spargit lucem , vt vix illius ope discussa tantisper caligine, possint oculi in salebroso latibulo gressum dirigere : quam libet autem proxime admota flamma quippiam vel maiusculis caractetibus excussum lectione consequi non minimæ sit operæ , etsi maxime concedatur ampliorem facem in atram adeo obscuritatem accendere , non ferat crassi aëris periculosa temperies: totius enim aut cibi aut olei pinguiores fumos cum (an helitu ducas necesse est, & siue dormias, siue vigiles) non nisi morbidum spiritum haurire quas. Istic autem quidquid videris horridum, quidquid calcaueris sordidum , quidquid attigeris asperum , quidquid comederis fætidum, quidquid biberis gelidum est, & ne qua euadendi spe tam ingratæ vitæ molestiæ mihi leniatur, neuè diutissimæ seruitutis tædia etiam irritis ad libertatem conatibus solari possim, in istius arcis cellula duabus supra viginti portis arctata latere iubeor è tam sedula custodia quiuis certe validissimus perperam exitum moliatur, dulce tamen est miseris, (quanquā falsò) ad meliora niti, nihilo secius, quā si quis mari medio, mergentibus vndis, incassum obluctetur grauius pereat, nisi liberis ad natatum membris etiam diutius mori naufrago cōcedatur: est enim aliquid liberum de cōsequenda libertate cogitare, quod hic solatii nemo sanæ mētis sibi polliceri quat, tam crebris ferrorum septis quācumquis augustus dentissimi muri aditus clauditur, spisso cardine, grauibus pessulis, innumeris clauibus, quos melius cuneos dicas vniuersa cōpago tutissime nectitur, atque in eum modum ferratæ portæ, nullis licet obserratæ clauibus & obicibus nullis oppessulatæ, solo pondere vt mole sua euasuros inhibere posse videantur, dura ligna, surdos lapides, rauca ferra nullis rimulis cuiuspiam aut auribus aperta, nulla querela flectas, nulla arte fallas, nulla vi frangas, ipsum puto Iouem incassum per hæc inuia aureos suos imbres emissurum: imminet enim talibus insidiis hic à proxima vicinia nobilissimus totius Galliæ Senatus rigidus æquitatis vindex. Amplissimi Senatores, Sanctissimi Iudices, quos in celeberrimo Themidis Templo columnas diceres, nisi magis deceret esse Deos, omnibus mortalium technis ingenia diuina supra sunt, nullis adulationibus animos intimæ virtutis capias, nullis muneribus munificentissimos homines allicias: sunt enim plerique omnes præclaro genere orti, & quibus iampridem res familiaris Maioribus suis ampla fortune securos facit, non auctoritate quam pietate dignitas maior: Innocentia demum est quæ illorum sibi suffragia vendicat, æqua lance & obscuris & nobilibus iura reddunt, nullo delectu in Patriciorum aut plebis mores animaduertunt: sunt illi rerum Domini de quibus tam magnifice sacra pagina prædicat esse Deos, si quidem & lucem & elementa quibuslibet mortalium aut prohibẽt, aut largiuntur illorum ceruicibus nõ vt Atlanti cœlum puto aëre & igneis suis circulis leuissimum, se tota tellus tot saxis horrida, tot sentibus hispida tot aquis turgida tot grauida metallis incubere vere dicitur: illorum nutu quãlibet munitæ panduntur portæ, illorum ope scio quantumuis alta malorum voragine tandẽ emersurum. (Vtinem Iudices, qui me tam diris nominibus apud vos criminatus est Garassus, nosset & famę ingenium & meum. Illa enim tam ficti quam veri nuntia, ego verò cętera prauus, illud certè veracem esse me & intemeratæ fidei nemo qui me nouit difficetur, nõ aduertit male feriatus homo istã maledicendi licentiam, qua me licet ignotum, tam petulanter inuadit: non aduertit: non aduertit inquam male cautus Calumniator sua ista obtrectandi rabie lędi æquissimorum iudicum integritatem, & tanta fallacia susceptis votis male respõdere furẽtis animum. Mirum nescire illum nocẽdi artem, cui noctes, diesque insudet, in meam famã iam à suis primordiis imperitæ turbæ nebulonibus inuisã Garassus imprudẽs, integris voluminibus debachatur cæco certe consilio & stilo lãguido, feruidis adeo irarum motibus longe impari liceat & fortasse nobis tam inuidiosæ calumniæ debitam vicem rependere. Et reuerentia morum & Christiana probitas vetat: quantulacumque est ingenii nostri acies, tot aduersis retusa tot fracta ma lis, eam in lethiferas illas tot tuorum animorum min as vbicunque ſtringere non expaueſcam: ſed Deus meliora! non licet hiç nobis clauum clauo pellere, aut cōuiciantibus conuiciari. A pageſcelus homine Chriſtiano indignū, imò & dum mea ſe tutatur innocētia, ne tuus error cuiuis pateat, nolui vernaculo ſermone tuas ineptias prodere ignauæ plebi, cui tu tātum ſtudes, atque è ſociis tuis aliquē hodie, me actore tui criminis fieri cōſcium erubeſco: ſed tua me impulit inſania vt ſanè loquerer; tua me adigunt mendacia vt vera dicam. Primum omnium ne in genus meum tibi non cognitū dum cauillaris inutilem operā ludas: ſcito mihi Auum fuiſſe Reginæ Nauarræorum à ſecretis, patrem à teneris annis quibus decuit ſumptibus literis humanioribus incubuiſſe, & cum ad Iuriſprudentiam animum appuliſſet, vna aut altera tantum orata cauſa, tumultu bellico à foro Burdigallenſi ad noſtrates ſeceſsit vbi etiam pace redeunte, ruſtico otio delinitus in opimi ſoli fūdo innocētiſsimos exegit dies Domus eſt in ripa Garone ſita, inter cæteras vicinorū ædiculas ſatis eminens, primogenitus, meus patruus, dū Regi Henrico militat, præfecturā adeptus eſt non ignobilis vrbis inter Aginates Turnonum vocant, ibique diem obiit, quanta fama alter ocio & literis, hic labore & armis ad tumulū deuenerint nō maximi negocii eſt percunctari, quam nos colimus paternā hereditatem, dimidia demum leuca diſtat ab vrbecula quā portum vocant cui cognomen eſt à Diua Maria virgine. Eam domū quam tu Cauponā vocas, Aulici plures atque ij melioris notæ dignati ſunt inuiſere, & pro tenui noſtro prouentu aliquot dies frugaliter excepti ſaltē immunes abiere. Sed quid ad mores publicos, Cuius ego ſim? Nū licet è quouis loco ad fortunā ſurgere? Nũ tibi mea ſors tantæ apparet inuidiæ, quid hodie in vinculis, niſi fratrer foueat & veſtiat, frigore pereundũ ſit? Cui neuè ad ſudariolum coëmendum à tanta fortuna vel leuiſſimus nummus ſupputat ? ac ni D D. Molæus Regius procurator ſuam curam ſæuiẽtibus miſeriis interponat, fames hic quam tu mihi fruſtra pernicem molitis iam preuertiſſet, ſed quæ tanti Senatus eſt pietas? licet humaniter inhumanitatis tuæ euentus expectare, & quam omnes merito iure iudicũ meorum pietatem & fidem prædicant eludere tandem tam vehementis odii perfidos tuos conatus concedetur? Num te quæſo tot ac tam pii tui conuentus viri iſtis ſimultatibus erudierunt ? Num iſtas in meũ Caput ſicophantias ſtruis Authore R.P. Seiguirãdo quem mihi ingenii mei & meorũ morum notitia ſemper fecit amiciſſimũ ? ſcilicet, neque ille tibi videtur ſatis ſapiens, vir bone, quem dum tua te in meos mores veſania, ſuſque decus que raptatum vocat, falſo quodam ſi bene memini Phocionis nomine Imperitiæ & improbitatis criminatis, rem auſus ſupra Clemẽtiã omnem inſolentẽ, tum audes peſsimis agitatus furiis tanti Regis penetrare limina, & virum tanta pietate conſpicuum, in cuius ſinum Regius animus ſingulis ſe menſibus effundit contumelis tuis fædare, & Regiæ conſcientiæ veluti ſcrinium ſcelerata lingua expilare? Quid tibi Epiſcopus Nanneti arridet? Parum ille fortaſsis tua ſcententia Genium meum agnouit, minus ſcilicet tuo iudicio cernit in mores hominum : at non ita probi quemadmodũ tu, deque illo, deque me ſentiũt, qualecunque poterit vir tantus de fide & probitate mea teſtimonium per inoffenſæ conſcientiæ iura perhibere non cunctabitur, ſed receptam adeo reuerendiſsimi Epiſcopi fidem & eruditionẽ indoctiſsimo Nebuloni ſuſpectã fore non ambigo : qua techna refelles Episcopum Bellęum si quo auxilio innocentię nostræ patrocinari velit? num exprobraturus es, quod interdum versiculos meos sacris suis Cōcionibus immiscuerit? & decerptos opusculis nostris flosculos sermone & stilo publico in Christianum orbē sparserit? Quid olim culpaturus eras Coeffetellum Massillēsem Episcopum mihi aliqua coniunctione morum, & non nullo humanarum literarum commercio familiarem? Ille me paulo antequam excederet viuis in suā viciniā vocauerat, vt haberet in procinctu studiosum aliquem cuius in conuictu suauiter inter laboris & morbi tędia pius animus relaxeretur. Si quid etiam R. P. Aubigny tuę societatis (sed quid dixi tuę? imò Iesu & sui sociorum) non vltimus honos, si quid ille fauentius de me referat non erit etiam tuis odiis inuisus? Quid prætercam R. P. Athanasium (Ecclesię Christianę vtilissimum certè decus) quem inter molliores delicias educatum (vt solent Nobillissimi sui generis adolescētes) seuera pietas à tam culto antiquę & prędiuitis domus mundo auulsum in humilimas Frācìscanorum cellulas deturbauit, cilicii asperitate incultum, nuditate pedum horridum & ieiunii pertinacia macilentum, ille vt vir probus, ita & eruditus (nā nemo eruditus nisi probus ô improbe) tanti ingenii vis stupenda, & pietatis feruor incomparabilis plures hæreticos sola diuini sui laboris impensa, quam vniuersę inuictissimi Regis acies tot hominum & nummorum sumptibus expugnauit. Illæ ne quid erres mihi in hæresεos tenebroso cæno calliganti primos Ecclesię Catholicę spiritus afflauit, ac semel in horto Regio secum spatiantem nihilque minus quam de tam prospera mei mutatione cogitantem adortus est, eo sermone qui & admirationem sui quam plurimā, Catholicę fidei incredibilem amorem intimis precordiis effudit. Quicquid ille de me cogitet quicquid de mea sorte cõstituat ratum esto, ô Garasse, num refragaris? Quid si inter aduersaria mea crebris epistolis atque omnino scriptis meis Christiani notã reperias? quid in penitioribus meis secretis sine vllo meo cõsilio retectis aliquam ne simulationis speciem cõmenturus es? Num sit tibi è scriniis meis (iam mecũ auctoritate iudicum solui expectantibus) depromatur Chartula quædam cui medici & presbiteri testãtis sigillum veritati, fidem facit, ea ego vltima prope periculosi morbi iniuria cõsternatus Ichr, hiophagiæ satietaté ægerrimo stomacho depellerent flagitaui, alioqui paratus in eo mortis & futurę vitę cõfinio potius toxicũ sorbere quã ouum: an etiã hęc à me ficta causaberis? O prodigiũ! tu me in tã aperta religionis professione, tot piorũ virorũ amplexibus Romanæ Ecclesiæ hęrenté Christianũ esse nõ sinis? Cęterisque omnibus palam spernendæ fidei me impulsoré esse prędicas Sicophanta! inuidiosæ tuę criminationis probe conscie.

Quibus iudiciis quo teste probasti?

Nil horum, verbosa, & grandis epistola venit.

Nec diutius spero latere potest iudices quã prauis artibus in paulo securius otium meum si grassatus: tu quam profundas radices egerit innocẽtia mea exploraturus intima Cauponarum & lupanariun (Deus faxit ne peiori animo) perlustrasti, inspecturus si qua ibi meæ vitæ labes Theophilo vel leue periculum faceret: at vbi nõ cessit ea perlustratio in quęuis opuscula mea in quibus multa non mea passim incerta sunt & librariorum errore & fraude tua, ibi tu & oculorum & ingenii quantulum tibi est intendis curiosam aciẽ, atque vbi torquere sensum modo & verborum seriẽ inuertere nõ sufficit ad calumniã integras meas lineas pungis, tuas reponis, vnde tua crimina meo nomine ĩ lucẽ eant! ſiccine iuuat illudere capto? Poteriſne ire inficiaſ re in Elegia in Thirſidem, quam etiam ignarus nobis impingis in eo verſu qui ſic habet.

Et que ſa ſainčteté ne punit pas à Rome,

pro dictione, *punit*, à me ſcriptum prodidiſti, *permet*, vt fiat turpiſſimum ſcelus quod puriſſimis Muſis impro-peres? D.N.I.C. ille ne eſt in ſocietate Ieſu calumniator impudens? Cauiſti ſcilicet & qui ſequantur & qui præcedant verſus adducere, ex iis nempe colligitur quã-tum illius poëtæ mens, quicunque tandẽ ille poëta ſit, tuis ſicophantis parum congruat, & quã ridicule tuis tute tricis inuolutum exponas bonorũ ludibrio. Cæterum in cõfuſo multis titulis quodã volumine quod in genere Parnaſſum Satyricũ vocãt, affinxiſti improbiſſimos aliquot verſus qui meũ nomen præ ſe ferrẽt, atque ita quotquot mortalium aut legere aut audire poſſunt infenſos mihi feciſti: ſi quis in aliquo cõuentu Theophilum nominat, venit illico in ſuſpicionẽ Magi: nec defuere mulierculæ quę mei nominis literas ad philtra valere crediderint. Si quis autẽ plebeios illos falſo mei rumore faſcinatos proprius vrgeat num aut vultũ aut mores aut inſtitutũ vitæ aut patriã meã norint, negãt ſe ſcire, ſed ita Cõcionari Garaſſũ, ita ſcribere, cætereos quam plures etiam ſui Cænobij viros probos de me ſecus ſentire. Tu qui me non noſti, peſſime, quicũque me norũt optime de me prædicare ſolẽt. Rem nouã, ô Garaſſe, filius Cauponis in celeberrima Galliarũ Regis aula annos vltra tredecim enutritus tot nobiliũ familiaritate notus, atque aliquo etiam ingenij lumine exteris nonnullis & viſus & optatus tam peſtilentum vbique afflarit vitiorũ virus, vt vniuerſum Chriſtianum orbem ſceleribus ſuis (ſi qua tibi fides eſt) contaminarit, neque de illius moribus aut

aliquo

aliquo delicto apud vllos iudices ante tuā vel minimā querela peruenerit, atque à remotissimis Regni finibus vltimo diuini & humani iuris officio solicitati testes aut voce, aut silentio fatentur Innocentem: neque tu tibi medioctiter indignaris quod è tam multis tui instat mihi oblatrantibus, nemo sit cuius testimonio dānari queam, scilicet qui tam in turba clamant nihil habent in foro quod dicant. O insana turba, ignauum vulgus, vagi fluctus, cæci turbines, ô vapa, ô spuma rerum, virtutis inimica impotens, ô rerum spuma vitiorum arca, ô clamosa turba, inuidiæ tutissimum Præsidium, fidissimum calumniæ subsidium, ô fæda turba Garassi præcipuum decus, ignara nugarum vindex. Cæca turba cui nullum nomen nisi,

Fama malum quo non aliud, &c.

& *Tam ficti prauique*, *&c.*

Et hoc est demum quod tu recte, quia inconsulto locutus es, in turba Clamor, in foro silentium. Quid ni? Tu ne apud sacras & inconcussas iudicū mentes idem atque in tumultuosæ & profanæ turbæ cæcis animis fieri posse credidisti? falleris vehemēter, Doctor Turbarum, parce si sapis tanto tuo dedecore me vlterius insectari, sine cuiuis liberum sit de me promere quod compertū habet, tuas nugas si quis protinus iureiurando ratas non fecerit minitari inferorum pœnā patere, si quid plectendus sum legitimis magistratuum disceptationibus excutiatur, si venia donandus, noli tuis istis turbis offundere nebulas candori legum. At non ita Diuus Macarius qui cum hominē falso mortis criminis damnatum supplicio eripere suæ pietatis esse duxisset, iudicibus ad perēpti tumulū conuocatis in nomine Iesu iussit excitari mortuū, quē vt prima voce cōpellauit, illico dehiscente tellure reseratū est, ſepulchrũ & obſtupentibus qui aderãt viuus adſtitit qui olim deceſſerat, rogante Diuo: num is eſſet patratæ cædis reus: quem proximum manebat ſupplicium, clara voce inſontem eum eſſe pronuntiauit, ac protinus iuſſus recumbere, feretro ſuo ſe ſe recõdens obmutuit, inſtante iudice, vt de ſonte à mortuo percunctaretur, negauit Diuus, & ſat & inquit mihi ſeruaſſe innocentem. Idem & Diuus Franciſcus qui à Padua cognominatur pro libertate parentis ſui in ſimile diſcrimen vocati præſtitiſſe fertur, ea in vitis ſanctorum prodita nemo neſcit. Quam fuit illorum tua pietati abſimilis, ô Garaſſe! qua illi cura etiam improbos in futuræ pœnitentiæ ſpem ſeruari voluerũt, ea tu & vegetiori in bonorum perniciem incumbis, illi paganorum impotentem ſuperbiam humilitate Chriſtiana frãgere ſunt enixi: tu in mediis Chriſtianæ fidei triumphis facta tu Paganorum? & in ſocietate Ieſu, calumniantis, id eſt diaboli vicem agis. Sed quid ego miſera inuidiæ tuæ victama, vanis per iſtas tenebras planctibus indulgeo? Quia perſecutus eſt inimicus animam meam, humiliauit in terra vitam meam: collocauit me in obſcuris ſicut mortuos ſæculi, & anxiatus eſt ſuper me ſpiritus meus in me turbatum eſt cor meum. Tu vindictæ meæ longe ſecurus, experiri pergis quorſum in miſeros extrema petulantia valere poſſit, O Garaſſe, vlterius ne tende odiis, nam vti ſpero tandem. (Educet Dominus de tribulatione animam meam, & in miſericordia ſua diſperdet omnes inimicos meos. & perdet omnes qui tribulant animã meam quoniam ego ſeruus ſuus ſum.) Te ſi tandem mihi nocuiſſe pœniteat, me tibi protinus ignouiſſe non pœnitebit, Vale & ſi quando videbis ſoſpitem Theophilum ne pigeat amplexari.

APOLOGIE.

PVIS que la peruersité de mes amis aussi bien que celle de mes ennemis me reduit à ce poinct, que ie ne puis esperer la fin de ma persecution que de son succez, & qu'il semble que mon procez ne se puisse commencer qu'apres que le pere Garassus aura acheué ses liures : Ie le voy en trop belle humeur d'escrire pour me promettre de long-temps ma liberté, il trauaille à peu de frais. Car tout le monde contribuë à son ouurage, & fait si bon marché de ce qu'il escrit, pource qu'il le volle, le mal pour luy, c'est qu'il ne desguise pas bien sa marchandise, & que tout ce qu'il apporte ou des viuans ou des morts il l'ageance si mal, & le produit auec tant d'imprudence qu'on descouure bien aisément qu'il ne cognoist pas le prix de ce qu'il debite, il nous allegue mille beaux passages de diuers autheurs, & touche tous les bons endroicts des escriuains anciens & modernes, & n'en entend pas vn, comme le Iaquemar qui se tient à tous les mouuemens de l'horloge, & ne sçait iamais quelle heure il est. Le Pere ne laisse pas de se tenir assidu à son trauail, & ie trouue qu'il fait bien de ne point espargner vne si mauuaise plume que la siéne, ie ne sçay si c'est d'enuie ou de charité qu'il me fait l'obiect de son exercice de médisance : car ie croy qu'il est assez orgueilleux pour s'imaginer que ie dois tirer vanité de ses iniures, comme il est honorable d'estre vaincu d'vn braue homme, pource qu'on la combattu: si le progrez de ses calomnies ne s'estendoit pas plus auant qu'à la reputation de mes écris, ie serois bien aise de rire de sa mocquerie aussi bien que luy: car cela est plaisant de voir vn fol qui croit estre sage, vn reuerẽd dancer les matassins, vn bouuier faire des liures. La premiere coniecture d'où i'ay pris garde qu'il a l'esprit vn peu comique, c'est que dans ceste *Doctrine curieuse des beaux esprits de ce temps*: il donne à son liure le tiltre des affiches de l'hostel de Bourgongne, où l'on inuite les gens à ces diuertissemens par la curiosité : Ie m'esgayerois des quolibets qu'il a contre moy, & les prendrois comme d'vne farce : mais la captiuité & le danger où ses impostures me tiennent, me font passer l'enuie de me iouër: il est vray que ie suis honteux du trauail que me donne vne si cheriue besongne, & à moins que d'estre dans le cachot, i'y plaindrois les heures & le papier : car il en faut autant qu'à quelque chose de bon, comme autant de coups de marteaux à batre vn double qu'vne pistole. Pour auoir le plaisir de s'exercer à me nuire, il me fait vn pays, vn pere, & vn mestier à sa poste, il se forge des monstres pour les vaincre, il ne fait que se battre contre des ombres, & controuue tous les iours des crimes à sa fantasie pour en accuser des vers, où ie n'ay iamais songé, i'attends qu'vn iour il m'impute d'auoir commenté sur l'Alcoran, & quoy que tous les fantosmes de ses accusations ne soient que des marottes, dont il se coiffe luy mesme à son plaisir, il ne laisse pas d'y passer son temps doucement, & de trouuer parmy quelques vns vne sorte d'approbation qui le tient enchanté dans sa frenesie. Les festins des Isles fortunees ne sont pas plus ridicules que les delices qu'il trouue à me calomnier en quelques endroits, mais comme il est obscur & malin, il ne m'attaque point sans ietter premierement des nuages au deuant de la plus claire verité, de mesmes que les sorciers qui font ordinairement leuer les bruines aux plus claires matinees, il desguise si fort mes intentions que souuent les apparences flattent son dessein, il represente tout à faux, mais auec des feintes grossieres, où l'esclat de ses plus viues raisons n'est au fonds que la lueur de ce petit animal qui de loin semble vne estoille, & de pres n'est qu'vn vermisseau. A me voir dans ses liures ie suis plus mõstrueux qu'vne Chimere, ce sont les miroüers doubles, où le visage le plus parfait du monde ne trouue en la place de son obiect que des bestes sauuages en autant de formes qu'il plaist aux charlattans, mais rompez la glace, vous desfaites plus de monstres d'vn coup de poing qu'Hercule n'en a iamais tué de sa massuë; si nous ouurons le pacquet du Pere, nous trouuerons qu'il n'a pas grand secret, aussi se deffie-il aucune fois de n'estre pas fin,

& se met aux grosses iniures, il m'appelle esprit desnaturé, ce coup là, l'iniure ne vient pas à son sens, car on appelle desnaturé celuy qui aime la cruauté, cõme ceux qui preschent tousiours le feu & le sang ceux qui hayssẽt leurs plus proches, qui sõt ingrats à leurs amis, farouches, insociables, qui rechignent aux plus legitimes faueurs dont la nature nous peut obliger, & viuent cõtre les regles de leur professiõ, vn Courtisan inciuil, vn pauure orgueilleux, vn Poëte auare, vn Docteur espion, vn Religieux calomniateur, le rebours de toutes ces choses, c'est proprement mon naturel : mais voyons si vostre humeur ne se peut pas mieux assortir à ceste epithete. Vous faictes vœu d'obediẽce, & par l'aueugle orgueil d'vne suffisance insupportable, vous voulez assuiettir les plus grands esprits de la terre, & faire ployer les plus fermes consciences sous l'authorité de vos Impostures. Il me semble que c'est contre la nature d'obedience, pour le vœu de pauureté vous vous en acquittez tres-mal: car vostre robbe, vostre logis, & vostre reuenu pourroit bien mettre vn homme vn peu voluptueux, à couuert de la necessité, & quãt aux derniers pour vous estre voüé à la chasteté, & pour auoir ce tiltre sacré de Iesuite, vous allez sãs doute contre la nature de vostre profession, dãs le soin que vous auez de cõtrouuer les vers de Sodomie, & enseigner publiquement vn si enorme vice, sous couleur de le reprendre, en suite le Pere Reuerẽd dit que ie ne fay bien qu'aux choses mauuaises, & nettemẽt qu'aux vilaines dans la pensée qu'il auoit lors sur mõ esprit, si le Pere eust esté d'vn naturel moins chagrin, ou s'il eust eu la mesme opinion pour quelqu'vn de ses fauoris, voicy comment il eust parlé, que cest esprit là trouue quelque chose de bon, mesme dans les meschancetez, & a quelque pureté dãs son stile, qui cache les ordures des sales imaginatiõs: mais il ne m'a pas trouué digne de cét ornement, quand on voit qu'vn homme de qualité est grãd & bien formé, on dit qu'il est de belle taille, si c'est vn valet, on dit voila vn puissãt coquin, si peu de faueur que ie merite de sa plume il ne me la donne qu'en me frappant, mais ie le remercie de sa carresse, ie n'ay iamais rien fait ny bien ny mal, soit en vilanie, soit en meschanceté, & voicy pour luy rendre son compliment, comme il dit que ie fay bien en meschanceté, & nettement en vilanies, & que le Pere Reuerend affecte de ne me point ressembler: ie confesse qu'il fait mal aux choses bonnes, & salemẽt aux choses nettes, pour les pensées & les paroles ou ie fay, dit-il, horriblement: car pourueu qu'il trouue vne cadence pour vn de ces aduerbes horriblement, abominablement, execrablement il se descharge la bile, & s'espanoüit la ratte, & pẽse auoir mieux persuadé que par vne demonstration, il croit que la foy d'vn Chrestien est en quelque façõ obligée à ses authoritez. Quant aux pensées, dit-il, & aux paroles, c'est horriblement, ie luy responds qu'il me les a supposées, & qu'il a trop de passion pour estre croyable, mesmement en vne cause qu'il a faicte sienne, quant aux conceptions, ce n'est pas à luy à les penetrer, Dieu seul voit les mouuemẽs de nostre ame. Ie croy charitablemẽt que le Pere a de bõnes pensées, mais il a ce malheur de ne s'exprimer qu'en impertinence, pour mon stile n'en desplaise à sa reuerence, ie ne le voudrois pas châger aussi en, il appelle des ieunes gens freschement sortis de son Eschole, ieunes tendrons, germes & bourrées, & pare son stile pour les garçons d'vne gentillesse plus que monachale, si les hommes de bon sens prenoient la peine d'examiner ce qu'il écrit, on logeroit bien tost le pere aux petites maisons. I'admire comme il peut aduanturer ses impertinéces auec tant de seureté, en voicy vne bien visible, & presque mécognoissable en vn hôme de sa robbe, i'ay escrit qu'il faut auoir de la passion, pour toutes les belles choses, pour les habits, pour les beaux cheuaux, pour la chasse, pour les hommes de vertu, pour les belles femmes, pour de belles fleurs, pour des fontaines claires, pour la musique, & pour autre chose qui touchent particulierement nos sens. Il dit que c'est vne proposition brutale & contraire à l'Euangile; Car nostre Seigneur dit qu'il ne faut pas regarder vne femme pour conuoiter sa beauté, Theophile de Via, dit-il passe bien au delà du desir, car il y a iusques à la passion. Le Pere qui n'entend pas le François, ne sçait pas qu'auoir de la passiõ pour quelque chose, se prend ordinairement pour le simple mouuemẽt d'vne legere affection, qui nous fait plaire à quelque obiect agreable, hors de toute apparence de conuoitise; comme on dit, i'ayme ceste couleur auec pasion, ou ceste senteur: Le pere n'a pas bien consideré ausi que i'ay dit ce mot de pasion generallement pour toutes les belles choses, & que si on le prend ausi inconsiderement que luy, on entẽdra qu'auoir de la pasion pour vne fontaine claire, c'est pour paillarder auec elle, qu'aimer la chaste, c'est la conuoiter lasciuement: Vn homme qui a de la passion pour des beaux habits est vn amoureux lubrique des estoffes, & que se couurir du mãteau d'vn autre, c'est cõmettre adultere si le Pere veut garder la significatiõ du Latin au François qui en deriue; il dira qu'vne femme propre est la quatriéme des cinq voix de Porphire, & en suite de cela vne lõgue trainée d'absurditez qui se trouuent enchaisnées dans les cõsequences de ce Docteur. Voicy encor vn flot d'iniures, ou il escume auec plus de fureur, il m'appelle Atheiste, corrupteur de ieunesse, & adõné à tous les vices imaginables. Pour Atheiste, ie luy respõs que ie n'ay pas publié comme luy *& Lucinio Vanino*, les maximes des impies qui ont esté autãt de leçons à l'Atheisme: car ils les ont refutées aussi bien l'vn que l'autre, & laissẽt au bout de leur discours vn esprit foible, fort mal edifié de sa religion, que sans faire le sçauãt en Theologie. Ie me cõtente auec l'Apostre de ne sçauoir que Iesus Christ, & iceluy crucifié, & ou mon sens se trouue court à ce mystere, i'ay recours à l'authorité de l'Eglise, & croy absolumẽt tout ce qu'elle croit. Que pour l'interieur de mon ame, ie me tiẽs si content des graces de Dieu que mõ esprit se tesmoigne par tout incapable de mescognoistre sõ Createur, ie l'adore, & ie l'aime de toutes les force de mõ entendemẽt, & ie me ressẽs viuemẽt des obligatiõs que ie luy ay, que pour ce qui paroist au dehors en la regle de mes mœurs, ie fay professiõ particuliere & publique de Chrestiẽ Catholique Romain, ie vay à la Messe, ie Cõmunie, ie me cõfesse: Le Pere Seguiran, le Pere Athanase, & le Pere Aubigny en feront foy, ie ieusne aux iours maigres, & le dernier Caresme pressé d'vne maladie ou les Medecins malloient abandõner pour l'opiniastreté que i'auois à ne point mãger de viandes, ie fus contraint de recourir à la dispense de peur d'estre coulpable de ma mort, Messieurs de Rogueneau curé de ma parroisse, & de Lorme Medecin qui ont signé l'attestatiõ, sont tesmoins irreprochables de ceste verité, ie n'allegue point cecy par vne vanité d'hypocrite; mais par la necessité d'vn pauure accusé qui ne publie sa deuotiõ, que pour declarer son innocẽce, quãt à ceste licence de ma vie que vous pensez rendre coulpable de la corruption de la ieunesse, ie vous iure que depuis que ie suis à la Cour, & que i'ay vescu à Paris, ie n'ay point cogneu de ieunes gens qui ne fussent plus corrompus que moy, & qu'ayant descouuert leur vie, ils n'ont pas esté longtemps de ma conuersation, ie ne suis obligé à les instruire que par mon exemple: ceux qui les ont en charge doiuent respondre de leurs desbauches & non pas moy qui ne suis ny gouuerneur ny regent de personne: si ie voulois rechercher la source du desordre, & de la mauuaise nature de beaucoup d'enfans de bonne maison, peut estre que ie vous ferois honte, & à quelques autres que ie ne veux point scandaliser: car ie ne les sçay point coulpables de la fureur dont vous m'auez assailly, à Dieu ne plaise que ie sois iamais agresseur, ie ferois tort à leur amendement, dont ie croy qu'ils appaisent auiourd'huy l'ire de Dieu par la penitẽce de leurs fautes: Pour la troisiéme iniure ou vous dites que ie suis adonné à tous vices imaginables, ie ne suis pas si orgueilleux de me croire incapable de vice, il est vray que i'ay des vices & beaucoup: mais ils sont comme vous auez écrit imaginables & pardonnables. Vous en auez, Pere Reuerēd de bien pires, les vostres ne sont pas imaginables: car qui pourroit imaginer qu'vn Religieux fut calōniateur, & qu'vn homme de la cōpagnie de Iesus exerçast le mestier du Diable, qui pourroit imaginer qu'vn Docteur comme vous estes de reputation & d'authorité receuë, eust des gens à gage dans les cabarets, dans les bordels, & dans tous les lieux de desbauches les plus celebres, pour sçauoir en combien d'excez & de postures on y offence Dieu, si vous dites que c'est pour cognoistre ceux qui y sont de desbauche, on vous reprochera que vous n'auez repris que ceux qui n'en ont point esté: car il y a beaucoup d'apparence en l'affection que vous auez tesmoigné à me corriger, si vous eussiez descouuert quelque tesmoignage de mon peché, vous ne l'eussiez point oublié dās vos liures, ou vous en alleguez tant de faux, faute d'en trouuer vn veritable: vous eussiez esté bien aise d'espargner la peine de les controuuer: car vostre esprit de soy n'est pas trop inuentif, qui me fait croire que vous ne m'auez imputé que ceux que la pratique vous a appris, cela encor vous eust tenu la conscience en haleine pour d'autres crimes: car ie croy que le remords de l'iniure que vous me faites vous diuertit d'vne autre meschanceté, tandis que vous estes à me nuire, vous ne faites que cela. Voyōs Pere Reuerend si en vn autre endroit vostre calomnie à mieux reüssi, vous me reprenez de n'aimer que la bonne chere ou ie ne suis point contraint, & poussez tout à cōtre sens le prouerbe de la brebtis, qui en bellant pert vn brin d'herbe, l'allegation est vn peu populaire, & de la conception d'vn necessiteux : cette contrainte dont ie parle vous la prenez pour estre pressé de sortir trop tost de table, & que ie me fasche cõme vn affamé, de n'auoir pas assez de loisir de me saouler, vous allez tout au rebours de mon sens & de ma cõdition: ie ne me suis guere iamais trouué, où ie n'eusse assez de liberté pour les heures de mon repas, i'ay esté tousiours nourry loin de ceste pauureté hõteuse, qui laisse au sortir de la table quelque regret d'auoir quitté la viande, i'entens par la contrainte des festins, ceste desbauche opiniastre qui est ordinaire dãs le Pays bas, ou l'on est forcé de manger & de boire plus qu'on ne peut digerer, ie veux dans ma refection me garder la liberté de reseruer ma bouche à l'appetit ordinaire que la nature ordonne pour la necessité de viure, & sans qu'il me faille declarer icy plus ouuertement tout ce que i'escris deuãt ou apres la ligne, ou vous me reprenez, tesmoigne que dans mes plus grandes licences i'aime à me tenir dans vne sobrieté modeste, & que vous estes vn imposteur. Vous auez maintenant vn aduantage, c'est qu'on imprime tous vos liures, & on ne laisse voir rien des miens que ce qu'il vous plaist d'alleguer cõtre moy ; ou vous faites comme les couppeurs de bourses qui criẽt les premiers au larron, & parcourãt d'vn œil d'enuie les premices de ma plume, ressemblez aux mouches qui descouurent plustost vne petite gale sur vne belle main que le plus bel endroit de tout vn corps. Mais en quelque façõ que vous quintessentiez mes escrits, vous n'ẽ tirerez iamais le venin que vous y recherchez. Dieu vueille que celuy qui a plus de pouuoir sur ma vie que vous, trauaille aussi inutilement en la recherche qu'il fait de mes crimes, & que la peine volontaire qu'il prend à incõmoder autruy, rende l'extraict qu'il fait de mes œuures aussi ridicule aux yeux des Iuges, comme mon innocence se promet de le rendre foible à la faueur de ce peu de memoire qu'il a pleu à Dieu me departir, laquelle comme i'espere, garde encor assez heureusement la meilleure partie des conceptions, & des termes que ie puis auoir mis au iour depuis six ans ou plus. En vn autre lieu ie remarque vne hardiesse estrange, où l'estourdissement rend vostre haine trop claire, dans certaine Elegie à Thyrsis, incertain que vous estes de l'Autheur, vous l'iniuriez sous mon nom: car quelque mal que vous fassiez vous seriez marry qu'il ne fust pour moy, voicy les vers.

Des plaisirs innocens où mes esprits enclins,
Ne laissent point de place à des desirs malins,
Ce diuertissement qu'on doit permettre à l'homme,
Et que sa Saincteté ne punit pas à Rome,
Car la necessité que la Police suit,
En souffrant ce peché ne fait pas peu de fruit.

Apres auoir sappé de tous costez le sens de tous ces termes pour les tordre à la cõfusion de ce pauure rimeur, vous n'en pouuez tirer qu'vn simple adueu de ceste infirmité naturelle, ou l'esprit succombe aux appetits de la chair, & ce peché s'appelle fornication. Il est vray que ce discours est de mauuais exemple: & que le rimeur moins indiscret que vous, n'a pas voulu publier, & comme ceste licence Poëtique ne donne pas par vne censure legitime assez de prise à vostre calomnie, qui en veut tirer vne leçon publique de Sodomie, voicy par où vous allez à vostre dessein, vous n'alleguez que ces vers.

Et que sa Saincteté ne punit pas à Rome.

Là par vne subtilité de reformation des mots, dont les Grecs ne se sont iamais aduisez, vous changez *punit* en *permet*, & par vne surprise qui vous embarrasse dans le sens cõtre vostre dessein, vous dites que le vice que sa Saincteté ne permet pas, se doit entendre la Sodomie, cõme si sa Saincteté permettoit tous les autres, ô prophane, allez vous porter vos ordures iusques au sainct Siege? Dieu me garde de croire que sa Sainctеté permette aucune sorte de vice, ie croy qu'il est le Lieutenant de Dieu en terre pour les abolir, & tous ceux qui en font profession, adjouïez Docteur, que ceste fausseté signalee est de l'estourdissement d'vn esprit à qui la melancholie empesche l'vsage de la raison, que quand bien quelque sale conception seroit passee par l'esprit de ce Poëte, quand mesme il l'eust escrite, le Iesuite Vasquez nous enseigne que les plus religieux peuuent auoir des pensees abominables qui ne sont pas fautes, d'autant que nous n'y persistons pas. *Tu vero dectos quisquis es falleris qui de simplicibus verbis mores nostros spectas seros quidem ista obsident bonos præter labuntur.* Les paroles sont paroles qui chez les Casuistes ne sõt pas plus, en cas d'offence, que les simples pensees: parler de la douceur de la vengeance, n'est pas assassiner son ennemy, faire des vers de Sodomie ne rend pas vn homme coulpable du fait, Poëte & pederastre sont deux qualitez differentes. Vous attaquez encor en vn autre lieu sous mon nom le sage Salomon & l'Apostre S. Paul, de qui i'ay appris que le temperament du corps, & simplement le corps mesme est souuent le maistre des mouuemens de l'ame par l'empire que le peché luy donne. Le corps mortel, disent-ils, assomme l'ame, & la traine dans ses desirs charnels, & ie fay le mal, dit S. Paul, que ie ne veux pas faire, & ne fay pas le bien que ie veux faire: mais il faut estre plus sage que Salomon, & plus retenu que l'Apostre S. Paul, pour estre à couuert de vos mesdisances, & voicy cõment le sens dont i'ay escrit, trouue de la seureté pour mon innocẽce. En suite de cette force que le temperãmẽt du corps sur les mouuemẽs de l'ame, ie dis quãd il pleut ie suis assoupi, & pres que chagrin, ie ne dis pas que quand il pleut ie me trouue disposé à paillarder, iurer ou desrober: car par ceste ame qui se laisse contraindre à la disposition du corps, & qui tient changement du temps, ie n'entends point l'ame intellectuelle capable de la vertu & du vice, du salut & de la damnation: mais i'entens ceste ame, comme dit sainct Augustin, susceptible des especes corporelles, que les Platoniciens onc nommee *spiritualis*, Et quoy Pere Reuerend, vous concluez en me condamnant que changer d'humeur quand il pleut c'est vne impieté, que si par le temperamment du corps le mauuais air donne quelque maladie, il nous faut faire exorciser, qu'auoir la fieure, ou la collique par quelque excez corporel, c'est estre obsedé, ô Pere ignorant, la malice vous aueugle. Vous m'imputez encor assez mal à propos vn vers d'vn certain Sonnet, si vous dites qu'il est imprimé en mon nom ceux qui me cognoissent vous diront que ie n'ay iamais eu assez de vanité ny de diligence pour les impressions, à ce qu'on me doiue imputer tout ce qui est imprimé comme mien, quelques-vns qui se trompent en l'opinion de mon esprit, sont bien aises de faire imprimer leurs vers en mon nom, & se seruent de ma reputation pour essayer la leur, i'ay sógé à ce vers là, depuis l'auoir ouy citer de vostre part, il semble vn peu confus: mais il n'est pas criminel comme vous le dites. Si vn bon zele religieux esleuoit aussi souuent vostre esprit à la meditation de vostre propre misere, comme l'enuie & l'orgueil le precipitent & l'attachent à la recherche des deffauts d'autruy: vous sçauriez mieux que vous ne faites, ou pour le moins ne tairiez pas si malicieusement le desordre que la rebellion du premier homme a causé à toute sa posterité, sçachez donc Reuerend Pere, que depuis que l'homme s'est rebellé contre son Createur: que tout ce qui auoit esté creé pour son seruice s'est aussi iustemẽt rebellé contre luy, iusques là, qu'il n'y a si petit moucheron qui ne tasche à venger de son aiguillon l'offence faite à son Createur, & ce ne sont pas seulement les animaux qui font la guerre à l'homme depuis son peché. Mais Dieu pour le punir & pour se vanger, l'a comme abandonné à son propre sens, par la corruption duquel mille folles passions comme autant de furies l'assaillent interieurement, l'orgueil, l'ingratitude, la haine, l'auarice, l'ambition, la concupiscence. Bref, l'homme

n'a point

n'a point de soy quelque mouuement en son ame, que par sa propre preuarication il ne le face agir contre soy-mesme: Tout cela beau Pere sont ce point des marques de la vengeance Diuine, il est vray que ceux qui auācent de toute leur force la regeneration que l'esprit de Saincteté a commencé en leur cœur, combattent auec les armes de la foy & de l'esperance, les affections charnelles du peché. Mais pource que l'esprit est prompt & la chair fragile, combien de fois le plus homme de bien succombe-il en ces combats, voire qui iamais en ce monde en a esté plainement victorieux que le fils eternel de Dieu. Or quād nous pechōs nous ne pouuons auoir recours qu'à sa passion, & lors que nous venons à mépriser le fruict qu'elle nous apporte, & que le merite de son sang precieux est offencé par nostre ingratitude, Dieu se vēge sur nous par les peines temporelles & eternelles: mais vostre ame qui est aussi noire que vostre habit, n'a iamais esté éclairée de ses cōsiderations, sans doute ce Poëte y estoit plus auant que vous, car ie veux croire de luy charitablemēt, que se sentant brusler d'vn fol amour, & voyant cōbien il est miserable d'estre par son peché assujetty aux œillades d'vne maistresse: pour la facilité de ses conceptions, il en a plustost écrit ce vers que cōsideré la bien sceance de ces termes, si ceste explication peut estre receuë de ceux qui ne participent point à vostre rage, voyez M. Garasse, combien vous estes violent, & ne déguisez point du pretexte de pieté, tant de trahisōs que vous faites au sens commun. Voila à peu pres ce que i'ay peu apprendre de vos calomnies les plus dāgereuses:

mais ce n'est ny l'interest du public, ny la descharge de vostre conscience, ny vostre zele à mon salut qui vous ont fait vomir tant de fiel sur mon innocence : car qui croira que vous m'aimiez mieux que sainct Gelais Euesque d'Angoulesme, que Philippes Desportes Abbé de Tiron, que Ronsard, que Rapin, que Remy Beleau, que Larioste, que le Tace, que Dãte, que Petrarque, que Boscan, que le Marin en son Adon: desquels vous n'auez point recerché les licẽces. Force gẽs de biẽ sçauẽt auecques moy ce qui vous à picqué au ieu.

Manet alta mente repostum
Detectum crimen & læsæ iniuria famæ.

Mais laissons cela, ceste verité n'est pas encore bõne à dire, vous estes en droit de me persecuter: moy ie ne puis qu'auoüer qu'outre vos ruses & dexteritez nompareilles, vous auez la force de ceste apparẽce pompeuse qui canonise toutes vos actiõs; Vous vous seruez dextrement du Ciel & de la Terre, de la Fortune & du Destin, des amis & des ennemis, des hõmes & des Anges, des corps & des ames, & de la prouidence de Dieu, & de la malice du diable, & faites vn cahos de tout l'Vniuers pour faire esclatter vos desseins, ainsi quelque mine que ie face de me deffẽdre, ie ne laisse pas de sõger à mon epitaphe: car ie sçay bien que si vous pouuez quelque chose à ma perte ie suis mort, veu mesmes que vos supposts ont presché ma condãnatiõ, *Expedit vnum hominum tantæ inuidiæ reum meri pro populo ne tota gens pereat.* Voila comme cestuy-cy faisoit couler ses profanatiõs à la faueur de l'ignorance publique. Et icy ie ne dis point l dixiéme partie de ce que ie sçay, & ie ne sçay pa la dixiéme partie de la verité : Veu encore qu'vn autre crioit en chese à gorge desployee. Lisez le Reuerẽd Pere Garassus, ie vous dis que vous le lisiez, & que vous ny manquiez pas, c'est vn tres bon liure: Et dés que ie fus conduit en ceste ville, il orna vn de ses Sermons de ceste equippee, *maudit sois tu Theophile*, maudit soit l'esprit qui ta dicté tes pensees, maudit soit la main qui les a escrites; malheureux le Libraire qui les à imprimees, malheureux ceux qui les ont leuës, malheureux ceux qui t'ont iamais cogneu: & benit soit Mõsieur le Premier Presidẽt, & benit soit Monsieur le Procureur general, qui ont purgé Paris de ceste peste. C'est toy qui es cause que la peste est dans Paris: Ie diray apres le Reuerend Pere Garassus, que tu es vn belistre, que tu es vn veau, que di-ie vn veau: d'vn veau la chair en est bonne boüillie, la chair en est bõne rostie, de sa peau on en couure des liures, mais la tienne meschãt, n'est bõne qu'à estre grillee, aussi le seras-tu demain tu t'es mocqué des Moynes, & les Moynes se mocqueront de toy. O beau torrent d'eloquence. O belle saillie de Iean Guerin ? O passage de S. Mathurin! faut-il donc point que ie songe à moy, veu que ie sçay que Garassus & ses supposts passẽt pour Prophetes, veu que ceux qui ne me cognoissent que par vostre recit, m'ont desia cõfisqué à la Parque, veu que ne me pouuant restituer ma reputation, il vous est expedient de me perdre, veu que c'est le seul moyẽ de vous purger de vos impostures, veu que ma mort semble maintenant plus necessaire que le commencement de ma poursuite, veu que bien que ie fusse tres-innocent, il faudroit cõme vous dites, me sacrifier à la haine publique, c'est à dire, à l'effect de vos predications, veu que le tonnerre à trop grõdé pour n'amener pas la foudre, veu que tout le mõde sçait bien cecy, & que personne ne l'ose dire : ainsi pour vostre regard tout mon salut est de n'en esperer point. Si vous y pouuez, il faut que ie perisse. Mais Pere charitable, biẽ que vous soyez le premier mobile de toutes les intelligences funestes qui semblent auoir conspiré ma ruine, vous ne disposez pas absolument des influences de ma vie ou de ma mort, iusques icy graces à Dieu, *in vanum laborauerunt gentes*, toutes vos accusations sont des Chymeres, & des viandes creuses pour des estomachs cacochimes il faut à cét Auguste Senat quelque chose de plus solide, ses arrests ne sõt point escrits sur l'onde, ny executez sur le vent. Ie me console dans les affreuses tenebres de ma prison, me mettant deuant les yeux plustost le deuoir de mes iuges, que le pouuoir de mes ennemis : car ie sçay par vn Echo qui me resõne par tout que ce grand Verdun, l'ame de la Iustice & le chef de cét Auguste Senat, l'ornement de nostre aage, & la merueille de la posterité, n'est pas le nom d'vn hõme seulemẽt; mais celuy de l'equité, de qui i'ayme mieux me taire que n'en dire pas assez. Ie sçay que Monsieur le Procureur general est d'vne probité plus qu'inuiolable dont l'ame zelee au deuoir de sa charge, s'anime mesme cõtre le soupçon du vice, tãt les effects luy en sont en horreur : il n'est pas moins l'azile de l'inocẽce, que le fleau du crime: & ceste verité que l'enuie mesme ne sçauroit dementir, fait que ie m'esiouys d'auoir pour partie celuy que ie voudrois pour iuge, ie sçay mainte-nant qu'il est question de ma vie que ce person-nage l'examinera par sa passion propre, qui est celle de l'equité, & non par celle qui a coniuré ma perte : il ayme trop son honneur pour donner ses conclusions à l'animosité d'autruy, ie sçay que la prudence tres-accorte du Parlement, tire du puits de Democrite les veritez les plus occultes, qu'elle penetre dans les obscuritez plus tene-breuses, ou le mensonge & l'artifice se cachent, que c'est *summum auxilium omnium gentium* : où l'innocence est asseurée contre les efforts de l'en-uie, & les ruses de l'imposture qu'vn corps si ce-lebre ne peut errer, quoy qu'il face, puis qu'il fait luy mesme le droit, & n'a pour iurisprudence que le preiugé de ses Arrest, & la lumiere de sa raison. Ce sont icy mes consolations, Reuerend Pere, c'est où ie songe plus souuent qu'à respon-dre à tant d'iniures que vous auez desgorgées sur celuy que vous ne cogneustes iamais. Si nous es-criuions tous deux en mesme liberté, peut-estre vous mettrois-ie aux termes de vous deffendre au lieu de m'attaquer. Il faut que ie subisse la neces-sité du temps qui vous fauorise. Ne vous eston-nez pas que dans vn cachot si serré i'aye trouué de l'ouuerture à faire passer ceste Apologie, ce n'est pas que ie n'y sois gardé fort soigneusement & que deux fois le iour on ne vienne espier icy iusqu'à mes regards pour voir si ie ne fay point quelque embusche à ma captiuité : mais Dieu ne veut pas que les hommes puissent découurir vne voye qu'il me laiſſe d'eſcrire les iuſtes ſuiets de ma plainte : il me fait ceſte grace afin que mon malheur ne laiſſe pas pour le moins quelque honte à ma memoire, ou quelque tache à la vie des miens, & que ie teſmoigne au public que mon affliction ne me vient que de voſtre crime & de mon innocence.

LETTRE A BALSAC.

COMBIEN que vous soyez coulpable il y a de la conscience à vous punir, d'autant que vos maux vous tiennent tousiours en estat de meriter des consolations de tout le monde : ces fiéures & ces grauelles dont vous infectez les Lecteurs, donnent dispense à vostre chagrin, & excusent en quelque sorte l'aigreur que vous auez cõtre ceux qui se portent bien. M'ayant promis autrefois vne amitié que i'auois si bien meritée : Il faut que vostre tẽperamẽt soit bien alteré de m'estre venu quereller dans vn cachot, & vous ioüer à l'enuy de mes ennemis à qui mieux braueroit mon affliction dans la vanité que vous auez d'exeller, aux lettres humaines vous auez fait des inhumanitez qui ont quelque chose de la brutalité ou de la fiéure chaude : mais afin de vous persuader que ie ne m'en picque point, ie m'en vay vous dire par où ie me defends & vous repliquer. C'est que ie recognois que disant mal de moy vous en auez souffert beaucoup,

Vos Missiues diffamatoires sont composées auec tant de peine que vous vous chastiez en mal faisant, & vostre supplice est si conioint à vostre crime que vous attirez tout ensemble & la colere & la pitié, & qu'on ne se peut fascher contre vous sans vous plaindre. Cét exercice de calomnies vous l'appellez le diuertissement d'vn malade. Il est vray que si vous estiez bien sain vous feriez tout autre chose. Soyez plus moderé en ce trauail, car il entretient vostre indisposition. Et si vous continuez d'escrire vous ne viurez pas long temps. Ie sçay que vostre esprit n'est pas fertille, cela vous picque iniustement cõtre moy. Si la nature vous à mal traicté ie n'en suis pas cause, elle vous vend cherement ce qu'elle donne à beaucoup d'autres. Encor vous est-il aduantageux qu'estant nay pour estre ignorant, vos soins & vos veilles qui vous ont donné tant de fiéures vous ont acquis aussi quelque teinture des bonnes lettres, vous sçauez la Grammaire Françoise, & le peuple pour le moins croit que vous auez fait vn liure : les sçauans disent, que vous pillez aux particuliers ce que vous donnez au public, & que vous n'escriuez que ce que vous auez leu. Ce n'est pas estre sçauant que de sçauoir lire. S'il y a de bonnes choses dans vos escrits, ceux qui ne les cognoissent pas ne vous en peuuent point loüer : & ceux qui les cognoissent sçauẽt qu'elles ne sõt pas à vous. Les anciẽs n'ont merité que pour eux, tout ce que vous auez du leur est bõ: mais tout ce que vous auez du vostre est cõtre vous. Vostre stile a des flatteries d'esclaue pour quelques grãds, & des raillaires de Bouffon pour d'autres. Vous traictez d'esgal auec des Cardinaux, & des Mareschaux de France, en cela vous oubliez d'où vous estes nay. C'est vne faute de memoire qui a besoin d'vn peu de iugement, corrigez vostre humeur & vous guarissez s'il est possible. Quand vous tenez quelque pensee de Seneque ou de Cesar, il vous semble que vous estes senseur ou Empereur Romain. Dans les vanitez que vous faites de vos maisons & de vos valets qui feroit l'Eloge de vos predecesseurs vous rendroit vn mauuais office, vostre visage & vostre mauuais naturel retiennent quelque chose de leur premiere pauureté, & du vice qui luy est ordinaire: Ie ne parle point du pillage des Autheurs. Le Gendre du Docteur Baudius vous accuse d'vne autre sorte de larcin: En cét endroit i'ayme mieux paroistre obscur que vindicatif. S'il se fust trouué quelque chose de semblable en mon procez, i'en fusse mort, & vous n'eussiez iamais eu la peur que vous fait ma deliurance. I'attendois en ma captiuité quelque ressentiment de l'obligation que vous m'auez depuis ce voyage. Mais ie trouue que vous m'auez voulu nuire d'autant que vous me deuiez seruir, & que vous me haïssez à cause que vous m'auez offencé. Si vous eussiez esté assez honneste pour vous excuser, i'estois assez genereux pour vous pardonner. Ie suis bon & obligeant, & vous estes lasche & malin. Et ie croy que vous suiurez tousiours vos inclinations, & non les miennes. Ie ne me repens pas d'auoir pris autre fois l'espee pour vous venger du Baston. Il ne tint pas à moy que vostre affront ne fust effacé. C'est peut-estre alors que vous ne me creustes pas assez bon Poëte, parce que vous me vistes trop bon Soldat. Ie n'allegue point cecy par aucune gloire militaire, ny pour aucun reproche de vostre poltronerie : Mais pour vous monstrer que vous deuiez vous taire de mes defauts, puis que i'auois tousiours caché les vostres : Ie vous aduouë que ie ne suis ny Poëte ny Orateur. Et sur tout que ie ne vous dispute point l'eloquence de vostre pays; Ie suis sans art, ie parle simplement, & ne sçay rien que bien viure. Ce qui m'acquiert des amis & des enuieux, ce n'est que la facilité de mes mœurs, vne fidelité incorruptible & vne profession ouuerte que ie fais d'aymer parfaitement ceux qui sont sans fraude, & sans lascheté. C'est par où nous auons esté incompatibles vous & moy, & d'où naissent les accusations orgueilleuses, dont vous auez inconsiderément persecuté mon innocence sur les fausses coniectures de ma ruine, & sur la foy du Pere Voisin, soyez plus discret en vostre inimitié. Vous ne deuiez point faire gloire de ma disgrace. C'est peut-estre vne marque de mon merite. Si vous n'auez esté ny prisonnier, ny banny, ce n'est pas que vous n'ayez assez de crimes pour estre conuaincu, mais vous n'auez pas assez de vertu pour estre recherché. Vostre bassesse est vostre seureté. Ie ne tire point vanité de mon malheur, & n'accuse point la Cour d'iniustice : Ie me console seulement de voir que ma personne est encore tres-chere à ceux qui m'ont condamné, & que ma reputation ait donné vn Arrest politique aux crieries de vostre Regent, & de celuy qui est allé se faire absoudre à Rome du crime de m'auoir calomnié. I'ay esté malheureux, & vous estes coulpable. Mais quoy, la fortune s'irrite continuellement de quelques Graces qu'il a pleu à Dieu me départir, si suis-ie satisfait de ma condition, & ie trouueray tousiours parmy les bons assez d'honneur & d'amitié pour ne me picquer iamais du mespris, & de la haine de vos semblables. Si ie voulois verser quelque goute d'ancre sur vos actions, ie noircirois toute vostre vie. Vous m'aduisez du mal que donnent les garces. Priez Dieu que les Chirurgiens ne descouurent iamais la cause qui vous fit éuiter celuy là pour vous en donner vn pire. On dit que vous estes vn estrange masle, ie l'entents au rebours, & ie ne m'estonne pas si vous estes si médisant contre les Dames. Vous sçauez que depuis quatorze ans de nostre cognoissance, ie n'ay point eu d'autre maladie que l'horreur des vostres, mes desportemens ne laissent point en mon corps quelque marque d'indisposition honteuse non plus que vos outrages en ma reputation, & apres vne tres-exacte recherche de ma vie, il se trouuera que mon aduanture la plus ignominieuse est la frequentation de BALSAC.

FIN.

www.ingramcontent.com/pod-product-compliance
Lightning Source LLC
Chambersburg PA
CBHW050319240426
43673CB00042B/1469
* 9 7 8 2 0 1 2 1 5 5 2 1 3 *